心 系 石 窟

岩土文物保护研究论文选

方云　王金华　赵岗　编

内容简介

我国的岩土文物丰富多样,分布广泛,十分珍贵。多年来我国的岩土文物保护取得了长足的进步和巨大的成就。本书共分两篇:第一篇为黄克忠论文选,是他从事岩土文物保护近60年来实际工作经验的积累和总结,内容涉及岩土文物保护的理念和方法、文化遗产保护的学科建设、文化遗产地的监测、国际合作、文物保护工程中存在的问题等;第二篇收录论文的作者是国内长期从事岩土文物保护的研究人员和学者,论文内容涵盖石质文物的保护理念和基础研究、保护材料、保护技术与工艺、数字测绘、石窟保护和岩画保护等。本书的出版不仅对从事岩土文物保护的研究人员有指导意义,而且对建筑、岩土工程、地质勘察、材料科学、环境保护等相关专业领域关心文物保护的科技人员也有参考价值。

图书在版编目(CIP)数据

心系石窟:岩土文物保护研究论文选/方云,王金华,赵岗编.—武汉:中国地质大学出版社,2017.9
ISBN 978-7-5625-4090-8

Ⅰ.①心…
Ⅱ.①方…②王…③赵…
Ⅲ.①文物保护-中国-文集
Ⅳ.①K870.4-53

中国版本图书馆 CIP 数据核字(2017)第 195400 号

心系石窟:岩土文物保护研究论文选		方云 王金华 赵岗 编
责任编辑:胡珞兰	选题策划:周旋	责任校对:徐蕾蕾

出版发行:中国地质大学出版社(武汉市洪山区鲁磨路388号)	邮编:430074
电　话:(027)67883511　传　真:(027)67883580	E-mail:cbb@cug.edu.cn
经　销:全国新华书店	Http://cugp.cug.edu.cn

开本:787毫米×1092毫米　1/16	字数:448千字	印张:17.5
版次:2017年9月第1版	印次:2017年9月第1次印刷	
印刷:武汉中远印务有限公司	印数:1—1200册	

ISBN 978-7-5625-4090-8	定价:98.00元

如有印装质量问题请与印刷厂联系调换

序

  黄克忠先生是我国著名的文物保护专家，退休前长期在中国文化遗产研究院工作，曾主持和参与过我国多项重大文物保护工程及战略规划，为有效保护三峡、敦煌石窟等众多珍贵文化遗产做出了重要贡献。黄先生尤其专长于岩土文物保护，为我国的石窟寺及文化遗产保护倾注了大半辈子心血。他老当益壮，至今仍奋斗在我国文物保护的第一线，令人敬佩，令我受益良多。

  我国的石窟文物在中华民族创造并保存至今的文化遗产中占有重要地位，时代上始于十六国，鼎盛于北朝隋唐，下至宋元明清，分布范围广，保存数量大。各地石窟的保存环境十分复杂，赋存载体脆弱，保存现状不容乐观，各类问题十分突出。黄先生借助地质专业背景的专长，从云冈石窟崖体保护做起，我院早期实施的敦煌莫高窟加固工程、天水麦积山石窟加固工程、瓜州榆林窟加固工程等不少重要石窟的保护工程，都有他不凡的卓识和贡献凝结其中。他见证了我国石窟从抢救性保护到科学保护的全过程。黄先生是一位注重理论与实践结合的学者型专家，在他近60年的文物保护生涯中和我国石窟文物保护发展史上，他都亲临一线，边实践、边总结、边推进，对我国的石窟保存现状和保护问题成竹在胸，形成了许多富有前瞻性和前沿性的保护理念，并及时应用和指导当前的保护工作，有力地促进了我国石窟文物保护科技的发展。黄先生的学术视野不只局限于石窟保护领域，他还对我国当前文化遗产保护领域亟待健全的，诸如文化遗产保护学科建设、文化遗产地监测、国际合作及文物保护工程存在的问题都有所涉猎，提出了自己的真知灼见。可以说，多年来我国的岩土文物保护取得的长足进步和巨大成就，与黄先生的率先垂范和积极贡献是分不开的。

  特别值得提及的是，自1989年以来，敦煌研究院在国家文物局的支持下，与美国盖蒂保护研究所开展了长达28年卓有成效的合作保护，黄先生作为技术顾问，全程参与指导中美合作保护莫高窟项目，包括环境监测、风沙防治、裂隙位移监测、薄顶洞窟加固、攻关项目第85窟壁画保护等，为各项目的策划与实施做出了重要贡献。20世纪90年代末，我还与黄先生一同被聘为《中国文物古迹保护准则》编写组的中方成员，期间切磋研讨颇多，对保护原则和保护理念的认识我们非常默契。

  今天，我高兴地看到黄先生将自己多年来对岩土文物保护的论著付梓出版。这册新作《心系石窟》凝聚了他的文物情、石窟情、敦煌情，涉及到敦煌石窟保护的众多领域，不仅是对我国岩土文物保护的阶段性、专题性总结，也是今后指导年轻一代继续做好文化遗产保护的引领性著作，相信该书的问世必将对我国包括岩土类文物在内的文化遗产保护产生深远的影响。

  黄先生与我既有同乡之情，又有同志之交，且有同庚之谊，加上中国文化遗产研究院与敦煌研究院两个兄弟单位在业务上多有合作交流，所以我们在共同从事弘扬的中国文物保护研究的事业中，建立了近60年的深厚友谊。长期以来，黄先生对敦煌文化遗产保护管理工作进行了指导，对我个人工作也给予了颇多支持，在此顺致谢忱。

  以此为序，并祝黄先生身体健康，为中国文物和石窟保护事业再立新功！

樊锦诗

2017年6月

目 录

第一篇　黄克忠论文选

石质文物保护的特点及需求 …………………………………………………（2）
石质文物的保护 ………………………………………………………………（11）
探讨石质文物保护的几个理念问题 …………………………………………（57）
北京文物环境的现状与保护对策 ……………………………………………（62）
中国石窟寺的保存修复 ………………………………………………………（65）
石窟保护今昔评述 ……………………………………………………………（70）
石窟寺的地质环境 ……………………………………………………………（75）
话说石窟的窟檐 ………………………………………………………………（78）
任重而道远的莫高窟文化遗产保护 …………………………………………（81）
龟兹石窟保护今昔探讨 ………………………………………………………（84）
大足石刻加固工程中的检测工作 ……………………………………………（87）
从遗址保护方案中看到的一些问题 …………………………………………（97）
走近吐鲁番的坎儿井 …………………………………………………………（102）
走向21世纪的中国文物科技保护 ……………………………………………（104）
纵观中国文物的科技保护 ……………………………………………………（111）
完善文化遗产保护的学科建设 ………………………………………………（117）
加强文物保护措施的有效性和耐久性的评估 ………………………………（122）
从一些文物保护工程的缺憾谈起 ……………………………………………（125）
《纪念旧都文物整理委员会成立80周年》发言稿 …………………………（127）
多学科在古建筑保护中的应用 ………………………………………………（128）
文物建筑材质的研究与保存 …………………………………………………（138）
没有规矩　不成方圆 …………………………………………………………（142）
浅议文化遗产地的监测工作 …………………………………………………（144）
读《石质文化遗产监测技术导则》中文版有感 ……………………………（147）
中国文化遗产保护的国际合作 ………………………………………………（149）

从石质文物保护的历程看《威尼斯宪章》的影响 ……………………………………（154）
对《中国文物古迹保护准则》中有关合理利用的理解 …………………………（157）
澳大利亚访问汇报 …………………………………………………………………（159）
中国维修保护周萨神殿的初步设想 ………………………………………………（164）

第二篇　石质文物保护综述

敦煌石窟崖体加固历程与思考 ……………………………………… 王旭东（169）
粉尘对云冈石窟石雕的影响机理研究 ……………………………… 黄继忠（180）
恢复正常状态：石质文物的预防性保护与保护性处理 …………… 马涛等译（189）
花山岩画保护研究 …………………………………………………… 王金华（206）
大足石刻数字测绘的探索与实践 …………………………… 赵岗　黎方银（217）
联合国教科文组织在文化遗产保护方面的国际合作策略——以中国新疆库木吐
　喇千佛洞保护修复工程为例 ……………………………………… 杜晓帆（229）
龙门石窟潜溪寺渗水病害治理研究 ………………………… 方云　李随森（238）
不能忘却的记忆 ……………………………………………………… 黄克忠（263）

黄克忠论文选

石质文物保护的特点及需求[①]

石质文物的类型多,分布广,如崖洞、石棚、石殿、石窟寺、摩崖造像、石塔、石桥、石阙、经幢、石牌坊、墓葬、陵墓,及周围的石构物(如雕塑)、碑碣、题记、岩画等。石窟寺为年代最长远、规模最大的宗教建筑,也是中国最古的建筑群。它们是一种特殊的建筑形式,是中国建筑史上用石头写成的篇章,无论在哪一方面的意义都是十分深远的。

一、对文物价值的评估

只有对文物价值有深入的了解,才能知道我们要保护什么,怎么保护。

文化遗产价值中最根本的两条是真实性和完整性。完整性过去主要是指文化遗产本体的完整,但是现在完整性的概念发展了,要综合代表一种文化内涵,代表文化线路或文化体系,不仅仅看它的结构是否完整。这样,对中国文化遗产保护在完整性方面提出了新的要求。对真实性的理解,也不仅是文化遗产的历史、艺术和科学价值,更扩展到自然与人工环境、传统技艺、宗教与习俗等。除考虑文化遗产的实体外,还要关注居住其中的人,它们是文化遗产的继承者和传承者,两者共同组成的环境是今天和长远必须重视的保护课题,这就是发展的理念。

举例来说,千手观音造像位于重庆大足宝顶山大佛湾,是我国现存最大和最完整的集雕刻、彩绘、贴金于一体的摩崖石刻造像,具有较高的历史、艺术与社会价值。800年的风雨沧桑使千手观音伤痕累累。大足千手观音的保护修复是一个综合性强、复杂性高的项目,对它如何认识和保护,是对保护理念和实践能力的一次考验。

我们从大足千手观音像的修复过程就可了解(图1),使用残留金箔已经不能作为历史信息保存下去。《中国文物古迹保护准则》总则中明确提到"保护的目的是真实、全面地保存并延续其历史信息及全部价值",而保存文物对象的全面价值,若不考虑千手观音的宗教功能,即包含了记忆、情感、教育等内容的社会价值,就无法全面地认识它的价值构成,就有可能将活态的文化遗产狭隘地认识为丢失原有功能价值的遗迹,在修复的过程中也无法科学合理地对遗产的整体价值予以保护。

图1 千手观音保护修复工程专家论证会

还要看清楚哪些是需要保护的文物,哪些不属于文物。在巩义石窟的一个上报维修方案中,要将石雕表层厚度仅几十微米的发亮薄膜当污染物清洗掉,而它却是唐代工匠留下的涂层,尽管还不清楚当时的意图,但这是重要的历史信息,属于文物的组成部分。如果清洗了,我们就会成为破坏文物的罪人。

[①] 该文为初次进入文物保护领域的设计、施工人员的培训讲稿。辽宁有色勘察研究院,2016.5。

二、前期研究和精细勘察

每处遗产地的自然环境、地质环境、文物本体特征、主要病害、管理需求等都不一样,对它们要有全面的认识。因此,要仔细阅读当地已经批准的文物保护规划,并作为重要的指导文件。如果是世界文化遗产地,就要认真阅读申遗文本及批准时的评价。

所谓"精细勘察"是相对地质、建设部门的勘察而言,石质文物保护工程的勘察工作要求更加细致。如岩体分层,除了解其岩性、结构特点外,还要知道孔隙率、力学强度、含水量随深度的变化、微裂隙的分布及充填程度等。除了解裂隙的性质及分布规律外,还要结合文物建筑的形制、应力分布进行分析。裂隙作为水的通道,要找出其具体危害文物的途径。作为风化、卸荷、松弛带的地质体,还要关注开凿洞窟、雕刻造像后千百年的变化历程,如应力重分布的集中荷载分布区、卸荷裂隙的分布及与其他裂隙的组合对洞窟稳定性带来的影响等。

石窟寺属于宗教建筑,由寺庙及石质洞窟岩体构成。早期一般为前殿后窟,其形制具有地区和年代特征,洞窟与岩体构成各种力学关系。石窟岩体的变形和破坏,往往是先从应力集中部位和表层力学性质劣化较严重的薄弱部位逐渐展开的。因此稳定性和耐久性的研究是目前保护石窟的两大课题,石窟的地质环境也不能脱离这两个问题。对于耐久性问题,也就是常说的石质文物表层的劣化(也称风化),国内外的研究已经十分深入。对石窟的稳定性问题,怎么与地质环境联系,这是要研究的又一课题。开窟后的应力重分布,存在变形、位移、蠕变及突变等问题,如窟顶的开裂变形掉块,与开窟的形制有关。平顶、穹隆顶与有中心柱的窟顶其应力状态有很大的不同。石窟大都开凿在河边陡坡上,边坡稳定性又是另一类应力变形问题,而且石窟的稳定性还涉及边坡与洞室结合的三维空间结构。

有关稳定性的分析与计算,对于坡体失稳边坡的稳定性计算方法有10多种。与石窟稳定性有关的有定性分析、极限平衡分析、块体理论分析、物理模拟分析等方法。目前用得最多的是极限平衡分析及有限元法。当前岩石力学界已经发展到以岩体仿真模型进行数值分析,是将有限单元法的连续介质模型和离散元为主的非连续介质模型结合为统一的连续-非连续介质模型进行分析计算。

有的文物保护工程在尚未清楚遗产地的价值、主要病害以及以往保护修缮历史的情况下,就布置大量勘察手段,看似先进,实际是带有盲目性,往往造成浪费。恰当的保护技术可以使濒危文物得以保护修复,但保护措施是否得当,有无"过度治疗""小病大治"的倾向,也就是干预过多、不合理地增加安全系数、保险再保险,反而不利于文物的保存,且耗费大量的资源。

从地质的角度研究岩石的风化,是根据岩体不同深度的岩石矿物成分和风化程度,以及岩石的物理力学性质指标(如声波V_P、弹性模量E_d,点荷载抗拉强度等)的变化,定性、半定量地划分不同的风化带及每个风化带的厚度。一般的风化带可划分为强风化层、弱风化层及新鲜层3类。分带标准可用垂向电测深、岩石化学成分氧化物质量分数及裂隙率统计等方法综合定量测定出来。这种调查对寻找建筑物顶部的漏渗水通道和防止石窟壁面风化而确定防护层厚度等是必要的。但是,对于石雕的风化概念就不能采用上述分带方法。作为艺术品来说,其表面几个厘米的深度是十分珍贵的,一旦表层出现1~2cm的剥落或粉化等现象,这件石刻艺术品就大为逊色,甚至要失去其原有的价值。所以,为了研究保护石雕表面很薄的岩石,需要对它进行矿物的风化变异、物理力学性质等微观的研究,有必要借助偏光显微镜、扫描电子显微镜、微测深仪及物质成分分析(包括化学的、物理的)等手段进行其风化程度和深度的定量测定。

对于风化深度与程度的研究,首先应进行石雕风化形态的调查,以便了解文物风化破坏的全过程。通过岩相及风化产物的微观研究,配合室内各种化学和物理力学性质的测试,以定性或定量的数据,测出石雕风化的速度和程度,然后按石雕损坏的程度和成因类型进行分类,为下一步的治理措施提供科学依据。

石雕的不同风化形态具有不同的成因。如粉状风化与水的活动密切相关,板状风化与卸荷裂隙和应力集中部位的水活动有关,页片及皮壳状风化与日照、地下水、可溶盐的聚集有关,带状、洞穴状风化与岩石的不均质成分有关等。云冈石窟窟内壁面及石雕聚集的各种盐类达14种之多,其分布有不同规律,主要由地下水对砂岩的溶滤作用造成,其中尤以含结晶水的可溶盐危害最大。

对石雕表面风化程度与深度的研究,目的是为防护材料的选择提供依据,据此决定防护材料所要求达到的性能指标、材料的施工工艺、防护层的厚度等。风化程度的研究主要是通过表面形态的观察,并采用点荷载试验得出强度指标,使用声波仪测出声波速度。用抗拉强度(S_t)、风化抗拉强度指数(τ)及纵波速度(V_p)等表示。石雕的风化深度是通过垂向电测深(小四极)、岩石化学成分氧化物质量分数随深度的变化及裂隙率统计等综合定量测定的。使用偏光显微镜、扫描电子显微镜、微测深仪及物质成分分析等方法测出石雕表面风化深度(平均值)。

石雕的风化速度,以通过同一地点、间隔多年前后的照片对比,设立风化长期观测场和窟区定期取样分析试验测定的结果表明石雕破坏的速度。风化长期观测场的做法是:在壁面开凿一定规格的凸出试块(也可用曝晒架和试块代替),进行表面形态、微测深试验(视电阻率的变化值)及声波测试(纵波与横波速度、动弹模量的变化)等,定期记录其变化速率。

对于前期研究,可再举一例。如对石质文物析出的盐类,首先对其形态进行观察分析,有呈皮壳状的,有粉末状的,或呈粒状突起等;观察其颜色有黄、褐、白、粉等色;再观察其产出的部位和分布。其次,要分析盐的来源,是岩石内的构成矿物中有可溶盐,或是雨水、地下水渗漏带来聚集于表层,还是大气污染造成的。进一步就要分析盐类的性质,是属于可溶盐,还是难溶盐,当然,危害最大的是可溶盐。如果石质文物是露天的,则应观察环境湿度与盐析的关系。一般春天干燥季节,盐类呈结晶物析出,梅雨或雨季就消失。如果高湿环境向低湿环境急剧变化,则结晶盐就会脱落,同时将石刻表面薄层也一起剥落。此外,岩石内水的含量也与环境湿度有关,外界湿度高,岩石就吸水,外界湿度低,岩石内水随之移动、蒸发,同时将可溶盐带出。但是像云冈石窟岩体表层的易溶盐已经淋滤掉,剩下的难溶盐充满了孔隙,表面形成一个硬壳,而内部还存在糊状的可溶盐,如何对它进行保护处理,就是另一个问题了。

对于我们技术人员来说,接受每个大型复杂文物保护工程的勘察与设计时,都会感到是一次重大的挑战,甚至有越干越胆小的感受。目前中国文化遗产研究院接受的山东定陶汉墓原地保护工程,就是一个十分复杂的难题,要做到万无一失很不容易,可以看到他们正从几个方面努力去尽量避免失误:前期的勘察病害调查要更细致,找准主要病害对症下药;如需要做隔水帷幕,就要确定底部隔水层的可靠性;要有多专业人才的会诊,引进能应用到文物保护工程中其他行业的先进技术,引进符合实际需要的可行的监测手段;有统筹协调各专业团队能力的组织将才等。每个重大工程的勘察过程,都离不开研究的内容。如最近在大足石刻宝顶山治水勘察工作中,发现卧佛渗水呈层状,没有明显的构造裂隙与卸荷裂隙,岩体不存在孔隙渗透,这些渗水到底是从什么途径来的,令人疑惑。经专家提醒,后研究证实,是由于岩体中的软弱夹层产生构造层间错动,造成大佛头部等处的少量、点状渗水。找到了病根,这就为下一步设计保护措施提供了可靠依据。再如圆觉洞内的宋代石刻雕像,用传统技艺留下科学与艺术巧妙结合的排水系统,要让它继续发挥作用,将水截、排、导出洞窟外,不再对石刻产生危害,这也需要研究和评估(图2、图3)。

图 2　大足宝顶山圆觉洞

图 3　大足北山防渗工程

三、设计理念要清晰,保护措施要评估,引用规范要慎重

首先要对保护理念和技术方案的可行性进行全面的评估,要指出它可能带来的后果,综合利弊。理念与保护措施是不能分开的,如危岩加固使用锚固技术,它对文物价值有什么影响甚至危害,就要有理念、原则的指导。文物保护工程应突现文化要素,多样性和独特性是文化遗产保护中价值评估的重要因素。因构成文物实体的材料、文物的类型和重要价值、制作工艺和保存现状都各不相同,保护需求与方法各异。首先要对文物价值的风险进行评估后再进行保护工作。保护方案中除了每个细节都不能对文物有害外,还需剖析因修复过程是否会带来次生病害的可能性,对其积极效果和负面效应都要进行全面的评估。以往对麦积山石窟治水的经历,是有教训的。该项工程曾将治水的目标定在文物所依附的整个山体上,将贯穿山体的构造裂隙作为治理重点,结果对石窟渗水没有起到有利作用。后来改变设计思路,针对具体的石窟渗水途径,采取不同的措施,才见成效。

在审核文物保护设计方案时,经常看到不少方案都称为"抢险加固",也许有人认为这样容易批准。要定义什么是抢险,与人健康有关的大家很好理解,涉及危及生命的病人要抢救,所采用的措施与慢性病的防治是不同的。我们在文物保护工程中,哪些属于抢险呢?例如:地震造成文物的坍塌、损坏;崖壁掉石、崩落危及文物与游客的安全;洪水、滑坡、泥石流造成文物的损坏等。其他因各种自然、人为因素对文物构成各种病害威胁,是一个缓慢的过程,就不能称为抢险工程。抢险工程有时间及经费等限制,采取的措施可以是临时性的,不必全都要求耐久性,但对工程措施的可行性、有效性、最小干预等原则的评估,还是必不可少的。

我们在采用保护措施时,如何掌握好保护原则,应该具体问题具体分析。如何执行最小干预原则,例如石窟治水的措施,以往也是首先用少干预的方法,但不解决问题,才采取更大的干预措施。就以大足北山石刻摩崖的水患治理来说,此处多数造像普遍位于岩体的上层潜水带中,大量渗水长期严重损害着石刻造像,后采用开凿隧洞降低地下水位的办法,才解决了长期渗水对文物伤害的问题。其中对价值珍贵的第136窟内渗水的治理也是逐渐加大干预的过程,开始只采取窟内针对性的治理方法,过几年后又产生渗水,于是,对窟顶贮水的覆盖层进行防渗处理,还是未止住水;第三次,只能采取将与渗漏直接关联的岩体切割,与石窟分离,紧靠窟顶边构筑排水沟等措施,才做到90%以上的渗水得到治理。同样的道理,古建筑的落架大修,也是在用其他手段无法保持其稳定情况下的不得已措施。所以,无论是原则的贯彻或保护措施的应用都不要绝对化。

最近我就对在吴哥窟看到的两个案例产生疑问。墙体已经倾斜到即将倒塌的状态,不是将它归安加固,而是用巨大的钢架支撑。这对观众去体会其历史和艺术价值是否合理?新开放一处称崩密列的寺庙遗址,展示的都是未经整修的原始崩塌状态,观众在网上大加称赞,认为这是吴哥窟最吸引人的一处遗址(图4)。难道这也体现最小干预的原则?至少不符合不改变文物原状的原则。

由于与文物保护工程有关的规程规范还不多、不健全,因而经常参考相关部门的规范。但在引用其他部门的规范时,要慎重,不能照搬。因为我们保护的对象是已经遭受千年以上岁月磨炼的脆弱文物,只能使它们"延年益寿",不可按岩土工程规范的要求"强壮筋骨"。安全系数过高,反而对文物不利,也不符合文物保护的原则。某单位在乐山大佛两侧处理危岩体的申报方案,曾被打回去要求修改,不料他们回复说是完全按照规范设计,并得到当地专家审核通过的,不能修改。问题就出在危岩体上还有大量的窟龛文物,又紧靠着大佛,按规范设计的保护措施严重影响了文物的安全。设计者眼中只是个单纯的危岩体,未将它按文物保护工程的原则和特点设计。还有一种情况是将文物本体与载体同等看待,设计相同的保护措施,这样会把文物的许多特殊要求忽视了,而对载体的加固又过于保守。

图4 吴哥窟墙体加固

四、关于石质文物防风化保护方面的建议

1. 要尽力收集以往的资料

这些资料包括研究报告、试验报告与勘察、设计文件等,因为50多年来,在石窟、摩崖石刻工作过的单位很多,可供学习和参考的内容不少。就以我在20世纪60年代跟着北京地质学院的王大纯、苏良赫教授的团队在云冈的工作为例(图5),我们在云冈做过不少勘察、研究与试验工程。仅探井就挖了3处,第18窟山顶后部就开凿了18m深的探井,第9窟前地面开挖3m深的浅井。为了解水平方向壁面的劣化与渗水规律,在第3窟东北隅开凿了一个1.5m²见方断面的平硐。为了分析石雕表面劣化的成因,在20多处不同深度取样,仅磨的薄

片就有100多片。北京地质学院地质系的赵不亿老师专门对云冈的地质岩性写过文章。90年代中国建设勘察研究设计院的勘察设计报告,内容细致、翔实,还用了不少物探手段。黄继忠博士在科技部"十一五"科技支撑项目的研究课题中取得了大量的成果,这些资料可以为后续工程减少很多工作量,也可以使后续工程少做重复劳动,少走弯路。

图5　云冈石窟加固工程

2. 要对以往做过的实验、工程做认真的总结与评估

对于我们每年实施的大量文物保护工程来说,保护修复对文物造成的改变是无法避免的。我们的保护措施是在坚持科学的传统技艺和应用多学科现代技术的实践过程中克服缺点,不断进步的。有效性是工程立项与批准设计的前提。耐久性是检验、判断工程质量与时效的标准,但往往对这方面缺少关注,因为它需要一定的检测手段和时间的考验。

对于大量的露天石质不可移动文物,不可能都用保护性建筑盖住,要控制周边的环境,往往很难做到。即使在窟内,像云冈石窟第4窟,也已经风化得惨不忍睹。当石质文物已经劣化到可能消失的时候,是否可以进行必要的干预,是一个经常争论的内容。对于石刻表面劣化防护是否使用化学材料的问题,不少人将化学材料直接施加在文物本体上,存在着不少疑虑;是否会造成文物的破坏,耐久性怎样,不可逆是否会影响后人的再保护,并且以往已有不少失败的教训等。如果这些问题得不到肯定的回答,没有切实可行的保障措施,当然不能轻举妄动。但是,眼看许多石刻、石雕被日晒雨淋、风蚀、污染等严重损害,甚至有消失的危险,对需要抢救、"救命"的文物,还是要采取必要的保护措施。化学的保护方法应该是一种必不可少的措施,问题是需要严格按照程序,进行科学的试验、检测和论证,真正做到万无一失。是"救命"还是"治病",需要进行严格选择。能不能用,什么时候用,怎么用,都需要综合评估与周密思考。这方面也有成功的先例,大足石刻用化学材料进行防风化保护,就是较为典型的例子。当地正是酸雨侵蚀受害严重的地区,近几十年发现石刻的风化加速,雕像表面风化成疏松状,已到非抢救不可的程度。因此,在20世纪90年代初,得到国家文物局批准,使用有机硅类化学材料进行文物表面封护加固,由于从材料筛选、改性,室内试验检测,现场试验,施工工艺,到效果检测,都能按程序严格把关,设计者认真负责地在现场监督实施。经过20多年的考验,进行观察与测试,证明效果良好,现在仍然有保护作用。

在选择保护材料时应考虑诸多因素：

(1) 环境，如地理位置、气象（雨量、日照、湿度、风等）、毛细水、污染、振动、绿化等。

(2) 材质，如石质文物性质（矿物成分、孔隙率、结构、构造等），是否含盐、有无水的通道、风化程度、受损状况；保护材料的性质，渗透性、表面张力、防水、固结性能、耐老化性、使用的溶剂、固化剂、催化剂、活性剂是否恰当适量，与石质是否会有不良反应。

(3) 保护的全过程中对人体的毒性如何，有无危害。要注意防火，不污染环境。

(4) 经费的可行性等。

重视施工工艺，是保护工作成败的重要一环。如孔隙率要求减少到什么程度，透气透水性如何控制；渗透深度的控制；材料渗透如何形成梯度渐变；如何防止表面固结成厚膜，使表面不变色，无眩光；使用的工具、喷射的距离、压力大小、浓度配比、喷涂次数等都要严格控制。

既要重视室内试验，更要重视现场试验（中间试验）。主要是关注被加固处理后的实际变化。因此要跟上检测的手段，要检验孔隙率的变化、材料浓度梯度变化、防水性、固结强度（控制值）、盐类是否活动等。最好是用无损检测方法，如回弹仪、微测仪、卡斯特瓶、声波仪等。还要经过至少一年时间的考验，通过鉴定后才能正式往文物上使用。

此外，不要把化学保护作为唯一的手段，还应有综合治理的观点，物理的、生物的、改善环境等方法都要考虑，应根据当地环境，保存现状、病害、病因及文物材质的特点选择合适的方法。还需要对它进行有效的长期监测与跟踪评估，及时总结经验与教训。

3. 要检验保护措施的有效性与耐久性

事实证明使石质文物"益寿延年"还是可行的。但如何来检验其有效性与耐久性呢？国外的同行已经为我们树立了典范。近40年来，欧盟尤其是德国和意大利在石质文物保护理念与实验研究水平、监测与检测技术等方面有巨大的进展。从2008年开始，由德国在石质文物保护方面有建树的10个研究单位的科学家组成团队，联合进行"环境污染对石质文物影响—长期监测风化和保护的方法、标准与发展"研究课题。其中着重研究在文物上使用保护材料后出现的有待处理的问题。他们在合适的研究方法、评估保护措施是否有效的标准和如何应用这些方法的知识等方面，获得了详细、丰硕的成果。在实施研究计划前，他们做了充分的准备，如研究方法的标准化、可行的质量评估体系和档案记录标准格式等。他们将跟踪保护的效果和日常维护，以提高未来的保护策略高度。跟踪以往所做过的文物保护维修项目，意味着要连续不断地对它进行监测，记录它的变化，判断文物是否需要小修小补，或者要全面修复。要求对维修的对象及环境、使用的防护材料与实施工艺有详细的了解，对实施效果要进行严格的监测评估。监测的目的是为了延续文物的寿命而采取适当的保护对策，这些措施既要保证质量，又要有可持续性。在如何对各种保护修复方法进行评估方面，主要依据是连续至少10年的历史修缮档案记录，并要有资质的施工质量保证。同时引用了大量实践案例来证明其有效性、持久性与存在的弊病。通过上述研究成果，可以确定哪些是必要的措施，哪些是不必要甚至是有害的措施。早期诊断出病害的过程，能及早进行预防，避免因出现大规模的病害，而投入更多的精力与财力。

联想到我们的一些遗产地将监测工作与预防性保护几乎是画等号的想法，用了很多的监测设备,但缺少对数据的分析,找出原因、研究改进保护与管理的对策,更忽视了过去对石质文物实施保护后的跟踪、评估。没有总结出哪些监测方法是实用、可靠的,没有对这些保护措施的有效性、持久性进行细致和科学的评估,以指导我们今后的保护策略。他们的大量实践案例说明,保护材料是保护石质文物必不可少的。即使对当前我国的石质文物保护修复工程,如何保证质量和可持续性,也需要研究过去实施的保护措施是否得当、有效,存在什么问题。当然,我们主要是领会国外同行的理念与精神,在保护方法与监测、检测技术上,还要结合我国的实情进行筛选与创新,尤其在预防性保护中,除了化学的方法外,还可综合使用物理的、生物的方法。

过去的这些技术手段是否需要改进甚至废弃?如锚固、灌浆技术今后还能否使用呢?回答是肯定的。但是用在什么地方,怎么用,却要十分慎重与科学,并要结合具体的对象、环境,研究、试验出适合的材料与工艺技术。比如在前面提到的龙门石窟潜溪寺的治水灌浆技术就是这么做的。至于对可逆性原则的理解,我们要尽最大的努力去遵循。但是遇到用传统方法或其他物理、化学或生物的方法不能够解决其危险或结构性缺陷的问题时,不可逆的保护措施还是可以使用的。但是要不妨碍后人进行再处理。当然,今后的发展方向朝着预防性保护的观念努力,相信直接在文物本体上进行干预的措施会愈来愈少。对保护措施时效性的认识,我们需要建立一套有效的评估制度,进行长期监测与跟踪,工程实施前要进行严格的室内与现场试验,得出肯定的评估结论后方能实施。

五、要有创新的意识和动力

要提高文物保护领域的科技自主创新能力及学术水平。基础研究中以创新探索为目标的研究,在文物保护领域中,目前还很少有人去做。但在应用研究中,需要考虑如何应用基础研究成果和相关的理论知识,对文物保护的方法、技术、材料进行创新研究。最近,我参加科技部下达的"973"项目结项会议,这是有关壁画、彩陶和岩土文物保护的基础研究。成果颇多,6个子课题中有许多是创新、出彩的内容,对我们今后的文物保护工作有很大的指导意义。与德国研究项目相比,毫不逊色。

一个成熟的文物保护理论,必须要以深厚的历史文化沉淀为背景,我们要保护的就是文物所携带完整的历史信息,以确定它们的重要性、典型性、独特性和整个信息体系的地位。所以保护文物的真实性和完整性,也就是不改变文物的原状,是我们理念中必不可少的。以我国的石窟寺为例,它以独特的风格和完整的体系而著称于世界,同时也在长期的实践中积累和形成了与之相适应的自然体系的营造技术。因此在进行价值评估、保护程序、技术措施时,都要考虑石质文物所具备的文化、哲学和历史的观念。

石质文物保护需要采用多种学科的方法研究并解决如何保存好的许多难题,要求我们把自然科学、技术与人文、社会科学知识结合成为一个创造性的综合体。多种学科的理念和技术,需要结合遗产的文化价值、材质特性与其所处不同的环境,经过研究、试验、改造、创新和检验后才能应用于石质文物的保存。其整个研究与实践的过程,也是一次再创造的进程。

此外,这些保护理论和原则的信息积累是动态的、不断发展变化的过程,认识观念的变化也会影响保护方法的形成和发展。所以我们的保护理念是在一个动态开放、吸取精华的整体化保护模式中发展。而这些保护理论、价值观念的变化决定了保护技术与展陈内容的变化。正因为先进的文物保护理念是文物保护事业发展的基础,所以建立有中国特色的文物保护理论是十分必要的,但它不妨碍与国际文物保护的理论接轨。如已使用几十年的锚固、灌浆技术,应该考虑解决它们存在的问题:被水泥砂浆包裹着的钢筋锚杆,它的老化期不到百年,尤其用在文物本体上,它的弊病更多;环氧灌浆材料的收缩应力大,与周边岩石的强度往往不匹配,很快又会产生新的裂缝。再如,石雕防风化保护,目前使用有机材料较为普遍,尽管它们对文物无害,不少的要求能得到满足,但是,终究老化后很难再取出来,如果多次处理,其孔隙率会越来越小,与我们的先辈使用的材料相比,耐久性可能差很多。即使应用无机材料或纳米等材料,在云冈石窟温差大、冻融现象严重的地区,同样存在不少需要深入研究的问题。

由于我们担负着文化遗产保护与利用的重任,应用的最新科学技术领域越来越广阔,在不同文化背景、不同自然环境、不同技术传统和不同遗产类型的应用过程中不断被检验、被证明、被修正、被丰富,从而衍生和变化出新的、具有时代气息和地域特点的、有针对性也更符合实际的新内容。因而文化遗产保护科技的内容也会不断地充实、完善、提高。完善、发展文化遗产保护学科的体系,正是文化遗产保护工作者长期要做的事情。

石质文物的保护[①]

一、概　述

石窟寺是在山崖陡壁上开凿出来的洞窟形式的佛寺建筑。石窟寺起源于印度，随同佛教手法的处理，我国从汉代开始崖墓已具有悠久的传统。所不同的，崖墓是封闭的墓室，而石窟寺则是供僧侣的宗教生活之用（刘敦桢等，1980）。历史上中国对待外来文化的态度是经过消化吸收变成了中国自己的东西后，才在文化中出现，石窟寺就是最明显的例子。

中国的石窟寺绝大部分分布在新疆维吾尔自治区的"丝绸之路"和黄河流域、长江流域的10多个省区。据统计，造像在10尊以上的明代以前（17世纪至3世纪）的石窟、摩崖造像在全国有100余处。具有一定规模的大中型石窟群和摩崖造像已被列入全国重点文物保护单位的有80余处。如著名的莫高窟、云冈石窟、龙门石窟、麦积山石窟、大足石刻、炳灵寺石窟等，它们已有千余年的历史，是石窟的珍贵艺术宝库。如在麦积山，南、北响堂山和天龙山的石窟外廊上，不仅有准确细致的仿木结构建筑形式，而且体现了当时木结构的艺术风格，通过雕刻塔、浮雕和壁画，为后代留下极其丰富的建筑风格和装饰花纹，如莲花、卷草纹和火焰纹。

唐代的石窟艺术尤其是壁画、造像、碑刻已达到成熟完美的境界。如敦煌莫高窟的壁画、彩塑，洛阳龙门石窟奉先寺的石雕等。

陵墓建筑显示了在建筑技术上，中国掌握着高超的砖石结构的技术，对材料的性能和力学有深切的认识，这是一种纪念性的建筑物。但其内容和功能不仅于此，还包括人对身后世界环境的安排。它与宫殿一样，是当代有代表性的最大建筑物。从其建筑艺术、材料和技术上都反映了地面建筑的水平，而且还是建筑与风景结合的极好范例（李允鉌，1982）。帝王陵墓建筑的数量和规模都较大，如北京的明十三陵，陕西的乾陵、顺陵、桥陵，河南的宋陵，河北的清东陵、清西陵等，四川成都的王建墓，以及山东肥城孝堂山墓祠等。墓葬的地上、地下都有石构建筑和石雕。

古建筑庙宇内的各种石刻数量也很丰富，如北京紫禁城内的汉白玉栏杆就有1000多米长，其他石柱、龙凤石雕不计其数。曲阜孔庙、登封初祖庵等处石柱上的雕刻十分精美。

时代较早的石阙和经幢，如有名的河南中岳汉代三阙（太室、少室、启母），四川雅安的高颐阙、平阳府君阙等，上面刻有人物、车马、鸟兽、书法及建筑装饰图案等，是十分珍贵的史料。经幢上也有许多精美的石雕和价值很高的石刻文字，如河北赵县的陀罗尼经幢、定县义慈惠石柱等。

题记、碑刻几乎遍布全国，最著名的有西安碑林、焦山碑林、云南陆良的爨龙颜碑、陕西药王山碑刻等。

城墙、石桥、石塔常常被看作是一种永久性的、纪念性的建筑物，加上本身功能目的上的要求，因而理应采取一种不易于损毁的坚固的结构方式。所以在结构材料上大部分都尽可能

[①]　该文原载于《中国文物保护及修复技术》，科学出版社。

使用砖石来建造,如万里长城,西安和南京的城墙、城门。石塔中有隋朝建造的山东济南的四门塔,该塔是我国现存最早的单层石灰岩质石塔,为平面方形,有中心柱,四面设门,雕刻精湛。福建泉州开元寺的花岗岩双塔及莆田的广化寺石塔,平面八角五层,楼阁式,结构严谨,技艺高超。明代建造的北京真觉寺的金刚宝座塔,是石砌建筑的5座小塔。隋代建造的著名赵州安济桥,是世界上最早的敞肩石拱桥。宋代建造的晋江安平桥,是由363个石桥墩组成的平桥,全长2200m。金朝建造的卢沟桥长226m,由11孔连续的圆拱构成。

其他类型的还有元代建的北京居庸关云台城门洞,全是由汉白玉精细雕刻。明末清初山西五台山龙泉寺石坊的透雕,形象十分精美。

由于大多数石质文物暴露在室外,千百年来的日晒雨淋等自然营力的长期侵蚀及近代工业、基本建设的发展和环境污染等,使得石质文物风化破损的速度日益加快,已经到了有可能大量失去的程度。例如,北京故宫的汉白玉栏杆及望柱上的雕刻花纹,仅隔60多年就被风化得模糊不清,甚至有些地方手触即掉粉末,风化剥蚀的深度已达10~20mm。一些举世闻名的石窟寺,如云冈石窟、龙门石窟、克孜尔千佛洞、乐山大佛等因地下水侵蚀、裂隙风化开裂,地震等引起石窟崩塌,石雕严重风化,溶蚀剥落。兴修水利引起炳灵寺石窟的小气候温湿度骤变,雕像在近20年内由圆润光滑变得掉粉、落沙、粗糙、模糊。还有因不懂得保护的方法和原则而造成保护性的破坏,如天安门前的华表,原来汉白玉质的表面蒙上一层污垢,某施工单位修缮时,用机械和化学方法将表层石质与污垢一起洗掉,焕然一新。原意是保护文物,实际却起到了破坏文物的作用。

我国的文物保护方针和原则是符合国情的。有人把《威尼斯宪章》等国外的一些文物法规看作是各国文物保护工作必须遵循的最高准则。应该看到《威尼斯宪章》主要是由欧美的文物保护专家起草的,里面阐述的原则主要是涉及欧洲文化遗产的保护,反映的是西方保护和管理的历史发展过程,没有考虑其他地区的文化观点、文化差别等综合因素。但是也要看到,《威尼斯宪章》是100多年来西方文物保护专家实践的总结、共同探索的成果,我们可以从中得到许多有益的借鉴,应取其精华为我们所用。但这不妨碍我们而且完全有必要根据中国的国情、文化传统和建筑特点等总结出我们自己的文物建筑保护理论和原则,目的是能够使我们更严密、更细致地理解和执行这些原则。

在石质文物保护的原则和方法上,当今东、西方的差别不多。如西方展示早期的石构建筑,大多是残存现状,一般不作恢复。而中国石构建筑遗迹的展示,尽管有不少争论,但大多数文物工作者也是这种观点。如北京圆明园遗址、承德避暑山庄内的建筑遗址。过去做过较多的复原式修复,也不认为是恰当的。其他如要求尽量保存文物古迹的真实性、完整性;要求遵循少干预、可逆性的原则,观点都是一致的。如果要说有差别的地方,西方在石构建筑保护中,新添配的构件与原构件有较明显的差异,反差较大。而中国修复人员则要求"远看差不多,近看有区别",更追求修复后要与环境协调。要求通过尊重古迹的内部意义来保护外部特征,以便达到形式与内涵的和谐平衡。此外,由于我国石质文物多样复杂,因此要求制定的维修原则包容性大,适应面广。

我国是发展中国家,目前又处在改革开放的关键时期,转向市场经济的浪潮中,基本建设不断地在开拓扩展,要跟上建设的步伐去保护被发现和将要破坏的大量文物,处于十分被动的状态,再加上文物保护经费短缺,因此提出的保护方针要有紧迫感。比如"保护为主,抢救第一,合理利用,加强管理""重点保护,重点发掘""既有利于基本建设,又有利于文物保护"等这些方针是符合国情的,也是相当长的时期内要执行的(黄克忠,1993)。

在贯彻文物保护的原则时,还要结合当时当地的实际,对石质文物保护的指导方针或原则精神应不断学习、理解,结合本地实际予以融会贯通。尤其是文物保护法和实施细则中的条款含意要清楚,结合当地实际,具体贯彻到维修设计方案中去。比如我们在研究乐山大佛的维修方案之前,在领会"不改变原状"的原则基础上,考虑了6条具体要求:

(1)通过保护要使大佛的历史、艺术、科学等方面的价值尽可能完整地保存下来,不要忽略某个方面的价值。

(2)把保护的重点放在预防大佛所在的自然环境遭受破坏或恶化的方面。但通过对环境的综合治理,又不能破坏其周围的风貌。

(3)尽量减少对石质艺术品附加新东西,石质很完整未风化的地方就不要涂抹材料,原来附加的证明对文物有害无益的部分,要经过专家认真研究,报上级部门批准后才能去除。

(4)修缮中如需要用新材料、新工艺,则应经过对材料和工艺的科学检测证明对文物无害,保护有效后方能使用,文物上应尽可能避免使用水泥。

(5)一切维修的措施应该是可逆的,它们不应妨碍后人采取进一步的保护措施。

(6)如对某一部分必须修复(它只能占总体的很少一部分),修复前一定要对原状有明确可靠的证据,被修复部分要做到"远看差不多,近看有区别",并在修复后的档案中给予记载。

我国石质文物的科学保护工作起步较晚,20世纪60年代初才投入较大的力量。自中华人民共和国成立以来,政府曾先后对莫高窟、云冈、龙门、麦积山、大足、须弥山、克孜尔等大型石窟群进行了系统或整体的勘测、维修、抢险加固及治水、排水工程。也相继对高颐阙、王建墓、南越王墓、永济桥、永通桥、卢沟桥、司马迁墓祠、赵州陀罗尼经幢等一批石质文物建筑进行了全面的加固维修。这些工程无疑是起到了抢险加固目的,基本上排除了崩塌风化的险情,为以后的研究利用、参观开放创造了必要的条件。在抢险加固工程之前的调查研究中,曾先后采用近景摄影测量、地球物理勘探、工程水文地质等方法。加固危险岩体时,则采用喷锚加固、化学灌浆、表面封护等综合手段。检查工程质量时曾采用超声波仪、测深仪等方法。在石雕防风化材料研究方面,北京、甘肃、四川、陕西等单位均已在有机材料及无机材料应用方面取得了可喜的成果。

欧洲的一些国家对石质文物建筑的保护工作开展得较早。一些石质文物建筑较多的国家如意大利、希腊等,在20世纪40年代就进行了石构建筑物的修复、清洗以及大理石雕像的修复工作。近20多年来,他们的保护技术有很大的发展,如意大利国家文物保护中心等单位在20世纪80年代初对罗马的塔拉耶诺圆柱进行了科学修复。这是一个30多米高、直径近4m的大理石建筑物,表面全是精细的雕刻。为查明损坏原因,他们采用了近景摄影、超声波、热像仪等多种方法进行探测,对大气有害成分进行测定,并对石质的各种物理、化学性质进行多项检测。由建筑、考古、测量、地质、物理等10多名专家组成一个工作组进行有条不紊的工作。总的来说,意、法、德、瑞典、加、日、美等国在测试和分析技术上设备先进,强调保护程序和档案记录。埃及尼罗河上游努比亚地区的阿布·辛姆贝尔神庙,由于修建阿斯旺水坝,迫使神庙搬迁后升高至安全地带。在联合国教科文组织专家的协助下,从1962年开始至1982年完成,采用机械方法把石体雕像及建筑分切成块后搬运,重新安装起来。此工程规模宏大,耗资超出3500万美元。狮身人面像(斯芬克斯)严重的风化残破状况经多年细致的环境监测、盐类分析、石质微观研究后,最近已在修复保护。希腊雅典卫城的巴特农神庙,有地震、大气污染及前人错误的维修方法造成的危害问题,为防止大面积崩落和石雕的风化损坏,宏大的维修加固工程已被提到议事日程,吸引了许多国家的文物保护专家的关注,近年来一直在做遗址勘测、病害调查的工作。印度的石质文物,尤其是与我们相近的石窟寺很多,他们在联合国教科文组织专家的指导下,进行过大量的保护工作,尤其是对海边潮湿、含盐、水分侵蚀下石质文物的去盐及表面封护材料等方面有其独到之处,目前他们还与意大利文物保护专家合作研究保护埃罗拉及阿健陀石窟。墨西哥的石质文物非常多,尤其是玛雅文化留下的宏伟建筑,近年来也在积极加强保护维修。柬埔寨的吴哥遗址是举世闻名的石头城,现已有包括中国在内的许多国家组织力量在进行抢救保护。

不少国家已建立起仪器设备完善、专家云集的石质文物防风化实验室,如意大利佛罗伦萨石质文物研究所,威尼斯文物保护研究所与罗马国家文物保护中心,美国的盖蒂基金会文物保护研究所及路易斯维尔大学石质文物实验室、斯密森博物馆实验室,英国大英博物馆实验室,法国罗浮宫博物馆实验室,日本奈良文化财研究所、东京国立文化财研究所、东京艺术大学文物保护实验室,加拿大国立文物保护研究所,德国得克萨斯州石质文物研究所、巴伐利亚文物局,印度国家文物保护研究中心等,都已做了大量卓有成效的工作。

我国至今尚未建立起独立的石质文物实验室,但在中国文物研究所培训中心、陕西西安文物保护中心、国家博物馆、北京大学、浙江大学、西北大学等单位,已相继开展石质文物的保护研究与修复工作。

近年来,国际间的学术交流活动在中国也比较活跃,较早的如联合国教科文组织委托中国文物保护技术协会和博物馆学会于1986年在北京召开的"亚洲地区文物保护技术研讨会",有10个国家参加,其中中国提交的有关石质文物保护的论文有6篇。1988年在希腊召开的工程地质与古建筑、遗址的保护学术研讨会上,中国学者提交的岩土文物建筑及环境保护论文达10余篇。1989年国家文物局与美国盖蒂基金会文物保护研究所共同研究保护敦煌莫高窟和云冈石窟的合作项目,对两处分别进行了气象、洞窟内外环境的监测,莫高窟顶的沙漠治理,云冈石窟煤尘污染的监测以及窟顶防渗排水的试验等。此外,还举办了一期石窟遗址管理培训班和两期"丝绸之路上古遗址的保护"国际会议。此项合作是成功的,10多年来,在培养中国文物保护的高级人才、壁画保护及检测方法、资料信息处理现代化方面进行了有效的合作。陕西省文物局与德国研技部主持,由陕西文物保护中心、秦俑博物馆与德国巴伐利亚州文物局合作研究郴县大佛寺石窟的加固与防风化保护项目、兵马俑色彩保护项目,也已取得不少成果。

20世纪80年代以来,我国文物保护工作者关于保护岩土文物建筑的研究成果以及应用于维修工程中的新方法、新技术,获得了国家科技进步奖或文化部、国家文物局科技进步奖。获奖的项目有:"石窟围岩裂隙灌浆加固技术""石窟加固工程中检测方法研究""用锚固去整修荆州古城墙""麦积山石窟加固工程""近景摄影测绘技术在石窟测绘中的应用""西汉南越王墓维修加固工程""治理乐山大佛的前期研究""司马台长城修缮工程设计""潮湿环境下石窟围岩裂缝灌浆补强材料的研究""无机材料加固风化砂岩石雕的应用研究""直流电阻率法等综合勘探地下文物""千佛崖石窟加固维修技术"等10余项(国家文物局,1992)。21世纪以来取得的成果更是硕果累累,如在龙门石窟、云冈石窟、大足石刻、北京石刻艺术博物馆、故宫博物院等处,均有大量的工程实践,取得了丰富的研究成果。

岩土文物建筑和遗址的保护与修复,是应用自然科学的手段对文物进行调查研究及保存维修的学科领域。它所研究的内容广泛,与自然科学的许多领域都有联系,也与社会科学关系密切,是一门交叉的应用科学。我国从事这方面工作的文物保护队伍人数少,也还年轻。应强调依靠社会科技力量提高文物保护的科技水平。要利用国际合作,掌握先进的科技信息,培养掌握现代检测技术的文物保护人才。同时要充分调动、集中使用国内为数不多的文物保护力量,对一些大而难的项目进行协作攻关。在当前我国不可能建立大而全的文物保护实验室的情况下,要考虑一盘棋,避免重复设备、重复研究。逐步建立起各具特色的研究中心和维修工程专业队伍。虽然这已经属于行政管理的内容,但也应是文物保护的重要组成部分。

鉴于对石窟、墓葬、石构建筑等保护技术都有专门论述,此文的重点放在石雕、石刻等石质文物的病因、调查方法及保护技术等方面。

二、石质文物的特性

(一)石质的种类、结构、构造

岩石是由一种或几种矿物组成的集合体,具有一定的化学成分、结构和构造。按成因可分为火成岩、沉积岩和变质岩三大类。石质文物都存在于这三类岩石中,如砂岩、砾岩、页岩、粉砂岩、石灰岩、凝灰岩等属于沉积岩;花岗岩、安山岩、伟晶岩、流纹岩、玄武岩等属于火成岩;大理石、汉白玉、板岩、片麻岩等属于变质岩。这三类岩石的结构、构造有较大的差别,如火成岩是由岩浆在地下或喷出地面后冷却凝结而成的岩石,由于岩浆固结时的化学成分、温度、压力及冷却速度的不同,可生成各种不同的岩石。大部分火成岩是结晶质的,小部分为玻璃质。如花岗岩,是一种分布很广的深成酸性火成岩(岩石中硅的含量高,呈酸性,如果富含铁、镁或钙等矿物,就呈碱性),SiO_2含量多在70%以上,颜色较浅,以灰白色、肉红色较为常见,主要由石英、长石及少量深色矿物(如黑云母)组成,具花岗结构或似斑状结构。变质岩是由原来的岩石,受到构造运动、岩浆活动或地壳内热流变化等内动力的影响,使其中的矿物成分和结构构造发生了不同程度的变化。它的岩性特征,一方面受原岩的控制,而具有一定的继承性;另一方面,由于经受了不同的变质作用,在矿物成分和结构构造上具有其特征性。如大理岩,是一种以方解石、白云石为主的碳酸盐矿物含量大于50%的变质岩石。它是由石灰岩、白云岩等碳酸盐岩经区域变质作用或热接触变质作用而形成。大理岩中可含少量蛇纹石、透闪石、透辉石、方柱石、金云母、镁橄榄石、石英或硅灰石等特征变质矿物,因而出现不同的颜色和花纹。一般具有粒状变晶结构及块状构造,有时可具条带状构造。其中结构均匀、质地致密的白色细粒大理岩,又称为汉白玉。

因我国石质文物中大量的属于沉积岩类,故本书着重介绍沉积岩的研究方法。

沉积岩按其成因和物质成分可分为碎屑岩(如砂岩、砾岩、粉砂岩、冰碛岩)、黏土岩(如泥岩)、化学沉积岩(如岩盐、石膏)和生物化学沉积岩(如生物碎屑灰岩)。沉积岩研究主要是研究它们的物质组成、结构、构造、风化过程等。如碎屑岩就是由母岩机械风化形成的矿物和岩石碎屑经搬运、沉积、压实、胶结而成的岩石。其结构组分除主要是碎屑颗粒外,尚可含有基质与胶结物。胶结物就是充填于颗粒间孔隙中的化学沉积物,最常见的胶结物是氧化硅(石英、蛋白石、玉髓)、碳酸盐(方解石、白云石、铁矿石)以及各种氧化物,还包括一些黏土物质等微细粒状充填于较大碎屑之间的基质。再细分,砂岩的结构、构造是粒径0.625~2mm的砂粒含量占50%以上,其余为基质或胶结物。砂粒的主要成分为石英、长石、云母、岩屑等,胶结物的成分有硅质、铁质、钙质。按砂岩中碎屑的主要颗粒大小又可分为粗粒砂岩、中粒砂岩、细粒砂岩、不等粒砂岩等。又如石灰岩,是一种以方解石为主要组分的碳酸盐岩,常混入有黏土、粉砂等杂质,呈灰色或灰白色,性脆,硬度不大,小刀能刻动,滴稀盐酸会剧烈起泡。由于石灰岩易溶蚀,所以常形成石林、溶洞等(地质矿产部,1985)。

(二)石质文物特性的分析研究方法

1. 岩石的物理力学性质试验

这在国际岩石力学学会实验室和现场试验标准化委员会(ISRM)都有明确规定,试验方法分两类。

第一类是岩石分级和特性试验。对岩石材料的试验项目有:密度、含水量、孔隙度、吸水性;单轴压缩下的强度和变形,点荷载强度,各向异性指标;硬度、磨蚀性;渗透性;抗冻和耐崩解性;波速;岩相微观描述等。

第二类是工程设计试验。实验室试验项目有:强度包络线的测定(包括三轴和单轴抗压、抗拉强度试验);直剪试验;时间效应和塑性试验。

每个测试项目都有具体的建议方法,包括适用范围、设备、程序、计算、成果报告等内容,可在做试验时查阅。

2. 岩石的化学定量分析

主要分析岩石中各氧化物的相对含量,以便确定岩石类型、成因,为保护石质文物、制定防止继续风化对策提供依据。

3. 岩相鉴定

此项工作对研究风化石雕有重要的作用,故在此作详细介绍。

1)范围

在工程上,岩石的显微岩相鉴定是指测定与岩石或岩体力学性质有关而用宏观鉴定又无法获得的各种参数,诸如岩石的矿物组成、粒度和结构等。对于透明矿物,常用的鉴定方法是在折射光下观察岩石薄片。对于不透明矿物,则要通过切片,抛光做成光片,然后在反光镜下进行鉴定。为了确保岩石分类的正确性,首先应确定出岩石的矿物成分和结构,进而对非均质岩石作岩组分析和矿物分析,确定其蚀变或风化程度、粒度、微小裂隙及孔隙度。

2)设备

(1)加工岩石薄片的设备:主要有精密薄片切割机、磨片机等。

(2)鉴定岩石薄片的仪器:偏光显微镜,通常也用来鉴定不透明矿物。

(3)按体积定量测定岩石的矿物组成(形态分析)的仪器主要有求积仪、求积台、机械计数台(台式计算器)或目镜附件。

(4)测量粒度的仪器通常是标有刻度的测微目镜或显示标准度、颗粒形状的网格。

(5)测定岩石的非均匀性、岩相或结构的仪器,在岩石薄片上进行非均质程度的定性估计,常用 1/2 波长的检板(石膏检板),这是岩相显微镜的一种附件。对于岩石非均质性的定量统计鉴定,用旋转台和等积网(施密特网),这是岩相显微镜的一种附件。

(6)专业设备,测定细粒岩石如页岩、泥岩、黏土等的矿物成分,采用 X 射线衍射仪、红外吸收光谱和差热分析技术。观察破裂面的表面特征和矿物颗粒,则采用扫描电子显微镜。

3)程序

(1)准备工作。

(2)薄片鉴定。

(3)岩相报告。建议采用表格形式。

矿物鉴定要由有经验的岩相人员进行(岩石定名、矿物成分等),从岩石力学的实际需要考虑,鉴定可以简化。岩石样品的形态分析可采用上述的任何一种。显微断裂和次生蚀变的测定应十分精心地鉴别岩石的机械破损、显微断裂和表现岩石工程地质性质与强度方向性的矿物弱面。这项工作包括测定岩石的风化及其他次生蚀变程度。粒度测定,粗估岩石的平均粒度,通常是测定工作的一部分,可用体积、块度、最大、中间或最小截距、面积等术语表示。岩组分析需由受过专业训练的人员用旋转台来完成,一般分析只限于简单观察,借以了解影响岩石力学性质的一些因素,包括说明颗粒的排列方向、形状、接触关系以及基质或胶结物等。胶结物的鉴定内容包括:成分、含量、分布状况和充填孔隙的方式,观察胶结物的结晶情况和自形程度,胶结物间的接触关系,胶结物与颗粒的接触关系。注意有无溶蚀、交代和包裹现象,判断胶结物形成阶段和胶结类型以及各种胶结物生成的先后顺序。

除上述分析、试验方法外,对石质文物表面的风化产物使用比较多的综合方法,有 X 射线衍射分析、X 荧光分析、扫描电子显微镜观察、差热分析等。

(三)常见的几种石质文物的主要参数

1. 物理性质

1)孔隙率

岩石孔隙的性质是研究石质文物风化与保护的一个重要指标。岩石孔隙的形成是一种复杂的地质过程。原生的粒间孔可以被压缩,溶解作用可以扩大孔隙,胶结物可以充填孔隙。所以岩石的孔隙既然是多种成因造成的,它必然是一种混合分布的形式。孔隙直径小于 10^{-4} mm 的称为微孔隙,孔隙直径 10^{-4} mm $< D <10^{-1}$ mm 的称毛细孔隙,大于 10^{-1} mm 的称气孔隙。开型孔隙与闭合孔隙的总和称为孔隙率(η)。其定义是:

$$\eta = 孔隙体积 V_v / 岩石体积 V \times 100\%$$

通常是用实测比重 Δ_s 和容重 γ 计算:

$$\eta = (1-\gamma/\Delta_s) \times 100\%$$

2)岩石的容重(γ)

为单位体积(包括岩石孔隙体积在内)的重量。

$$\gamma = W/V \ (kN/m^3)$$

它还可分为干容重 γ_d、饱和容重 γ_m、天然的湿容重 γ。通常容重愈大,它的力学性质就愈好。

3) 岩石的比重（Δ_s）

是干重量除以岩石的实体体积（不包括孔隙体积）与4℃的容重相比。它取决于岩石矿物的比重。

$$\Delta_s = W_s/V_s \times V_w$$

式中，γ_w 为水的容重。4℃时 γ_w 等于9.8kN/m³。

表1给出了国内几处不同石质文物的孔隙率、容重和比重。

表2为一般石材的孔隙度。

表1 国内几处不同石质文物的孔隙率、容重、比重

地名	石质	孔隙率(η)(%)	容重(γ)(kN/m³)	比重(Δ_s)	纵波速度(V_P)(m/s)
云冈石窟	砂岩	3.8～18.8	21.0～25.0	2.57～2.65	/
北石窟寺	砂岩	27.48	19.0	2.62	/
炳灵寺石窟	砂岩	14.94～17.65	22.2～22.4	2.61～2.72	/
彬县大佛	砂岩	20～25	/	/	/
乐山大佛	砂岩	22.56	21.1～23.2	2.67～2.70	2200～2700
安岳大佛	砂岩	12.69	23.4	2.68	/
广元千佛崖	砂岩	16.89	22.1	2.48	/
广元皇泽寺	砂岩	12.64	23.5	2.69	/
大足北山石刻	砂岩	15.19	22.9	2.70	/
大足宝顶石刻	砂岩	15.01	21.7	2.55	/
雅安高颐阙	砂岩	4.46	25.7	2.69	/
克孜尔千佛洞	砂岩 泥岩	20.9 0.267	/ 18.6(干) 23.2(湿)	2.72 2.74	/
麦积山石窟	砂砾岩	13.01	23.4	2.69	/
榆林窟	砂砾岩	/	23.0	/	1864（1708～1948）
龙门石窟	白云岩 石灰岩	1.7～7.4 1.2～9.3	25.6～27.0 25.8～26.9	2.68～2.73 2.54～2.71	/
乾陵石雕	石灰岩	0.36	/	2.72	/
广西花山岩画	石灰岩	2.87	/	2.66	/
镇江焦山摩崖	石灰岩 石英斑岩	/	26.5 24.6～25.0	2.67～2.85	/
河南灵泉寺	大理岩	/	/	2.7	/
将军崖岩画	混合花岗岩 石英片岩	0.81～2.25 0.99～1.67	26.1 26.0	2.66 2.64	/
海南美榔塔	玄武岩	/	23.2～28.3	2.87～2.94	/
莫高窟	砾岩	/	/	/	1200～2300

表 2　一般石材的孔隙度(以％表示)

花岗岩	砂岩	石灰岩	大理岩	板岩	玄武岩
0.5～1.5	0.5～25	5.0～20	0.5～2.0	0.1～0.5	0.1～1.0

2. 水理性质

实际就是岩石的含水性质。岩石的含水状况随空气的湿度和温度而迅速改变。

1)吸水率(i)

为了判断岩石的风化特性和耐冻性,就需测定吸水率,又称孔隙指数,即岩石的吸水百分率。定义是干燥岩石在大气压力下吸水的质量 W_1 与岩石干质量 W_s 之比,用 i 表示。

$$i = W_1/W_s$$

它又可分自然吸水率和饱和吸水率。

自然吸水率 i:在大气压力和室温下,自由吸水量与试样干燥质量的比率。

饱和吸水率 W_2:在煮沸或真空状态下的最大吸水量与试样干燥质量的比率。

它们的比值就称饱水系数(K_w)。

2)饱水系数(K_w)

$$K_w = i/W_2$$

在国际岩石力学学会推荐的标准国际单位制中,还有含水量 w 和饱和度 S_r 的概念。

3)含水量(w)

$$w = M_w/M_s \times 100\%$$

式中,M_w 为孔隙水质量;M_s 为岩石固体质量。

4)饱和度(S_r)

$$S_r = V_w/V_v \times 100\%$$

式中,V_w 为孔隙水体积;V_v 为岩石固体体积。

水对岩石的渗透性能,是指在水压力作用下,水穿过孔隙介质的能力。用它来(间接)判断岩石微裂隙的发育程度和风化性质,其参数为比风化能力。测定方法是:用直径 3cm、高 4cm 的圆柱体试样,四周严密封闭,在 25 MPa 的压力下,使水穿过试样,记录水流速度和水质成分的变化。此法需要专门的仪器设备,需要获取岩石的透气、透水性能时才做。

5)毛细吸水系数(W_c)

是评价水在石质毛细孔隙中移动情况的一个重要参数。它是单位面积岩石毛细水吸水量与时间平方根曲线的斜率。

$$W_c = \omega/\sqrt{t}$$

式中,ω 为单位面积岩石毛细水吸水量;$\sqrt{t}$ 为时间平方根。

6)蒸发速度系数(E)

岩石内水蒸发速度的测定,是用蒸发速度系数 E 表示,也用含水率与蒸发时间曲线来表示。

$$E = \mathrm{d}m/A\mathrm{d}t$$

式中,A 为底面积。

一些地区石质文物的吸水率、饱水系数、毛细吸水系数及含水量的实测数据见表3。

表3　石质文物的水理性质指标

名称	岩性	吸水率(i)	饱水系数(K_w)	毛细吸水系数(W_c)	含水量w(%)
克孜尔	砂岩	45.74	/	/	1.55～7.3
北石窟	砂岩	9.57	/	/	1.01
炳灵寺	砂岩	3.59～3.96	/	/	/
大足北山、宝顶山	砂岩	5.07～5.14	0.53～0.66	/	2.07
广元千佛崖、皇泽寺	砂岩	5.81 4.16	/	/	/
高颐阙	砂岩	1.44	/	/	/
四川安岳	砂岩	4.16	/	/	/
乐山大佛	砂岩	5.83～8.19	/	/	/
三峡库区	细砂岩 中砂岩	2.75 6.64	/	/	/
云冈石窟	砂岩	1.63～4.17	0.85	/	0.38～0.5
莫高窟	砾岩	/	/	/	0.1～0.8
花山岩画	石灰岩	0.05	0.15	/	/
龙门石窟	石灰岩 白云岩	0.084～0.775 0.357～1.620	/ /	/ /	0.09～0.35 0.21～0.48
乾陵石刻	石灰岩	0.23	/	0.096	/
西沃石窟	石灰岩	0.23	/	/	/
灵泉寺	大理岩	0.34	0.39	/	/

3. 力学性质

石质文物的力学强度、变形参数与抗风化的能力是密切相关的。常用的指标有抗压强度(σ_c)、抗拉强度(S_t)、抗剪强度(τ)、弹性模量(E_d)。对于风化石质文物的表面强度，还使用点荷载强度与回弹试验的指标。

不同地区的岩石有不同的力学强度值，即使同一类岩石，由于其粒度、矿物成分、结构以及各处风化类型等差别，必将会造成原岩与表面风化岩石强度的不同，岩石含水量的不同，其力学性质也会有很大的差异。有人用风化系数(K)来评价岩石的风化程度，即新鲜岩石的极限抗压强度与风化岩石极限抗压强的比值。K 也称之为强度折减系数。

$$K = \sigma_c(s)/\sigma_c(f)$$

岩石在浸水后力学强度降低的性能用软化系数(η)来表示。它是岩石饱水状态下与风干状态下的极限抗压强度之比，是判断岩石耐风化、耐水侵蚀能力的指标之一。某些石质文物的力学指标参见表4。

表 4　石质文物的力学性质指标

名称	岩性	抗压强度 σ_c(MPa)	抗拉强度 S_t(MPa)	抗剪强度参数 c(kPa)　φ(°)	弹性模量 $E_d \times 10^4$(MPa)	泊松比 μ
云冈石窟	砂岩	粗 64~69 中 77~83 细 104~120	16.6 16.5 21.0	12.4　41 16.0　48	1.62 1.48	/
大足宝顶	细砂岩 泥岩	41.2 5.6	0.72 0.36	8.0　30.0 1.0　38.7	1.72 4.69	0.17 0.1
炳灵寺石窟	砂岩	41.2	/	/　/	/	/
乐山大佛	砂岩	12.12~25.46	/	/　/	/	/
麦积山石窟	砂岩	109.8	/	/　/	/	/
三峡库区	中细砂岩 中砂岩	68.25 22.00	3.15 0.68	6.86　50.9 2.90　39.1	/	/
北石窟寺	砂岩	5.1	/	/　/	/	/
克孜尔石窟	砂岩 泥岩	1.823 4.970	0.086 2.350	1.6　47 0.05　15~20	/	/
龙门石窟	石灰岩 白云岩	106~140 116~131	2.4~3.2 5.4~6.3	38~55　28 40　24	1.5~1.7 1.8~2.3	0.21~0.25 0.26~0.32
乾陵石刻	石灰岩	97.2	4.5	24　46	2.96	0.31
南响堂石窟	石灰岩 泥质灰岩	122.0 /	6.0 /	/　/ /　/	1.0 0.5	0.26 0.30
灵泉寺石窟	大理岩 石灰岩	121.6 101.6	/ /	3.8~8.5　27	6.24 3.69	/
西沃石窟	石灰岩	43~135	5.33	/　/	/	/
广西花山岩画	石灰岩	142.6	/	/　/	2.57	0.31
镇江焦山石刻	石灰岩 石英岩	30.9~70.2 23.1~46.2	/ /	0.06~0.09　/ 32~49　40	46.8~71.8 22.9~60.0	0.15~0.27 0.16~0.20
孔望山石刻	花岗岩	152.0	7.10	41.4　40.8	13.5	0.33
将军崖石刻	花岗岩	158.3	6.39	8.28~13.8　20	14.7	0.33
海南美榔塔	玄武岩	1.9~4.3	/	4.0~9.3　41	/	/
将军崖石刻	石英片岩	99.9	6.69	17.5　37.1	9.0	0.30

这些数据都是按国际岩石力学学会推荐的试验方法、用规则试块在万能材料试验机上测试的结果。

为了研究石质文物表面的力学性能,并避免采取规则岩样的困难,推荐采用一种较为简便有效的点荷载试验方法来研究和评价岩石的风化程度。它是将不规则的岩石试块置于上、下两个球端圆台之间,利用球端圆台状加荷器对试样施加压力,直至试样破坏,通过计算求得试样强度。岩石在点荷载作用下发生的破坏具有明显的拉断性质,测到的数值分散性高于常规方法,其精度也比常规方法稍低,可以增加试验数量来提高精度。其试验成果与我国 53 个工程的各风化带岩石强度数据相比较,基本相近。通常将点荷载试验的数据称为抗拉强度(S_t),又将抗拉强度的平均常用对数值称为风化抗拉强度指数(τ_{St})。

$$\tau_{St} = \lg S_t$$

这个指标是评价风化程度的指标之一。它不仅表示物理的强度指数,而且表现出与包括化学风化作用的整体风化机制有关系。

由于试样的形状、尺寸和加荷方向对试验结果有影响,所以在现场尽量将试样修整成相似大小,沿试样最短轴方向(径向)加荷。每组取样均在12个以上。如能配合声波法,与点荷载成果互补互验,更能获得可靠结果。表5为大足石刻点荷载试验与常规试验成果的比较。

表 5　大足石刻的点荷载试验与常规试验成果比较

试验点	宝顶				北山			
	原岩	弱风化	强风化	常规试验(弱风化)	原岩	弱风化	强风化	常规试验(弱风化)
平行层面 S_t（MPa）	2.0	1.29	0.50	1.30	2.21	1.22	0.73	1.4
平行层面 σ_c（MPa）	46.6	32.0	12.2	49.9	58.2	27.5	16.6	47.0
垂直层面 S_t（MPa）	2.18	1.94	/	1.80	/	/	1.0	2.2
垂直层面 σ_c（MPa）	48.9	45.2	/	54.5	/	/	26.4	55.1

另一种测试岩石表面强度的方法是回弹仪,又称施密特锤击试验。它在建筑部门用来测试灰浆或砖的强度,其优点是可在现场直接测试。原理是利用弹簧弹射的冲力打击在试件的表面,其回弹力量的强弱反映出岩石表面的强度。试验点每组10次,要试验若干组才有代表性。将每组试验10次中的5个最低值扣除,而引用5个最高读数的平均值(r),根据回弹平均值和岩石的容重(γ),可在图上查出对应的抗压强度值。一般来说,较坚硬的岩石,回弹仪试验得出的抗压强度值较常规试验的值偏低,见表6。

表 6　常规力学试验与回弹试验、点荷载试验成果对比

名称	项目	岩性	常规试验（MPa）	回弹试验（MPa）	点荷载试验（MPa）
西沃石窟	抗压强度 抗拉强度	石灰岩	70.50 5.33	43～135 /	/ 8.59
灵泉寺石窟	抗压强度	大理岩 石灰岩	121.6 101.6	42～85.8 67～130	/ /

4. 岩石的化学成分与矿物组成

为给岩石定名,解释地质现象以及研究岩石风化过程的变化规律,就需要进行化学或物质成分分析。最常用的是物质成分的全面分析,即全定量分析。石质文物大多数是硅酸盐岩石,它的全分析项目一般为：SiO_2、Al_2O_3、Fe_2O_3、FeO、MgO、CaO、Na_2O、K_2O、TiO_2、P_2O_5、MnO、H_2O^+、H_2O^-共13项,其总和应接近100%。

如果需要了解岩石中含有哪些矿物,这类分析需借助多种仪器设备,如X射线衍射仪、红外光谱仪、偏光显微镜、扫描电子显微镜、差热分析等综合方法。表7为云冈石窟采用上述方

表7 云冈石窟表面风化矿物名称及含量百分比

矿物含量(%) \ 样品号 \ 取样地点 \ 矿物名称		1	2	3	4	5	6	7	8	9	10	11	1965年分析	1987年分析
		第3窟主室本尊			平硐口面上角表面粉末	第4窟东龛顶片内粉末	第5窟通道北壁洞穴内粉末	第6窟北壁西侧片内粉末		第10窟外西柱薄叶片		第28窟外西壁处内粉末	差热、光谱、X衍射分析综合成果(定性)窟号	化学分析、差热、X衍射、红外光谱、扫描电镜鉴定成果,窟号(含量)
		脚内侧薄叶片	叶片内粉末	西侍表面粉末					第18窟西佛脚		表面粉末 薄叶片			
难溶盐	方解石、文石 ($CaCO_3$)	2.8	4.4	2.5	2.1	1.7	4.5		2.6	3.9	6.3	4.3	3#,9#,19#	18#,28#,3#
	含水碳酸镁 ($MgCO_3 \cdot nH_2O$)		8.6	2.4	75		20	3.4					3#,6#,8#,9#,10#,11#,14#	3#,6#(61),18#,28#
中溶盐	白云石 [$Ca、Mg(CO_3)_2$]					5.2			2.4		3.0	12	3#	
易溶盐	六水泻盐 ($MgSO_4 \cdot 6H_2O$)	<1	1	2		50	<1	<1	50	30	<1	1	5#,6#,7#,8#,9#	3#(44),18#(3)
	泻利盐 ($MgSO_4 \cdot 7H_2O$)				1									18#
	芒硝 ($Na_2SO_4 \cdot 10H_2O$)												3#,6#,14#,34#	6#
	天然碱 ($Na_3H(CO_3)_2 \cdot H_2O$)													3#
含水矿物	硅钙石 ($CaO \cdot 2SiO_2 \cdot 3H_2O$)				3									
	赤铁盐 ($MgFe_3(OH)SO_4 \cdot 7H_2O$)													18#
黏土矿物总量		13	13	14	15	7	21	16	15	15	12	12		

注:①每个样品内都含大量主要矿物:石英、长石。②$MgCO_3 \cdot nH_2O$ 包括三水菱镁矿($MgCO_3 \cdot 3H_2O$),多水菱镁矿($MgCO_3 \cdot 5H_2O$),水菱镁矿[$Mg(OH)(CO_3)_2]_2 \cdot H_2O$)。③黏土矿物总量包括:变化高岭土、水白云母、伊利石、镁拜来石等。④1965年分析者:北京地质学院;1987年分析者:中国科学院地质研究所;其余样品为北京矿冶研究总院1985年分析。

法研究岩石表面风化产物的成果。

各类石刻的化学成分见表8。

如果仅研究岩石中易溶盐的化学组成,则可采用提取液离子分析的方法(表9)。目的是研究岩石在水的作用下是否会发生晶解和膨胀。

综上所述,在对石质文物进行保护之前,一定要对石材的性质有深入的了解,最重要的几项指标是:孔隙率、毛细水在石质内的运动速率、渗透性能、表面强度、化学稳定性(如可溶盐含量,不稳定矿物)等。

表8　石质文物化学成分的氧化物百分含量

名称	SiO_2	Al_2O_3	Fe_2O_3	FeO	MgO	CaO	Na_2O	K_2O	TiO_2	M_nO	P_2O_5	CO_2	SO_3	H_2O^+	H_2O^-
云冈石窟	73.42	13.62	1.51	1.36	0.72	1.08	0.32	2.70	0.68	0.05	0.07	/	0.02	3.56	0.12
大足石刻	76.15	11.75	1.58	0.60	1.23	0.59	2.90	1.80	0.38	0.04	0.11	0.22		1.97	0.83
麦积山石窟	65.68	10.45	1.54	1.16	1.37	7.07	2.06	3.66	0.15	0.07	0.08	4.10	0.01	2.40	0.66
乐山大佛	75.16	7.04	2.34	/	0.98	5.74	1.67	1.67	0.25	/	/	/	/	/	/
北石窟寺	83.31	6.26	0.74	1.59	0.99	0.87	2.28	1.77	0.03	0.24	0.08	1.02	0.06	0.97	0.31
炳灵寺石窟	73.35	10.41	2.55	0.70	1.43	2.83	2.15	2.46	0.21	0.05	0.11	1.59	0.15	2.92	1.18
丁房阙	51.92	7.23	1.98	1.56	1.72	9.79	1.20	1.07	0.25	0.20	0.16	0.67	12.1	3.65	6.16
无铭阙	67.47	12.88	3.03	1.69	2.21	2.36	3.40	2.20	0.57	0.13	0.14	/	/	3.37	0.91
临江岩造像	56.31	8.18	1.74	2.47	2.45	8.03	1.43	0.97	0.28	0.24	0.08	0.54	9.03	4.00	4.09
三峡造像	77.72	9.97	1.05	0.85	1.65	1.56	1.75	1.70	0.27	0.11	0.11	/	/	1.86	1.13
龙门白云岩	1.32	0.33	0.50	/	21.17	29.97	0.02	0.30	0.02	0.02	0.01	/	0.00	0.14	0.16
石灰岩	0.99	0.27	0.43	/	4.54	49.59	0.33	0.14	0.02	0.02	0.06	/	0.03	/	/
西沃石窟	0.16	0.24	0.13	/	1.79	52.50	0.01	0.17	0.01	0.00	0.01	/	/	0.94	0.86
花山岩画	1.14	0.21	0.10	/	6.00	51.48	0.27	0.30	0.01	0.00	0.02	/	/	/	/

表 9 石质文物中易溶盐提取液离子分析(易溶盐化学组成 mg/100g)

名称	岩性	pH 值	碳酸盐(％)	HCO_3^-	SO_4^{2-}	Cl^-	Ca^{2+}	Mg^{2+}	K^+ Na^+	干涸残渣	易溶盐组合
克孜尔	泥岩	6.2	26.41	1.73	1.63	4.85	2.52	1.90	3.79	624.0	$NaCl,CaSO_4·2H_2O$, $Mg[HCO_3]_2$
克孜尔	细砂岩	5.8	36.50	1.65	0.15	1.79	1.54	1.31	0.74	328.0	$Ca[HCO_3]_2,MgCl_2$, $NaCl,CaSO_4·2H_2O$
克孜尔	风化产物	5.4	9.67	0.06	0.72	0.06	0.07	0.77	/	/	$MgSO_4·6H_2O$, $CaSO_4·2H_2O$, $Mg[HCO_3]_2$
泉州西塔	花岗岩	5.8	/	0.07 1.08	15.31 97.67	0.19 1.25	8.4 1.00	0.07 2.18	0.12 3.87	26.1	$CaSO_4,MgSO_4$, $NaCl,NaHCO_3$

注:表 9 为沉淀物的化学分析。

三、受损原因及诊断方法

(一)自然风化的作用

由于自然营力(包括日光紫外线照射、气象条件、地质地理、洪水、地震等)引起石质的损害,如石雕溶蚀、石刻崩塌脱落、石雕风化、渗水蚀变、地震坍塌、冲沟切割、结冰冻胀、沙漠粉尘、沙暴吹蚀、生物腐蚀、植物根劈等。本文重点研究石质文物受风化作用的损坏。而风化作用又可分为物理风化、化学风化和生物风化。

1. 物理风化

物理风化对石质文物的破坏,主要表现在太阳紫外线的辐射;温度与湿度的变化使表层中的水与气体体积的变化;干湿交替使各种矿物产生不同的胀缩系数,强度小的矿物易碎裂;水冻结时体积将膨胀 9％,在石刻内产生压力,造成矿物颗粒间空隙加大,使石刻开裂、强度减低,加大了水的渗透性。

需研究试验的项目有:日照、日温差、文物表面温度、年降雨量;石质的矿物成分、化学成分;孔隙率、吸水率等物理特性的测定;裂隙、剥离面的测量;冻融现象;风化程度、深度的测定等。

冻融破坏,此类现象在北方寒冷地区和干旱、半干旱地区都普遍存在。其调查研究方法是:首先在全国范围内了解可能出现冻融破坏的地区、寒冷的程度、冻结期以及不同石质冻融破坏的形态。其次要了解气温与岩石冻融破坏间的关系,做试样的冻融试验,岩样在水饱和状态下,放置在冰箱内使温度降至 $-10\sim-2℃$,再恢复至 $10℃$,一天一次,根据石质好坏,可往复 10~50 次。然后称重量,计算重量损失率 W_1(损失量与试验前的干重之比)。测一天内试样表面温度的变化以及距表面深度的温度变化。

另一种方法是用声波仪测定岩石孔隙率变化与纵波速度（v_P）的关系；岩石的冻结破碎性能与 v_P 的关系；岩石含水率与 v_P 的关系，以此了解试样的冻结深度；最后根据以上资料来推断冻结破坏的危险程度。

2. 化学风化

化学风化主要表现在石刻内的水（包括裂隙水、孔隙水、毛细水等）与气态的 O_2、CO_2、SO_2 等共同进行水化、氧化、还原、碳酸化等综合作用，逐渐使岩石中的矿物（如长石等）变成松散的黏土矿物，胶结物或碳酸钙溶蚀，造成石质文物的表面风化解体。大气污染因素使岩石分解成 Cl^-、NO_3^-、SO_4^{2-} 等阴离子，矿物中的 K^+、Na^+、Ca^{2+}、Mg^{2+} 等离子溶解移动，形成黏土矿物间的阳离子交换。

以上两种风化现象，在大陆性半干旱气候地区表现得最为明显。如云冈、北石窟寺、炳灵寺、须弥山等石窟内石雕的风化是以冻融、巨大温差、干湿交替作用而引起的物理风化为主。其次是含有盐类的地下水渗入石雕的孔隙，造成石雕表面的盐类沉积、结晶、膨胀等，使岩石中矿物产生蚀变的化学风化作用也很普遍。此外，出土的石质文物同样也存在大量的盐类。下面重点介绍盐类风化作用的研究测试方法：

首先，要对石质文物析出的盐类形态进行观察分析，有呈皮壳状的，有粉末状的，或呈粒状突起等，观察其颜色有黄、褐、白、粉等色，再观察其产出的部位和分布。

其次，要分析盐的来源，是岩石内构成的矿物中有可溶盐，或是雨水、地下水渗漏带来聚集于表层，还是大气污染造成的。进一步就要分析盐类的性质，是属于可溶盐（如 NaCl、KCl、$MgSO_4$、Na_2SO_4、$MgCl_2$、$CaCl_2$ 等），中溶盐（如 $CaCO_3$、$MgCO_3$ 等碳酸盐），还是难溶盐（如 Fe、Mn、P 的化合物或 Ni、Co 等重金属元素组成的盐类）。

当然，危害最大的是可溶盐。如果石质文物是露天不可移动的，则应观察环境湿度与盐析的关系。一般春天干燥季节，盐类呈结晶物析出，梅雨或雨季就消失。如果高湿环境向低湿环境急剧变化，则结晶盐就会脱落，同时石刻表面薄层也一起剥落。此外，岩石内水的含量也与环境湿度有关，外界湿度高，岩石就吸水；外界湿度低，岩石内水随之移动、蒸发，同时将可溶盐带出。

还可以在室内做安定性试验（也称盐类风化促进试验），测试岩石的抗盐破坏的能力。试验方法是将试样在 14% 的硫酸钠（Na_2SO_4）水溶液中浸泡 2h，再在 80℃ 的干燥箱内干燥 70h，重复多次，观察试样风化的程度及质量损失率。同时测定其容重、比重、孔隙率、水饱和系数的变化。

3. 生物风化

生物风化是指各种植物和动物有机体对石质文物的化学分解和机械破坏。它往往发生在南方温暖潮湿的环境。如植物根系的根劈作用，使裂隙扩张、加宽；死亡的有机体使微生物迅速繁殖，形成的有机酸对石质腐蚀。如福建泉州的九日山碑刻，是花岗岩质，已被苔藓、地衣等低等植物腐蚀，表面疏松剥落，字迹已模糊不清。

研究方法是首先要取样鉴定有机体是什么生物，它是如何腐蚀石质的。如有一种噬硫杆菌就能将大理石中的硫化钙作营养剂，通过体内的新陈代谢作用把空气中的 SO_2 转化成硫酸，使硫化钙变成粉末。此外，还有硝化杆菌和亚硝化杆菌，把氨转换为亚硝酸来侵害大理石。在石灰岩、砂岩上能生长其他类型的细菌,分泌出草酸等有害物质。还应分清藻类、地衣类和土壤微生物的不同类型。地衣类就是藻类与菌类的共生物,它能生成地衣酸,属于脂肪酸类及芳香族酸类。不同的岩石生长着不同的地衣。土壤微生物产生的硫酸同样能溶蚀石质,形成固态硫酸盐层或粉末层,甚至形成斑状洞穴。

要了解生物腐蚀的程度,需在石质表面取样,检测 1g 生物(藻类、地衣或土壤)中含有细菌的数量、种类、繁殖的速度与覆盖的面积等。然后分别对各类微生物所需的营养物质和它们繁殖的适宜环境(湿度、温度、pH 值)进行了解后,再提出有针对性的防治对策。

除了上述微生物会腐蚀石质表面外,微生物还会改变石质表面的颜色,由于菌类或藻类产生的叶绿素、叶红素、黑色素以及一些矿物质,使石质表面变色。真菌类进入石质的缝隙里会产生压力,造成裂缝的扩大。

(二)各种形态水的危害

自然界中对石质文物最具破坏性的就是水。它也是最强的溶剂,在漫长的岁月里,它对岩石中的多数矿物可以溶解或碎裂,使稳定的物质转变为离子溶剂。水溶解一些有害物质被岩石吸收后会产生盐类结晶或水解的病害,提高吸湿作用而产生的水气压力,形成各种酸类腐蚀石质,使胶结物转变为可溶性盐等。水吸收气态中的有害物质使石质表面污染腐蚀,水还由于水力的膨胀与收缩使石质冻胀破裂,水还附着大量微生物等。总之,石质文物的各种破坏形式与水的媒介直接有关。化学风化、物理风化与生物风化作用都与水分不开。

研究水对石质文物的危害,可从以下几个方面进行。

1. 水以哪些形态进入岩石中

大气降水(雨水)直接进入露天的石质文物。要从气象资料中了解一年的降雨量是多少,雨量随季节变化的情况,受暴雨侵袭的次数有多少等。

地下水或泉水对石质文物的影响。如果地下水位很浅,是否会通过毛细水进入岩石。泉水通过石质文物时,要了解泉水的性质、水量、水温及水质的动态变化等。

潮湿空气遇到岩石表面成为凝结水时,要了解其结露点,湿度的年、月、日变化等。有时还需要了解单位时间岩石的吸水量。

2. 岩石中水存在的形态

存在于岩石中的水,按其物理性质上的差异,可以分为气态水、吸着水、薄膜水、毛细水、重力水与固态水。其中与石质文物关系密切的是毛细水,它充填于岩石的细小孔隙或裂隙中。由于毛细力的作用,一部分水沿细小孔隙上升,毛细水上升的高度根据孔隙的大小而不同,它往往造成石质文物下部的风化损坏。因此毛细水上升高度是一个重要指标。固态水就是冰。要了解当地气候,结冰的时间和深度。在研究岩石的风化产物时,一些矿物中的结晶水也是经常遇到的,只有在较高的温度下才能使它脱离矿物。

3. 水质分析

从外部进入岩石的水和从岩石内渗出的水,都要对它进行水质全分析(表10),以便了解水对岩石的侵蚀作用,还应对水质、水量、水温的动态变化进行长期观测,以确定水对石质文物带来什么样的危害,应治理哪种形态的水。在进行岩石化学成分分析时,应关注岩石中的水含量变化。它包括 H_2O^+、H_2O^-,这能反映出水对岩石风化作用的大小。

表 10 云冈石窟第 2 窟泉水水质全分析成果表

离子		mg/L	m·mol/L	m·mol/L%	采样日期	1962.6.14	采样深度	地面下(m)、水面下(m)		
					测试日期	1962.6.21				
阳离子	Ca^{2+}	32.25	1.6093	24.48	水 温		气温	21.9℃	颜色	无
	Mg^{2+}	28.87	2.3743	36.12	嗅		味		浊度	<7.50 mg/L
	Fe^{3+}	<0.02			pH 值	7.70	色度	<5°	透明度	>100 cm
	Fe^{2+}	<0.03			项 目	mg/L	项目	mg/L	项目	德度
	NH_4^+				溶解固形物	427.00	氨氮	0.09	全硬度	11.94
	$Na^+\ K^+$	57.72	2.5904	39.40	游 CO_2	8.00	Hg^{2+}		总硬度	0.20
					侵 CO_2	无	CN^-		暂时硬度	11.74
					总铁	<0.05	Cr^{6+}		负硬度	—
	合 计	118.84	6.5740	100.0	溶团灼损	251.00	Cr^{3+}		总碱度	0.26
					亚硝酸盐氯	0.003	Cu^{2+}			
阴离子	Cl^-	20.44	0.5864	8.77	H_2S	无	Pb^{2+}			
	SO_4^{2-}	62.14	1.2938	19.68	溶解性固体的固定残渣	176	Zn^{2+}			
	HCO_3^-	255.50	4.1876	63.70	库尔洛夫表示式	$M_{0.50}\dfrac{(HCO_3)_{63.70}(SO_4)_{19.69}}{(N+K)_{39.40}Mg_{36.12}Ca_{24.48}}$				
	CO_3^{2-}									
	OH^-				细菌分析	细菌总数(个/mL)	大肠杆菌			
	NO_3^-	32.00	0.5162	7.85			指数(个/L)		菌值(mL)	
	NO_2^-	0.0099								
	合 计	379.08	6.5740	100.0	备注					

注:采样地点为大同云冈石窟。

4. 研究小气候环境的改变对石质文物的损害

常年干燥的环境,由于蓄水等原因,使湿度骤然加大,水位的频繁变化,使文物环境干湿交替,石质文物内如含有蒙脱石一类的黏土矿物,就会发生膨胀、收缩变形,加速石刻表面的强烈风化,使原来光滑圆润的石雕开始掉粉、落沙。这类研究不仅要监测湿度的变化,还要研究水进入岩石内与矿物产生作用。

(三) 环境污染的危害

大气环境的污染,对文物古迹的损害作用日益严重和突出,已成为世界各国普遍关心和忧虑的问题之一。对石质文物建筑造成损害的污染源有酸雨、有害漂尘,以及游客参观、汽车燃油等引起空气的二次污染。而其中酸雨的危害最大、最普遍。

在欧洲和北美,由于降雨的酸度日益增高,古迹迅速受到损坏。与过去雨水的 pH 值大于 6 相比,现在雨水的 pH 值为 4 和小于 4 是很普遍的现象。过去是小面积的高酸度核心,现在已扩散到整个大陆地区。印度泰姬陵的大理石雕刻已有 400 年历史,现处于化学极佳反应状态。酸雨使一些雕刻艺术品失去了其原有特征,并使大量石雕表层在结构上分解。意大利罗马城内的许多露天大理石雕蒙上了污垢。希腊雅典卫城内的巴特农神庙内的雅典娜女神像被潮湿空气内的酸和盐腐蚀成麻麻点点的洞穴。目前一些国家在防止文物受污染方面做了大量的研究,正在着手进行改善环境的努力。我国的酸雨污染范围日趋扩大,近几年来出现了从西南向北和向东扩散的趋势,酸雨区域明显已从原来的以重庆、南昌为中心的 2 个区发展为现在的 4 个。新形成的酸雨区,一个在厦门、福州一带,另一个是以青岛为中心的污染区。酸雨出现的概率均在 90% 左右。雨水的 pH 值愈来愈偏酸性。1985 年连云港市测定的 11 次降雨中,有 8 次是酸雨,尽管孔望山石刻是致密的混合花岗岩质,也已受腐蚀而出现空洞、剥落。酸雨已对暴露于野外的地面文物构成普遍威胁。

有害漂尘及游人参观、汽车燃油等带来的二次污染,最典型的例子是北京地区,城区内的文物古迹风化损坏的程度都较严重。故宫太和门石柱的汉白玉凤凰望柱,经 1923 年与 1985 年的两张照片对照,发现相隔 60 多年,原来十分清晰的雕刻花纹,现已风化得面目全非,花纹几乎分辨不清,甚至有些地方手触即掉粉末。风化剥蚀的深度已达 10~20mm。X 射线衍射和液相色谱等检测结果表明,大理石雕刻表面已被腐蚀变成石膏,在显微镜下发现石质文物表面的腐蚀斑点中有烟尘颗粒存在。据调查分析,北京城区的大气污染源主要有:风沙土壤、燃煤低空排放、汽车燃油和人为的二次污染。对露天文物古迹造成的危害,除日晒雨淋及风沙等自然风化营力外,不可忽视大气颗粒物中含有工业和人为污染的成分,其中就有燃煤排放出的 SO_2、NO_x,汽车尾气等排放的苯溶有机物,以及人为污染形成的总颗粒有机物。它们一旦溶入雨水中形成酸雨,便直接危害文物古迹。地处交通要道的卢沟桥,以往每天要过往大量的机动车,加之附近工厂排放的酸性粉尘,已使桥墩条石腐蚀成蜂窝状。最严重的是在琉璃河水泥厂附近的一座明代石桥,其望柱已被腐蚀成一个拳头状的砣砣。地处北京中心的故宫,每年接待的游客已超过一千万,这座举世瞩目的紫禁城就处在如此不利的环境中,文物风化的速度已明显加快。而北京远郊区十三陵的石雕艺术品,风化程度明显轻得多。远离城市的清西陵内所见石雕都十分新鲜、清晰。西安地区 1994 年对 7 个文物点进行的大气环境监测结果,也能说明这个问题(表 11)。文物点距市中心越近,降尘、硫酸盐化速率越高,二氧化硫及氮氧化物的浓度越大,污染越严重。大同云冈石窟周围已被 10 多个煤矿包围,昼夜不停的运煤车带来大量的煤灰粉尘。

1987 年大同矿务局环保站在云冈窟区的监测资料表明,带煤灰的漂尘日均值达 0.525mg/m³,已超出国家二级标准 0.3mg/m³ 近 1 倍。煤炭中的含硫量达 1%(质量比)。在显微镜下观察到煤尘粉粒已深入风化石雕的孔隙中。活性炭和碳化物吸附 SO_2 和水蒸气的能力强,使石雕表面吸附 H_2S 及 H_2SO_4,以化学侵蚀的过程损害石雕。河北邯郸南和北响堂山石窟附近建设的耐火材料厂、陶瓷厂、水泥厂等,窟区内普遍飘落着一层水泥粉尘,雨后形成一个水泥壳,大气中的 SO_2 含量也严重超标。它不断地对碳酸盐类岩石产生腐蚀风化作用。

表 11　西安文物点大气环境监测(1994.8)

文物点	SO_2 (mg/m^2)	NO_x (mg/m^2)	降尘 ($t/月·km^2$)
半坡博物馆	0.051	0.038	26.81
秦俑博物馆	0.032	0.028	16.42
茂陵博物馆	0.035	0.059	10.36
乾陵博物馆	0.022	0.041	10.68
咸阳博物馆	0.040	0.030	13.20
扶风博物馆	0.026	0.022	18.11
法门寺博物馆	0.029	0.030	13.62

如何进行文物保存环境的监测,评价环境的质量,最后能找出防治文物保存环境的对策,至今仍是研究探索的课题。现作简要的介绍。

首先,要结合本地区存在的环境问题,寻找确实对文物造成危害的依据。要认真研究现实的环境状况对文物保护的影响,研究影响各类文物保护的环境因素,以及各类环境因素对不同类型、不同质地文物的影响程度。要建立起长期环境监测网,监测的内容要根据存在的问题进行选择,如温度、湿度、墙温、粉尘及空气中的有害物(SO_2、CO_2、NO_x等)。自己没有能力的,可请专业队伍来帮助找出损害文物环境的主要因素。这就为提出防治的意见和与有关部门打交道准备了充分的依据。比如火车振动、开山爆破振动对石窟的影响;煤灰、水泥、粉尘对石雕的腐蚀;游客对洞窟壁画的危害;酸雨影响整个文物及环境等。你都要拿出有说服力的依据,才能去说服对方,把官司打赢,才能要求有关部门去治理被污染的环境。例如,要说明旅游人数剧增如何对壁画带来危害,就要做游客流量和文物环境容量的统计调查,测定游客带入的有害气体,游客是通过什么方式对壁画造成什么样的危害。再以遗址为例,要明确回答什么是遗址的环境,哪些是我们要保护的对象。而不是在发掘后使大量的遗址消失,任其倒塌后再去考虑保护。如果自己都不清楚要保护遗址的哪些内容,那么文物环境的保护就无从谈起。也就是说文物环境的保护与文物的价值评估是紧密相关的。

不同的文物质地对环境因素的敏感程度不同,其受损的过程和结果,受损的速率、程度都需要用不同的方法去评价。

1. 对引起石质文物受损的主要环境因素进行逐个评价

(1)对 SO_2、NO_x 需要建立质量损失与空气中 SO_2 浓度之间的相关关系,在风化产物中提取 SO_4^{2-} 和 NO_3^- 浓度,采用 SO_4^{2-}/NO_3^- 比值的大小,来说明文物受损的程度。

(2)对颗粒污染物,主要测总悬浮微粒(TSP)、降尘量及其物质组成,同时与文物表面所生成的风化产物一起研究。并测出悬浮颗粒的沉降速率和空间分布。

(3)酸雨的研究,许多情况下石质文物受损是它与大气污染物、气象因素综合作用的结果。有人用现场的试样腐蚀质量损失率来评价酸雨对石质腐蚀的程度。

(4)温湿度及日照强度的监测,石质文物受损是通过高湿、紫外线照射的条件下,与 SO_2、NO_2 共同的作用,要研究石质所形成的硫酸根与湿度变化之间的关系。

(5)火车振动、开山炸石等对文物的影响,是采用各种测振仪,设置在人工震源与文物点的连线上,求出振动加速度及振动位移量,并以振动速度位移值的大小作为振动对文物影响的阈值。

2. 引入质量指数的概念

作为整体环境质量的综合指数,首先,对每个污染环境的因素进行评价,再把质量指数综合为整体环境质量的综合指数;然后采取直观对比或聚类分析法确定环境级别。也有建议用污染物的排放量和削减量来控制环境。另一种方法是借鉴环保部门的空气污染指数(API)来评价污染浓度的等级。

3. 建立现场暴露实验站及室内模拟实验来定量测定文物腐蚀的程度和速度

根据以上测试成果,就可以对该地区提出环境质量评估报告,并提出防治对策。

(四)对文物进行保护时的损坏

对石质文物的保养或维修,其目的本来是要利用现代科学技术的方法来保护文物,使之能"益寿延年"。但有时却起到相反的作用,反而造成了对文物的破坏。这类事例以往并不少见,历史上许多重要的石雕、石刻等,由于善男信女们的"乐善好施",在重修庙宇、再塑金身的美名下被破坏了。近几十年的古建筑维修中,破坏文物原貌,甚至使文物毁损的教训也时有发生。如某地的一尊石雕大佛,一些专家去看后,认为可能是北魏的,当地的领导指示要结合旅游重修。在没有认真调查研究,对大佛破损情况不明的情况下,贸然剥去大佛表层的部分泥塑外壳后,发现内部的石胎已破损十分严重,后又用泥重妆佛像。如此维修就违背了"不改变文物原状"的原则。又如在 20 世纪 60 年代初,有人对云冈石窟第 1、第 2 窟内的壁面石刻进行防风化化学喷涂试验,因材料的性质、浓度、配比及施工工艺等方面的原因,使壁面玄光、变色、起壳等,试验失败,后来花了很大的力气才把这些材料去除。这些教训说明,在未经深思熟虑和用大量室内和现场试验证明对文物无害的情况下,不能轻易地直接在文物上做保护方法的试验。四川成都附近的宝光寺里有 1 块千佛碑,是公元 540 年的石刻,有很高的历史艺术价值。但被宗教部门管理后,寺僧为了便于观看便把碑文加深凿刻。也许这是好意,但它的艺术价值却一落千丈,这种行为可称为无知的破坏。又如天安门前的华表,原来汉白玉质的表面蒙上一层污垢,某施工单位修缮时,用高压喷砂将表层污垢带石质一起洗掉,焕然一新。原意是保护文物,实质起到了破坏文物的作用。对用在文物上的保护方法一定要持慎重态度,事先要做出切实可行的保护修缮方案,方案经过有关部门及专家们研究批准后方能实施。一般最好不要在石质文物上施加新的材料,不得已要用新材料时,则要经过反复试验,经鉴定论证切实可行后方能实施。保护和修复前应做详细的记录、摄影,保护过程要记录并建立技术档案,它应与文物档案一起长期保存。

复原工作尤其要慎重,因为我们加上的任何东西都是现代的,就像维纳斯像不能加胳膊的道理一样。有的石刻窟龛周围本已没有雕刻的迹象,后人却又在重新修复的梁柱上雕刻得琳琅满目,这就不符合文物保护的原则。河南宋陵石刻,由于早期的不当修复,造成了景观的破坏。

国外的事例也有,如意大利一处教堂内的石刻风化较严重,在20世纪40年代由于对化学材料的性质了解不够,用钠水玻璃材料喷涂了石刻浮雕,10多年后发现石雕全部酥碱粉化,已到不可收拾的地步。埃及的狮身人面像,在法老时代以后的几次修复中,使用富盐的灰浆去补砌已经风化而不坚固的石灰岩块护面,这些后补的灰浆内的盐分逐渐渗移,损坏了早期经精心挑选的、非常完整的石灰岩砌块和它们之间的黏结物。华盛顿奥林匹亚的国会大厦砂岩饰面,由于岩块吸收的水分滋生了地衣类植物,使建筑物拱顶外表变成黑色,很不雅观。为了减少外界水的渗入,使用了透气、透水性差的丙烯酸涂料,使建筑物表面慢慢变干,但是内部的水仍在石质建筑物内循环,而使盐分聚集在不透水的涂层下面,盐类形成的围限结晶压力使石质建筑物的一些地方出现几英寸的深槽。

(五)石质文物的风化深度与风化程度的研究

1. 石质文物的风化概念

从地质的角度研究岩石的风化,是根据岩体不同深度的岩石矿物成分和风化程度,以及岩石的物理力学性质指标(如声波波速 v_P、弹性模量 E_d、点荷载抗拉强度 σ_t 等)的变化,定性、半定量地划分不同的风化带及每个风化带的厚度。一般的风化带可划分为强风化层、弱风化层及新鲜层3个带。分带标准可用垂向电测深、岩石化学成分氧化物百分含量及裂隙率统计等方法综合定量测定出来。这种调查对寻找石窟建筑物顶部漏渗水通道,防止石窟壁面风化而确定防护层厚度等,是必要的。但是,对于石雕的风化概念就不能采用上述分带方法。作为艺术品来说,其表面几个厘米的深度是十分珍贵的,一旦表层出现1~2cm的剥落或粉化等现象,这件石刻艺术品就大为逊色,甚至失去其原有的价值。所以,为了研究保护石雕表面很薄的岩石层,需要对它进行矿物的风化变异、物理力学性质等微观的研究。就有必要借助偏光显微镜、扫描电子显微镜、微测深仪及物质成分分析(包括化学的、物理的)等手段进行其风化程度和深度的定量测定。

2. 风化深度与程度的研究方法

首先应进行石雕风化形态的调查,以便了解文物风化破坏的全过程。通过岩相及风化产物的微观研究,配合室内各种化学和物理力学性质的测试,以定性或定量的数据,测出石雕风化的速度和程度,然后按石雕损坏的程度和成因类型进行分类,为下一步的治理措施提出科学依据。

通过石雕的风化形态,如粉状风化说明与水的活动密切相关;页片及皮壳状风化与日照、地下水、可溶盐的聚集有关;带状、洞穴状风化与岩石的不均质成分有关;板状风化与卸荷裂隙和集中应力部位的水的活动有关。云冈石窟窟内壁面及石雕聚集着各种盐类达14种之多,其分布有不同规律,主要是由地下水对砂岩的溶滤作用所造成。其中尤以含结晶水的可溶盐危害最大。

石雕表面风化程度与深度的研究,目的是为防护材料的选择提供依据,它们决定防护材料所要求达到的性能指标、施工工艺、防护层的厚度等。风化程度的研究主要是通过表面形态的观察以及采用点荷载试验得出强度指标,使用声波仪测出声波速度。用抗拉强度(S_t)、风化抗拉强度指数(τ)及纵波速度(v_p)等表示。

石雕的风化深度是通过垂向电测深(小四极)、岩石化学成分氧化物百分含量随深度的变化以及裂隙率统计等综合定量测定的。使用偏光显微镜、扫描电子显微镜、微测深仪及物质成分分析等方法测出石雕表面的风化深度(平均值)。

石雕的风化速度,以通过同一地点、间隔多年前后的照片对比,设立风化长期观测场和窟区取样试验,测定石雕破坏的速度。风化长期观测场的做法是:在壁面开凿一定规格的凸出试块(也可用曝晒架和试块代替),进行表面形态、微测深试验(视电阻率的变化值)以及声波测试(纵波与横波速度、动弹模量的变化)等,定期记录其变化速率。

(六) 石质文物实验室常用的仪器设备

据调查,世界上的文物保护实验室用得最多、最广泛的文物材质分析仪器主要有 X 射线衍射仪、X 射线荧光分析仪、扫描电子显微镜、红外吸收光谱仪及气相色谱仪。现对石质文物分析经常使用的几种主要仪器的用途及使用方法简介如下。

1. X 射线衍射仪

这是研究黏土等细小矿物的有效方法之一。它是以 X 射线射入矿物晶格中而发生衍射作为基础。不同矿物的晶格构造不同,X 射线产生的衍射谱也不同,可根据衍射谱的特征,即晶面间距特帜线(迪拜线)与其强度,便可进行鉴定。X 射线衍射法可提供矿物的结晶程度、类质同象和水化程度等重要的特征依据。在谱图中可分析曲线的位向,鉴别每一种黏土等细微矿物,其相对含量也可从曲线的强度上反映。

进行矿物鉴定时,应有 3 条较强的谱线与标准矿物的谱线基本符合,尤其对 $dA°$ 的符合性应比强度的符合性要求更高些。对比时应以低角度($dA°$ 值大的)谱线为主,高角度谱线为辅,尤其要注意特帜谱线的对比。鉴定时还要注意衍射峰的形状,黏土矿物一般峰的形状是宽散的,而非黏土矿物则大都尖锐。

2. X 射线荧光光谱分析仪

该分析仪是根据某些物质在紫外线照射下发射荧光的强度以测定待测物质含量的仪器。有机的荧光物质较多,许多无机物质与有机试剂形成络合物后,亦能发射荧光。用 X 射线照射物质,产生 X 射线谱,再测量其谱线的波长和强度的方法,称荧光(二次)X 射线谱分析。不同的元素具有波长不同的特征 X 射线,其强度与元素的含量有关,故可以根据不同的波长和强度来确定待测物质中各元素的含量。由于它分析简便快速,且精度高、测定元素的范围广、不需要破坏样品,因而广泛地应用于文物材质的分析,尤其是无机类材质的分析。目前的仪器可用在分析原子序数 10 以上的所有元素。浓度范围从 100% 至 $n \times 10^{-6}$。

3. 扫描电子显微镜

扫描电子显微镜是将入射电子束在样品表面上按一定时间、空间顺序逐点扫描,样品激发出的二次电子,经收集极、闪烁体、视频放大器、显像管等,变成可以观察到的表面起伏立体感强的放大电子图像,这是二次电子成像。根据其形态特征,可以确定矿物成分、结构及内部构造。它具有立体感强、放大倍数连续可调、制备样品简单等优点。在观察表面图像的同时,可通过装有的波长色散 X 射线谱仪或能量色散 X 射线谱仪对样品进行元素的综合分析。

另外,还有一种用扫描电子显微镜和 X 射线荧光光谱仪组合成的仪器,简称电子探针。它是利用电子显微镜的电子光学系统,将电子束聚焦到直径 $1\mu m$ 左右,打在待测样品上,然后用 X 射线谱仪探测被测样品所产生的 X 射线的波长和强度来进行分析,达到定量测定的目的。因为聚集很细的电子束能探测面积很小的样品,因此叫"显微分析"。国外有人将工业用的 CT 层析仪应用到文物材质的分析上。它能将文物内部的结构、构造以各种断面的形式表示在图上。

4. 偏光显微镜

装有偏光镜的显微镜,用来鉴定岩石和矿物。偏光镜分别装在显微镜物台下,或垂直照明器中,以及物镜与目镜之间,用来观察偏光通过晶体时或从晶体表面反射时产生的各种光学现象。若单独使用下偏光镜,简称单偏光。可观察矿物的晶形、解理、突起、吸收性、多色性、反射率、双反射等。若上、下偏光同时使用,并使二者振动面垂直,简称正交偏光。可观察晶体的消光、干涉色、偏光色及旋转性等。正交偏光时,若再加上聚光镜和勃氏镜,简称锥光,可在高倍镜下观察晶体的干涉图或偏光图,用以测定其轴性、光性符号、光轴角和各种色散特征等。将矿物或岩石标本磨成薄片,在偏光显微镜下观察矿物的结晶特征,确定岩石的矿物成分,研究它的结构、构造、风化特征、裂隙通道等。目前还有用在现场的视频显微镜,也能观察石质表面的微观结构。

5. 差热分析仪

差热分析仪是用以记录矿物在加热过程中物理、化学变化的仪器。主要由加热电炉、升温控制装置、热电偶、差热电偶及记录装置等组成。其温差信号由直流放大器放大后,接入自动电子位差计(记录仪),记录曲线。

将矿物与中性体(标准物质)在同样条件下加热,矿物在加热过程中可发生脱水、分解等变化,即产生吸热反应,若矿物在加热过程中发生氧化、重结晶等变化,则产生放热反应。由于吸热和放热时使其邻近环境的温度变化,同无热反应的中性体所处的温度相比较,其温度的差别反映了矿物的热反应特征。每种矿物在加热过程中,吸热和放热反应各有其特定温度,且具有不同的强度,可用来鉴定和研究矿物。主要用于黏土矿物、氧化物矿物和盐类,是研究岩土类文物风化特征的重要手段。

6. 岩石高压渗透仪

岩石高压渗透仪(水利电力部黄河水利委员会勘测规划设计院,1987)是一种在室内对岩石渗透特性进行研究并建立岩石渗透系数与渗透压力之间关系的仪器。其工作原理是,将岩石试件按要求放入压力室内,先用高压水泵通过高压胶管和供水管路向储水器加压,当压力表指针接近要试验压力值时(一般为 $p_0 = 500\text{kPa}$),停止用水泵加压。打开氮气瓶用减压器把压力稳定在 p_0 上,高压水流经岩石试件进行渗透后,收集在带刻度的量杯内,根据渗流压力

p_0 和渗透流量 Q 即可计算该岩石在给定压力 p_0 下的渗透系数。本仪器是确定石质文物透气、透水性以及裂隙度参数的一种工具,这些性质和参数的确定是其他试验所不能解决的。

今后分析仪器的发展方向是高灵敏度仪器分析,尤其是一些大型仪器已经计算机化。影像记录(照相、摄像)数字化,资料分析已经有了一些固定程序。但会造成分析检测的代价过高,从而导致仪器分析与保护应用的脱节。还应注意的是,在添置大型仪器时要考虑 3 个因素:是否有较高素质并进行过培训的操作分析人员;是否能使仪器的使用时间每年不少于 90h;日常维修使用的经费能否得到保证。如缺乏上述的任何一条,盲目的购置会造成浪费甚至会背上沉重的包袱。

四、石质文物的保护方法

根据石质文物所处的环境、规模、体量大小以及质地的不同,其保护修复的方法主要可分为传统的修复技术、预防性保护、化学保护、物理与生物保护等几种类型。往往不是单一使用某一种方法,而是根据具体要求采用综合的手段。在实施保护的全过程中,必须遵循文物保护的原则和程序。

保护是一个完整的体系,不仅仅是用什么保护方法、用什么化学材料的问题。就像给病人看病,先要了解他有哪些症状,对石质文物,就要从调查病害的各种形态着手,石头开裂、风化剥落,还是粉化、酥碱等。再看是什么原因造成的,分析原因会有很多,内因、外因分析后,就要找到最主要的因素,要用各种检测方法,研究石质的结构、构造,什么是它的薄弱环节。物理、化学、生物风化中,哪些是致命的。比如,西北干旱地区,日照、冻融、温差是主要病害;南方温暖潮湿地区,以水或生物风化的危害为主。此外,文物所在的环境也是重要因素,有无滑坡、洪水、地震等地质灾害,有无酸雨等污染物。从管理方面看,是否存在人为破坏。主要病因找到后,就要治疗,是打针吃药还是动手术。这就需要考虑上面这些因素。药的性能怎样,就要做各种室内试验,证明这药本身没有问题,这个病人能否吃此药,当然不能在病人身上做试验。所以我们特别强调要做现场试验,还要用各种检测方法证明它的效果,更需要时间的考验,至少要经过一年时间。经过专家会诊,可以用此方案治疗后,可能还应跟踪一个时期,看看有无后遗症。在这一点上,我们往往做得不够,没有长期监测计划,有效无效就没感觉。可以看出,石质文物的保护需要一个完整的计划,只有完成上述的全过程后,才能做出决断。一个人要把这些工作都包下来,是不可能的。医生提出治疗方案,检验科用各种仪器检查,药由厂家生产,药剂师配药,是由社会各行业分工去完成的。我们作为文物保护工作者,能当好医生的角色就不错了,了解这是什么病,用什么药能治好它,是否有必要动手术。研究药的生产就不是你的主业。当然,文物保护与医生看病是有区别的,文物保护的分工没有那么完善、明确。遇到一些文物病害,需要与生产保护材料的单位密切合作,商量研制出更适合于当地实际的材料。对保护材料要求了解的方面很多,除了材料本身的性能外,还要考虑其应用范围、安全性、应用效果(时效性)、不变色、不玄光、施工工艺、不妨碍后人再处理等。还应研究治理文物病害的个性:如石质的物理力学性质、水理性质、风化变异程度、残损原因、周边环境等。对于本来渗透性很差的石灰岩、混合花岗岩,就不能要求材料渗透多深,而是要看材料的附着性能;石头里面还在渗水,就不能先涂表面防护材料,而先要把水治好;在酸雨严重的地区,要求材料有防酸腐蚀的功能,但在环境质量不错的地区,就不必要求此功能;沿海有钠、钾盐的侵蚀,就要设计除盐与防止盐类进入石刻的方案等。当然,保护的全过程,都离不开保护理念与保护原则,比如,要保护哪些部位,多大面积,这就涉及到最小干预的原则,不是风化破损严重到可能消失的程度,尽量少去做主动干预的事。对施工工艺也应十分关注,不能保护后,又在石质内层形成一个新的薄弱面,或者浓度过大,后人无法再去保护处理。所以,保护理念、保护程序、价值评估、档案记录、保护方法、效果检测、管理监控等,是一个完整的保护体系,是不能省略、不能分割的。

(一)对传统保护方法的评估

在进行石质文物的修复加固时,我们主张尽量发掘和继承优良的传统维修技术。如在改善文物保存环境方面,用排水防渗系统、雨篷、窟檐等方法治理;在加固材料与施工工艺方面,可"就地取材,因料施用"。如石构件之间勾缝的传统材料是白灰∶生桐油∶麻刀=100∶20∶8(质量比),潮湿的南方环境则用1∶2的白灰砂浆,内掺杨桃汁、藤汁或糯米汁。对残破石材的粘接,传统做法是黄蜡∶白蜡∶芸香=3∶1∶1(质量比)掺和,加热络合后,热黏合压紧,俗称为"焊药"。由于施工工艺麻烦,黏合性能差,现已较少采用。在保护材料方面,古代就有人用蜂蜡、植物油(如桐油等)、糯米汁和一些天然树脂(如松香)来保护石雕不受水的侵蚀。也有用黏土掺入松脂或灰浆作为黏合剂。因上述多数涂料是不透水、不透气的,对含水量较大、风化严重的石雕来说是有害的。此外,我国公元3—4世纪,已经出现了最早的锚固技术。在新疆克孜尔石窟发现了多处锚孔,锚孔直径约60~80mm,孔内为木锚杆,灌浆固结锚杆的材料为石灰,据考证主要是为了固定佛像用的,可以说这是现代锚固技术的祖先。

但是,有些传统做法是不应采用的,如在石刻造像表面贴金,不仅改变了文物外貌,并使岩体内部水分很难蒸发,石质被水长期侵蚀会变得酥松;又如在石碑上凿刻,再现已模糊的题迹,这就破坏了文物的原状;石刻中使用易锈蚀的铁件,起补强作用,它会造成石刻新的开裂等。还有的用水泥修补石雕,此法也不恰当,因为水泥对石雕是有腐蚀性的。在沿海的一些花岗岩石刻文字上涂油漆,对石质坚硬、未严重风化的碑刻可以起到防日晒雨淋、水和盐侵蚀的作用,而且比较醒目,有利观赏。但是,对于石质较差、风化严重的石刻来说,涂漆则不适宜,因为油漆起翘剥落时有可能将风化的石刻表面粘下一层,从而损伤石刻的原貌。

(二)必须遵循的保护程序

文物的不可再生性以及所有的损害都是长期积累的结果,这就决定了对它干预的任何一个错误,都是不可挽回的。特别是由于前期研究不够而出现的错误,更会产生灾难性的后果,因此必须按程序进行工作,使后一步工作以前一步工作正确的结果为基础。对保护工作的每一步程序,都应规定明确的要求。这样才能保证保护工作的科学性,避免主观随意性和盲目性,尤其是对石质文物的保护,更显示出保护程序的重要性。

1. 资料的收集与归档

要了解石质文物建造时的历史背景、目的,文物与周围环境的变迁,尤其要注意它经历的保护和修复历史,修复保护过程的说明、图件等档案资料,修复中使用的材料、工艺方法等。

其次要收集文物所在环境的降雨、蒸发、湿度、气温、地温、风向、风速、日照等资料,以及石质文物的岩性、水的侵蚀、水质、化学成分、裂隙、地震、大气污染等资料。将以上资料整理成图表,归纳成文字,装订成册,以便经常使用。

2. 石质文物的价值评估

在对文物的价值进行评估时,首先要了解价值的标准是什么。价值是主观的东西,因此难以客观地拿出统一的标准。但是我们可以通过对文物的评估过程,综合各种观点,加以归纳总结,不断完善。其价值在于它携带着大量的历史信息,包括社会、政治、经济、文化、历史、科学、艺术等,是各种历史活动领域的见证,并且寄托着人类对它的情感。这些信息不能再生,不可替代。评估的主要内容是文物的价值(即历史、艺术、科学的价值),保存的状态和管理的条件。评估应以研究为依据,包括对历史记载的分析和对现场的勘察(即病害的调查,文物保存环境的评价)。

3. 确定保护目标

确定保护目标就是要编制文物保护规划。一般包括保护措施、利用功能、展陈方案和管理手段等内容。各类保护规划都应经相应级别的文物管理部门批准,然后将规划目标列入有关行政部门的项目中。

4. 实施保护计划,提出保护修复方案

方案必须按照项目类别履行有关的法规程序,得到批准后方可实施。重要的保护工程必须做好前期的研究、试验和勘测设计,经过充分论证,依法报批后实施。施工中如发现新的重大问题,应立即停工,经原批准机构同意,修改设计,重新报批。在实施项目一段时间后应及时进行总结,发现需要补充修改的,经论证后进行修改,其中尤其对新材料、新技术、新工艺的使用,除在实验室试验检测证明有效外,还应经过现场的中间试验、检测阶段,并经过一定时间的考验,证明有效,对文物无害,并通过鉴定后,方可在文物上实施。

5. 定期实施日常保养和管理

定期的日常保养和管理是最基本和最重要的保护手段。要制订日常保养制度,及时排除不安全因素和轻微损伤。

(三)预防性保护(改善文物保存环境)

从当前文物保护的总体战略思想来看,要把保护的重点放在改善文物的保存环境上,而不能仅把注意力放在对文物的本体施加化学、物理的保护措施上。这样能起到事半功倍的效果。

文物环境的恶化,侵蚀了珍贵文物的保存条件。文物是经过包括自然营力在内的各种破坏因素的长年作用而留存至今。文物没有自身恢复的能力,只要很少的污染积累起来,就会引起变色、腐蚀甚至损坏。因此,对文物环境的监测以及文物受损原因的检查,是一个逐步调查、积累资料、试验、认识的过程。

下面重点介绍环境的治理,防止水与冻胀的损害和防止盐类的侵蚀。

1. 环境的治理

环境的治理包括清除可能引起灾害和损伤的自然因素,如风沙、洪水、崩塌、砸撞、地震等。治理可能降低损害文物保存环境的社会因素,如交通污染、人为振动、酸雨、废气污染、经商阻塞、周边纠纷、治安不良等。

对可能引起灾害和损伤的自然因素,应列入治理的规划,实施下列工作:
(1)建立固定的监测体系,开展有针对性的课题研究。
(2)筹措充足的专项资金。
(3)制订紧急防灾救援措施。
(4)修建必要的防护工程,加大绿化范围,按研究成果有计划地实施治理。

对可能降低、损坏文物保存环境的社会因素,应通过试验、检测并论证,着手解决:
(1)直接影响文物安全的生产、生活设施,要坚决搬迁。
(2)对排放污水、废气的源头,要与有关环保部门协商,统筹疏堵。在彻底解决之前,可采取临时净化措施,局部缓解。
(3)对交通干扰、周边纠纷和治安不良等因素,要通过行政管理部门,加强立法,建立协作关系加以治理。

2. 防止水的侵蚀(包括冻结作用)

为防止雨水、毛细水、凝结水对石质文物的损害,大都是用亭、檐、棚之类的附加建筑加以保护。这种措施是有效的,但是需要的费用昂贵,往往还易改变文物环境的原貌,尤其对于体量高大的石雕、碑刻,多数不适用。对裂隙和渗水,可采用顶部防渗、排水、裂隙灌浆、堵漏、引流导水等措施。对于毛细水来说,尤其要截断其从下向上的毛细通道。

岩石的冻融破坏,与当地的冻结温度、岩石内的孔隙率及含水条件有直接的关系。同时还与石质的成分、温差剧变等因素有关。因此,减小石质的孔隙率、温差变化及岩石内的含水量,是防止冻结损坏的主要方法。

3. 防止盐类的破坏

盐类的作用与水和可溶盐的活动直接有关。一般情况下,外部湿度高时,石质就容易吸水,外部湿度低时,水会从石质内部蒸发出来。吸水放水的过程,也就是可溶盐移动、聚集在石质表面的过程。所以,主要的保护工作是防止水侵入石质文物,或者避免水分的大量蒸发,保持文物所在环境的恒温恒湿。对可溶盐要尽量将它从石质内部清理出来。

(四)石质文物的化学保护方法

直接在石质文物上使用化学材料,以往是有许多教训的。如果对化学材料的性质,石质的结构、构造、风化变异以及使用的环境不够了解,盲目处理后会造成对文物的损害,并且是不可弥补的。即便是一种理想的保护材料,处理时使用工艺不当,也会造成不良的后果。

对石质文物进行化学保护时,一定要遵循相关原则:不能改变文物的原状(包括色泽和亮度);要求材料具有持久性和有效性;不能妨碍后人再进行保护;保护的全过程要防止对人和文物造成危害,防止污染环境等。

对化学保护材料的使用,只有在需要抢救时才予以考虑。材料的选择,工艺的操作,都应经过试验、研究和检测,最后通过鉴定才能使用。通常对保护材料提出最多的要求是:耐老化、防水性、起加固作用和有一定的渗透深度。

要根据不同的要求和用途来选择各种化学保护材料。大致可分为灌浆材料、黏结材料、清洗材料、表面防水剂、表面加固剂5类。

1. 灌浆材料

灌浆材料主要用在石刻裂隙的黏结,防止水进入石刻内部、危岩的加固等。对灌浆材料的基本要求是:材料应接近被加固石质的物理力学性质,要求材料黏度低,可灌性好,室温下可固化,黏结性好,反应时放热量少,符合耐候性、耐水性、耐酸碱性等要求。对材料的色泽和毒性也应予以重视。还要考虑施工方便、价格便宜等。现重点介绍我国文物界当前经常使用的几种灌浆材料。

(1)呋喃改性环氧树脂。它是含有环氧基团的高分子材料。其黏度低(20×10^{-3}Pa·s以下),微裂隙也能灌入,同时增加了韧性,可灌时间掌握在3.5h,并能在常温下操作。其配比要根据岩石性质和裂缝宽度来确定。在龙门石窟,灌注隙宽在5mm以下的灰岩裂隙的配方是:E44环氧树脂100份;糠醛30份;二乙烯三胺17份。施工中应注意控制注浆量,控制不当会发生爆聚。

(2)潮湿环境下的灌浆材料。是以呋喃改性环氧树脂为主剂,以酮亚胺CHT-251作固化剂,再添加各种助剂(A-821、DMP-30)制成的新浆材。对潮湿的细微裂缝具有很好的可灌性和黏结力(黏结抗拉强度可达3MPa),材料在常温下黏度为60×10^{-3}Pa·s仍能灌入细微裂缝(四川省文物考古研究所,1984)。

(3)PS系列灌浆材料。其特点是:固结体都是硅酸盐类无机物,接近岩石的成分。耐老化、有较高的固结强度、黏度小、渗透性好、可灌性强。浆液中不含重金属等有害物质。价格比有机类浆材便宜。它是以高模数(3.8~4.2)的硅酸钾($2K_2O·SiO_2$)为主剂,氟硅酸镁($CaSiF_6$)为固化剂,再加交联剂以提高浆液的稳定性,加减水剂(表面活性剂)以提高浆液的渗透能力。通过一定的配比,并用水稀释而形成的一种无色透明液体。制作工艺不复杂。PS浆液渗透到岩石裂隙中,能与泥质的胶结物和风化产物起作用,形成难溶的硅酸盐,它先形成凝胶,然后逐渐形成强度较高的、耐水的管状、纤维状的无机复合体。通过对材料的检测,发现这种浆材的耐水性、稳定性和固结强度有明显的优势。但它对施工工艺要求较高,浆液的浓度配比、灌浆量、时间都要严格控制。要求在干燥环境下施工,固化时间也较长。在潮湿多雨、岩体湿度大、岩石致密的情况下不宜使用(李最雄等,1995)。

(4)水泥浆材。由于来源广、价格便宜、固结体强度高、抗渗性好、工艺设备简单、操作方便而至今常被应用。但由于它可灌性差,难以灌入细小裂隙,初凝、终凝时间长,不能准确控制。且容易沉降析水,因而应用范围受到很大局限。水泥化学浆液,凝固时间快,且可控制,可灌性好。但它仍不能灌注微细的裂隙,且黏结强度小。因而上述浆材在文物保护工程中,多被用于宽大裂缝的封缝、堵漏等。

2. 黏结材料

石质文物的黏结剂，传统方法曾使用过动物胶（如鱼鳔胶、猪血、兽皮胶、虫胶），植物胶（如树胶、树脂）和矿物胶（如沥青、石蜡）等。但这些材料对小型石质文物或构件仅能起临时加固作用，对比较大的构件或文物就不行了。结构性加固黏结，目前多数是用环氧树脂。常用的配方有以下3种。

(1) 环氧树脂 E_{44}：聚硫橡胶：煅制氧化硅：DMP－30＝100：175：8：10。但需要在50～70℃温度下固化。

(2) 环氧树脂 E_{44}：丙酮：乙二胺：二乙烯三胺：多乙烯四胺＝100：10：8：10：14。

还可用上述灌浆材料——呋喃改性环氧树脂的配方，减少稀释剂的用量，作黏结剂用。

(3) 室温固化双组分环氧树脂粘胶。用得较多的是瑞士气巴公司（CIBA）的爱牢达（Araldite）产品，有多种型号供选择。

也有使用丙烯酸乳剂和硅树脂的黏合剂，其黏结强度高，但耐紫外线的能力较差。

将超细水泥作为黏结剂，它具有一定的黏结力、价廉和易于操作的特点。但水泥释放出水溶性盐（磺酸钠、碳酸钾及硫酸盐）对石质有害，因而一般不在石质文物上使用。作为勾缝材料，可用熟石灰浆与杨桃汁、藤汁、糯米汁的混合物，可以得到较好的效果。

3. 清洗材料

要把石质文物表面的有害物质清洗掉。它们包括水溶性盐、难溶硬壳、灰尘烟垢、过去处理过的残留物、微生物（地衣、霉菌、藻类）、杂草等。对清洗的要求是：有效清除有害物；不应产生任何危及将来再处理的物质；不能引起任何严重划痕、裂隙或其他损伤文物的后果；操作人员应经过培训，必须谨慎操作。

清洗前要对石质成分、清洗面的形状及表面有害物的化学性质有所了解。熟悉清洗材料的成分和工具，要通过试验来确定合适的清洗方法及操作程序。

清洗方法可分为4类：水清洗、机械清洗、热清洗和化学清洗。

(1) 水清洗法。只用在没有雕刻的石构建筑上，如孔隙小的花岗岩、石灰岩等，因它们的吸水性弱。可用2～3个大气压喷水清洗。也有用热蒸汽清洗大理石雕刻，水通过很窄的喷嘴喷出雾化水，使它落在石雕表面。其覆盖面大，且能避免更多的水渗透到石质里面。建议使用去离子水。为减少处理费用，把它收集、过滤，通过离子交换树脂处理后重新使用。去离子水是通过负离子树脂处理，它能捕获 SO_4^{2-} 释放 HCO_3^-。

水清洗方法要求在石质文物风化轻微的情况下才能使用。

(2) 机械清洗法。对于受过职业培训的人员来说，这是一种温和、可行的方法。如果是一个没有经验的人来做，这又是危险、粗暴的，甚至可能损伤文物。此法只能减少污垢，而不是清除。要根据不同情况采用不同的工具。

软性工具，用擦子、刷子、木棒、骨棒、塑料棒等，在污垢上刮或撬。避免用玻璃、钢刷，更不能用电动工具。

外科手术用的小刀，用来切割较厚的沉积物，应在显微镜下配合操作。

超声波工具，先喷出细微的水沫沾湿表面，然后由振荡器产生超声波，用金属棒尖直接接触污垢使它粉碎。操作时要十分谨慎，否则容易破坏文物。

空气研磨,可分为用于野外大型石雕的研磨机和室内微型喷砂机两类。室内是以低压空气喷出细微颗粒和柔软物质,它需要掌握气压、颗粒大小和硬度、颗粒与空气比率。粉末一般用 $29\sim60\mu m/150\sim200$ 目的矾土、石英砂。也有用胡桃壳粉和压碎的蛋壳与滑石粉,或玻璃珠。

振动工具,用磁性发动机带动金属尖头振动来分裂垢壳。

激光除垢,设备昂贵,并需要细心保养。处理后的表面颜色要深一些,要严格控制温度,低了污垢除不掉,高了会熔解石质。每一个脉冲束的光截面不会大于 $1\ cm^2$,因此,不宜在大体量的石雕上应用。

(3) 吸附脱盐法。用纸浆、纸巾、脱脂棉、木浆、活性白黏土等,用去离子水湿润,敷在石质文物上,外面再覆盖塑料薄膜。过一段时间揭开薄膜,使吸附材料干燥,这时,一些可溶盐便被吸附出来。用测定吸附材料的电导率来检验除盐的量。吸附材料中还可以加入有机溶液、表面活性剂等。

(4) 化学清洗法(和玲等,1996)。陕西省文物保护技术中心在对乾陵石刻的清洗研究中,将不同洗涤剂与清洗方法列成表,可供参考。对于长期沉淀在石刻表面的难溶盐污垢,用 8% 的六偏磷酸钠水溶液浸透的"多层纸张贴敷法",贴敷、软化、溶解、渗吸入纸,待纸干翘后揭取,反复 2~3 次,最后用棉签蘸六偏磷酸钠溶液轻轻擦除扩渗的锈迹,用蒸馏水清除残留的化学材料(王蕙贞等,2006)。

化学清洗法是目前许多文物保护工作者建议慎用或不用的方法,因为它可能会给石质文物带来危害。如必须使用,则应根据石质的化学成分、孔隙特征、风化程度等因素采用不同的洗涤剂。

4. 表面防水剂

研究石质文物风化的原因,水起着主导破坏作用。冻融、盐类的溶解与迁移使盐类产生水化和结晶压力、大气中形成的酸雨、生物风化等都与水直接有关。因而如何使石质文物有良好的除水性能,是防风化保护的重要方法,也是首先考虑的化学保护材料。防水剂要求的技术指标有哪些?主要是:外观无色透明,不玄光,有耐水(憎水)性、耐湿热,有一定渗透深度,透气透水,耐候性,可重涂性,可降低污染及粉尘的吸附。

防水剂多为有机合成树脂。主要分三大类:有机硅树脂、丙烯酸树脂和含氟聚合物。

用得较多的防水剂有:硅酮树脂(可溶于有机溶剂/碳水化合物),硅烷(可溶于有机溶剂),硅酸盐(可溶于水),有添加剂的硅酸脂(可溶于醇、酮),硬脂酸盐(可溶于有机溶剂),丙烯酸(可溶于有机溶剂)。其中有机硅树脂用得最多,它具有良好的户外耐候性、防水性、渗透性和透气性。

(1) 涂料工业研究所研制的 Sior-23 产品,以烷氧基硅烷为原料,通过水解缩合,制得的技术指标为:外观无色透明液体,固体份 50%,运动黏度 5~7 厘泊,$n_d^{25}=1.4500\sim1.4570$,pH 值中性,储存期一年以上。主剂是甲基三乙氧基硅烷。

(2) 甲基硅氧烷与异辛烷基硅烷复合物,催化剂用锡类的有机硅防水材料。德国 WACKER 公司产的 WR-290 属于此类。另外,以十二烷基三乙氧基硅烷为主剂的有机硅防水材料,在国外用得较多。如意大利产的 WD-10 即属于此类。

(3) 有机氟聚合物。它是一种碳氟丙烯酸类的新型材料,其特点是耐候性和憎水性好,并能防止大气污染。法国 ELF 公司的 FB/Leader B 就是这类含氟丙烯酸水质聚合物。

施工方法一般可用刷或喷涂,也有用薄膜覆盖,封严,留两个注浆口,无压渗透、灌满,此法使渗透深度加大。也可使用复合施工法,先用浓度 6% 的材料渗透,再用 10%～20% 浓度的材料封护表层。施工后,4 天内不能见水,在 15℃ 的环境下干燥。

测定材料防水效果的项目有:耐水性(试样处理前后耐蒸馏水渗透的量);耐湿热性能($T=47℃$,$RH=96\%$,7 天后测渗水量的变化);耐候性(用老化试验机或紫外灯);渗透深度(用微测深仪或断面测量);安定性试验(Na_2SO_4 浸泡、烘干 26 个周期,测质量损失率);抗酸能力(0.1N 硫酸溶液浸泡一天,称质量损失率);抗冻融性能(−10℃ 至室温,循环 42 周期,称质量损失率);重涂性(重涂材料的渗入量及外观形态);防霉能力(级别)等。

有的石质文物中因只有少量的氢氧官能团与硅分子进行反应,所以各种防水剂均不能达到满意的效果。为此,提醒我们,防水剂不是对所有的石质文物都有效的。最近,有学者提出,强憎水性的化学保护材料会给亲水性的石质文物造成破坏。

5. 表面加固剂

有许多石质文物表面风化严重,要求能固结石质表面的风化层。加固的概念实际就是改善石质内部矿物结构之间的结合,风化层和新鲜面之间的结合,使表面具备抗风化能力。

1)对加固剂的要求

成功的加固处理应符合下述要求:

(1)使加固剂均匀地从表层渗透到岩石的内部。加固的结果是使石质的孔隙率降低,最好是整体性的逐步降低,因为许多病害都与表面孔隙和石质的内部孔隙差别很大有关。要做到通过加固能控制孔隙均匀地减少,使外部的水很少渗透进去,而里面积存的水和水汽还能出来。一点孔隙没有是危险的,因为水在内部会产生张力而造成新的损坏。

(2)加固剂在石质内部反应固结后产生的其他化合物,不应对石质造成新的危害,如水溶性盐类。否则它对石质内部造成隐患,并给以后的保护处理带来困难。

(3)应不妨碍后人再保护处理。要将渗入到石质内的材料取出来,是困难的,达不到可逆性的原则。但要求加固材料不损伤石刻,后人可以再进行保护处理。

(4)固结强度不是越高越好。固结后的石质文物表面强度应接近或略高于未风化前文物的强度。

(5)不改变原状,不变色。

(6)避免对人体造成危害和污染环境。

2)加固剂的类型

加固剂的类型可分为有机、无机和复合型三大类。

(1)无机类。

①石灰水。是通过 $Ca(OH)_2 + CO_2 = CaCO_3 + H_2O$ 反应实现的。反应生成的碳酸钙留在岩石的孔隙中。这种方法在 20 世纪就使用了,直到现在,欧洲仍在使用。

②氢氧化钡。$Ba(OH)_2 + CO_2 = BaCO_3 + H_2O$ 形成的 $BaCO_3$ 为粉末状,很细,无黏性,留在岩石孔隙中。也是很早就有人用它来加固石质文物,但效果不理想。因反应快,会在表面形成硬壳,然后碎成小块。为了减缓反应,加入尿素,但容易使石质变黑。由于反应只在表面硬化,生成的硫酸钡很容易崩裂成碎片。近年来,美国的学者研究认为,如果有足够的时间使 $BaCO_3$ 晶体增长,与矿物联结起来,就能起到加固作用。它可以使岩石内的硫酸盐受到束

缚。其条件是要有 $CaCO_3$ 的石质成分,所以此法用在风化灰岩上效果较好。

③硅酸盐。半个世纪前,曾有人用硅酸钠(也称水玻璃)加固石质文物,但失败了。它不仅会变色,而且产生的可溶盐($NaCO_3$)对石质造成严重的损害,石质被酥碱成碎片。

20世纪80年代,我国的李最雄先生研制成以高模数硅酸钾为主剂的 PS 材料。当时对此材料能否用在石质文物上的争论十分激烈。争论的焦点是"泛碱",实质是对 PS 材料的稳定性和耐久性产生怀疑。对"碱"分析的结果是 $NaCl$ 和 Na_2SO_4 等可溶盐,没有发现 K_2CO_3,这些可溶盐是从岩石中带出来的。还有一种表面的白色物质,是由于施工操作不当,或石质内部潮湿,使高模数的硅酸钾容易凝聚而生成 SiO_2,此类现象是可以避免的。经过大量实验和10多年的实践证明,被 PS 材料加固的石质,在抗风化能力及力学强度方面均有显著增强。其机理是,它在岩石内形成了一种致密的非晶质凝胶网状结构,同时又使岩石胶结物内的黏土颗粒与钾离子起交换和吸附作用,使它形成整体的联结。此材料的特点是耐老化,最后产物与石质成分相近,价格便宜。材料的主剂是模数为 3.8~4.2 的 $K_2O \cdot nSiO_2$(硅酸钾 K_2SiO_3)。(注:模数为 SiO_2/K_2O 分子数的比值,模数大于3为中性,小于3为碱性)。其固化剂为 $MgSiF_6$(氟硅酸镁),另外还要加入交联剂、减水剂。使用时要将 PS 原液稀释,加3~5倍水。此材料在西北干旱地区的岩体或土遗址上进行表层加固或灌浆,已实施过许多工程。应注意的是:在低温时,PS 的模数越高,越容易自然凝固。当相对湿度 RH>90%时,PS 材料渗透性差,固化慢,容易在表面凝聚。

天津化工研究院研制的 HT-02 型材料是属于硅酸锂类型的无机材料,其价格偏高。

④胶,明胶。这是古代用得较多的传统材料。有猪血、鱼胶、兽皮胶、酪蛋白、树胶、树脂、淀粉等。这些材料易风化,易降解,渗透性差,已很少使用。

⑤蜡、亚麻油、罂粟油、石蜡树脂、蜂蜡等。它们黏性大,往往在表层就把孔隙堵塞,并形成光泽,妨碍水分运移。现也不多用。

⑥氟化物和氟硅酸盐。没有形成新的胶结物,有腐蚀性。

(2)有机类。

此类加固剂的品种很多,每年都有新产品出现。大致可分为有机树脂类、有机硅类和复合类3种。

有机树脂类

①甲基丙烯酸酯类。它具有弹性、透明性好,对热、光化学、氧化分解具有良好的稳定性,耐候性好。但它的渗透性差,耐污染性也差。如果用单体渗透,需与引发剂聚合,要加温。或用促进剂排除空气中氧的影响,这在操作上都有困难。理想的加固聚合是选择高活性的室温引发剂,还有待进一步开发。

②Paraloid B-72 就是丙烯酸甲酯和甲基丙烯酸乙酯的共聚物,是单体,渗透性较好。但它同样存在聚合困难的问题,因而不能用作加固剂,且不耐水。类似的产品还有 B-679 聚甲基丙烯酸丁酯、三甲树脂等。

③环氧树脂。它具有很高的机械强度,可在低温下固化,收缩率低,对碱性介质有优良的稳定性。但渗透性不好,国内尚未使用。国外意大利、法国研制的一种黏度很小,无色透明的环氧树脂,经过改性后,效果较理想。

有机硅材料

这是国内外文物保护领域用得最多、使用最广泛的材料。目前有机硅系列的产品已超过百种。由于其分子中有烷基又带有硅氧键链，是一种介于有机高分子和无机材料之间的聚合物。因此也称为硅酸盐的有机衍生物。它具有一般高聚物的抗水性，又具有透气透水性，同时与石质又有很好的相容性。其耐老化性能也较好，老化的最终产物是稳定的硅物质，因而对再次进行封护加固不会带来麻烦。有机硅树脂与石质文物不仅有物理的结合力，还通过化学反应形成化学键，能对风化石质文物表面产生明显的加固作用。

①国内最常用的是有机硅单体。如甲基三乙氧基硅烷、甲基三甲氧基硅烷。它们可在室温下用固化剂引发聚合。这类加固剂大多是无机和有机合成的缩合胺或有机金属盐。它们有防水、耐久和常温固化的特点。是以高官能度的硅单体为原料，黏度很低。甲基三甲氧基硅烷的防水性能及固结强度高，但价格较贵，而且生产过程对人体有害。往往复合使用上述两种材料作渗透加固。

②有机硅玻璃树脂。是四川文物考古研究所研制成功的。主剂是有机硅玻璃树脂和甲基三乙氧基硅烷，加助剂和催化剂。此材料已通过鉴定，在大足石刻得到应用，并经10年以上的考验证明有效。

③四乙氧基硅烷（正硅酸乙酯 TEOS）。此材料在德国及其他欧洲国家用得较多。其最终产物是产生网状结构的硅树脂。特点是渗透性好，有固结强度并耐老化。它还可以分为 OH 型和 H 型两类。OH 型是含催化剂的四乙基硅酸盐类加固剂；H 型是硅烷与四乙基硅酸盐的混合型加固剂，它属于憎水性的。具有代表性的产品是 WACKER 公司的 BS-69001 和 Remmers 公司的系列产品。

④多功能超高分子聚合涂料（Perma Shield）。这是日本莫尼特公司的产品。特点是分子量达 70~125 万，液态的多酯共聚体树脂。被保护的石质应含钙质。它渗透性好，耐冻耐高温（-50~280℃），黏合力强，耐老化性能优于有机硅，但价格较高。

近年来，有研究人员在硅氧烷材料中复配了纳米二氧化钛，其防水、渗透、耐磨、耐紫外线等性能，均有所增强。

复合材料

这是发挥各自优点或取长补短的一种类型，从文献资料上可见此类产品发展很快。

①丙烯酸树脂与有机硅树脂复合。是利用丙烯酸树脂的良好黏结性，有机硅类的耐老化性及类似无机硅酸盐的结构。是在丙烯酸酯共聚体的侧链或末端带有水解烷氧基甲硅烷的树脂。它有良好的耐候性、抗污染性和附着性。

②丙烯酸乳液型加固剂。这是由单体和水在乳化剂作用下配制成的乳状液中进行的聚合。经过聚合形成的是分子量很高的聚合物微粒，粒径在几个微米到几十微米之间。这些微粒不溶于水，而是通过乳化剂的作用分布于水中。代表性产品是上海东方化工厂生产的 BC-3210 有机硅改性丙烯酸乳液；Rohm & Hans 公司生产的 Primal AC-261 产品。此类材料加固强度较好，颜色变化小，但渗透性差。因此，仅适用于疏松、孔隙率大的石质文物加固。

③硅酸乙酯与烷氧基硅烷复合。可用于砂岩、砖的加固。

④硅树脂与烷氧基硅烷复合。

⑤石灰水与丙烯酸乳液复合。

⑥环氧树脂与有机硅复合。

⑦PS 材料与甲基三甲氧基硅烷分层使用。后者作为表面加固层。

由于以上有些材料是商品号，无法作详细介绍。使用的效果也有待收集、证实。

6. 应引起重视的几个问题

(1)从国际、国内文物保护的趋势来看,要尽量少在文物上加东西,应从改善文物保存的环境出发。尤其要慎用化学材料,因为每一种材料既有长处,也有弊病,其适用范围受许多限制,一个地方一种要求,保护材料不是用在任何地方都可以的。它只能延缓文物损坏的速度,不能一劳永逸。材料渗透入石质后,就很难再取出来,处理不好,就会妨碍后人的再保护。

(2)选择保护材料时应考虑的诸多因素:

①环境。地理位置、气象(雨量、日照、湿度、风等)、毛细水、污染、振动、绿化等。

②材质。石质文物性质(矿物成分、孔隙率、结构、构造等),是否含盐,有无水的通道,风化程度,受损状况。

③保护材料的性质。渗透性、表面张力、防水、固结性能、耐老化性,使用的溶剂、固化剂、催化剂、活性剂是否恰当适量,与石质是否会有不良反应。

④保护的全过程中对人体有无毒性危害,要注意防火,不污染环境。

⑤经费的可行性。

(3)有些人十分关心材料的配方,认为配方拿来就可操作,这是危险的。上述许多因素应考虑周全,所用材料的性能、特点应清楚明了。应根据石质文物需要的基本要求来选择保护材料,注意保护的每一个程序,严格按程序一步步地进行。

(4)重视施工工艺。这是保护工作成败的重要一环。如孔隙率要求减少到什么程度,透气透水性如何控制;渗透深度的控制;材料渗透如何形成梯度渐变;如何防止表面固结成厚膜;使表面不变色,不玄光;使用的工具、喷射的距离、压力大小、浓度配比、喷涂次数等,都要严格控制。

(5)既要重视室内试验,更要重视现场试验(中间试验)。它主要是关注被加固处理后的实际变化。因此要采用检测的手段,要检验孔隙率的变化、材料浓度梯度的变化、防水性、固结强度(控制值)、盐类活动等。最好是用无损检测方法,如回弹仪、微测仪、卡斯特瓶、声波仪等。还要经过至少一年时间的考验,通过鉴定后才能正式往文物上使用。

(五)物理、生物等保护方法

1. 传统或临时加固方法

(1)扒锔子。是以往作为加固断裂石质文物的常用方法。因使用的铁件锈蚀后,产生膨胀会破坏文物,因此不主张再用。但近年来也有用防锈金属构件结合黏结材料修复大型石雕。

(2)铁箍、金属支架。为了加强断裂石构件的整体性而采取的临时加固措施,它的弊病与扒锔子一样,锈蚀会污染、破坏石质,外貌也不美观。

(3)螺栓、拉杆。是横穿石质文物的钢筋,两端用螺丝、螺母固定。往往用它来加固体量较大的建筑石构件。

2. 锚固技术

锚杆是传递力的构件,用它来提高石质文物的强度(抗剪、抗拉)和承载能力,有效防止石质文物的变形和松动破坏。使用锚杆的数量、直径、深度、孔内用的浆材等,要根据石质的体量、受力的状态而定。

应注意防止锚杆浆液对锚杆的腐蚀,如水泥中含有氯化钙等盐类锈蚀钢筋而引起破坏。因此,宜使用不锈钢、涂铬锚杆或带螺纹的尼龙锚杆,也可用纤维布包裹钢筋再涂环氧树脂(玻璃钢)的锚杆。

往往锚固与灌浆、黏结技术结合起来应用,效果更佳。

3. 生物保护法

外国学者曾于20世纪80年代研究利用细菌来修复石灰石、大理石一类的石质文物。其原理是利用钟乳石形成过程中的细菌,它能在表面形成薄薄一层坚硬的像乳脂一样的钙质。我国的一些古代石刻(尤其是石窟内石灰岩质的雕刻)表面有一层致密的亲水性半透明膜,外观颜色呈黄棕色或灰黑色。经过研究人员用多种仪器分析,膜的主要成分是一些生物无机化合物,膜体微结晶,结构致密,并含有少量无机或有机物杂质。其原理是含钙石质的表面成膜,主要是生物代谢产物和方解石在一定条件下的反应,形成一层 10 μm 厚的膜,它是长时间形成的。经过试验,这种膜的抗酸性好,不易被酸性气体污染腐蚀,且透气、亲水和致密,不会造成石质内外层明显的湿度梯度,其耐候性也很好。

如何通过人工合成这种天然膜,近年来,有学者以含钙岩石的仿生矿化保护为目标,以无机物成核过程自由能的变化规则为依据,用有机溶剂清洗石刻表面,以提高表面能。其后,用有机模板-硫酸软骨素溶液进行表面改性,在此条件下,根据生物矿化原理在石刻表面仿生合成了草酸钙保护膜。其耐污性和耐酸性有明显的改善(刘强等,2006)。

但是,有的细菌能"吃"大理石。如意大利学者研究发现一种噬硫杆菌,通过体内新陈代谢作用,把空气中的 SO_2 转化成硫酸,用作吃岩石的消化液,噬硫杆菌靠吃硫化钙作营养料,使硫化钙转化成粉末。此外,硝化杆菌或亚硝化杆菌也能将氨气转换成亚硝酸来侵蚀大理石。遇到这种情况,就要喷洒"钠青霉素"抗菌剂。

五、保护效果的检测

(一)实验室的检测方法

1. 防护层的结构与形态

1)材料的渗透深度

(1)直观法:防护材料固结后两个月,打开断面,浸入水中 10s 后取出,观察颜色的变化。也可用实体显微镜观察。

(2)切片法:加工成岩石薄片(垂直防护层),在偏光显微镜下观察。如不易分辨,可用染色剂加入涂料中。染色剂有:生物化学染色剂,1%的甲基酯类三苯加 99%的酒精溶液;油溶蓝、油溶红、茜素红,一般溶于有机涂料中;水溶性染色剂,要慎重使用,易造成假象。

2)材料在防护层内固结后的质量(有效组成)

喷涂前后的质量差,用百分率表示(质量差与原质量之比)。

3)材料在孔隙内的结构形态(沿厚度方向的变化)

加工成长薄片(沿厚度方向 3cm),在偏光显微镜内观察材料在孔隙内的形态、占据的位置(用百分比表示)、与胶结物之间的关系、沿厚度方向变化的规律。

2. 物理力学性质

1)孔隙率

孔隙率是指孔隙体积与整个体积之比的百分数。

$$\eta = 1 - \gamma_d / G_s \times \gamma_w$$

式中:γ_d 为干容重,$\gamma_d = W_s$(试样在 105℃烘箱内 24h 的干重)/V(包括空隙体积在内的试样体积);G_s 为比重,$G_s = W_s$(试样在 105℃烘箱内 12h 的烘干重)/V_s(不包括空隙体积在内的实体积);γ_w 为水的容重(4℃时为 9.8kN/m³)。

可采用浮力法测定,可使用不规则试样。如遇试样严重风化或有膨胀、崩解时,则应使用蜡封法。

2)透气性

透气性是指求气体渗透率,气体通过多孔介质的流动能力。

①使用垂直管气体渗透仪测定。

$$K = B \times L \times \mu \times 10^3 / F \times t$$

式中:K 为岩样气体渗透率;B 为流量管管段常数(查表);L 为岩样长度,cm;μ 为空气黏度(与室温有关,查表);F 为岩样截面积,cm²;t 为一段管水柱下降的时间。

②按油田油层物理性质分析用的气体渗透率计,测定垂直层理方向的渗透率。测定的 K 值以毫达西(mD)表示,还应换算成渗透率对数值 $\ln K$。

③使用化工部门漆膜透气率。

$$P = Q \times d / A \times t$$

式中:Q 为水蒸气渗透量,mg;d 为膜厚,μm;A 为透气膜面积,mm²;t 为渗透时间,h;渗透率的单位:P 为 mg·μm/mm²·h。

3)孔隙直径与体积的分布规律

使用压汞法(水银孔隙度计),可得出毛细管压力曲线,从曲线上可研究岩石孔隙喉道的分布(大小、比值),进一步作出孔隙喉道频率分布图,以便对孔隙的性质进行深入的研究。其主要参数为:全孔喉平均毛细管压力、平均喉道半径、孔喉均值 X(与渗透率在半对数坐标上有反比的倾向性关系)。

4)力学强度

包括抗拉强度 S_t、抗压强度 σ_c、风化引张抗拉强度指数 τ。使用点荷载试验仪。

$$S_t = K \times P / D^2$$

$$\sigma_c = 23.7 I_s, I_S = P / D^2$$

$$\tau = t_g S_t$$

5) 耐磨蚀强度(抗风沙侵蚀能力)

使用喷砂机进行喷砂试验。用喷砂强度、注入深度指标来表示。

3. 防止水侵入的能力

1) 表面吸水率(又称毛细吸水率)
$$W_t=(M_t-M_s)/S(\%)$$

将试样表面接触水面,记录吸水量随时间的变化,画出曲线。另一种方法是将试样放入水中迅速浸泡 2min 后,取出称重,求质量差与原质量之比。

2) 饱和吸水率(又称最大吸水率)
$$W_{sat}=(M_{sat}-M_{si})/M_s(\%)$$

真空条件下试样的吸水量与试样干重之比。饱水系数:
$$K_w=W_i(常温常压下的吸水率)/W_{sat}(饱和吸水率)。$$

3) 孔隙指数(i)

采用 ISRW 标准化试验,快速测定法。将试样浸水 1h 后,求所含的水量与干燥样质量之比的百分数。

4) 毛细管运动速度(v_h)

将 6 块试样(大致为 $4\times6\times8cm^3$)分别在大气压力下浸泡水中,分别在 1min、2min、5min 后,将试样劈开,测量水从表面渗入试样的深度。由曲线上 3 点求出 $v_h=h/t$ 的运动速度。它反映水进入试样的难易程度(不同层理要分开表示)。

5) 透水性

(1) 按油田的油层物理性质分析方法进行。试验结果是水测渗透率(mD)。

(2) 在土质学渗透仪上进行。按土工试验规程,事先应加工成规则试样,加水压,每 8h 增加水压 100kPa,直到水穿透试样。

(3) 用直径 3cm、高 4cm 的圆柱体试样,周围密封,施加 25MPa 的压力,使水穿透试样,记录水流速度和水质成分的变化。

6) 憎水性

(1) 浸润角试验。在专用仪器上测试水珠的表面张力,测出浸润角。要求试样平整。

(2) 滴水珠试验。定期滴水珠,看其表面张力。

4. 抗风化能力

1) 耐老化性能

(1) 用老化试验机,模拟日照(紫外线)、温度、湿度,运转 6000h(250 天),经过计算,相当于自然老化的年数(一种算法是,按 880h 相当于自然老化一年,运转 6000h 相当于自然老化 7 年)。然后观察试样的颜色、形态变化。

(2) 放户外曝晒架 2 年,观察颜色、强度变化,污染状况。

(3) 紫外灯照射。用 375W,距离 25cm,照射 2000h。观察外观颜色,防水性等。

2) 抗冻融试验

(1) 温度控制在 $-28\sim-17\,^\circ\!C$,一个循环 2~4h,融化时间少于整个时间的 1/4,50 个循环后测质量损失率和强度。

(2) 按新鲜、风化两组。前者 42 个循环,风化的 33 个循环,温度可按当地的气候模拟。

3) 安定性试验

(1) Na$_2$SO$_4$ 溶液中浸泡 20h,放入 105℃ 烘箱中烘 4h,装入干燥皿中冷却 4h。反复 10 次。最后用蒸馏水浸泡洗去残余的 Na$_2$SO$_4$,用 10% BaCl$_2$ 检查,到不产生白色沉淀为止。再烘干 10h,干燥皿中冷却,称重,计算质量损失率。

(2) 用比重 1.151 干燥皿中冷却,称的 Na$_2$SO$_4$ 溶液浸泡,24h 后取出,在 105℃ 烘箱中烘干,4h 为一个循环,反复 5 次,观察外形,求质量损失率。

(3) 在 21℃ 环境中,使饱和的 Na$_2$SO$_4$ 溶液在真空中进入石质内部,取出干燥后,再饱和,重复 5 次。使试样碎裂,产生拉力。观察破坏方式,是落沙式还是成片剥落,或成碎块。

4) 干湿交替试验

(1) 55℃ 烘箱中放置 4h,再放入 25℃,流速设置为 30mL/s 的流水中 2h,反复 100 次。测质量损失率及透气率(如做老化试验,此项可不做)。

(2) 国际岩石力学学会(ISRW)推荐用干湿循环法测定,求出湿化耐久性指标。试验仪器由圆筒、水槽和动力设备组成,将近似圆形的试块(重 40~60g)放入圆筒内。圆筒以每分钟 20 转的转速,旋转 10min 后,取下圆筒,烘干称重。这是第一个循环。一般以第二个循环作为湿化耐久性指标。

$$I_d = (C-D)/(A-D)(\%)$$

式中:A 为试样与圆筒的烘干重;C 为第二循环后试样与圆筒烘干重;D 为试验结束后,冲洗干净并烘干的圆筒重。

5) 化学稳定性

(1) 耐酸性:①将试样泡入 5% 浓度的硫酸溶液内,10 天后取出洗净,观察外表,测质量损失率;②真空器皿中通入 CO$_2$ 气体,形成人工酸雨(雾),隔一定时间观察外表及称重。

(2) 抗污染性:对于 CO$_2$、CO、SO$_2$、NO$_x$ 等污染气体的抵抗性能。用煤油灯将试样放在玻璃罩上 4min(也可将试样放入罩内等灯自行熄灭),观察表面变化。

(3) 可溶盐、中溶盐的含量:一般可溶盐指氯化物、硫酸盐(钾、钠)、碳酸盐(钾、钠)等;中溶盐为石膏(CaSO$_4$·2H$_2$O)。可按土工试验规程测定,再与被清洗后试样的含盐量作对比。

6) 重涂性

重涂性是指试样经过处理若干时间后,重涂材料的可能性。观察重涂后的外观,重涂材料渗入试样的质量百分率。此项试验可在老化试验后进行。也有用 312W,5500h 紫外灯照射后进行试验。

7) 特殊项目的试验——崩解性试验

确定石质具有崩解或膨胀性能时才做。

(1) 试样放入水中浸泡(时间由石质的性质来定),观察其崩解形态,称重,计算出质量损失率。

(2) 将试样放在自制的旋转盘中,放入水中旋转 20min(每分钟转 32 次)。取下后,放入 105℃ 的烘箱内烘至恒重后,测定其质量损失率。

(二) 现场中间试验

1. 试验内容

与实验室的检测项目有所不同。由于受条件的限制,一般应选择最重要的项目进行检测,并尽量能在现场完成试验。主要有:材料渗透的深度、憎水性、透水性、固结强度等。其他测试项目需要在现场取样后,送回实验室做,其检测方法与实验室相同。

2. 试验步骤

(1)根据石质文物的风化成因,确定风化的类型。例如,阳光直射、通风良好的地方,一般的风化形态是呈薄片起翘,手触即成粉末掉落。通风差、湿度较大的地方,石质表面多聚集盐类,呈片状或疏松结构。石雕应力集中的部位,形成较厚的外壳,或者空鼓。至今仍有水活动的地方,忽干忽湿,引起深层的剥落。岩性差异,呈条带状风化等。

(2)选择试验的地点,应是有代表性的风化类型,或是将被保护的主要对象。试验的面积不宜太小,5~10m² 较为合适。并要选用与文物的实际情况和风化状况相同的岩性。应将准备现场测试的区域与要取样回实验室检测的区域分开。现场测试点,需按测试要求凿成凸出的试块,或成陡直的平面。在取样区要求凿下试块的尺寸稍大,便于修整。

(3)用实验室选定的材料进行喷涂。严格按照要求的施工工艺操作。

(4)进行保护效果的检测。目前的检测方法大都是无损检测。例如:

①材料渗透深度,使用微测深仪。它是中国铁道科学研究院铁道建筑研究所与福建三明市无线电二厂共同研制生产的 C-1 型微测深仪,中国文物研究所与铁建所在多处文物点进行理论和方法的试验研究,取得成功。其特点是可以适用石质表面的高接地电阻。探头采用可伸缩接触式固定极距的微型电极系四极对称探头。探头顶端直径 0.1mm,由于电极细小,可适应不平的石刻表面。极距 4~60mm。

②防护层的防水效果。使用滴水观察水珠的表面张力。

③固结强度。使用回弹仪(国外称施密特回弹锤)。国内由天津建筑仪器厂生产的 HT-75 型与 HT-25 型回弹仪。根据回弹值 R 及单轴抗压强度间的相应关系,可以获得石质表层的力学参数。它适合于风化表面及强度不高的石质文物。

④防护层的透水性。使用的卡斯特瓶,是特制的玻璃圆柱体连通一玻璃管的器皿,可将它紧贴在被试验壁的表面,圆柱周围用硅胶固定密封,管内注入水,看随时间的渗透水量,获得单位面积吸水量与时间的关系曲线。这是测定石质文物在大气压力的自然环境下的表层吸水性能。

⑤防护层的完整性与质量的综合评价。用声波仪测出纵波速度(v_p)与动弹模量(E_d)等参数。

(5)在总结上述试验成果的基础上,写出石质文物保护的施工计划、施工工艺、资金预算和日程安排。

(6)组织专家评估,报上级审批实施计划。竣工后组织验收。

3. 保护效果的评估、核查

由上级主管部门组成专家评估组。

(1)肉眼评价工程的实施情况。

(2)对被保护的石质文物进行无损检测。

(3)将测试结果与现场试验报告作对比。

(4)拟出一份验收评估备忘录,作为审批时的依据。

六、应用实例

(一)重庆大足宝顶摩崖造像的防风化保护

大足宝顶山摩崖造像开凿于淳熙六年至淳祐九年(公元 1179—1249 年),是我国晚期石窟的代表作品(图 1)。国务院于 1961 年公布为全国重点文物保护单位。

宝顶山摩崖造像开凿在侏罗纪含砾硬砂质长石石英砂岩上,不具明显层理,组分中碎屑占 30%,胶结物占 20%,其主要成分是黏土,其次是碳酸钙。

造像中的护法神、六道轮回的腿部、华严三圣旁的两幢石碑、涅槃及孔雀明王龛等都已严重风化。四川省文物考古研究所使用 MSG-8 材料对风化石刻进行了封护加固处理,并对加固材料进行了如下的测试。

图 1 大足宝顶山牧牛图有机硅防护

1. 岩石力学强度的测定

为了确定 MSG-8 材料的使用浓度,用 XD-2 型点荷载仪,对岩样进行测试,测出岩样的抗拉强度为 2.456MPa,在黏结抗拉强度与浓度的关系曲线上查出对宝顶摩崖造像风化岩石进行封护加固处理的最佳浓度为 15.0%,使用的具体配方为(质量比):

MS-1-50 有机硅玻璃树脂	100 份
防水剂 3 号	240 份
钛酸丁酯	2.0 份
三乙烯四胺	0.15 份

2. 渗透深度的测定

使用 15.0% 的 MSG-8 材料,对 5 个风化岩样进行喷涂,先后 3 次,每次 3 遍,每次间隔

1~2天,在空气中室温下养护2个月后,将岩样劈开,浸入水中,10s后取出,凡封护加固未渗透到的地方,水会很快渗入,颜色变深,便可测量出渗透深度均在1~2cm之间。

3. 风化岩样处理前后力学性质的变化

使用点荷载仪对风化岩样和经过封护加固处理的岩样,分别测试其强度。风化岩样的抗拉强度为0.54MPa,抗压强度为10.036MPa;处理后岩样的抗拉强度和抗压强度分别提高到1.715MPa和31.725MPa。

4. 风化岩样处理前后物性的变化

从分析结果可以看出,经过加固处理的岩样,孔隙率可降低1/4~3/4。

5. 风化岩样处理前后安定性的变化

将称过质量的岩样,在饱和硫酸钠溶液中浸泡20h,取出放在105±5℃的烘箱中烘4h,再放入装有氯化钙的干燥器中,冷却至室温。以此为一个周期,反复进行10次,最后反复用蒸馏水浸泡,洗去残留在岩样中的硫酸钠(使用氯化钡溶液检查,直到不再产生白色沉淀为止)。放入105±5℃的烘箱中10h,再放入有氯化钙的干燥器中干燥,冷却至室温,称重,计算出质量损失率。

未经加固的岩样,最多经过8个周期,就全部崩溃。经加固过的岩样,在10个周期后仍然完好,仅有一个岩样,在第5个周期后,开始起皮脱落。

6. 风化岩样处理前后透气率和透水率的变化

加固处理前后岩样的透气率和透水率分别相差50倍和40倍。经过15.0% MSG-8材料处理后的透气率和透水率仅为未处理岩样的1/6~1/5。

7. 抗风化能力的测定

将岩样放在55±5℃的烘箱中加热4h,取出后放入25±5℃流速为30~50mL/s的水流中2h,如此反复进行100次,测定其透气率。

8. 材料渗透到风化岩样中的薄片观察

需要在专业部门对岩样进行加工切成薄片,粘在玻璃载片上,在偏光显微镜下观察。

材料渗透到风化岩样的现场施工工艺为:使用喷枪喷涂法,压力控制在1.5kPa之内,也可使用农用喷雾器。在喷涂前应将风化岩面上的尘土和风化产物,小心地打扫干净,以保证加固封护的效果。喷涂时,喷嘴离岩面20~30cm,喷涂次数一般控制在3次,每次间隔1~2天,每次喷涂直至有流挂现象产生为止。要保证风化岩面吸足封护加固材料和渗透深度。

处理后的岩面,应在15天内,避免大雨的冲淋,因加固材料的化学反应需要一定的时间才能完成,否则无粘接和防水作用。最好选择在雨量小,气温在15~25℃的季节施工。

通过上述的测试,证明MSG-8加固材料无色透明,抗水性、透气性、渗透性、黏合性和耐老化性都较好。四川地区的一些砂岩石刻经过此法加固处理10多年后,效果明显,是比较理想的加固材料。

(二) 北京故宫汉白玉石刻的防风化保护

故宫是世界闻名的保存最完整的皇宫之一,在世界建筑史上有着十分重要的地位。其中石质构件风化的情况相当严重,如中轴线上建筑外的石栏板、栏杆,风化严重的部位已经粉化。兰州涂料工业研究所与故宫博物院共同研究、试验,使用有机硅材料进行保护处理,经过8年的观察,其效果是比较好的(图2)。

图2 北京故宫汉白玉石刻的防风化保护

1. 现场试验

按风化程度进行分类,选择严重风化和中等程度风化的汉白玉栏板。先进行清洗,一般用水清洗,洗不掉的污垢,使用中性溶剂擦洗。自然干燥2天后进行防水处理。一种是浇注法,将棉絮包在石刻上,再用塑料薄膜封闭。每隔6h加注一次防水剂。通常要加注5~6次。此法的整个操作过程繁琐,材料浪费很大,效果不甚明显,因而未被应用。也曾试验过喷涂法,喷涂过程,大量溶剂挥发在空气中,对操作人员危害大,因而也放弃了此法。另一种是涂刷法,一般涂刷2次,中间隔1h。涂刷防水剂后,要保证在材料完全固化前(约2天)不被水冲洗,因此要选择不下雨的季节,操作过程一般需要6天时间。

2. 防水性试验

由于水是促使石刻风化的主要因素,因此,首先考虑的是防水效果的测试。在神武门等处的风化石栏板上,先用卡斯特瓶测量它单位时间的渗水量,然后用两种防水剂处理,经过2~3年之后,再用上述方法测量。结果证明其防水性能有很大提高。

3. 外观

刚涂过防水剂的石刻表面颜色略有加深。过两年后与未处理过的石刻比较,颜色差别很小。

4. 耐久性

材料有优良的耐候性和与石刻的相溶性。其渗透深度大于 20 mm,防水效果可达 10 年以上。

5. 黏结力

现场试验表明,风化石刻表面有一层颗粒状风化产物,用手能够触摸下来。用防水剂处理后,颗粒被粘牢,用手搓不再掉粒。

6. 化学稳定性

防水剂呈中性,不带有可溶盐类离子,固化过程中没有危及石刻的副产物。

7. 存在的问题

现场试验中观察到,石刻面向下方的弯曲表面,雨水流过之后,留下了难以清除的水痕,对外观有一定影响。使用溶剂擦拭,可消除大部分痕迹。

(三)慕尼黑旧画美术馆石构建筑的修复

1. 损坏现状的调查

建筑材料主要是砂岩和砖。建筑被交通干线和电站包围。石材被暗黑色外壳包裹,材质砂化、碎裂。其成分为含铁(海绿石)的绿砂岩,对水的吸附力很强,可达 5%～6%。海绿石可分解为褐铁矿,呈黄褐色。做了氧化物含量化学成分分析。盐类分析表明,石材不含 Cl^- 和 NH_4^+,未发现有害盐类。酸性可溶物含量达 74%,石材的风化深度已达 5～8cm,从扫描电镜中可看到分解产物及不溶物形成了外壳。

2. 实验室试验

使用新采集的替代石材。选择 4 种加固材料:
(1)含催化剂的四乙基硅酸盐类加固剂。tetraethyl silicate(OH 型)。
(2)硅烷(silane)和四乙基硅酸盐混合型加固剂(H 型)。
(3)含甲基树脂(methylresin 5%浓度)的硅酮(silicone)。
(4)齐聚硅氧烷形成物(oligomeric siloxane formulation)。
试验方法:
(1)将未处理和用加固剂处理的试样进行吸水性试验。按 10min、1h、24h 分别测其吸水量。

(2) 盐结晶试验。根据试样性质，进行 4~9 个循环。

(3) 使用 OH 型材料，渗透深度要求达到 5cm 时，取材料消耗量为 4~6mL/m²。

(4) 用扫描电镜描述加固前、加固后、10 年后的结构形态，说明加固效果。

3. 现场试验

选定 10m² 的试验区。先进行清洗，用清水洗去外壳污垢及表面盐类。干燥 2 周后，使用加固剂喷涂，3 次循环，每个循环分 3 次使用加固剂，间隔 20min，消耗材料量 5L/m²，表面多余的材料用纯溶剂清洗掉。3 周后，使用 2 种不同的防水剂：硅氧烷类材料，消耗量为 1.5L/m²。另一种 H 型加固剂作为防水剂，也是 3 次循环。

另外，在 C 实验区，为评价加固后石材的关键数据，从石材中进行岩芯取样，把岩芯切成 2cm 的片状。按照 DIN 法进行水渗透性试验。岩芯的直径为 20cm。分为 4 组：未处理的、OH 型加固剂＋H 型防水剂、OH 型加固剂＋树脂型、OH 型硅氧烷防水加固剂。试验结果证明，用 H 型加固剂，可将毛细吸附水减至最小。通过水渗透性试验也证明，化学材料渗入腐蚀孔隙深度达 6cm 时，才有下降趋势。

4. 清洗盐类试验

取 20 处样品进行盐类的定量分析。结果是氯离子含量很少，硝酸根离子没有，硫酸盐含量变化在 1.77%~4.45% 之间，这是表面腐蚀和破坏的主要根源。清洗分两步：用冷水进行 2h 的预湿，后用 80℃ 热水高压（400Pa·s）喷洗；干燥 7 天后，再取样，定量分析，盐含量已降到 2%。处理后的石膏，并不妨碍加固，也不会降低保护处理效果。

5. 曝露 10 年后实验区的再检验

在实验区再次岩芯取样，作相同试验分析。证明 3 个经处理的样品的防水性没有明显改变。未发现表面有砂化、颗粒松动、形成壳垢等现象。水汽渗透试验再次证明，采用 H 型加固剂是正确的选择。

参考文献

常士骠，等. 工程地质手册[M]. 北京：地质出版社，1992

地质矿产部. 地质辞典（二）[M]. 北京：地质出版社，1985

国家文物局. 文物科学技术成果应用指南[M]. 国家文物局文物一处，1992

和玲，周伟强，甄广全，等. 乾陵石刻清洗研究[J]. 文博，1996(5)：88-93

黄克忠. 石窟研究保护的实践与思考[Z]. 北京文物工作，1993.3

黄克忠. 文物环境的保护迫在眉睫[Z]. 1995

黄克忠. 岩土文物建筑的保护[M]. 北京：中国建筑工业出版社，1998

黄克忠. 云冈研究石雕的风化与保护[Z]. 1995

李允鉌. 华夏意匠-中国古典建筑设计原理分析[M][中文（繁体）]. 香港：广角镜出版社，1982：447

李最雄，张虎元，王旭东. 古代土建筑遗址的加固研究[J]. 敦煌研究，1995(3)：

刘敦桢，乔匀，杨谷生，等. 中国古代建筑史[M]. 北京：中国建筑工业出版社，1980

刘强,张秉坚.表面能分析法在石质文物仿生矿化保护材料研究中的应用[C]//中国第八届科技考古学术讨论会暨全国第九届考古与文物保护化学学术研讨会,文物保护与科技考古,西安:三秦出版社,2006:354

水利电力部黄河水利委员会勘测规划设计院.水利水电工程岩体测试技术手册[M].北京:水利水电工程,1987

四川省文物考古研究所.在大足石刻维修工程中研制的新型灌浆材料,1984

王蕙贞,宋迪生,李涛,等.麟游慈善寺石刻风化机理及抢救性保护研究[C]//中国第八届科技考古学术讨论会暨全国第九届考古与文物保护化学学术研讨会,文物保护与科技考古,西安:三秦出版社,2006:342

Weber H & Zinsmeister K. Conservation of natural stone:guidelines to consolidation, restoration and preservation[J].1991

探讨石质文物保护的几个理念问题[①]

一、石窟治水工程与动态保护的观念

中国众多石窟的保护工作中,水患的治理既普遍又艰难,其中龙门石窟最具有代表性。以潜溪寺为例(图1),从20世纪80年代保存单位就开始用顶部覆盖与裂隙灌浆的方法进行治理,但在几年后窟内又出现严重漏水。到21世纪初,由联合国教科文组织的"文化遗产保护日本信托基金会"提供项目经费,中日两国专家共同参与保护"丝绸之路"上的文化遗产,龙门石窟潜溪寺保护项目就列在其中。最初实施计划中的勘察工作是由日方地质专家提出的,其基本理念是石窟渗水是由水汽运移造成的,因此要求布置3个深钻孔进行研究。但经过双方认真的交换意见和现场勘查后,基本达到共识,认为窟内的渗水是由大气降水引起,与地下水无关,于是改变了实施计划。有意思的是,水汽运移的理念在年降雨量仅40mm的敦煌莫高窟得到证实。莫高窟底层的洞窟内壁画酥碱、起甲等病害的主要因素是后壁砂砾岩体由于水汽运移造成窟内岩壁的相对湿度超过90%而产生的。最近几年敦煌研究院的研究与监测成果也证实了这一观点。

图1 龙门石窟潜溪寺治水工程

龙门石窟潜溪寺的渗水治理实验工程,由于施工不到位,渗水反而更严重。经过补充设计及研制新型灌浆材料,更换施工单位重新施工后,终于治水成功。但是2014年经受50年一遇的大暴雨后,窟内又出现少量渗水。有人问我,这是否算治水有效?我说,再经过一个雨季的考验,如果未见渗水就可认为治水有效。水是活动的,尤其在石灰岩岩溶地区,水的运移

[①] 该文为东亚文化遗产保存学会2015年会(奈良)上的主题发言。

根据裂隙张开度、流速、钙离子浓度等在空间上呈"虫洞"状非均匀分布,并会形成相对集中的渗流通道。因此影响裂隙反应的主因素具有时变与突变性。随着时间的推移,渗水还会在别处渗出。所以我们对渗水水患认识的过程应体现动态保护的理念,也就是一次治水工程后,若干年后又出现渗水,是正常现象,再次进行治理就是了,但是要求窟内的渗水越来越少。

二、大足石刻千手观音的修复理念

千手观音造像位于重庆大足宝顶山大佛湾,是我国现存最大、最完整的,集雕刻、彩绘、贴金于一体的摩崖石刻造像,具有较高的历史、艺术与社会价值。800年的风雨沧桑使千手观音造像伤痕累累。大足千手观音的保护修复是一个综合性强、复杂性高的项目(图2)。对它如何认识和保护,是对文物修复保护理念和实践能力的一次考验。

首先,如何对修复理念进行全面深入的理解。除了在整个文物保护工程中,坚持不改变文物原状、真实性和完整性的原则外,修复工作的重点思考是应"残状修复",还是应"原状修复"。由中国文化遗产研究院带领的团队在保证文物安全及其价值的前提下,充分尊重文物造像的宗教属性,在考虑文物保护、艺术效果与公众需求的平衡方面进行了有益的探索。由于受到30多种病害的长期侵扰,千手观音的830只不同形态的手、4000多个手指已经到了残破不堪的状态。保护修复工作一定要从粉化酥碱严重,甚至断裂、缺失的手指做起。造像表面的贴金层已经与岩石、大漆黏在一起,剥离清洗后多是很小的残片,在十分潮湿的环境下,回贴后的旧金箔很快又出现问题。因此,项目组改变方案采用新的金箔。同时我们还需要关注的是,对千手观音造像来说,除了要"救命""治病"外,还要考虑其外在形态、文化内涵,以及东方传统美学形态下对佛教艺术品的要求,体现出千手观音的生命力和感染力。对以上这些层面的认识、思考和保护实践,使得经历了8

图2 大足千手观音

年的保护修复工程,既保存了原有文物所包含的历史信息,实现了对艺术和文化价值的重视,又使造像得以"益寿延年"。

其次,在考虑如何将传统修复技术与现代科学方法有效结合方面,整个保护过程也是经过不断试验和修改方案后,才得到较为满意的结果。一方面,在修复过程中,保护人员最大限度地发掘和整理了相关非物质文化遗产的成果,延续了传统的锚杆加固、翻模、髹漆、贴金等技术。同时也综合运用X射线探伤、红外热成像等20多种现代科技手段,为解决造像结构稳定、彩绘修复、保护材料等难题提供了技术支撑,并有所创新。

最近我们从网上看到,有人认为奈良唐招提寺金堂中的千手观音造像在修复时,把原有的金箔都保留下来,认为这更符合真实性的原则。我的认识是,两种修复技术都是合理、可行的。只是将两种环境、材质、制作技艺以及传承技术都完全不同的文物,放在同一个条件下进行比较,其结论就难以客观。1994年ICOMOS通过的《奈良真实性文件》中提出多元化价值取向理论,即要承认各民族的不同文化背景,尊重不同民族的真实性的不同理解和选择。根据这个理念,可以把"多种信息来源、多种价值取向作为一种评估判断标准""要求实现历史价值与社会价值的统一""只要两个价值可以相容,只要有助于保护有价值的历史信息,一切工程措施都是合理的"。我们从上述大足千手观音造像的修复过程就可了解,使用残留金箔已经不能作为历史信息保存下去。《中国文物古迹保护准则》总则中也明确提到"保护的目的是真实、全面地保存并延续其历史信息及全部价值"。而保存文物对象的全面价值,若不考虑千手观音的宗教功能,即包含了记忆、情感、教育等内容的社会价值,就无法全面地认识它的价值构成,就有可能将活态的文化遗产狭隘地认识为丢失原有功能价值的遗迹,在修复的过程中也无法科学合理地就遗产的整体价值予以保护。

三、锚固、灌浆等保护技术的应用原则

对我国已在文物保护工程中普遍使用的锚固、灌浆技术,最近也出现质疑的声音,认为它们不可逆,并对其时效性表示怀疑。其实这两种技术在我国的传统工艺中早已存在。在公元3世纪的新疆克孜尔石窟谷西区第47号大像窟外侧壁上,发现多处锚孔,其直径约60~80mm,孔内插入木杆,其周围石灰作为灌浆材料。据考察,这一技术是为稳固佛像所用。另外,在明长城的构筑中,已使用了糯米浆与石灰混合的灌浆材料,现通过科学检测分析,也证明了其极佳的强度和时效性。

20世纪80年代麦积山石窟被发现顶部七佛阁岩体裂缝已有明显位移,加之该地带又有强地震威胁,有可能造成大体量毁灭性崩塌,于是开始了抢险加固工程。由于先期提出的搬迁方案与大柱子支顶方案都没有可行性,便采用了岩体工程专家推荐的,在当时属于先进技术的喷锚加固和灌浆技术,实现了稳固洞窟所依附的岩体的效果,并恢复了栈道通行。尽管存在混凝土喷层掩盖了不少历史信息,增加了窟内湿度等弊病,此项锚固及灌浆技术还是成功地做到了石窟原地现状保护,避免了造成大面积崩塌的危险,并保证了观众安全地到达现场参观文物造像。这一技术也成为后来石窟加固的重要方法(图3)。

图3 麦积山石窟栈道修复工程

现在来评估这个工程,发现确实存在不少缺憾,尤其不应用水泥砂浆全部覆盖在石窟表面,犹如给它穿上了一件不透气的盔甲。同时也应历史地看待保护措施,当时的知识水平认为是先进有效的,但随着时代的进步和技术的发展,过去的这些技术手段就可能需要改进,甚至废弃。那么锚固、灌浆技术今后还能否使用呢?回答是肯定的。但是用在什么地方,怎么用却要十分慎重与科学决策,并要结合具体的对象、环境,研究、试验出适合的材料与工艺技术。比如前面提到的龙门石窟潜溪寺治水灌浆技术,就是这么做的。至于对可逆性原则的理解,我们要尽最大努力去遵循,但是遇到用传统方法或其他物理、化学或生物的方法不能够解决其危险或结构性缺陷的问题时,不可逆的保护措施还是可以使用的。但是要不妨碍后人进行再处理的可能。当然,文物保护今后的发展方向是朝着预防性保护的观念努力,相信直接在文物本体上进行干预的措施会愈来愈少。而对保护措施时效性的认识,我们则需要建立一套有效的评估制度,进行长期监测与跟踪。工程实施前要进行严格的室内与现场试验,得出肯定的评估结论后方能实施。

四、石质文物表面劣化的防护难题

对于室外不可移动石质文物的风化如何做到预防性保护?当前做得最多的是改善环境与加强监测。以陕西乾陵(唐高宗李治与武则天合葬墓)陵园内的石刻群为例,如何改善它们被日晒雨淋造成的各种病害?如果给每一个石刻造像盖保护棚,从环境景观上很不协调,不能被大家接受,仅做监测又解决不了其病害对文物的损伤。在这种情况下,预防性保护仅能做到病害的监测预警。因此,保护方案中还是动用了物理、化学等干预本体的措施,如稳定基础、去除以往在石刻造像上加铁箍的不当措施、裂缝黏结、灌浆及清洗等。

然而,即使是石刻的清洗措施,也要有理念与原则的指导。乾陵陵园中的一对石狮子,因苔藓及其他污染物使石狮表面受到侵蚀,黑色与黄绿色的覆盖物既有害也不雅观(图4)。维

图4 乾陵石狮

修方案是予以清洗,但清洗后的效果与未清洗的另一尊石狮形成较明显的反差,引起不少观众的指责,导致不敢再清洗另一尊石狮。这给我们的启示是,首先,要慎重地评估清洗带来的利弊,再决定是不是清洗;其次,要清洗到什么程度,也需事先做必要的试验研究。从目前的情况看,我认为第二尊石狮还是可以清洗的,因为本体表面的病害有损于其"健康长寿",但清洗时要做到两尊狮子的色调保持一致,并且不能过新。

另一个经常争论的问题是石刻表面劣化防护是否应该使用化学材料。不少人对化学材料直接施加在文物本体上存在疑虑,是否会造成文物的破坏,耐久性怎样,不可逆性是否会影响后人的再保护,等等。并且化学材料的使用在以往确实有不少失败的教训。如果这些问题得不到肯定的回答,没有切实可行的保障措施,当然不能轻举妄动。但是许多石刻和石雕被日晒雨淋、风蚀、污染等严重损害,甚至有消失的危险。这种情况下,对需要抢救、"救命"的文物,还是要采取必要的保护措施,而采用化学的保护方法也应该是一种必不可少的措施。操作的关键问题在于需要严格按照程序进行科学的试验、检测和论证,真正做到万无一失。根据"救命"还是"治病",材料需要进行严格选择,能不能用、什么时候用、怎么用,都需要综合评估与周密思考。

这方面也有成功的先例,大足石刻用化学材料进行防风化保护,就是较为典型的例子。当地是酸雨侵蚀较严重的地区,近几十年来发现石刻的风化加速,雕像表面风化成疏松状,已到非抢救不可的程度。因此,20世纪90年代初,在得到国家文物局批准后,大足石刻使用有机硅类化学材料进行表面防护加固干预。由于从材料筛选、改性,室内试验检测、现场试验、施工工艺,到效果检测,都能按程序严格把关,并且设计者认真负责地在现场监督实施,经过20多年的考验、观察与测试,证明这一干预效果良好,现在仍然有保护作用。

因此,我认为,不应该把化学材料保护作为唯一的手段,还应有综合治理的观点,物理的、生物的、改善环境等方法都要考虑,应根据当地环境、保存现状、病害和病因,与文物材质的特点相结合,以选择合适的方法,还需要对它进行有效的长期监测与跟踪评估,及时总结经验与教训。

以上的一些观点、认识是否能被大家接受,颇感忐忑,愿意接受方家的批评指正。

参考文献

郭桂香,等. 为了你慈祥的微笑[N]. 中国文物报,2015-05-08
黄克忠. 纵观当前的石窟保护[M]. 石窟寺研究第四辑,北京:文物出版社,2013
库木吐喇千佛洞保护修复工程[M]. 北京:文物出版社,2011
詹长法. 千手观音石刻造像的遗产价值[J]. 世界遗产,2015.(6):32-40

北京文物环境的现状与保护对策①

北京既是一座历史文化名城,又是现代化的国际城市。北京具有 7000 多处文物古迹,而在城区内更集中了大量举世瞩目的文化瑰宝。因此,北京的环境优劣直接影响到文物能否"益寿延年"。

今天,没有一个城市不为他们拥有的文化遗产感到骄傲,也没有一个城市不可能意识到文化遗产在其文化生活中的重要地位。尤其作为我国的首都,对这座历史文化名城在加强文物保护方面已做出了巨大的贡献。但同时又感到文物古迹及其环境受到自然和人为破坏及经济发展所带来的威胁。

文物环境必然与历史与社会紧密相关。我们从 20 世纪 30 年代的老照片和历史档案中可看到当时的北京城,只有 100 多万人口、几百辆汽车和线路不足 50km 的有轨电车。大多数道路是"无风三尺土,微雨满街泥"。直到 50 年代初期,当时参观故宫的人数一年也只有几千人。再看今天的北京,完全已成为端庄、美丽的现代化国际大都市。众多的文物古迹中已有 5 处被列入世界文化遗产目录,北京已成为文明古国的象征。

文物环境对文物寿命的影响是显著的,自然界各种因素如温度、湿度、光线、地震、雨水等都可能对文物,尤其是暴露在室外的文物造成损害。但当前对文物造成致命伤害的人为破坏,无论从广度、速度和程度上,都远远超过自然营力的破坏。

随着近代工业、社会经济的发展,环境污染使得文物破损的速度日益加快,已经到了有可能大量失去的程度。20 世纪八九十年代,一些单位曾对北京城区、近郊、远郊等 10 多个文物保护单位进行过调查、采样分析工作,发现在北京城区内的文物古迹风化损坏的程度都比较严重。天安门前的金水桥栏板及故宫太和门后的汉白玉云凤望柱上的花纹已几乎辨认不清,甚至有些部位手触即掉粉末,风化剥蚀的深度已达 10~20mm。查找到 1923 年出版的一本书上,发现与此相同位置的照片,当时的这些雕刻花纹十分清晰,时隔仅 70 多年,此种破损状况在颐和园、天坛、五塔寺、孔庙等普遍存在,甚至连古建筑上最不易风化的镏金顶,仅过两年就失去金光锃亮的光泽而变为暗黄色。琉璃河水泥厂附近的一座明代石桥,其望柱已被腐蚀成拳头状的一个砣砣。一般来说,北京远郊区的露天文物相对城区的风化程度较轻,远离京城的清西陵内,所见石雕都十分新鲜、清晰。据有关环保单位和科学院的分析,北京城区的大气污染源主要是:汽车燃油、人为的二次污染、燃煤低空排放和风沙土壤 4 种。而对露天文物古迹造成危害的是大气酸性颗粒物及酸性降雨的直接侵蚀,更多的情况是含有大量过渡金属 Mn^{2+}、Fe^{3+} 及煤烟颗粒落到文物表面上吸收水分后与 SO_2 产生作用,使之发生催化反应转化成硫酸,腐蚀文物。即使保存在博物馆内的几类比较敏感的有机质文物,如书画、纺织品、竹木漆器等,也已受到不同程度的损害。

此外,不合理的开发对文物环境的破坏也很明显,如从飞机上看到明十三陵周围 40 多里(1 里=500m)的陵园内,出现一片片黄色的裸露土地,与陵园的环境极不相称;再有就是超过

---

① 该文为北京科协 2007 年举办海峡两岸文物保护学术研讨会上的发言。

文物环境最大容量的旅游者对文物环境造成的伤害。如故宫一年的参观人数,几年前就已超过1000万,全是人流,看不到意境。不仅对地面造成损坏,观众带来的有害气体与不良行为也在直接损害各类文物。有些文物古迹为了旅游需要,增加许多重建、仿古的建筑以假乱真,不恰当的保护方法,反而损伤了文物及其环境等。

文物环境的保护涉及到各个方面,如城建、园林、旅游、宗教、居民等,他们都从各自的规律、需求出发,提出各自的要求。因而文物环境始终处于妥协与对抗的矛盾之中。文物古迹地区必须要对公众开放,公众对文物环境必然有不同的需求:有要求陶冶情操、追求文化享受的,有信仰要求烧香拜佛的,有为了增加财富来商业经营的,问题是管理部门如何去协调分配这有限的空间环境。尤其当文物环境成为有价值的商品时,矛盾就尖锐起来,往往短期效应占了上风,文物环境便遭到扭曲,甚至破坏。如何保护其环境的品质便成为非常艰巨的工作。由此可见,文物环境的质量主要取决于政治、经济和文化发展的程度,人们的环境保护意识,管理水平以及有效的监测和防治方法。

根据文物保护法,每一处的文物古迹,依照其重要性及价值大小,由政府核定公布的文物保护单位,都要划出一定范围的重点保护区和一般保护区。重点保护区是为保护文物本身安全而划定的区域,在该区域内必须要清除影响安全和破坏景观的环境因素。在一般保护区(即建设控制地带)内,不得修建有污染的工厂和高层建筑或构筑物,对已有的工厂、建筑物应区别情况限期治理、改造、搬迁或拆除。如因特殊需要,须在建设控制地带内修建新建筑或构筑物时,其形式、高度、体量、色调和用途都应有具体要求,与文物古迹等周围环境、气氛相协调,不得破坏环境风貌,其设计方案须经上一级文物主管部门批准。

保护文物环境的重要内容是做好文物保护的长远规划,规划中要充分估计发展与环境保护之间的关系。尤其要争取把文物部门制订重要文物区的保护规划纳入本地区城乡建设规划中,以便在规划实施时能得到地方政府的支持。在总体规划中要体现保持文物传统风貌的原则,在详细规划中要研究各种保护、利用、改造的方案,然后在近期实践中加以检验、修改。在制订保护规划前还必须对文物和环境的过去、现在和未来做充分的调查,它必须有明确的、连贯的政策作背景。

平时环境保护的重要措施是经常、定期地检查文物和环境,及时清除隐患,避免破坏受损。应检查的外部环境有:区分文物保护区与商业活动区或旅游服务中心,减少空气与水质的污染,减少各种交通引起的震动及尘埃,预防洪涝灾害,防止风化剥蚀,稳定地下水位,监测滑坡与地震,以及防火防盗等。对文物内部环境,要从控制温度、湿度和日照,清扫卫生,清除杂草、鼠穴、蚁窝,防水堵漏,排水畅通,检查各种设施是否有利于文物的保护等。

此外,保护文物环境还需要对文物以及与它有关的环境、民俗、文化、部落、生活事件等进行价值评估。应将为了自身利益互相争利而可能破坏文物环境的行为,改变为大家勤奋探索、为共同利益而去保护环境的行为,将文物看作是当地每个人的无价之宝,成为共同为保护好文物环境而奋斗的目标。

近期国内外文物保护界已把环境对文物的影响列为文物保护的主要研究内容之一,均把文物环境质量的监测放在保护工作的前面去做。研究哪些环境因素对文物造成什么样的损害,进一步建立环境质量和灾害的监测体系,提出控制环境质量的综合指标。

在我们与文物环境和历史的联系中,可以认识到我们传统的文化是由各方面的物质环境(包括文物环境、自然、社会等)组成的。而文物环境可以提醒我们意识到我们这一代人与过去历史的联系,是怎么走过来的。

因此,文物环境的保护一定要有当地群众的参与,包括成立一些组织,开展活动,逐渐有效地发展出他们自己来保护的想法和实际行动。把当地群众的利益与文物环境保护结合在一起,来抵制那些破坏经济发展的行为。同时,还可以通过地方历史教材、人文发展史上有意义的史迹,使当地居民与生活区周围的古迹环境产生联系,从而对文物古迹和周围的环境产生感情,自觉地维护它。进一步提高到把文物古迹当作当地民众感情生活中不可缺少的部分,把它看作是祖宗的留根脉,是生命力和尊严的象征。如果能在学校的教育中,唤醒下一代对本地历史的认识,了解自身乡土文化、文物特点,增强他们对家乡的认识和热爱,使这种文化历史扎根于下一代人之中,那么文物环境的保护就会带来根本性的变化。

中国石窟寺的保存修复[①]

一、石窟的保存修复技术

(1) 重要的石窟群已基本完成抢险加固工程,技术已日趋成熟。如莫高窟、云冈石窟、龙门石窟、麦积山石窟、大足石刻、炳灵寺石窟、榆林窟、克孜尔石窟、巩县石窟等(图1～图4),已在近50年内逐步完成了抢险加固工程。灌浆、锚固、黏结和传统的补砌修复方法,成为保存、修复石窟的主要方法。随着时代的进步,加固技术也在不断改进。如灌浆材料,有我国科研人员研制的改性增韧的环氧树脂类、潮湿环境的有机类、无机类 PS 材料,也有引进国外的多种合成材料。在灌浆设备与灌浆工艺上也有很大改进。

(2) 石窟治水是普遍、持久的难题。例如,对大足北山及宝顶山两处的水患经40年不间断的治理,还有地方在渗水,尽管有很大的改善,但仍做不到根治。云冈石窟在历史上受水的危害十分严重,经过40多年的治理,目前还在做顶部排水、防渗的设计以及窟内防止凝结水的研究。莫高窟的年降雨量仅46 mm,但同样存在洪水、毛细水、凝结水的危害。龙门石窟在20世纪80年代治理窟内渗水,初见成效,已多年未见渗水。但近年窟内渗水又严重了,原因是灌浆及防渗覆盖材料老化,温差应力又将裂隙拉开。水在山体内是活动的,不断变换运行的途径,要想一次就将渗水根治是不现实的。

(3) 石雕防风化保护研究任重道远。由于风化机理的复杂性,岩性及环境的差别,保护方法和保护材料的不成熟等综合因素而使得此项工作一直停留在研究阶段,很成功的实例不多。例如,云冈石窟的物理风化与化学风化,主要表现在水和岩石作用方面,结果使石雕表层聚集了大量盐类,填满了孔隙,给保护处理增加了难度。如果不治理后部的渗水,只做石雕表层的保护处理,结果将是灾难性的。化学材料的使用更应慎重,失败的教训不少。如在大足石刻北山,有人对一通蔡京碑用有机硅进行表面封护,结果材料未渗入岩层,流淌在表面,颜色变深,花很大功夫才清洗掉。究其原因,碑刻经多次拓印,墨汁将孔隙填满,已渗不进任何材料。

有不少学者建议,最好不在文物本体内实施附加材料,而从改善保存环境入手。如甘肃炳灵寺石窟,因修建水库使当地的小气候改变,温湿度骤变使石雕内的蒙脱石粉化,石雕表面由光滑变粗糙。目前正研究如何将河水挡在窟区以外。最近在龙门石窟的两个洞内进行表面清洗,结果焕然一新,后又用化学材料作表面封护。这种做法已引起争议,有人认为,它不符合最小干预的原则。

二、石窟保存修复的理念和修复原则

1. 持久性与真实性

在不改变文物原状的原则指导下,为了持久地保护石窟,在外部做一些保护性构筑物,这

[①] 该文为敦煌研究院2005年举办文物古迹遗址国际学术会议发言稿。

图 1　炳灵寺石窟　　　　　　　　　图 2　乐山大佛

图 3　云冈石窟五华洞窟檐　　　　　图 4　新疆克孜尔石窟

会引起很大争议。如云冈石窟五华洞外壁，不少雕刻风化严重，为免受日晒雨淋，30多年来，已做过五六次窟檐保护的方案，始终未被认可。原因是考古专家认为它改变了石窟的外貌。经过这段时期的观察，石雕风化日益严重，有些立柱顶部已破损到可能塌落的地步。最近的讨论观点已趋一致，都同意建保护功能的窟檐，但对窟檐的形式，仍有较大争议①。四川乐山大佛开凿于唐代，但其面貌已改变较大，如何修复？有人建议将表层剥离，恢复至唐代的面貌。究竟大佛内部的真实面貌如何？经过多种无损探测仪器的检测，发现头部里面已破损十分严重。维修方案只能从治理渗水和防止崩塌着手，不能对头部做很大的改动（黄克忠，1998）。麦积山石窟处于地震多发区，历史上已造成大量洞窟崩塌，仍有不少洞窟岌岌可危。为保障洞窟与文物的持久安全，于20世纪70年代，进行了结构性的喷锚加固，保住了石窟的

---

① 工程办公室，云冈石窟防水保护工程简报，2004年9期。

整体安全,但又将表面的许多遗迹盖掉,并增加了窟内的湿度,对壁画的长久保存不利。目前又在治理洞窟内的渗水。

从保持真实性的观点看,用当时认为先进的技术进行抢救性加固,应该是允许的,但是缺乏更周全的考虑,尤其是在可逆性原则方面。

2. 动态保护的观念

用发展的观点看价值观念与保护原则,是一种以主观认识为基础的多元并存的状态,是信息积累的、动态的、不断发展变化的过程,不是一成不变的,它也促使保护方法的变化。如在抢救保护石窟时,如何贯彻"可逆性"的原则。被灌浆加固的石窟或处理严重风化石雕的表面加固材料,要将它取出来是不容易的。如能做到不妨碍再次对原物进行保护处理,就可以实施。重庆的大足石刻,处在酸雨重点区,石刻的风化速度惊人,石雕表面已成粉状,形象模糊不清,再不抢救保护,近年内就有消失的危险。经多年慎重的室内、现场试验,专家会议论证通过,在风化最严重的地区使用有机硅系列的材料进行表面封护加固处理,经10多年的检测,其保护效果明显,不变色、不玄光,渗透深度、固结强度、防水、耐老化性能等方面达到了预期效果[①]。再如敦煌莫高窟,21世纪的保护目标已不仅在保存和临摹壁画方面,还包括了环境整治,展示研究成果,呈现文物真实、可信的历史性。正是在这样的理念之下,他们的保护技术和管理也充分地利用了现代科学技术,在各个方面有很显著的变化。

3. 保护程序和档案记录

由于未按保护的程序就对石窟进行工程保护措施,使石窟的价值与真实性受到损害的实例不止一处。如新疆克孜尔石窟第一期工程设计时,因未了解考古工作的成果,就在尚未探测的遗址上布置加固构筑物,使遗址受到损害。近年在石窟保护工作前期,都加强了对石窟保存现状与病害的勘察调查,环境及稳定性的长期监测,文物材质及风化机理的分析检测,使得保存修复的方案建立在有充分科学依据的基础上。此外,也将日常的维修保养管理作为重要的工作内容列入保护程序。

以往不够重视的记录档案,包括历史沿革、价值评估、保存现状、病害记录、维修历史等石窟档案已在敦煌莫高窟、洛阳龙门石窟、新疆库木吐喇千佛洞等处全面、规范、细致地展开。根据各自特点制作的典型样本,经过充分的研讨与交流,已被多数专家与同仁认可。

4. 保护石窟本体的同时要注意保护文物所依存的环境

许多文物保护工作者认识到,保护改善文物所依存的环境,比在文物实体上进行保护处理更为重要。例如,龙门石窟于20世纪90年代将保护区内的铁路迁出后,21世纪初又将东山紧邻石窟的繁忙公路迁出保护区,大大地改善了石窟区域内的环境质量。云冈石窟前的公路,原有大量的运煤车通过,煤尘飞扬,严重污染了石窟文物,导致参观环境恶化。经过多年的呼吁、交涉,终于将运煤公路迁到远离石窟的地方。敦煌莫高窟的壁画对环境的要求十分苛刻,最近10多年来,通过与国内外许多单位和专家的通力合作研究、试验,已在全面规划的指导下,着手进行沙害治理、环境监测、遗址保护、防洪绿化、环境整治、游客管理等,取得了显赫的成绩[②]。新疆交河故城遗址,也在联合国教科文组织的参与下,为防止游客践踏遗址,修

---

① 黄克忠. 石质文物的保护. 培训班教材, 2002。
② 樊锦涛. 敦煌石窟的国际合作. 学术会议论文, 2002。

建了完善的参观通道,改善了遗址的环境。

三、石窟的保存修复必须多学科介入

(1)石窟保护技术的复杂性和其保存环境的多样性,需要多学科的参与和合作。例如对石窟测绘,已普遍采用近景摄影测量,莫高窟及大足石刻已采用遥感技术、3D 激光扫描技术。在吐鲁番地区做文物保护与旅游规划时,使用了卫星遥感影像、计算机绘图及数码技术。勘察工作中使用电法、地震、雷达、声波、磁法等物探技术,化学示踪探测,物质成分分析,原位测试,工业振动测试等。规划设计中应用的学科更多,如最近提交的云冈石窟顶部防渗排水设计中,就有地质、物探、历史、考古、建筑、建材、测量等专业人员参加。在窟区内要保护好考古遗迹及历史信息,应进行充分的价值评估及档案记录,就需要与历史、考古、人文、民族等社会科学结合起来。

(2)当前尚待解决的石窟保护课题,需要跨行业跨学科的多方合作。例如:石窟渗水途径的探测,石雕的防风化技术,附属文物如壁画、彩塑、碑刻等的保护,西北地区大量含盐软岩类、土质类千佛洞与寺庙的保护,环境污染、酸雨对石窟的损害与防护监测,工业振动对石窟危害的监测与标准,地震、滑坡等自然灾害的监测与应对措施,游客参观的评估与管理研究等。它们的涵盖面广、交叉性强,有许多学科的专业技术和测试方法,不可能全部由文物部门自己去完成,一定要依靠社会各部门的科研单位、大学、企业等共同合作完成。

四、研究石窟寺的价值与营造技术对石窟保存修复的意义

(1)通过研究石窟佛教文化的传播,来增进人类的相互交流与尊重,保护共同的文明。石窟寺产生于古代印度,它有两种类型:一种称为毗诃罗,为僧房,是沙门禅定、止息、睡眠处;另一种称为"支提",为塔庙,是沙门集会、诵戒、布萨处,往往设置塔、造像以供礼拜。集合讲堂、禅堂、食堂等设备于一处的谓"僧伽蓝"。石窟寺逐渐发展成融合建筑、雕塑、壁画艺术的综合体,成为人类文化遗产的重要部分。

石窟佛教艺术传入我国后,在中华民族文化传统的基础上,经过吸收、消化、融合,发展成为独具中华民族风格的石窟艺术。它产生于两个方面:一方面是以印度石窟为源头;另一方面是我国业已成熟的寺院佛教艺术的扩展。在建造石窟之前,我国的寺院佛教艺术已经历了相当长时间,到北朝以后,中国殿宇内部的形式,儒教和道教的内容,也进入到石窟寺内。中国石窟遗迹,地域分布之广,保存数量之多,绵延时间之长,在世界上也是不多见的。其中规模较大的石窟群,已有 50 多处被确定为国家重点文物保护单位,并有 5 处被列入世界文化遗产名录。石窟寺对于研究宗教史、地方史、绘画、雕刻、建筑、装饰艺术、乐舞、服饰、书法、中外文化交流等都提供了极为丰富的材料。中国的开窟造像活动也波及到朝鲜和日本。

(2)石窟兴衰的历史,营造技术的变迁,证明了文化多样性,记录和保留了人类进步历程中具有不同特色的片断,以及与大自然的结合和奋战。当今在保存修复时应对其尊重和传承。

以龙门石窟为例,它开凿在石质坚硬的石灰岩层上,开凿的佛像不仅高大,而且精致生动,并有造像题记与碑刻 3600 余品,展示出很高的书法艺术水平。雕造奉先寺的过程能看出工程设计的灵巧处,它不是采取全部开凿洞窟的方式,而是就在露天雕造佛像,利用山势减少开凿山崖的时间。除卢舍那佛坐像 17.14m 高外,还雕凿两边各四躯圆雕,体现了不同性格的形象,不同人物被组织在以本尊为中心的一组群像里,形成有变化而又有着精神联系的一个

整体。受山体环境的限制，它未造深洞，只是在前面建木构建筑以蔽风雨。其规模、艺术设计以及雕刻形象塑造等方面的成就，代表了唐代所达到的高度艺术和营造水平。在建造雕像的同期，沿窟顶崖边开凿了一条"人"字形排水沟，说明古代匠师在开窟时已注意到雨水会对石雕产生的危害，进行了防水设计处理。

治水是为了保护石窟，但工匠们不满足于简单地将水排除了事，而善于根据地形，结合造像内容，加以巧妙安排。如重庆大足石刻宝顶山的圆觉洞，进入洞内人们就会听到左边岩壁发出叮咚的响声，原来洞窟上层渗水通过壁面的排水沟进入左壁上层雕刻的一条龙内，龙头伸向一托钵怪僧的钵内吐水，水从僧人手臂中的管道泻入岩壁内的暗沟，注入地面正中的地下排水沟排出洞窟。又如"释迦降生图"（俗称九龙浴太子），是匠心独运、带有浪漫情调的一项排水工程。佛湾的源头即是卧佛所在的位置，其顶上原是山上雨水汇集的出口处，若不设法将这股水排走，将会破坏岩壁造像。于是，古代匠人便巧妙地将"九龙灌顶"的佛教故事和这一独特的地理环境结合起来，采取了疏导的办法，先用石块把冲沟缺口堵塞，使它和左右崖面齐平，然后在人工堆砌的龛上刻9个龙头，正中巨龙张开的大嘴恰好是山上汇水的出水口。从龙嘴喷出的水，沐浴着下面释迦太子的全身。金刚台下有一半圆形水池，水池底部又与一条排水沟连通，顺着卧佛前的"九曲河"潺潺而去。静的石雕配上动的流水，再联想神话内容，使人体会到神秘的佛教圣地有着丰富生命的情和意。这些科学合理的工法，也是今天我们在维修石窟时应该借鉴的。

石窟寺作为年代最长远、规模最大的宗教建筑，也是中国最古老的建筑群，是中国建筑史上用石头写成的另一章，无论在哪一方面的意义都是十分深远的。因此，石窟的保存修复在中国的文物保存科学中将会得到重视和发展。

参考文献

大足石刻艺术博物馆.大足石刻研究文集(2)[M].重庆：重庆出版社，1997
黄克忠.岩土文物建筑的保护[M].北京：中国建筑工业出版社，1998
温玉成.中国石窟与文化艺术[M].上海：人民美术出版社，1993

石窟保护今昔评述[①]

一、石窟保护 60 年回顾

根据不同时代记录的照片进行对比,我们可以看到,每隔 10 年中国的石窟保护都有明显的变化。

20 世纪 50 年代,莫高窟只能做到看护。简单的支护主要采用砖、土坯支顶;简单的防沙障无法阻挡沙子的堆积。不塌不漏,是当时的主要保护措施。

60 年代,国家就动用铁道部门的力量,对莫高窟前立面进行挡墙的设计、施工(图 1),其目的是保证石窟的稳定、参观和管理。当时对该方案讨论、争议了多年,最终在"鱼和熊掌不能兼得"的妥协下,批准了此方案。

图 1　莫高窟加固工程

70 年代,云冈石窟抢险工程,请来了中国科学院的化学专家,在云冈石窟的危岩加固中使用了化学灌浆和石雕防风化试验。

80 年代,麦积山石窟,使用了喷锚加固和灌浆技术,恢复了栈道通行。尽管在石窟进行喷锚加固存在一些弊病,如混凝土喷层掩盖了不少历史信息,增加了窟内湿度等。但在当时麦积山石窟受地震威胁,提出的搬迁方案与大柱子支顶方案都没有可行性的情况下,此项锚固技术的应用成功地做到了原地现状保护,也成为后来石窟加固的重要方法(图 2)。

90 年代,龙门石窟的防水、窟檐和栈道工程,明显地改善了窟内的保存环境。尤其是在申请列入"世界文化遗产名录"的过程中,极大地优化了石窟周边的环境。其他如克孜尔千佛洞、炳灵寺石窟等许多大型石窟、摩崖的抢救加固工程,也是在此段时间内完成的。

21 世纪的保护,可以说进入了突飞猛进的阶段,无论在理念上,还是在保护技术上都有长足的进步。以大足宝顶的千手观音为例,研究人员针对复杂的石胎、贴金、法器等的风化剥落病害,运用了多项现代技术进行勘测、调查、研究,从理念、材料、传统工艺、修复技术和环境治理等方面提出了合理的保护维修方案。

---

① 该文为大足石刻研究院 2006 年举办文物保护国际学术研讨会上的发言。

图 2　麦积山加固维修工程

其他还有白鹤梁水下建筑保护、参观廊道；中日合作项目，唐三陵石刻保护；许多石窟、石刻的保护规划等都是值得称道的。

二、尚需更深入解决的课题

1. 水患的治理始终是个难题

水会以各种形式进入到与岩体连为一体的石窟内，并且与其产生化学、物理、生物等作用。水又是十分活跃、多变的因素。外部可以是雨水、河水、洪水、凝结水等，从不同途径进入文物本体，在文物所依附的山体内，以包气带的上层滞水、毛细水，饱和带的裂隙水、孔隙水、岩溶水等形式出现。要研究这些水是如何对石质文物起破坏作用的，就需要了解文物表面的微观结构与水发生作用的变化过程，如干湿交替、冻融、盐分运移、矿物结晶水变化等对文物的破坏作用，并要确定哪些是主要因素。例如，研究发现云冈石窟外壁石刻表面有一层硬壳，而硬壳内却充满了糊状的盐类，说明后壁有水带着盐分运移，但被外表的硬壳挡在里面，外表硬壳的孔隙已全都被难溶盐与中溶盐填满，而易溶盐则被雨水带走。这也就不难理解为何这几十年先后有10多个单位在现场做表面化学材料的加固试验均未成功的原因。从此例中也可看出，不先进行水的治理就做表面防风化保护，有可能会失败。另外，各种裂隙的相互切割、交叉，已在文物所依附的山体内形成一个裂隙网络，只要一处进水，它就可能从任何方向进入文物本体，要探测水的来源，也不是一件轻而易举的事。

国家文物局向科技部申请的"十一五"国家科技支撑计划"石质文物保护关键技术研究"项目，设置的6个课题方向中有4个都与水的治理有关，并有多专业、多学科的专家参与。其中"石窟水分来源综合探查技术研究"课题，把凝结水对石刻的危害作为重点。因为近年对许多石窟的病害调查中发现，凝结水对石窟及其文物的危害，是重要的因素之一。炳灵寺石窟就因在黄河上游修建刘家峡水电站，水库水位不断升降变化，使窟区原来较稳定的半干旱环境，改变成干湿交替频繁的小气候环境。使精美石雕表面粉化、剥落十分严重。

即使理念正确，但保护措施、施工不到位，也达不到预期效果。如最近有处石窟的治水试验工程就是一个例证，经过详细勘察后，提出的设计方案经过专家会多次论证，认为通过截、排、堵、疏等综合治理方法，是比较合理的方案。但由于要求施工时间短，施工中帷幕灌浆前未做规定的压水试验，发现一些渗漏点，未及时进行必要的注浆堵漏工序，灌浆压力未达到施工标准，未找到渗漏入窟内的主要通道等问题，施工结束后，窟内仍然大量漏水。

2. 室外不可移动石质文物的防风化整体保护不易实施

各地申报的有关不可移动石质文物防风化保护的方案，能批准实施的少之又少。究其原因是多方面的，有对文物所在环境调查不细；病害及病因研究不够，未体现抢救性保护的方针；保护材料未经筛选，试验检测不到位；尚未做现场试验并经受时间考验；经费预算过高等。

不少人对化学材料直接施加在文物本体上存在着疑虑：是否会造成文物的破坏，耐久性怎样，不可逆性是否会影响后人的再保护，并且以往已有不少失败的教训等。如果这些问题得不到肯定的回答，没有切实可行的保障措施，当然不能在珍贵文物上轻举妄动。但是，眼看许多石刻和石雕被日晒雨淋、风蚀、污染等严重损害，甚至有消失的危险，对需要抢救、需要"救命"的文物，还是要采取必要的保护措施。

用化学的保护方法，应该是一种必不可少的措施。问题是需要严格按照程序，进行科学的试验、检测和论证，真正做到万无一失。这方面也有成功的先例，大足石刻用化学材料进行防风化保护，就是较为典型的例子。大足地区是酸雨侵蚀较严重的地区。近几十年来发现石刻的风化加速，表面风化成疏松状，已到非抢救不可的程度。因此，在20世纪90年代初，得到国家文物局批准，用有机硅类化学材料进行表面封护加固。由于从材料筛选、改性，室内试验检测，现场试验，施工工艺，到效果检测，都能按程序严格把关，设计者认真负责地在现场监督实施。经过将近20年的考验，进行观察与测试，证明效果良好，现在仍然有保护作用。

此外，不要把化学保护作为唯一的手段，还应有综合治理的观点。物理保护、生物保护、改善环境等方法都要考虑。应根据当地环境、保存现状、病害、病因和文物材质的特点，选择合适的方法。当然，从行政管理上，如何在前期试验研究阶段给予必要的支持也十分重要。

3. 检测与监测

目前已有不少的检测与监测技术被应用于石窟的保护，但是在现场的无损、微损检测，有针对性的监测系统等方面尚感不足。如石窟渗水途径的探测；石雕的风化深度、程度的探测；含盐软岩类的探测与检测；环境污染、酸雨对石窟的损害与防护监测；工业振动对石窟危害的监测；地震、滑坡等自然灾害的监测与应变措施等。它们的涵盖面广，交叉性强。有许多学科的专门技术和测试方法，不可能全部由文物部门自己去完成，一定要依靠社会各部门的科研单位、大学、企业等共同合作完成。

4. 遗产地的可持续发展

莫高窟面对高速增长的旅游人员数量，采取了一系列的应对措施。通过全面、合理的保护规划，科学的管理措施，大大缓解了旅游人员过多带来的压力。但是，随之而来的壁画保护、洞窟内保存环境问题，保护区内文物与游客所需的最佳环境问题，如何吸引社会各界来共同关心、支持文化遗产保护等许多可持续发展的问题，还需要我们去努力探索。

云冈石窟的环境整治很有气魄，对石窟环境的改善十分有利。但是，由于实施者对保护理念的认识，未能与文化遗产保护与规划人员进行充分的沟通，又未按程序上报，造成了一些损失。原计划要在保护区周边开挖 5 万多平方米的水池,任意扩大河、湖水面的方案,多从美化旅游环境的角度考虑,却未论证由此产生的温湿度变化与大量的凝结水,会对文物造成危害。

三、保护理念与保护技术的创新

一个成熟的文物保护理论,必须要以深厚的历史文化积淀为背景。我们要保护的就是文物所携带的完整的历史信息,以确定它们的重要性、典型性、独特性和在整个信息体系中的地位。

所以,保护文物的真实性和完整性,也就是不改变文物的原状,是我们理念中必不可少的。以中国的石窟寺为例,它以独特的风格和完整的体系而著称于世界,同时也在长期的实践中积累和形成了与之相适应的自然体系的营造技术。因此在进行价值评估、制订保护程序和技术措施时,都要考虑石窟寺所具备的文化、哲学和历史的观念。

此外,这些保护理论和原则的信息积累是动态的、不断发展变化的过程。认识观念的变化,也会影响保护方法的形成和发展。所以,我们的保护理念是在一个动态开放、吸取精华的整体化保护模式中发展。而这些保护理论、价值观念的变化决定了保护技术与展陈内容的变化。正因为先进的文物保护理念是文物保护事业发展的基础,所以建立有中国特色的文物保护理论是十分必要的,但它不妨碍与国际文物保护的理论接轨。

我国早在 1985 年就加入了《保护世界文化和自然遗产公约》,然后又相继加入了有关文化遗产保护的公约和组织。因此,不应过多地强调自己的国情而不去遵守世界通则。而且,只有从世界各国吸取更多更好的经验,才能不断完善充实我们的保护理论。我们从与国际上许多文物保护组织合作与交流的过程中发现,基本的理念和原则是相通的,只是在思想方法、表述的方式和保护方法上有所不同。

另一种理论创新是根据文物科技保护的需求,与其他学科前沿结合所做的开创性理论研究。如工业振动对文物建筑(包括石窟寺)的影响,是在当前经济建设中经常会遇到的一个问题。因两者关系处理不好,而使经济建设与文物保护受到损失的事例时有发生。比如为了使龙门石窟保护区内的铁路——焦枝线,搬出保护区而做了大量的现场测振试验。当时使用的是抗震观点,或以人能忍受的噪声(或振动)为依据。

近年来,建设部委托兵器工业部第五设计院微测振研究所制定了国家标准《古建筑防工业振动规范》。该规范中指出,工业环境振动对古建筑的影响是长期的、微小的。根据此特点,以古建筑材料在动荷载作用下,经过无限次往复运动,而不产生裂纹的最大动应变(ε)作为古建筑结构的容许振动控制标准。实际上这是工业环境振动对古建筑结构的影响极限的一个创新理论,也将在国际上产生较深刻的影响。如果我们能抓住这个机遇,与有关部门充分合作,对此理论加以学习和领会,在此基础上进行推广、发展,那就可能使得我国在古建筑防工业振动领域上,能有一个跨越式的发展。

要提高文物保护领域的科技自主创新能力及学术水平。基础研究中以创新探索为目标的研究,在文物保护领域中,目前还很少有人去做。但在应用研究中,需要考虑如何应用基础研究成果和相关的理论知识,对文物保护的方法、技术、材料进行创新研究。

如对于已使用了几十年的锚固、灌浆技术,需要考虑解决它们存在的问题,包括:钢筋锚杆被水泥砂浆包裹着,它的老化期不到 100 年,尤其是用在文物本体上时它的弊病更多;环氧灌浆材料的收缩应力大,与周边岩石的强度往往不匹配,很快又会产生新的裂缝。再如,石雕防风化保护,目前使用有机材料较为普遍;尽管它们对文物无害,不少的要求能得到满足;但是,终究老化后很难再取出来,如果多次处理,其孔隙率会越来越小;与我们的先辈所使用的材料相比,恐怕耐久性要差很多。即使应用无机材料或纳米等材料,在高温、潮湿的地区,同样存在不少需要深入研究的问题。

科技创新需要综合的、系统的、多学科的参与并加以完善,这是一个以成熟的理念为支持,以广泛的学科研究为手段,运用科学的方法进行保护和管理的过程。

四、结 语

综上所述,石窟的保护在当前确实还存在一些亟待解决的难题,需要我们以创新的精神去实践、探索。可喜的是国家领导人以及科技部、财政部、文化部在这方面都表示了支持与关心。文物主管部门也加大了管理力度,在政策、法规、人才培养、经费投入、宣传动员全社会关注等方面都有了长足的进步。在第一线从事石窟保护的年轻人,他们勇于实践,不断总结经验教训,敢于创新,做出了不少成绩。为此,我们对中国石窟保护的前景有理由十分乐观。

石窟寺的地质环境[①]

一、石窟寺的地质环境概念

1. 地应力环境

地应力是指含自重应力及岩石形成演化过程中产生的应力残余值。残余应力是原岩应力未能充分释放的表现。当岩石从高地应力向低地应力转化时,聚集的应变能释放,伴随着体积膨胀,结构松弛,结构效应显化,亦可称为卸荷带。石窟岩体地应力已释放完,开窟经过千年的卸荷,结构松弛已经形成,卸荷裂隙呈不等间距平行分布,同时其物理力学性能明显下降。

2. 地下水环境

地下水环境是岩石和周围地质环境进行物质和能量交互作用的主要介质,也是直接影响物质状态和应力状态的重要因素。在地下水作用下,岩石物质的亲水性得以表现,发生软化。随渗透压力的增加,岩石有效应力降低,甚至造成岩石的破坏和失稳。

3. 地质动力环境

地质动力环境指岩石所处周围内外地质动力作用的活动性。内动力作用表现为断层的活动性及地震活动性。外动力表现为崩塌、滑坡、泥石流、塌陷、沉降、地裂等。地质环境的敏感性可制约石窟环境的稳定性。其中裂隙的类型、分布与石窟的稳定性关系密切。云冈石窟多种裂隙的切割,裂隙种类有成岩裂隙、构造裂隙、风化裂隙、卸荷裂隙等。尤其是卸荷裂隙控制了石窟的稳定性。龙门石窟的岩溶地下水环境控制了石窟的病害,麦积山石窟的稳定性则受地震活动的控制。

4. 岩体的结构类型与岩体物理力学性能

岩石的物质结构极为复杂,它的多样性和不均一性造成了岩石之间性质的极大差异,而同一类型岩石具有本质的共同性。要对岩体进行分类评价和分析,可将工程岩体大致分为:节理状岩体(大多为火成岩,少量为变质岩);层状岩体,以沉积岩类为主,岩石的胶结连接,由岩质颗粒组成,硬岩与软岩常成互层的夹层结构,在构造作用下可产生褶皱、断层和构造裂隙;碎裂岩体,受到强烈构造作用产生变形和碎裂化,如断层破碎带。

岩体物理力学性能可从力学本构关系、变形特征、强度特性、时间效应、渗透特性等方面去分析。对于层状结构岩体的力学本构关系就要用弹塑性理论及不连续理论解释。变形特性要以初始-峰后应力应变关系、变形模量、泊松比等指标考量。强度特征则要从破坏机制、

[①] 该文为清华国家遗产保护中心 2016 年举办"清源讲堂"的讲稿。

岩石强度、强度折减系数方面求解。时间效应主要考虑蠕变性能。渗透特性是考虑层面透水还是低透水、不透水。

我国石窟总数中约80%的岩石类型为层状岩体,主要为侏罗纪、白垩纪与第三纪(古近纪+新近纪)的长石石英砂岩,其间夹有少量泥岩或页岩薄层。以泥钙质胶结为主,在西北地区石窟岩体的胶结物中常含蒙脱石、伊利石和高岭石。遇水易分解,属于较软岩,孔隙度大,吸水性强,抗风化能力低。

二、石窟寺建造与地质环境的关系

石窟寺属于宗教建筑,由寺庙及石质洞窟岩体构成。早期一般为前殿后窟,其形制具有地区和年代特征,洞窟与岩体构成各种力学关系。石窟岩体的变形和破坏,往往是先从应力集中部位和表层力学性质劣化较严重的薄弱部位逐渐开展的。因此稳定性和耐久性的研究是目前保护石窟的两大课题,石窟的地质环境也不能脱离这2个问题。对于耐久性问题,也就是常说的石质文物表层的劣化(也称风化),国内外的研究已经十分深入。对石窟的稳定性问题,怎么与地质环境联系,是研究的主要内容。

开窟后的应力重分布,存在变形、位移、蠕变及突变等问题。如窟顶的开裂变形掉块,与开窟的形制有关。平顶、穹隆顶与有中心柱的窟顶的应力状态有很大不同。石窟大都开凿在河边陡坡上,边坡稳定性,又是另一类的应力变形问题。而且石窟的稳定性还属于边坡与洞室结合的三维空间结构。

有关稳定性的分析与计算,对于坡体稳定性的计算方法有10多种。与石窟稳定性分析有关的有定性分析、极限平衡分析、块体理论分析、物理模拟分析等方法。目前用得最多的是极限平衡分析方法及有限元法。当前岩石力学界已经发展到以岩体仿真模型进行数值分析,是将有限单元法的连续介质模型和以离散元为主的非连续介质模型结合为统一的连续-非连续介质模型进行分析计算。

三、石窟的主要地质病害与影响因素

石窟的主要地质病害的类型可大致分为3类:石窟载体的稳定性、渗漏水和水蚀、劣化及风蚀。

影响因素主要包括地震、裂隙、水、阳光直射、冻融、人为因素等。

四、水环境是引起石窟各种病害最活跃、最直接的因素

1. 含水系统

潜水:饱水带中第一个具有自由表面而且有一定规模的含水层中的重力水。

承压水:充满于两个隔水层之间的含水层中的水。

上层滞水:包气带局部隔水层(弱透水层)之上积聚的具有自由表面的重力水。

2. 包气带水中的入渗-蒸发及毛细现象

地面以下至潜水面的包气带是固、液、气三相同时存在的复杂系统。包气带有毛细管力或基质吸力的作用，具有吸收水分、保持水分和传递水分的能力。包气带是大气水和地表水同饱和带地下水进行水分与能量交换的枢纽。

包气带水的入渗-蒸发动态，以接受当地降水补给为主，就地（如石窟内壁面）蒸发排泄。地下水化学作用为溶滤-浓缩间杂发生（如盐类的运移）。

在固、液、气三相界面上产生的毛细现象与表面张力有关。多孔介质中相互连通的孔隙网络可概化为毛细管。石窟岩体表层孔隙率大到一定程度时，也会出现毛细现象。

3. 地下水流系统

孔隙水：是赋存于松散沉积物中的地下水。

裂隙水：赋存于基岩裂隙中的地下水。裂隙水表现出更为突出的不均匀性和各向异性。

岩溶水（喀斯特水）：水对可溶岩石进行化学溶解，将空隙扩大为管道及洞穴，在地下形成贯通的洞穴通道，形成独特的水文地质特征。是一个通过水与介质不断相互作用、不断演化的自组织动力系统。

地下水的侵蚀：溶蚀、盐类运移、风化、剥落、酥碱、基础碎裂等。

雨水、河水、洪水及凝结水对石窟的危害。

话说石窟的窟檐

据悉,中国古迹遗址保护协会与中国文物学会石窟专业委员会将举办石窟窟檐保护的研讨会,感到命题切合当前实际需求,我也来抛砖引玉,谈点感受,如能引起深入研讨,是求之不得的好事。

窟檐的"檐"就是引用了古建筑屋顶的重要构件,如出檐、挑檐、连檐;塔檐和避雨、凭栏眺望的各层腰檐;民居的正面往往还搭上庇檐,或称引檐;汉阙顶部的单檐或重檐屋顶等,都是与窟檐一样为了遮阳、排水、避雨的需要。

魏晋南北朝时期,大型石窟外往往有木构的殿廊,如云冈石窟(图1)、克孜尔千佛洞、炳灵寺石窟和北石窟寺等。一些石窟的前廊都忠实地表现了木构建筑的式样,或者前部开凿具有石质列柱的前廊,使整个石窟的外貌呈现出木构殿廊的形式。如麦积山石窟的七佛阁(第4窟),在距地面近80m的高处,雕琢了长31.5m、深4m的前廊。每个方形列柱高8.87m,面阔7间,上雕栌斗,承受檐额。而栌斗内有梁头伸出,刻有庑殿式屋顶。廊后排列7间佛龛。如此巨大的规模,很可惜,建成后不久,大部分列柱就被大地震摧毁。又如北响堂山石窟的中组石窟外檐雕琢的2层楼檐,外观略似北齐楼阁。

图1 云冈石窟五华洞

到了唐代,石窟外部已没有前廊,外观的建筑成分已经减少了,就直接以建筑处理。莫高窟大佛殿前的9层楼就是代表,南区的不少洞窟外建有木构窟檐,至今还保存宋代以来的木构窟檐5座,已成为重要的文物建筑。乐山大佛前,原来建有13层重楼的大像阁,也是窟檐性质。云冈石窟的五华洞第11~13窟前,就发掘出辽代木构窟檐遗迹。须弥山石窟原来就有保护性窟檐。也有在摩崖造像外加上各种形式的龛楣,与窟檐的功能有许多相近之处。

---

① 该文原载于《中国文物报遗产保护周刊》,2015年6月。

按窟檐的性质，应属于保护性建筑。它作为一种石窟与摩崖造像的礼佛空间和保护设施，一直以来都普遍存在于中国古建筑的传统中，它的保护功能已被历代匠人所认同。由于它能继承古建筑的历史和地区特点，准确地传达不同时代的历史信息，因而大家在关注其保护功能的同时，也十分在意其结构形式是否与石窟及其环境协调，甚至在讨论新建窟檐时，争论最多的往往是后者。

几十年来，新建窟檐的形式多种多样，但能与石窟及其周边环境协调的不是很多。据我了解，对龙门石窟药方洞前的石砌窟檐与云冈石窟的第7、8窟前木构窟檐，听到的评论还比较认可或者持批评意见的不多。当然，还有一些没有提到而建得不错的窟檐，有待大家推荐。我想说一些值得我们吸取教训或者至今仍有争议的事例，供各位评议。先说在克孜尔千佛洞3期工程中修建的窟檐，第一期设计的水泥板窟檐，既呆板又笨重，也挡不了多少雨；后来的阁楼式窟檐，更遭到一致的批评；最后在谷内的一些洞窟前新建的窟檐，在形式上做了改进，但仍然未能采用轻型的防雨构件。龙门石窟的窟檐，为了与栈道合并考虑，便设计了栈道式的水泥平板，建成后的形象显得过于现代、呆板，与石窟的环境不够协调。须弥山石窟的大佛楼上设计的拱形窟檐，也因为钢筋水泥过于沉重，压裂了周边岩体（图2）。上述一些例子说明，设计者对窟檐与石窟的历史渊源缺乏研究，只考虑了它的保护功能，也不核算岩体的承受能力，就使用认为是先进的现代技术。这些设计虽然受到当时科技水平的限制，但对设计的理念与措施还需要更深入、全面的认知。

图2　须弥山石窟

我们再来讨论目前正在新建的广元千佛崖石窟前的保护性建筑，其设计理念是有依据的。环境监测的数据表明，当地的自然环境对石窟造像的保存不利：河谷东北风，带着污染粉尘的直接吹蚀；太阳西晒与疾风暴雨等造成温湿度的变化幅度可达70%。而石窟造像的砂岩中胶结物以泥质为主，不耐风化，龛窟多层密集排列，进深普遍较浅。修建窟檐遇到困难，而且对上述病害的防治起不到大的作用。设计师大胆地通过现代建筑学的方法来解决保护石窟外环境的难题。采用轻质的钢结构悬臂体系，形成覆盖整个石窟山体的构筑物。而且做到与崖体完全脱离，也是可逆的。其半开放的赋存环境设计，认为可实现气流的再组织，降低白天高温、夜间低温，频繁剧烈的环境变化。由于这一庞大的构筑物是对石窟环境的重大改变，国家文物局持慎重态度，要求设计者先做试验段的设计，同时进一步收集监测数据，以检验主体方案在现实中的可行程度、实施效果和不足之处，为整体保护方案提供调整与评审的时间。对此，我是投赞成票的，但该项工作也给我们提出了一些值得研讨的问题。例如，设计理念中，要求保护建筑与崖体完全脱开，甚至连山顶都没有一个支撑点。这样的结构设计势必会造成深基础、大体量的悬臂钢结构,这对沿江的自然景观会造成很大的改变。如果在山顶有一排若干个着力点,这些着力点远离石窟,对造像不存在安全问题,从建筑结构上是否可以得以简化?再如,是否一定需要给窟檐再负担管理、展示等许多附带功能,这势必将窟檐的规模扩大,成为一种综合性建筑。这样的理念,我认为只有在特殊的石窟与地理环境下可以实施,但不宜推广。

酝酿时间最久,研讨最多的修建窟檐要数云冈石窟的五华洞。且不说更早的记载,就我经历过从20世纪60年代至今,就建与不建,建成什么样,参加过无数次讨论,看到过不下30多个设计方案。在建与不建的讨论中,由于大家对五华洞外观的整体印象很深,认为这是石窟寺的典型代表,加了窟檐,对石窟的形象改变过大,这是大多数人的观点。直到21世纪后,经过多年的长期监测与检测,用数据证明,石窟雕像已在加速劣化,尤其是第9、10窟前的列柱,每天都能收集到表面风化掉落的石粉,引起了普遍的关注,于是绝大多数人都同意修建窟檐。但是修建成什么样式,也是争论很多,最终经国家文物局批准修建成目前形式的仿古建筑。在建第9、10窟前的窟檐时,我在现场看后,感到体量过大,与崖体搭接处处理得不够好等。但五华洞全部窟檐建成后,还未曾看到,不敢妄加评论。在新建窟檐的形式上,观点不可能一致,建了比长期争论不建好。但是我们在进行设计时,不妨考虑得更周全些,征求意见更广泛些,并在建窟檐的同时,还要考虑石窟内小环境对窟檐的功能要求。在云冈石窟的一些大洞窟前有窟檐或保护性建筑的,如第5、6窟内后部因潮湿、渗水造成石刻严重酥碱粉化。一个很重要的原因是通风不好。我们的祖先在建造早期石窟时就考虑到这个问题,昙曜五窟开凿时,有很大的明窗就解决了这个难题。今天要改善窟内的小环境,从理念到技术已经完全有条件做到。利用已经建立的窟内外的环境监测系统,提供可靠的依据是必要的条件。

不久前竣工的大足石刻宝顶山的千手观音摩崖造像,已光彩夺目地展示在观众面前。但是其小环境至今仍然对修复后的造像存在严重的威胁。虽然受到大悲阁的建筑保护,但对造像还未起到有效的保护作用。因为它三面与外界连通,而周边的大气环境十分严峻:降雨90%是酸雨,平均pH值小于5,最小pH值可达3.75,酸性气体SO_2与NO_x常年超标,屋内长期处于78%~96%的高湿状态,一年的凝结水量可达5000L,并且其矿化度是雨水的264倍,氯离子含量是雨水的884倍。此外,还未将大量观众带来的不利影响统计在内。可见,仅仅有保护性窟檐或建筑还是不够的,还需要进一步设计改善石窟小环境的措施。

总之,对石窟的窟檐最重要的功能要求是保护好石窟的本体,而对窟檐的形式与形象的要求是不能将设计师自己的主观表现意图用在设计方案中。石窟本体及其环境才是主角,窟檐仅是配角,不能喧宾夺主。客观地说,窟檐的设计对设计师的要求十分苛刻,既要满足保护功能的需要,又要与石窟寺历史、艺术价值及环境的协调,还要照顾当地人文、民俗的需求。我们要对他们在工作中不断探索、求实的精神致敬。

任重而道远的莫高窟文化遗产保护[①]

有人将常书鸿先生尊为莫高窟的守护神,我认为此尊称可更广泛地用于一代接一代守卫在莫高窟的群体。他们在保护着已存在千年以上的文化宝库,他们既是可敬可爱的"山沟沟"里的人,又是紧跟时代信息的现代人。他们以辛勤的努力、创新的精神,脚踏实地地取得了一个又一个硕果。尤其在当前我国一些重大遗产地的综合管理和保护相对滞后,甚至面临严重威胁的形势下,为莫高窟的保护、利用和管理树起了一面鲜明的旗帜。对敦煌研究院近几十年所取得的巨大成就,大家有目共睹,在电视、报纸等媒体和各种国际、国内的会议中,都有大量报道,不必在此重复。

我与敦煌莫高窟(图1)和"守护神"已结下40多年的不解之缘,正好遇上《敦煌研究》出版百期之际,针对今后的莫高窟人如何面对挑战的问题,再谈点感想。

从莫高窟总体保护规划中,可以清楚地认识到,莫高窟文化遗产保护面临来自多方的压力和挑战。

图1 莫高窟

一、恶劣的自然环境,脆弱的生态环境

沙漠、沙尘(暴)、地震、洪水、岩体失稳及风化酥碱等依然对莫高窟存在着威胁。有些灾害可以预防,但还有不能预防的。如地震一旦来临,我们要先有一套充分的计划应对措施,将损失减到最低程度;再如莫高窟的生活用水,是从10多千米以外引来的,是否也有安全防范的问题;被戈壁、沙漠包围的莫高窟绿洲,如何保持其生态的平衡,既要对文化遗产的保护有利,也要为生活在此的人们与游客着想;既营造出理想的生活与旅游环境,又不破坏脆弱的生态环境。有关绿化、种树、灌溉、防虫害、控制环境质量和环境容量等,在保护规划中已提出的措施都需落到实处;抢救与保护数量大、病害多的壁画和彩塑,能否在保证修复质量的前提下,加快抢救的步伐。

二、全面协调社会各方的需求

鉴于莫高窟环境保护呈现的综合性,及其与地方社会经济发展的关联程度,其整体保护的总体规划与敦煌城市发展规划进行有效、科学、合理的统筹协调,才能实现遗产价值的完整保护。如在全面落实建设控制地带和缓冲区的各项要求中,除控制、约束外,是否还有共同对周边环境的改善与治理的互动关系。例如,柳园至敦煌的旅游铁路专线,通过莫高窟的缓冲

[①] 该文原载于《敦煌研究》,2006年第六期。

区,事先是否与敦煌研究院协商或通告过,但在莫高窟的保护规划中未能体现。今后能否主动为当地政府的决策及时提供有效的服务,从根本上缓解或解决遗产地所面临的压力,推动遗产利用与保护事业的健康发展。

针对游客的需求,如何在以人为本的主导思想下,努力使遗产地更加贴近群众,提升服务水平,优化和净化窗口环境;如何满足观众要求多看且看得清的愿望,和对文化活动精神生活、知识消费与知识更新的需求,并对人们的休闲、娱乐方面的需要结合进行研究等。

目前由于体制性障碍,社会支撑体系不健全,社会环境不完善所造成的困境,主要体现在局部利益与整体利益、短期利益与长远利益的矛盾。我们如何以实际行动去争取克服这种困境,使更多人明白:子孙后代和国家可持续发展的需求永远重于一个地区的利益,更重于一个部门、一届官员任期的利益。在当前改革的时代,如何通过改革更好地管理与保护世界遗产,应是涉及遗产和各项工作的一个改革重点。作为世界遗产地的管理者,如何主动阐释文化遗产保护和抢救的繁重任务,表明迫切需要来自各方面的理解、支持和参与。在实现文物保护新体制改革与创新的过程中,通过多种渠道,积极争取向有利于文物保护事业可持续发展转变。

三、保护、利用与展示的可持续发展

在保护、利用、展示中,面对经济发展全球化和无处不在的西方文化渗透,我们如何保护住莫高窟理性的、情感的、道德的和精神的文化特点和人文环境,要研究经济与社会可持续发展对遗产保护有何需求。在我们的文物保护科学理念中,既要有现代自然科学发展规律的思想、方法,也应有传统的、人文特性的哲学思想,形成人文特性贯穿保护的科学理念和程序。我们对客观世界的认识和科学技术的认知,始终在进步和发展中,对遗产价值的评估标准、保护方法的提高也处于不断发展中。我们在事业不断发展变化的过程中,必须为发展留有余地,在理念上能够跟上时代的发展。加强遗产与现代社会生活的思维和文化沟通,要使人与敦煌莫高窟间的共生环境成为保护内容。

如何保持文化遗产的真实性、完整性和延续性?首先,如何在保护修复和研究文物本体的过程中体现,如什么是历史的真实性,过去已坍塌的前室是否可用电脑虚拟技术予以恢复;如何模拟当初制作壁画、彩塑的传统材料及工艺过程;对目前的附加构筑物——挡墙,如何处理得既保证洞窟的安全又能还原石窟的原貌;唐代以来的地砖能否在参观时踩踏,如何原地保护,什么情况下允许更换;宋代窟檐与清代建筑的保护中,是否允许使用不可逆的化学保护材料等。

价值评估是制定保护策略的依据。莫高窟的价值是多方面的,不同群体对文物价值认识的取向由于各自的历史背景、文化发展的差异而不尽相同。为保护莫高窟的历史信息和全部价值,应在认识价值的过程中,吸收学者、守护者、使用者、相关人群等不同类型参与者的意见,并用科学的方法深入研究,避免因认识上的局限造成对文物价值的损害。而且,不能以一成不变的标准来判断价值观和真实性,还要认识到这是一个宏观的、长期协调和监控的过程,要通过展示传播其真实性和完整性。在贯彻"科学、适度、持续、合理的利用原则"时,是否应更确切地找出参观与壁画病害之间的关联性,找出环境变化与病害活动的关系。小于 $20m^2$ 的洞窟,能否利用现代技术,既不损害壁画,又能与观众见面。对有病害的洞窟,如何在治理病害的同时,创造条件能让观众看到修复保护的全过程。因此,要根据洞窟调查的结果,研究

如何提高游客参观的质量。

四、保护与管理的创新

随着现代化建设的发展,科学技术的突飞猛进,文物保护技术与管理工作正面临着许多新情况、新问题。因此,不仅要在实践上采取各种手段解决好实际问题,而且还须从理论上加强探索,认识保护技术和管理本身与各有关方面相互关系的规律,不断促进保护与管理的科学化,建立起完整的文物保护科学及管理体系。创新则是科学研究和科技发展的动力与归宿。文化遗产保护的进步和创新,已成为解决遗产保护难题、实施可持续发展、推动事业进步的支撑力量。

例如,如何建立起科技保护的示范体系。在建立评估体系与规程、规范方面,如何建立现状动态监测的方法(规范),包括洞窟结构变形的观测,地面一层洞窟湿度的监测,洞窟及附加构筑物的裂隙、基础下沉、歪闪、脱开的监测,提高预防风险能力和安全防范能力。在建立洞窟内的壁画与彩塑的现状、病害档案的基础上,如何安排抢救、养护或改善环境的计划,明确监测与修复保护的职责,研究壁画、彩塑退化的程度与速度,对保护成效进行跟踪监测。已被公认的第85窟的保护模式,如何在其他洞窟和石窟中推广,能否在保护方案的综合效果评估上,提出一套量化的规程、规范;能否推出使用传统工艺技术与现代保护技术相结合的典型经验,建立适合保存环境研究的微量污染气体采集、检测与分析的方法,研究掌握环境参数的综合特征、变化规律、反应机制和极限浓度等指标体系。

从对国内外公众尽责的需要出发,建立起符合我国国情的世界遗产地的管理模式。在游客调查活动的基础上,建立起对遗产地进行保护、展陈,与公众之间建立密切联系的理念并指导行动。除了提高讲解员的素质和针对不同群体有不同的讲解词外,能否组织专家、学者和科技人员,撰写普及读本,并与广大群众面对面讲解,来普及宣传文化遗产的价值;要研究文化遗产与我们所有人,整个社会的和谐持续发展具有的内在联系,使文化遗产保护社会化,让人们感受心灵的震撼和情感与理性的升华,他们需要历史记忆的指引,需要呼唤与行动。要有更多的办法使越来越多的公众、协会、团体、赞助商都参与到莫高窟的保护事业中来。

总之,衷心希望敦煌研究院能够变压力与挑战为动力,将莫高窟建成重大文化遗产地的示范基地,引领文化遗产保护的发展方向,推广综合性保护的科学理念和决策措施,为文物保护事业做出新的贡献。

参考文献

《敦煌莫高窟保护总体规划》(讨论稿),中国建筑设计研究院建筑历史所等四单位,2005年

黄克忠.我国文物科技保护的现状及走向[J].中国文物科学研究,2006(1):75-79

张晓等.中国自然文化遗产资源管理[M].北京:社会科学文献出版社,2001

龟兹石窟保护今昔探讨[①]

一、总结评估龟兹石窟过去的保护工程

笔者于1986年参加了克孜尔石窟第一期加固工程的勘察、前期试验研究与排水设计工作。窟区岩体为新近纪和古近纪砂岩与泥岩夹层,质地疏松,遇水崩解。此外,窟区冲沟纵横,窟内裂隙遍布,雨水沿裂隙渗漏,再加上此地区地震频繁,造成洞窟大面积坍塌,壁画损坏严重,一些高层洞窟已无法攀登。因此,前期的试验研究主要围绕锚杆拉拔试验、栈道梁试验、防止岩石风化崩解的化学材料的室内及现场试验等项目进行。为防止加固工程对地下可能被掩埋的遗迹造成损害,我们还对部分遗迹进行了考古清理和物探工作。在防风化材料的试验中,由于大面积实施存在施工技艺及经费等方面的疑虑,所以在实际工程中没有做这项工作。

现在再看过去做过的几期工程,发现有不少值得总结的经验教训。例如,栈道梁根部出现裂缝,栈道下沉;窟檐过于死板与环境不协调,虽然后期有所改进,但仍不理想;岩体表层风化剥离病害仍未解决;管理不到位,设计与施工脱节,没有现场监理,造成钻孔打入窟内,灌浆污染壁画等。究其原因,从技术层面考虑,还是对龟兹石窟的特性研究不够,缺乏各专业间的相互研讨。就栈道梁的设计来说,尽管当时经过试验,认为栈道梁的抗裂矩是设计值的1.6倍,也满足荷载的设计要求,为防止梁根部受力对岩壁挤压使岩石破碎,设计了钢筋混凝土梁垫,但为什么仍出现开裂呢?这有待于我们进行科学的专业评估。据笔者分析,其中一个很重要的因素是对新近纪砂岩的性能还需要更深入的研究,如它的应力松弛与蠕变性能。据文献记载,此类岩石应力松弛后的岩石强度得不到充分发挥,设计参数中设定的岩体强度值过高,岩体表层又未能做防风化加固等,因而使它产生了变形破坏。现在我们认识到,对以往实施过的工程进行跟踪与评估是必不可少的一个程序。

二、进一步研究适用于龟兹石窟的保护措施

文物保护措施是否科学,主要看我们能否保护住石窟的真实性和完整性,即不改变文物的原状,以及传递不同历史时期人类生存信息的文物古迹,从而显示它们的重要性、典型性、独特性。所以,如何根据龟兹石窟区域内的岩体特性、气候、环境、石窟建造与价值等特点,开创性地研究一些具有成效的实际应用保护措施,就要求我们首先在前期做好勘察、试验工作,可以从大环境、小环境与石窟岩体表层的微观环境着手。

大环境主要应关注对石窟有可能带来灾害的地震、洪水、沙尘暴等问题。应对这些灾害可能对石窟造成的危险性进行风险评估,如对地震风险评估的主要内容有:识别评估对象面临的各种风险;利用收集到的数据资料评估风险发生的概率和可能带来的损失量;确定石窟文物承受风险的能力;确定风险消减和控制的优先等级;推荐风险消减的对策等。要与当地的地震部门联系,将我们管辖的几个石窟区列入他们的地震监测系统,定期监测地震活动情

[①] 该文为龟兹石窟研究院2015年举办石窟保护研讨会上的发言。

况,并积累本地区强震动数据,与就近的地震监测台站合作进行监测预警。又如,对克孜尔、库木吐喇2个石窟洪水灾害的预防,则需要整理历年洪水对窟区造成的危害及最高洪水位(图2)。要主动与石窟环境密切相关的上游克孜尔水库取得联系,请他们提供历年的洪水位、洪水期的下泄流量,及时通报特大洪水时开闸放水的时间与最大流量等,组成共同预警机构。

图2 克孜尔石窟谷内区

对于洞窟小环境的研究与监测,我们已经有很好的榜样,敦煌研究院有一套成熟的经验可供借鉴。但是不能操之过急,要根据自己的条件逐步完善。考虑到管辖区范围广、交通不便、基础设施差等问题,要尽量使用安全程度高、无线遥控的监测设备,尽可能与安全防范部门共同设计。

至于石窟岩体表层的微观研究,则需要花费更多的精力,并要有开创精神。要研究岩石表层微缺陷和劣(风)化特征,以及微环境变化对岩石表层的影响;要研究岩石表层的物理性质、矿物组成、化学成分、力学性质及微观结构在深度上的变化规律。尤其要关注冻融、干湿交替与盐类迁移结晶过程等对岩石表层的影响。只有深入进行劣(风)化的机理研究,才能避免保护过程中由于不恰当的保护行为所造成的新破坏。

再说过去的保护加固措施是否适用于龟兹石窟,也需要在总结评估的基础上创新或改进。例如,过去大量使用的是钢筋砂浆锚杆,钢筋被水泥包裹,老化期不足百年,尤其用在文物本体上弊病更多。而我们发现克孜尔第47窟外侧壁面上多处锚孔内的木杆与石灰浆材,却已保存了千年以上,这对我们应是重要的借鉴。再如,使用钢筋混凝土栈道,其重量过大,现在有许多轻型建材是否能替代它,这些都是值得我们研究的课题。

优秀的文物保护传统技艺必须和现代科技紧密结合。传统材料与传统工艺是由古代匠人的经验和灵感所创造发展起来的,为求得更佳的效果,经过几代人的改善、改良、淘汰,才得以传承至今。对于这些符合科学原理的材料和工艺我们应当继承,但是积极引进新材料、新技术加以试验,并证实其可行,也被中外文物保护修复实践证明是正确的。即使维修加固同一个石窟群,为了考虑它们的不同保存状态,也需要分别选用适当的保存材料,采用适当的保护措施。懂得如何使用传统材料和工艺,并确定哪些地方必须采用现代材料和工艺,需要经过慎重、细致的研究后,才能得出正确的认识。

修复壁画的过程就是研究的过程。修复前,应充分利用现代科学技术手段对石窟壁画的材质、成分、结构进行分析,尽可能地获取科学证据——化学、物理、生物方面的证据,并掌握材质的性能,通过这些数据来了解壁画病变的原因和程度。在维修保护过程中,如何通过仪器设备、分析原理、技术手段、物质结构和化学组成来进行分析,以保证维修技术的科学性、实用性及结论的可靠性,这也是我们必须深入思考的问题。改善保存的环境,就要了解保护文物古迹的最佳环境是什么。使用新材料、新技术时,需要做室内和现场试验,修完了还需要检测保护的效果。

进行档案记录时,需要对数据库、地理信息系统、虚拟现实技术、网络技术等有所了解和掌握。用文字、图表、摄影材料、采相、拓片、摹本及计算机磁盘等形式,对石窟的历史、艺术和科学价值进行科学、准确、翔实的记录。把建造历史、保护修缮史、保存现状、管理情况等信息进行全面的记录保存,以备使用查考。目前正在试验应用的三维数字扫描技术,能真实地记录石窟整体和局部的面貌,现状与残损部位能被直观、具体、真实地记录下来,并能将记录方式应用于后续研究的过程中。

三、应有多学科团队的参与

石窟保护的复杂性与其生存环境的多样性,使保护工作的任何一个环节都需要多学科的参与、合作。有许多学科的专业技术和测试方法,不可能全部由文物部门自己去完成,一定要依靠社会各部门的科研单位、大专院校合作完成。

龟兹石窟以它独特的风格和完整的体系而著称于世,我们在长期的实践中积累和形成了与之相适应的、体系完备的营造技术。因此在进行价值评估、程序保护、技术措施实施时,都要考虑石质文物所具备的文化、哲学和历史的观念,尤其需要人文与自然科学的结合,从美术史、历史、考古学、建筑史、民俗学等方面进行调查研究并评估其价值,还要以自然科学的方法判断其价值。例如,^{14}C测定,材质的物理、化学性质测定,隐蔽遗迹的判释等。

我们要更新知识结构,要将自然科学的方法与社会科学文化背景有机地结合在一起,充分展现出多学科研究的价值,有意识地完善研究方法。例如,从考古清理与文献资料中,我们了解到20世纪初,德国人格伦威德尔与法国人伯希和等曾在此进行过发掘,除掠走大量文物外,文献记载他们还发现了小型黏土建筑、大型建筑中的炼铜炉、制作陶像的作坊,其中有用来制作塑像和装饰的雪花石膏型模和用来浇铸人头的大型模,还有保存残余谷物颗粒的仓库等。如能将文献研究、考古调查清理与勘察和物探技术相结合,统一工作计划,相信我们会获得更多的历史信息。当我们开挖人工湖发现陶祖、山崖前用推土机开路发现彩色陶片时,就会与这些尚未发现的遗址、遗迹联系起来,进行多方位的考察工作。一旦发现遗址,除了清理发掘外,还要考虑如何将其更好地保护与展示,而不能一埋了之。

现代科学技术扩大了我们获取更多古代信息的范围和种类,提高了提取信息和分析问题的能力,这就提醒我们要更系统、更深入地关注如何建立起保存物质性和保持文化观念的方法和技术。把微观研究与宏观研究相结合,静态研究与动态研究相结合,确立整体保护维修的观念。它应该是多种思维方式和手段的结合,只有形成一个综合的、系统的、多学科的石窟保护维修理论体系,才能担当起保护、研究、弘扬、传承和创新文化遗产保护事业的重任。

最后,对战斗在龟兹石窟及其他文物保护第一线的同仁们说句贴心话:对你们热爱文物保护事业和勇于实践的精神表示衷心的敬佩,由于你们热爱文化遗产保护事业和甘于寂寞、艰苦奋斗的精神,才能抵制住现今社会上浮躁、拜金的邪气,能为守住这些珍贵的文化遗产而安下心来做些调查研究,学些真本事,是多么难能可贵。真诚地希望能看到更多的年轻人加入到这项崇高的事业中。

大足石刻加固工程中的检测工作[①]

1982 年以来,大足石刻加固工程技术小组尝试将工程地质及物探方法应用于文物保护技术中。以北山的 136 窟为重点,相继邀请安徽滁县地区文物保护研究所进行物探电法工作,以此来探测窟内渗水的途径;水电部成都勘察设计院科研所和铁道科学院西南分所使用声波仪对窟内裂隙化学灌浆的效果进行检测;使用成都地质学院研制的点荷载仪对摩崖造像表面岩石进行强度测试及风化分类。现将工作的情况及成果分述如下。

一、应用电法勘探北山 136 窟的渗水途径

1. 病害概述

136 窟位于北山石刻北区,崖壁走向 NE44°,崖高约 14m,窟形为长方形,平顶,高 4m,宽 4.2m,进深 6.7m,中央有一直径约 1.95m 的余角转轮经藏石雕支顶。由于窟顶板被 3 条裂隙切割,水沿顶板及后壁裂隙侵入,造成窟内滴水、渗水,使石窟岩体风化、破裂。后壁雕刻品已受到严重破坏。因此,根除水患是整治该窟的重要环节。

通过对窟区裂隙的调查,发现渗水主要受构造裂隙的控制(表 1)。

岩层产状:166°∠5°。表中第一组为本区的主要构造裂隙,裂隙面平直,延伸远。表面张开宽度 1～10cm,裂隙间距 5～10cm;第二组构造裂隙走向及倾角都有变化,较发育,第 136 窟内顶板滴水的裂隙属此组。

表 1

裂隙组	第 136 窟内壁、顶板	第 136 窟顶岩层面	石窟保护区内 20 个测点
1	295°∠75°	NW300°近直立	285°～300°∠85°～90°
2	80°∠60°～70°	75°∠62°～70°	75°～80°∠60°～90°
3	NE5°,近于直立	NE10°～20°,近直立	SE～NE10°,近直立
4			155°∠76°

2. 调查成果分析

对第 136 窟周围的水文地质调查表明,窟内顶板的渗水主要来自窟顶裸露岩层及附近表土层的积水,经构造裂隙渗入窟内。第 136 窟附近的潜水面在窟地面以下。

由降雨量与窟内滴水量的关系曲线(图 1)可以看出,渗水的途径较长,一般降雨后 5 天左右滴水才有明显反映,可以判断窟内滴水的补给源是沿构造裂隙来的上层滞水。

图 2 为大足北山摩崖顶物探测线布置图。

[①] 该文为中国文物研究所 1992 年申请国家文物局文物保护科技奖论文。

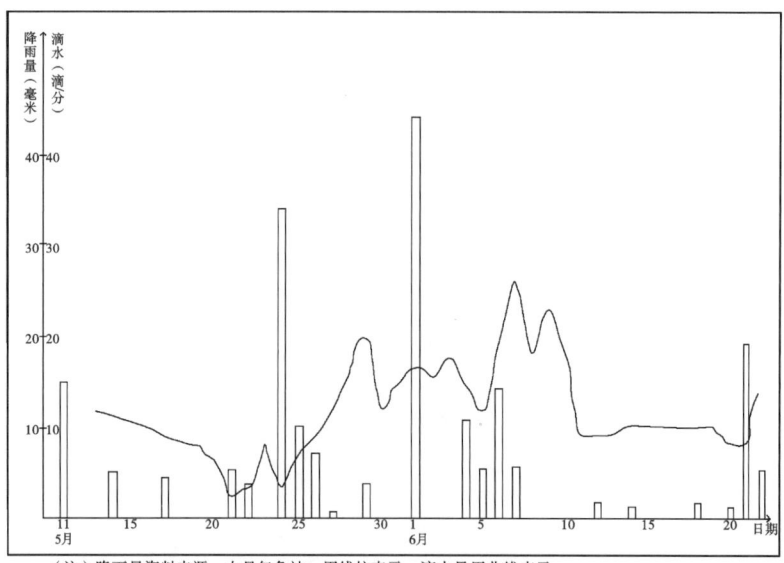

(注)降雨量资料来源:大足气象站。用线柱表示,滴水量用曲线表示。

图1 大足石刻北山第136窟内滴水与降雨量关系曲线
(1983年5月11日至6月22日)

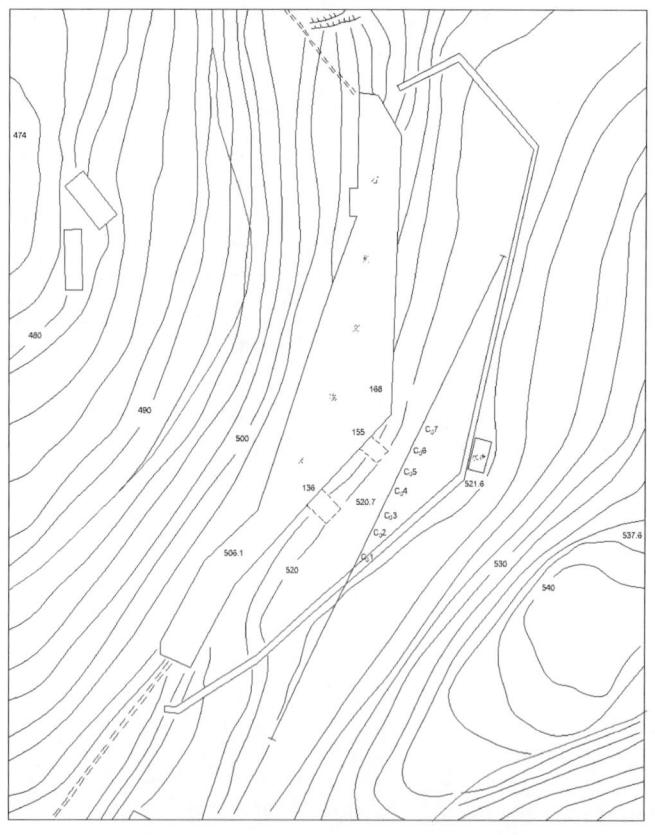

图2 四川大足北山摩崖顶物探测线布置图
(1:1000)

从四极对称剖面 $\frac{AB}{2}=60\text{m}$，$\frac{AB}{2}=40\text{m}$，联合剖面的 AO=20m 来看，北段石窟区内没有大的含水层或大的裂隙通道。从崖顶向下 6m 深度范围内的岩层属于风化带，测出基岩的 ρ_s 值多数小于 30Ω·m（一般 $\rho_s=15\sim20$Ω·m），与测定岩石的参数值 $\rho_s=31.5$Ω·m（几何平均值）比较，明显偏低。风化带岩层内普遍存在着风化裂隙，在 3 组构造裂隙的截割下，形成几个局部含水区：

(1) DBI 剖面线号 165#~180#（相当于"孔雀明王"与"和尚坟"之间地区），从 ρ_s 断面图上可见到 $\frac{AB}{2}=-10\text{m}$ 时，形成一个 $\rho_s=32\sim33$Ω·m 的封闭圈。可判断在地下深 8~9m 为一薄层小范围的含水带。从 Cs6 测深曲线亦反映出一条 Q-H 型曲线。即 $\frac{AB}{2}=12\text{m}$（约地下 9m）层间含水。Cs7 测深曲线的 $\frac{AB}{2}=3\sim4\text{m}$ 处也为一薄含水层。

(2) DBI 剖面线号 104#（相当于第 136 窟东南侧），在地下 8m 深处，有一个 $\rho_s=28$Ω·m 低阻异常带，离它不远的 114#Cs2 测深曲线表明 60~70cm 的表土层内有积水。

(3) 测深点 Cs8（水塘东侧）曲线反映出 $\frac{AB}{2}=10\text{m}$ 以内，ρ_s 值均小于 20Ω·m，推断在地下 7~10m 深度内有一裂隙风化带，说明此处是汇水区或储水点。

(4) 从 Cs7、Cs8 的电测深曲线中都反映出，有潜水面的含水层在 $\frac{AB}{2}=40\text{m}$ 左右，即深度相当于保护区以外的坡下，它对窟内治水已不起作用。

从以上几个 ρ_s 异常区来看，对第 136 窟有影响的为(2)、(3)所指两处，104#Cs1 测深点反映地下深 8m 处的低阻异常与第 136 窟内 295°∠75° 的裂隙相对应。通过 114#Cs2 测深点又说明 1m 以内的表土层有积水。

水塘东侧 Cs8 测深点虽与第 136 窟有 40m 间距，但它正是第 136 窟内滴水的裂隙 80°∠60°~70° 的延伸方向，从地形看，它是小山丘两侧的汇水区，几乎常年积水，它与石刻北区的渗水直接有关。

三、整治方案及效果

(1) 为堵截第 136 窟内的渗水和排除地表积水，在原水塘的位置打一口井。开口直径 2m，终孔直径 1.5m，井深 15m。从已经完成的井内观察到，此井穿过 NE80° 和 NW290° 两组裂隙，有一潜水面（图 3），高程约 509m。平水季节的水深 2.4m，它对排除地表积水和拦截一部分到石刻北区窟内的上层滞水是有效的。以往积水区的竹子都栽不活，现在能正常生长，上述洞窟的渗水亦明显减少。

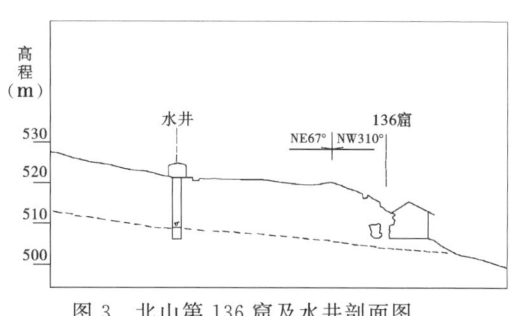

图 3 北山第 136 窟及水井剖面图
(1:1000)

(2) 用水泥及防护材料封闭第 136 窟顶裸露于地表岩层上的各种裂隙。在过去治理的基础上，加以修补并扩大嵌填，封闭周围能看到的所有裂隙,宽裂隙及风化破碎严重的岩层用乳化沥青膨润土与玻璃纤维布作防水处理,目的是避免地表水直接漏入裂缝。

(3)清理、疏通大小排水沟,保证泄水畅通。在窟檐与摩崖搭接处,要用水泥勾抹引流,不让窟檐水流入岩体。

(4)在窟内后壁纵向裂隙内凿一条10cm左右的浅沟,将渗水引到地面下50cm处,用暗沟从窟内排出。

上述方案已经实施。通过近期观察,第136窟内顶板沿裂隙的渗水尚未堵绝。准备在顶后部打深孔截流,效果尚待观察。

二、应用声波仪检测第136窟裂隙灌浆的效果

1. 概述

在文物保护中应用化学灌浆材料加固石窟,已经有20多年的历史了,但是灌浆的质量与效果如何,尚未进行过这方面的检测工作。这次应用声波进行这方面的试验还属初次。具体任务是通过声波检测被加固后岩体的强度、变形性能有何提高,灌浆的质量如何(包括灌的范围、充填性能等)。试验地点是第136窟的转轮经藏(心神车)雕刻柱体及顶板的裂隙。

2. 原理及方法

当声波由岩层传到裂隙面时,它在两种介质的交界面上产生反射,在岩石和空气的分界处,声波几乎100%地反射回来,使接收换能器收不到信号,如裂隙内有土、水或浆液时,声波便在交界面上产生折射,当声波遇到不大的裂隙时,若空隙的尺寸与声波的波长相近,则产生反射和衍射,若空隙小于声波的波长时,声波则产生绕射。所以,声波法能对岩体完整程度、风化程度等因素,通过一定声学参数给予差异性的反映。

其工作原理是:由一声源信号发生器(发射机)向由压电材料制成的发射换能器发射一电脉冲,激励晶片振动,产生声波作为声波探测的声源。声波在岩石中传播,经由接收换能器接收,把声波转换成微弱的电信号送进接收机,经放大后由示波管在屏幕上显示出波形图,从而可通过直接读数测出声波初至的时间。再根据已知的探测距离,便可计算出声波的速度(图4)。振幅的变化主要由于岩体对声波传播能量的吸收,而吸收作用与岩体的岩性、结构面、频率等因素有关。

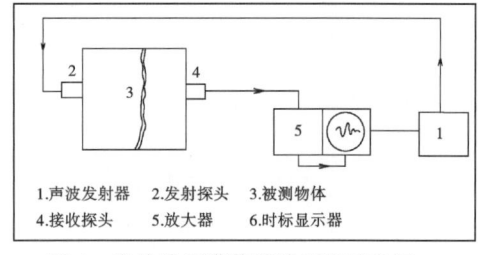

图4 声波检测灌浆裂隙原理示意图

1.声波发射器 2.发射探头 3.被测物体
4.接收探头 5.放大器 6.时标显示器

根据灌浆前后波速、波幅的变化来确定灌浆处理的效果。工作方法如下。

(1)转轮经藏台柱:使用穿透测速法,用平面换能器,以仪器自振将发射和接收换能器分别放置在对称角或侧壁。

(2)顶板:使用平面测速法在岩体表面采用平面换能器,将发射和接收探头分别放置在裂缝两侧,沿直线剖面移动发射换能器或接收换能器。

(3)灌前、灌后在相同位置各测一次。

(4)室内试验:为了模拟灌浆前后波速的变化,以求出灌浆后比灌浆前波速提高的比值,

取样23组进行测试,试块尺寸为5cm×5cm×5cm和5cm×5cm×10cm,分别测其平行层理及垂直层理的声波速度。后用灌浆材料黏结试样,厚度分别为1mm、3mm、30mm,干、湿两种方法养护后测试。

3. 成果分析

第136窟声波测试的工作量为:顶板布置4条剖面,转轮经藏台柱布置4条测线、灌前测线83条,灌后测线98条,其位置详见图5、图6和图7。测试成果见表2。

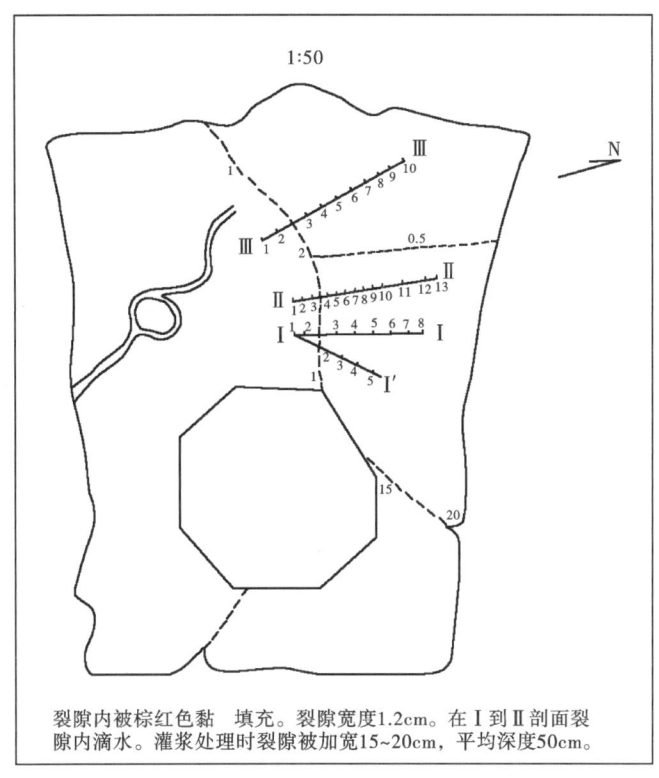

图5　北山第136窟顶板裂隙灌浆声波测试布置图
(1∶50)

实验室23组岩样测定的结果为:

黏结后v_p提高3%～34%,平均提高15.2%,测得灌浆材料的$v_p=2110$ m/s,$E_{动}=4.42\times10^6$ kPa,因而黏结后的v_p提高数值偏大,原因是试块太小,有尺寸效应的影响。

后将5cm×5cm×15cm试块,用水杨酸苯脂作耦合剂进行黏结,发现黏结后的v_p比单块测试提高2%～7%,平均提高4%,可以认为这是比较真实地反映黏结后波速的变化。

表2　声波测试成果

黏结时间	纵波速度 v_p(m/s)	
	平行层理	垂直层理
黏结前	2470～2110	2050～1870
黏结后	3026～2339	2140

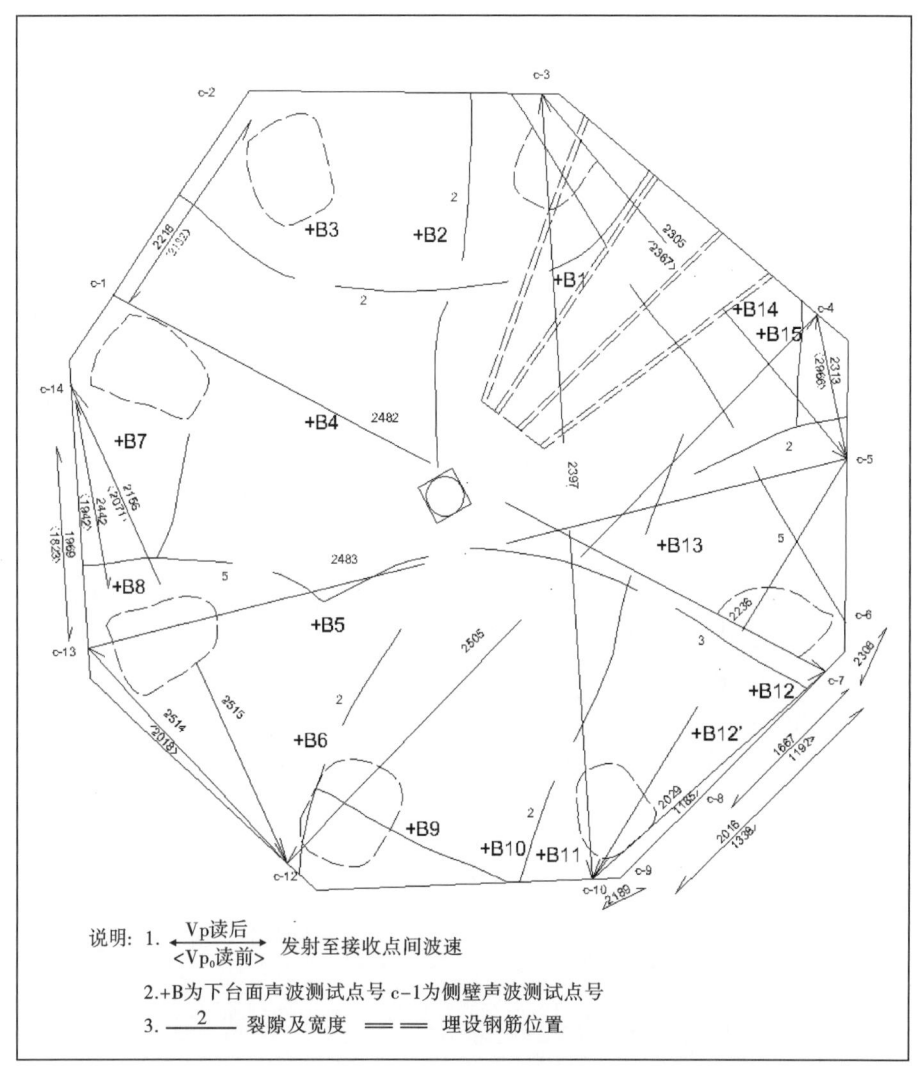

图 6 北山第 136 窟转轮经藏下台面声波测试成果

(1∶20)

从图 6 和表 2 中可以看出,灌浆前转轮经藏下台面(由 C、B、D 点代表)的测线有将近一半接收不到信号,灌浆后,接收器能全部收到信号。灌浆前收到能信号部位的 v_p 值多数为 1000~2000m/s;灌浆后的 v_p 值为 2000~2500 m/s,即使灌浆后的个别测线波速小于 2000m/s,也比灌浆前提高 20%~30%(如 $C_7 \sim C_8$)。

有几条测线灌浆后的波速反而降低(如 $C_3 \sim C_5$,$C_4 \sim C_5$),这是原来风化破碎很严重的地段,分析原因是由于人工将裂隙加宽后,又灌得不好造成的。

B 测区由于台面上抹了一层水泥(厚 3~5cm),因而波速的数值受到影响。$B_1 \sim B_{15}$ 的 v_p 值超过 3000m/s,是加固中加入钢筋所致。

D 测区在盘龙部位,原来风化比较严重,因此灌浆后的 v_p 值仅在 2000m/s 左右(灌浆前为 $v_p=870$m/s,或者收不到信号)。

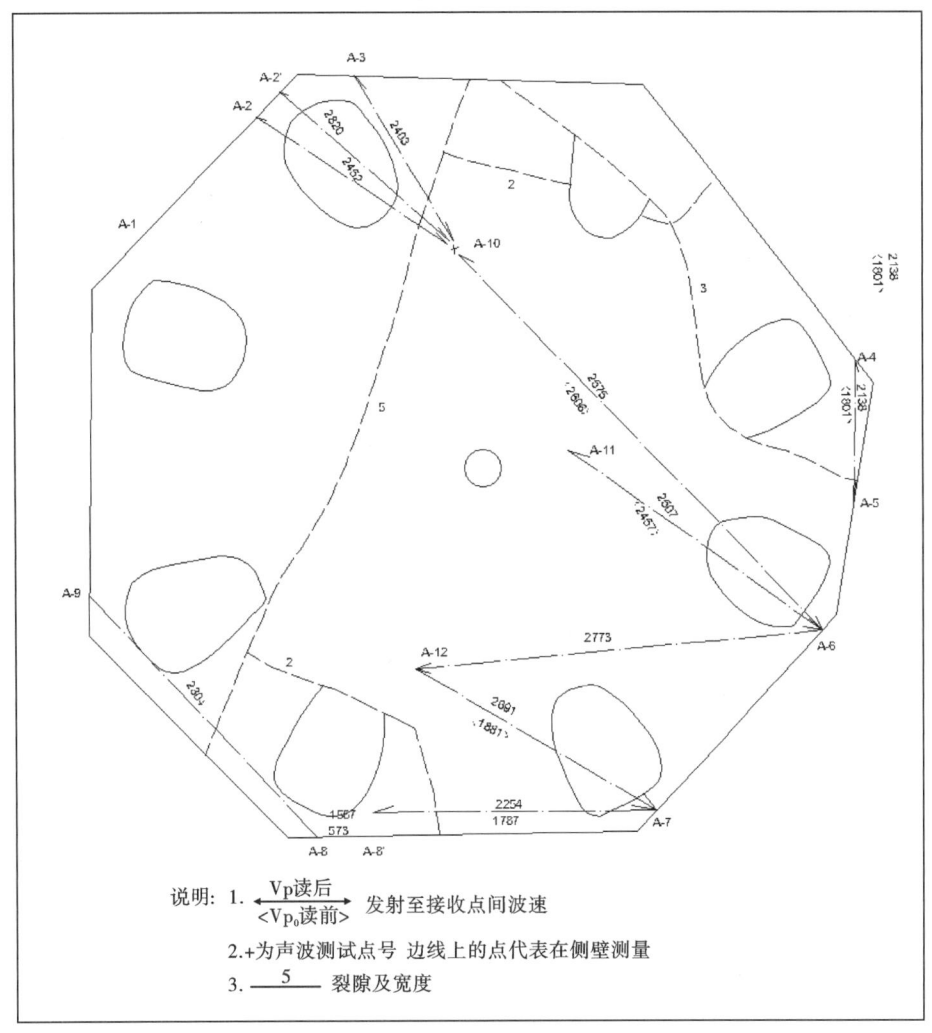

图 7　北山第 136 窟转轮经藏上台面声波测试成果

转轮经藏上台面(测点 A)一半左右测线在灌浆前没有信号,裂隙宽度达 5mm,灌浆后普遍在 2400m/s 左右,比灌浆前的 v_p 数值提高 20%～40%,从波速提高的情况可判断该区域灌浆较为密实。

从顶板 3 个剖面的测试结果看,反映基岩的速度为 2800～2900m/s,裂隙通过灌浆后波速普遍提高到 2600～2700m/s。由图 8 中可以看出,第Ⅰ剖面裂隙附近测点(3、4)灌浆后收到的信号反而比灌浆前低,波幅衰减也十分明显,说明此段灌得不好,由于灌后的裂隙宽度经人工修凿加宽 2～4cm,第Ⅰ剖面反映裂隙附近处的波速低,仅 2275m/s,第Ⅱ、Ⅲ剖面的波速变化说明灌浆效果较好,由于灌前收不到信号,灌浆后平均波速均在 2600～2800m/s,从波幅曲线看也是平缓递降。

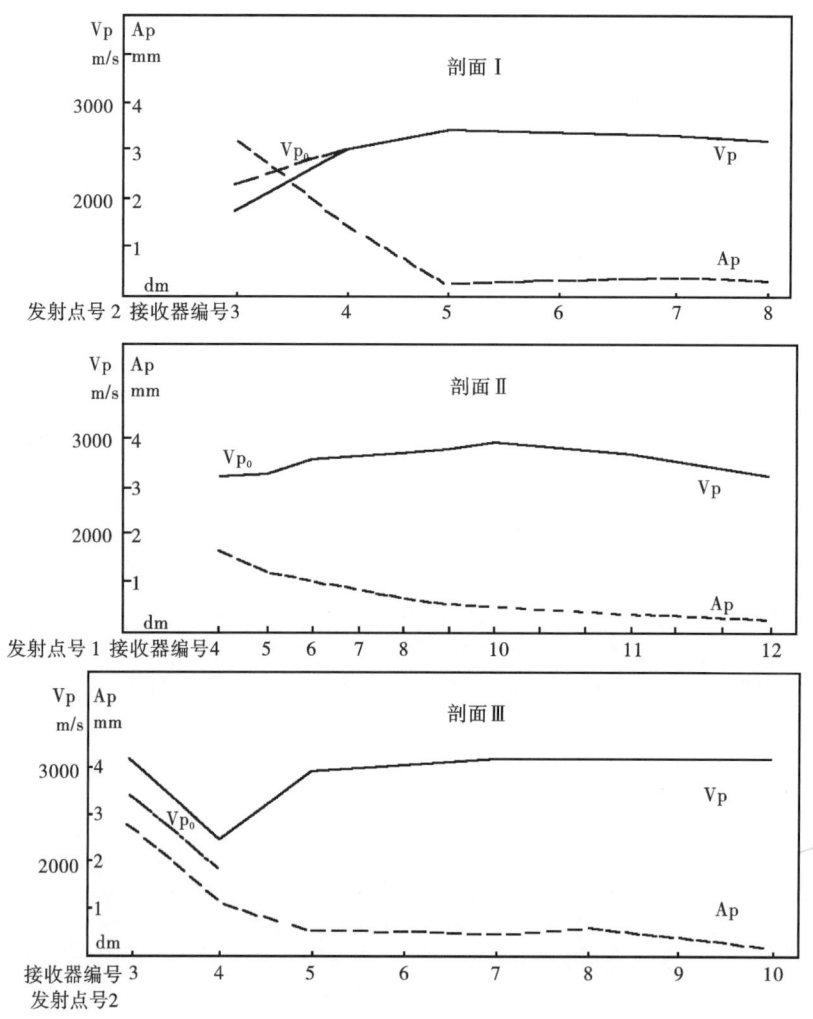

说明：1. ─ ─ ─ 灌浆前纵波Vp速度　────── 灌浆后纵波Vp速度　------- 灌浆后纵波振幅Ap
　　　2. 由发射至接受最后近点间距：Ⅰ剖面：24厘米　Ⅱ剖面：50厘米　Ⅲ剖面：30厘米
　　　3. 三条剖面由发射至接受最后近点之间都穿过灌浆裂隙

图 8　北山第 136 窟顶板裂隙灌浆声波检测曲线

4. 讨论

通过波速 v_p 和波幅 A_p 的变化，可以定性地检查裂隙灌浆的效果，这在转轮经藏柱使用穿透测试法的成果中得到了最好的说明，因此，作为一种灌浆效果的检测手段是可行的。至于在顶板使用平面测速法，其探测的深度不能很大，因为波速总是寻找最近距离穿行。其成果只能代表顶板表层几厘米的灌浆状况。如果能凿成钻孔进行孔内测量，就会与检测转轮经藏柱一样，得到好的效果，但条件所限，未能实施。

三、应用点荷载仪检测大足摩崖造像表面的风化强度

石窟造像表面岩石的力学强度指标,是加固工程及防风化措施必不可少的基础资料,以往这些指标都需要制成立方体或方柱体的岩样在压力机上试验得出。由于表面岩石风化严重,往往打不成岩样,而得不到这些数据。这次引用 20 世纪 70 年代国外较广泛采用,80 年代初我国研制成功的点荷载试验方法,使这一问题得到了较好的解决。

1. 原理及方法

经过国外 10 多年对点荷载作用下试样的应力状态及其破坏机制进行理论上的研究,确认试样的最终破坏主要是由于加荷轴上的切向拉应力引起的。由于定量地计算了点荷载作用下试样中轴上任意点的应力分布,这就有可能确定试样破坏时的点荷载(P)与试样抗拉强度(S_t)之间的数学关系:

$$S_t = \frac{P}{2\pi a^2}$$

式中:a 为试样破坏时加荷点间距的 1/2。

若直接利用间距 D,可近似地确定为:

$$S_t = 0.9 \frac{P}{D^2}$$

用 I_s 表示式中的 P/D^2,称之为点荷载强度指数。

三维光弹试验证明:不同形状试样在点荷载作用下,它们在加荷轴附近的应力状态基本相同。这就为试验采用不规则试样的可能性提供了重要依据。通过大量的试验证明,试验的尺寸和形状对 I_s 值仍有影响,但可用各种校正系数及计算公式来解决。

仪器由 3 个部件组成:框架、加压测压装置及测距装置。试验时将试样夹在两个球状加荷锥之间,施以荷载直至压裂试样,这样只要根据达到破坏时的最大荷载和破坏时两锥头端点之间的距离,即可求出试样的抗拉强度,并以经验公式算出岩石的抗压强度。

2. 成果分析

在大足石刻使用点荷载仪共试验过 24 组 460 块岩样,其成果见表 3。还做了常规力学试验与之比较,经整理、分析如下:

(1)按点荷载强度指标及力学指标分类,可将摩崖造像所在岩体的岩石分为新鲜、弱风化、强风化和剧风化 4 个带。

每个风化带的物理力学性质有很明显的差别,可用抗拉强度和风化抗拉强度指数表示。

(2)岩石饱水后力学强度降低明显(表 4)。

表 3 点荷载试验结果

风化分带	Ⅰ	Ⅱ	Ⅲ	Ⅳ
抗拉强度 S_t(MPa)	2.0~2.47	1.22~1.74	0.5~0.73	0.22
风化抗拉强度指数	1.28~1.39	1.05~1.22	0.65~0.84	0.29

表 4 力学强度试验结果

风化分带	I		II		III		IV	
试验状态	干	湿	干	湿	干	湿	干	湿
抗拉强度 S_t(MPa)	2.47	2.25	1.22	0.67	0.5	0.26		0.22
抗压强度 σ_c(MPa)	56.4	50.0	27.5	15.4	12.2	6.3		0.53

风化愈严重,饱水状态的强度下降愈剧。有一组刚采来的新鲜岩样,σ_c=45.6MPa,S_t=1.94MPa;干燥一年后其强度有明显提高,σ_c=57.4MPa,S_t=2.18MPa。

(3)将常规试验和点荷载试验比较,可以看出抗拉强度 S_t 的数值比较接近,σ_c 由于是经验推算,与常规试验比较,一般数值都偏低。

(4)被用作灌浆黏结材料的黏结强度试验。先将试样作点荷载试验,将破坏的岩样用灌浆材料黏结固化后,再在点荷载仪上作强度试验,可测出灌浆材料的黏结强度是否超过岩石的强度。例如在第 136 窟使用的两种灌浆材料,经过点荷载试验都证明材料黏结强度大于岩石强度,其破坏面都不是在黏结面上。

3. 讨论

(1)点荷载受试件尺寸的影响较明显,尺寸越大,强度值越高。尽管可用不规则试样,还需有个大致相似的规格尺寸,且每组试块数量最好不少于 20 块。

(2)取样地点要在地质调查的基础上,尽可能选择与被测区段相同风化类型的有代表性的样品。

(3)岩样内含水量大小,对成果的影响较大,干燥与饱和试验的条件必须相同。

(4)这种测试强度的方法还不是最理想的,今后要向无损检测的目标努力。

参考文献

国家文物局文物保护科技研究所,安徽省滁县地区文物保护科研所,大足县北山、宝顶山摩崖石刻文物保护物探工程报告[R].1982年6月

水电部成勘院科学研究所,铁道部铁道科学院西南研究所,大足石刻北山第 136 号窟加固前后声波检测报告[R].1983年12月

从遗址保护方案中看到的一些问题[①]

全国的文物保护申报项目,基本每年在800项左右,古遗址及古墓葬保护工程方案大致占1/10。随着对大遗址保护工作的重视,遗址保护方案进一步增加,方案体现了多学科保护的特点,在科学保护的技术手段上进行了有益的探索。但从方案中也看到有些值得探讨的问题。

一、切实做好前期的勘察与价值评估

基础资料普遍不足,特别是大遗址的考古调查、勘探、地质、水文及遗址本体材质的物理力学性质等内容,要与方案中的现状评估与保护措施紧密相关。有的方案不考虑当地的自然地理环境,而套用其他地方的病害现象,没有地下水,降雨稀少,却还要描述这类病害。地震、滑坡、风雪等自然灾害的调查,尚需完善、规范和指导。缺乏必要的长期监测(稳定、位移、地下水活动等)工作,导致对病害的发展缺乏分析依据。

评估工作缺少文物、考古专家的参与,尤其是价值评估与保护方案脱节,对保护对象的性质认识不够充分。

二、几种类型保护措施的普遍问题

目前存在的普遍问题是,保护措施能否体现遗址与环境保护的完整性和真实性。"保护为主""抢救第一""尽少干预""可逆性"等理念与原则在具体保护措施中,有所脱节或体现不够充分。

遗址的保护是一项相当复杂的工程,不同地区、不同土建筑材料、不同结构形式会存在不同的破坏方式,我们不可能研制开发出一套行之四海而皆准的保护加固材料与技术,而应针对不同情况采取相应的措施。

遗址保护技术在干旱、西北地区,已有许多成功的实践经验,但是,潮湿环境遗址保护仍是目前的难题,以往在展示前,未能解决好地表渗水与地下水等问题,像半坡遗址、大河村遗址、城头山遗址等一大批遗址,已遭到严重的破坏(图1、图2)。真正成功的保护工程实例,目前还不多,仍处在探索、试验阶段。如2001年发掘的上海元代水闸遗址,位于市内繁华地区,涉及土、木、石、砖、铁等多种文物介质,该遗址及其文物的保护是一项迫切的、长期的、艰巨的、逐步推进的系统工程,需要多学科联合攻关,在实施过程中需要坚持长期监测和不断细化。其保护方案也是经过多次论证、多次修改。

有些方案中的保护措施往往缺少试验或计算的依据,针对性不强;部分化学保护措施缺乏必要的试验数据;或者达不到保护的要求,缺乏针对性,可操作性差,不能解决实际问题。

目前方案中对遗址的保护措施大致可归纳为5类:发掘后回填与封存保护、露天保护与展示、场馆保护、安防保护、日常维护与监测。

---

① 该文为给中国文物信息咨询中心项目评审部提交2009年的评估报告。

图1 半坡遗址

图2 城头山遗址

1. 发掘后回填与封存保护

考古发掘工作与文物的现场保护,在不少工地是严重脱节的,从发掘计划与经费中,就没有考虑保护文物及今后是否展示、利用。许多遗址被考古发掘后,环境急剧改变,文物和遗迹没有得到及时保护或没有合适的保护技术而遭受损坏。或者考古发掘后,间隔很长时间,才考虑保护的问题,此时的遗址已经遭受很大的破坏,给保护带来很大的难题,保护经费也会大幅增多。保护不了的遗址古迹,目前大量采用以沙子简单回填保护遗址的方法,还缺乏全面、科学、系统的研究。因为经过考古发掘的遗址,其物理与化学环境都已发生了很大的变化,它们已经造成遗址破坏,即使回填也无法还原到未发掘前的状态。事实证明,以往用简单方法回填的遗址,多数已经面目全非。

有些遗址的保护难度大,如属于红山文化的辽宁牛河梁女神庙遗址(图3),是一处距今5000多年的建筑遗迹和土质文物,一旦被揭露,壁画和泥塑很快酥碱,彩绘剥离、褪色,建筑遗迹风化。湖南澧县城头山遗址中,有4500年以前的稻田遗址,一旦被揭露,在很短时间内稻茬、稻谷及田埂很快风化,变成模糊不清的土状。

在没有找到更好的保护措施之前,还是不要急于发掘,做好上部的环境治理,不让遗址的原始保存状态遭受损害。封存保护是目前的上策。但是上层填土不宜过厚而改变遗址现状及环境风貌。

图3 牛河梁遗址

2. 露天保护与展示

如何展示规模宏大的遗址,往往此时遗址古迹仅揭露一小部分,对其全貌尚没有一个全面的认识,要合理地展示利用遗址古迹比较困难。

有些涉及长城、城垣的建筑遗址,为了旅游招揽更多的游客,方案中做了大量复原甚至仿古建筑,这种违反文物保护原则的措施都会被否定。有关铁路、高速公路穿越长城的建设方案中,往往缺少施工期和运营期的监测设计及预算投入。

在对遗址本体进行维修加固时,首先应考虑使用原工艺、原材料。传统做法中有推倒重新夯打或垒砌的,这点要特别谨慎,万不得已不要这么做,而应该千方百计给予结构补强,维持原状。土遗址根部,往往因受潮而剥落洼蚀,用重新夯土或垒砌的办法往往不能与原土体牢固的结合,施工中可采取打入木杆、竹筋,新老接触面掺入黏结剂(乳胶或糯米汁、白矾)等方法补强。

对新材料、新技术的应用仍需更为慎重。尤其直接施加在遗址本体中时,如果它不具有可逆性,要论证它对抢救和结构性保护是必需的,才予以考虑,并须经过室内、现场试验,慎重考虑施工工艺及操作步骤,取得成功经验,经过必要的论证后,才能实施。有些物理加固措施,如果对遗址的干预过大,改变遗址原貌过多,即使今后可以拆除,也不是完善、可行的办法。而且有的设计方案在评估遗址的危险程度与加固措施时,偏于保守,加大了工程的成本预算。

遗址与其周围的地质环境是紧密相连的,尤其当地下水位过高,受到河湖及洪水威胁时,首先应考虑治理水的病害,遗址本体的保护则可放在第二步。对水的治理,在方案中往往考虑不细致、不专业。要根据遗址的规模、形状、土质的性状等因地制宜地做出统一的排水、防渗方案。对地下水的治理除了应隔绝地下水的来源外,还要防止毛细水的侵入。如做不到这一点,就要采取截断毛细水通道的措施,如在遗址底部做隔水层、灌注隔水材料。

对于洪水的治理,要着重了解河流的水文情况,如正常水位、枯水位、最高洪水位、百年一遇的洪水流量及流速、上游控制水位的水利设施、洪水到达遗址的次数及高程、洪水冲刷遗址的方向及区段等。然后要与水利部门配合做出防止洪水冲淹遗址的方案设计。防洪标准要考虑订得合理,标准低了,水利设施会被冲垮,遗址被淹,造成巨大损失;标准高了,造价大,文物部门难以承受一次性投资。内蒙古自治区辽上京遗址的水利工程,由于想省线,设计标准是按20年一遇的洪水设计的,结果造成3次冲毁堤坝,3次重修,经济损失更大。

3. 场馆保护

苏东海先生对遗址博物馆的特征提出了两点看法:第一,遗址是历史的现场,它是不可再生的,因此是唯一的。对观众应有亲临其境的感受。第二,遗址是一个特定的历史时空统一体,这个特定的时空的统一体是一个可感知到、可触摸到的历史实体,观众在遗址前进行历史的想象时,遗址已为它提供了想象的时空框架。废墟提供的时空素材极少,它反倒可以引发无限的历史遐想。这两个特征也正是我们做场馆遗址保护设计与管理的指导思想。

遗址博物馆多数是在遗址上盖房或建棚架,属于室内环境的保护但又不同于一般博物馆环境保护的特殊类型。一般来说,都有库房和陈列室。展览大厅便成为观众参观的基本陈列场所。由于它的体量大,需要立体地保护遗址内的各类文物和遗迹。遗址本身有土质和石质的,还可能是在水下的。文物的质地有陶质、木质、铜质、铁质、皮革、纺织等,因此决定了其保护方法涉及到的领域有物理、化学,还有地质、生物、机械、冶金等多学科,保护方法也是综合性的。同时还要考虑遗址周边环境的保护,要尽可能地多保留遗址所产生的时代环境与地貌。

除了应将地下水与遗址隔开是普遍的问题外,还要考虑建筑本身与遗址间的稳定关系,不要因新建筑造成遗址基础的损坏或不均匀沉陷。保护性建筑结构设计时还应考虑不改变遗址的原状。应满足文物所需要的环境,包括光、温度、湿度、含水量和防霉、防尘等要求。还存在土遗址自身的稳定和表面风化问题,需要根据存在问题采取必要的对策。遗憾的是,不少设计者是建筑师,他们主要考虑建筑造型及结构体系,对遗址的功能要求都很粗略甚至不重视,与文物保护单位的沟通、交流不够。导致新建筑看不出是遗址博物馆,倒像是一座园林建筑。

阳陵博物馆是用创造局部小环境,将一切会导致遗址本体损害的外界因素隔离开,应该说这是一种较理想的方案,但要投入很多资金,不是大多数遗址点的保护能仿效的。

4. 安防保护

安防工程方案涉及行业管理,既要符合相关规范,同时也要符合文物保护要求,由于文物保护单位类型较多、地域特点不同,增加了方案设计的难度。主要问题表现在对文物保护单位的安防规范学习不到位,没有严格执行相关的专业规范,设计方案偏离现行标准的规定和政府部门的管理要求;对设计原则理解不准确,而造成设计达不到一级风险的防护要求;对文物保护理念和基本要求不清楚,仅按一般项目要求设计,没有体现文物保护特点和意识。

5. 日常维护与监测

日常维护和加强管理是所有遗址保护所不可缺少的,方案中必须加强这方面工作的计划内容。有些遗址就因平时缺少这方面的维护而产生了不可挽回的破坏。因此,在土遗址的保护方面应牢记"预防重于治疗""小洞不补、大洞吃苦"这两句格言,尽可能地延长其寿命。

尤其是日常的监测工作,随着科技的进步,应不断地加以改进,由定性向半定量、定量发展,提供可靠的依据。即使在保护加固工程完成后,监测工作也是检验设计方案与施工效果的重要依据。

三、如何处理好保护与展示利用的关系

有些方案中,对展示的可行性和必要性缺少理性分析,缺乏对展示方法的深入研究和探讨,缺乏理念与经验。如对"科学发展观"认识不充分,缺少以人为本的理念与策略,未能全面考虑现代人发展、民众生活与环境保护的需要。在征用文物用地、迁出居民等问题上,需要从全方位统筹考虑。在保护范围内搞新建、复建项目,对局部遗址复原的依据不足,必要性论证不充分等,是许多保护规划和保护方案未能通过的主要原因。

北京圆明园内的一处重要遗址——含经堂,共揭示出重要宫殿建筑基址和景点20处(图4),发掘面积达$4×10^4 m^2$,但由于保护工作未能跟上,就匆忙考虑展示,许多应当原状展示的遗迹,如被八国联军火烧迸裂的地砖与墙体遗迹,都被掩埋了。其次,能展示给观众看的遗址和实物较少,对于广大的普通老百姓的吸引力较小,要像兵马俑博物馆或长城那样吸引人是做不到的,更谈不上经济效益。如果建成遗址公园,又需要投入大量资金,必须有政府和社会的支持。如果没

图4 圆明园遗址柱础

有当地居民的积极参与和关心,使它成为当地居民生活中的一部分,它就不会有生命力。同时还要考虑遗址周边环境的保护,要尽可能地多保留遗址所产生的时代环境与地貌。

四、保护方案应与管理方充分协商

在一些方案中,设计者与管理者之间缺乏深入细致的交流与沟通,缺少必要的协调。保护方案要满足实施管理的可操作性,要考虑利益相关者,特别是当地居民生产、生活的需求。

管理包括技术和政治两个方面。管理者不但需要获得有效的、可靠的技术资料,而且也需要有关立法状况、地区情况及政治形势的现实资料。在遗址保护中,管理有时比具体的技术保护更重要。

管理者必须具有战略眼光。管理经常被解释为行政指导或通过人们的自身行动控制事物的过程。文化遗址的管理是对构成一个遗址及社会环境的各要素,如自然状况、土地利用、游览参观、讲解说明等进行规划性管理。管理的目的是为了保护,使其尽量减少损失或破坏。它必须在良好规划的基础上,尤其要以遗址古迹的各种价值和管理中存在的问题为依据。管理者不仅是文物部门,还必须有当地政府的参与和投入。它需要与遗址古迹所在地方的主要利益相关的群体进行磋商和协调,使遗址古迹的保护与利用融入当今社会,贴近民众的文化生活,能与民众沟通;使遗址古迹真正提高人们对传统文化的理解和珍视,为此而自豪,形成凝聚力,反过来又会推动经济和社会的发展。

不同的保护方法对遗址古迹会产生完全不同的影响。如原状保存,还是局部恢复,甚至掩埋后在上面重建或建遗址公园等,要根据其价值、外观保存状况和保护技术方法等综合考虑后,委托设计部门做出方案,通过论证和上级主管部门审批。此外,应根据遗址古迹所处的特定环境,对将要采取的管理方法做出明确的规定,在确保遗址古迹及环境不受破坏的前提下,考虑如何开放、展示,提高收入和制订商业经营计划等。

最后,对今后的遗址保护工作提些不成熟的建议:

(1)应加强大型遗址古迹保护技术的利用研究。目前需要着重研究遗址的稳定加固工程技术措施;地下遗址的防渗工程技术;砖结构或土体的表面风化层加固技术及防霉去盐的技术;考古遗址的科学回填技术;防护加固效果的非损伤检测等方面内容。

(2)在对遗址古迹考古发掘调查中,应配以 TM 卫星影像、红外遥感技术、物探技术等,加快对遗址古迹整体价值的评估,提高考古成果的质量。

(3)此外,在遗址古迹发掘现场文物出土过程中的现场保护,显得十分必要和迫切。要研究如何采用各种措施消除或减少各种有害因素的影响,使文物和遗址古迹的损害减少到最低限度。

(4)将其他部门的先进和成熟的技术、材料和检测等方法,引用到文物保护部门来,与社会各界多学科、多专业广泛合作,综合研究,共同攻克难题。

参考文献

单霁翔.向第 11 届全国政协一次会议提交的 14 个提案[N].中国文物报,2008-03-05
黄克忠.我国古遗址保护面临的机遇与挑战[C].古遗址保护国际学术讨论会论文,2008
文宣.文化遗产保护—守护人类的精神家园[N].中国文物报,2008-06-13
周环.潮湿环境土遗址的加固保护研究[D].浙江大学博士论文,2008

走近吐鲁番的坎儿井

2008年1月,因论证吐鲁番坎儿井的保护方案,我去了一趟吐鲁番,原认为气候不会冷,不料室外是-12℃的气温,但还是查看了鄯善县、托克逊县与吐鲁番市3处不同类型的坎儿井,看到热气腾腾的泉水从坎儿井明沟流经村庄的农家宅院,村民们正在竖井内疏通坎儿井,维吾尔的乡亲们把我们围在中间介绍情况,诉说他们的需求,使我感受到坎儿井的魅力和亲切。

坎儿井是我国古代劳动人民在长期与干旱作斗争的过程中利用山前冲积扇地下潜水,进行农田灌溉和人畜饮用而发明创造的自流水利工程,是劳动人民智慧的结晶。坎儿井距今已有2000年的发展历史,见证了绿洲的繁荣和发展,对绿洲文明的孕育起到了决定性的作用。新疆的坎儿井暗渠总长度超过5000km。当地的各族人民世世代代与坎儿井相伴,凝结了深厚的感情,把坎儿井誉为"生命之泉"。坎儿井与各族人民的生产生活息息相关,与独特的生活环境构成了和谐统一的关系,形成了独特的社会文化,也因此被确定为"全国重点文物保护单位"。

坎儿井主要集中分布在吐鲁番与哈密地区,至今仍是当地农牧业生产和人畜饮水的主要水源,对社会经济发展和生态环境的保护发挥着极其重要的作用,所以它是活态文物。但是,因生产的快速发展、人口增加,大量引用地表水、开采地下水,管理体制不顺,投资不足等诸多因素,导致坎儿井年久失修,从中华人民共和国成立初期的1784条,锐减到今天仅剩614条,如不加以抢救保护,再过几十年将可能全部消亡。

新疆维吾尔自治区十届人大常委会于2006年9月通过了《新疆维吾尔自治区坎儿井保护条例》,该区水利部门也加强了管理和保护的力度,国家发改委也将拨款给予财政支持。文物部门在当地政府的全力支持下,根据文物保护的有关法规,对坎儿井的抢救保护和利用进行了首次的方案论证。值得称赞的是,吐鲁番地区的专员、水利局长,相关各县的县长、镇长以及各职能部门都参加了会议,并在会后取得了一致的意见。

坎儿井是由水源、竖井、暗渠、出水口、明渠及蓄水池等组成。在建造与维修坎儿井方面,已有一套成熟的传统工艺,如挖沉沙池,井口构筑土堆及井盖,定期掏捞暗渠等,而且随着时代的发展,工具与维护材料也在不断地改进。如最初挖竖井和暗渠时是使用蜡烛和镜子测量,开挖与运输的工具仅有铲、筐、麻绳等。发展到今天,测量已用经纬仪、水准仪,掏捞、通风、照明等维修设备也已现代化,井盖所用的材料也由树枝压沙土改为水泥板。为了增加水量,民众往往在源头延长暗渠。当遇到暗渠坍塌堵塞了水流时,又可能从边上重开暗渠,绕开坍塌段。这就给我们文物保护工作者提出了新的问题:如何体现不改变文物原状的原则,延伸暗渠,绕道开新渠是否允许;新技术、新材料能用到什么程度,竖井与暗渠交接处的易坍塌地段,能否用水泥、混凝土加固;坎儿井基本上都是集体或个人建设、使用,任何保护、维修的

---

① 该文原载于《中国文物报遗产保护周刊》,2008年2月。

措施都要通过他们去实施,我们能给他们什么样的指导,在今后推广时能被百姓方便而经济地应用;已经废弃的坎儿井如何保护,其数量很大,是全部保护,还是只保护一部分;对已经停水,但水源条件较好、坍塌较轻的坎儿井,如何恢复,经费从何而来;从管理上如何与水利部门、集体甚至个人协调配合等,都需要去研究和规划。这里既有抢救保护的任务,又有长期规划与研究课题。水利部门已经提出要保护205条坎儿井的计划,并已上报国家发改委,文物部门如何尽快地提出整体的保护规划和抢险方案是当务之急。

坎儿井的保护与利用,给我们的启示是:文化遗产保护,不仅仅要将更多的历史信息留传下去,传给子孙后代,而且要惠及百姓,给他们带来实实在在的好处,这正是保护与利用分不开的道理。

走向 21 世纪的中国文物科技保护[①]

文物是历史的、民族的文化遗产,是社会文明和民族精神的物化载体。我们文物科技保护者的神圣职责就是要使这个物化载体"益寿延年"。这是一切文物工作的基础。保护文物,实际是保护一个国家和民族的凝聚力、向心力,是对历史的负责。

之所以用"文物"这个名词,而不称文化遗产,是因为中国的"文物"的概念,包括了可移动和不可移动的一切历史文化物质遗存。目前非物质的文化遗产并未列入文物保护管理系统,我们也没有进行过全面的研究和保护工作。

文物保护的面很广,包括法规建设、文物研究、考古、博物馆、文物市场,以及教育、培训、国际合作、经营管理等。今天要讨论的只是文物的科技保护,具体说主要是文物的保存科学和科技保护。科学与技术是辩证统一的整体,文物的科技保护就是为了保存和修复文物的需要而衍生的自然科学,它又融合了人文和社会科学,属于跨学术领域的研究。其领域又可分为文物价值的研究,文物材质的研究,内部结构、构造的研究,文物最佳保存环境的研究,保存修复所需保护材料的研究及保存技术的研究等。

一、中国文物科技保护的现状

在中国,文物传统修复工艺,早在 19 世纪中叶,技艺已得到成熟的发展,并有一定规模。把文物作为专门保护的科学,起始于 20 世纪初。1929 年,一个以现代科学方法从事研究的学术团体"中国营造学社"成立以后,把文物古建筑保护和研究的工作,提高到一门专业学科的水平。但作为文物科技保护事业,形成规模,则开始于 20 世纪五六十年代。到现在,已有了文物保护专业毕业的博士生、硕士生和本科生,以及出国留学归来的博士、硕士。近 10 年的发展速度是很快的。

从法规建设上,我国 1982 年公布的文物保护法和 1992 年公布的实施细则及有关文物保护科技管理的办法、科技成果应用指南等,为我国文物保护技术的发展提供了可靠的保证。由国际古迹遗址理事会(ICOMOS)中国委员会制订即将出台的《中国文物古迹保护准则》标志着文物保护技术已走向科学化和规范化的轨道。

再从取得的文物保护成果说明文物科技保护的成绩显著。近 50 年,在抢救修缮的一大批文物建筑工程中,加大了保护技术的科技含量。如对石窟摩崖的加固工程,从 20 世纪 60 年代就开始应用,以后不断发展的化学灌浆、锚固技术;石刻防风化保护以及无损探测技术;木构古建筑的防腐、防虫技术;壁画和泥塑的保护、揭取、迁移、复原;土遗址加固保护等。在开展新材料、新工艺研究的同时,也重视发掘古代科学的传统技术,如发现 2000 年以前的秦俑颜料中已经使用了化学合成物——紫色硅酸铜钡;唐代的石雕上使用表面涂料、白灰浆及木锚杆的锚固技术;科学与艺术融为一体的唐、宋时期排水防渗系统;质轻、透气的捶灰表面彩妆层等。这些技术都得到了借鉴和继承。

传统材料与传统工艺是由古代匠人的经验和灵感所制造发展起来的,为求得更佳的效

[①] 该文原载于《敦煌研究》,2001 年第一期。

果,经过了几代人的改善、改良、淘汰,才得以传承至今。这些符合科学道理的材料和工艺我们当然应该继承。但积极引进新材料、新技术加以试验,并证实其可行,已被中外文物保护修复专家实践证明是正确的道路。即使维修同一个古建筑,考虑它们的不同保存状态,需要分别选用适当的保护材料,采用适当的保护措施。懂得如何使用传统材料和工艺,哪些地方必要采取现代材料和工艺,需要经过慎重、细致研究后才能得出正确的认识。

如何对文物传统材料进行研究分析,过去已经有科技人员做过一些工作。

1. 灰土地基

北京故宫和圆明园建筑地面使用的灰土地基,代表了我国古建筑提高地基承载力的传统做法。故宫明代(距今 400 多年)城墙基础的灰土,抗压强度达 5.8MPa 以上,容重达 2.3g/cm³,高于现代的 3∶7 灰土(28 天龄期的灰土抗压强度为 0.5～0.7MPa,干容重为 1.45～1.55g/cm³)。故宫地面下部灰土的抗压强度为 0.812MPa,干容重为 1.55g/cm³,在强度上比现代灰土略高。故宫地下灰土的形态很有特点:在地下时为黄褐色,坚而韧,很难挖掘。挖出的土块见空气后,表面逐渐出现白色,呈现泛白霜状态(是渗到黄泥里的白灰浆),待自然干燥后,土层为黄白相间的不规则状,并且酥散。这说明只有水化后的白灰浆与土壤中的 S_2O、Al_2O_3、Fe_2O_3 等结合,才能产生胶体的硅酸钙、铝酸钙及铁酸钙,将土壤胶结起来,使灰土有较高的强度和抗水性,起到了抵制地下水上升、地表水下渗的作用。经研究人员进一步分析,石灰和土在水的作用下,发生了极为复杂的物理化学反应,主要有离子交换作用和灰结作用。微观分析表明,灰土随着材龄增加,土颗粒表面生长着类似于纤维连锁的胶凝物质(是土颗粒中的游离氧化硅与石灰中的氧化钙长期反应成胶凝硅酸钙水合物),形状呈管状或叶片状,促使它缠绕、穿插在颗粒周围,大大提高了土的抗剪强度。这种凝胶体的生长机制与渗透压力有关,随着时间的增长,其强度也逐步增加。距今有 200 多年的圆明园灰土地基,电镜中观察土颗粒表面,发现生长着类似纤维锁的胶凝物质,它呈叶片状,把颗粒相互交织联锁得非常牢固,一般压力很难破坏这种联锁。

2. 5000 年前的轻混凝土

甘肃秦安大地湾遗址,经 ^{14}C 测定已有 5000 年历史,房屋地面十分像现代的水泥地,平滑光亮。其地层剖面图为:最下层是 8～10cm 夯土,其上是 7～15cm 红烧土,第三层是混凝土,含黏土陶粒 64%,层厚 15～20cm,最表面 2～3mm 原浆磨面。经敦煌研究院李最雄先生分析研究,第三层系以人造陶粒轻骨料(小块料礓石直接烧制而成)为集料,以料礓石(是黄土层中的沉积碳酸钙,其中含有 30%黏土)煅烧粉碎后,掺入 10%～20%的红黏土为胶结材料的轻混凝土。其主要成分硅酸钙 $CaSiO_3$,明显具有水泥特性——水硬性,容重 1.74g/cm³,孔隙率 27%,平均抗压强度强度 12MPa。与现代 100# 砂浆地面的强度相近。在仰韶文化的新石器时代,能生产出早于罗马水泥(石灰与火山灰的混合物)2000 年的轻质混凝土,这在材料科技史上是重要的成就。

3. 天然防渗材料——白膏泥

长沙西汉马王堆墓内的女尸与大量文物,历经 2000 多年之所以能保存完好,重要原因之一是得益于墓葬周边的封泥——白膏泥。经科技人员研究,白膏泥即为膨润土,其矿物成分是一种钠基膨润土类的优质天然黏土矿物。它是既古老而又崭新的防水材料,现已广泛应于世界各国的地下工程及水利工程中，作为建筑的地下连续墙中的护壁、衬砌材料，以及围岩壁后的回填及加固灌浆材料。经分析马王堆的白膏泥渗透系数 $K=10^{-10}$ m/s，随时间延长，白膏泥吸水成为黏稠状凝胶体，更趋密实，而 K 值不变。比防水混凝土的抗渗性能（$K=10^{-8}$ m/s）要高 100 倍。其另一优点是黏稠状凝胶体作为天然物质不易老化，即使遇到洪水、地震，它的防水性能依然如故，可谓永久性防水材料。

通过上例说明，经科学分析验证，有不少传统材料是值得我们继承和发扬的。有些传统材料还有待研究分析，如龙门石窟、巩县石窟中发现唐代的部分洞窟内佛像表面使用过一种涂层，透明，有光泽，厚度仅 0.05mm，但它起到很好的防风化作用。经分析有二氧化硅、石膏、铁红、碳酸镁等，但不知属于何种合成物。河南三门峡虢国 9 号墓，深 19.3m，墓穴四壁从上到下用一种淡绿色涂料进行过处理，至今已有 2900 年，出土的 3600 多件文物中，有竹、木、麻、象牙等有机质文物，都保存完好。这种防腐技术，至今都是值得研究、借鉴的。

各种质地的出土文物和馆藏文物的保护、加固、修复技术取得了长足的进展。有些成果在世界上也是领先或独有的。以脱水加固定型古代饱水漆木器、旧纸张保护技术、敦煌莫高窟的起甲壁画修复技术、秦始皇陵铜车马修复技术、曾侯乙编钟的研究与复制、饱水简牍的脱水保护、PS 无机文物保护材料系列、出土铁器文物脱盐锈蚀保护、长效防霉防蛀装裱黏合剂为代表的 100 多项成果，都分别得到国家级、文化部、国家文物局的奖励。

在科技考古方面的成果，如：[14]C、热释光和电子自旋共振法对文物进行断代的技术，应用红外线遥感及航空测绘、物探方法勘探文化遗存等现代技术成为考古方法新的生力军。在博物馆建设中，现代化的智能管理系统，展厅和库房小环境防光、恒温、恒湿、净化过滤系统等都已达到先进的水平。

社会科技力量的参与更加速了文物科技保护现代化、科学化的进程。国际间的合作与交流也日益增多，并趋于成熟。我国还第一次派出文物保护的队伍，无偿援助柬埔寨修复吴哥遗址的工程。

但是，上述这些进步比起一个文物大国的要求还有很大差距，远不能适应当前的形势和发展的需要。主要表现在人才奇缺，对在职人员的培训不够，引进、吸收先进技术的进程缓慢，管理水平不高，经费严重短缺等方面。

据 1999 年统计数据，全国分属于各地文物考古研究所、古建筑研究所和博物馆的文物保护技术部门、实验室等科研单位共 53 个，人员约 2375 人，仅占全国文物系统人员的 3.5%，其中高级人才不足 200 人。

当前尚待解决的文物保护难题还不少。如大范围的环境污染、酸雨对室外文物的严重损害，需采取哪些对策；大量的土遗址、大遗址的保护，在管理上和技术上还存在着不少难题；潮湿环境下墓葬壁画的保护，还没有好的解决办法；室外石质文物风化的保护也只是解决了一部分问题；如何防止全国博物馆超过半数的保存条件极差的库房内文物大量的损毁等。这些难题有技术问题、经费问题，也有管理问题，需要综合治理才能见成效。目前还未考虑遇到诸如洪水、火灾、地震等突然灾害发生时的应变能力。

二、转变观念，争取主动，迎接 21 世纪的挑战

1. 要提高全社会对文物保护的认识

对文物科技保护的重要性不是所有管理干部都能充分认识的。在人才培训、规章制度、

管理水平等方面存在着明显差距。

对于从事文物保护技术工作的专业人员来说,有个提高认识的问题。如怎样将具体的经验、方法和措施等操作层次的信息,逐步上升到理论的层次。从对具体传统的物质形态的描述,深化到对文化内涵的分析和领悟,逐步形成科学体系。事实上,我们如何认识文物的价值,遵守文物保护的原则和怎么来保护文物,都与哲学(历史观、审美观、艺术观等)这个根本问题有关。例如,在进行文物建筑群的保护规划时,如何体现与自然环境高度协同的中国文化精神。具体到对古建筑的旧、残损构件处理问题上,我们的观念是,它不仅是一根木料,而是具有历史的价值,要保存它的技术和艺术。木构件的长细比、柱头的卷杀、油漆彩绘等都代表了古代人们的审美观和艺术观,构件的断面尺寸、柱头卯榫做法的连接都反映了工匠在工程技术上的成就。所以我们要尽可能多地保存这些历史信息,把原件尽最大可能地保存下来。但如果有人仅仅把它看成一根承重的柱子,稍有腐朽或变形,他就会毫不心痛地加以撤换。又如对金属文物的修复问题上,有些人的观点是要保持它原来新的原貌,要焕然一新。而我国修复人员则要求它有沧桑感,不能把那些无害的锈斑去掉,它正是饱经风霜的历史见证。已经十分灰暗、残破的油漆彩绘,是否要重绘,两种不同的观点指导着两种做法。同样在修不修窟檐、栈道等问题上,也存在着保护需要与保持原状的矛盾。如何处理好这样一些具体的技术问题,一定要有正确的观念、科学的保护理论和原则作指导。

最为重要的是如何深化民众的文物保护意识。历史文化遗产的保护,最终还是要依靠当地民众对历史文化遗产的珍视和参与保护的自觉行动。这需要加大力度做好文物保护的宣传和教育工作。要从中、小学生抓起,争取教科书内有保护文物和环境的内容。利用书籍、报刊、电影、电视、广播等工具,深化民众的文物意识,鼓励成立文物保护民间组织,把文化、地方史绩、传统民俗、宗教信仰等与文物保护结合起来。变成与自己切身利益有关的精神与物质文明的一部分。把文物的价值观念与作为可利用的资源结合起来考虑,达到全民的共识。由被动的执行政策变为与自己切身利益相结合的自觉行动来保护文物和环境。

2. 要适应社会发展和市场经济的规律

如何在社会主义市场经济的体制下更加科学、规范和有效地保护好文物,的确没有一个现成的模式可循。现在许多情况下我们仍处于被动无奈的局面。如大规模经济建设使大批地下文物被揭露破坏,即使有经费保护,往往留给文物保护人员的工作时间很短,不允许按常规去做保护工作;受经济利益的驱动,粗暴地对待文物,使大片的遗址、文物周围的环境受到威胁甚至破坏;过度开放,而不顾文物能承受的限度。因而不少人惊呼,人为破坏文物的速度远远高于自然对文物损害的速度。保护文物的经费仍依靠国家投入这个主渠道,但这点经费甚至不能保证全国重点文物保护单位的抢救维修项目。已被发掘或收集到的文物,大多堆积在设备简陋的库房里,眼看着这些文物变坏,而没有改善库房条件的能力。这些问题严重阻碍着文物保护事业的发展。

随着国家经济的发展,肯定会加大对文物保护的投入。但是,要把文物保护这项社会公益事业办成全社会参与、群众支持,这是文物保护事业新体制建立的关键所在。要制定相应的政策鼓励措施,广泛引导吸收有关部门、企事业单位及个人参与文物保护事业。国家保护与社会保护结合起来,这是社会主义市场经济下的必由之路。当然,这还有待于较成熟的市场经济的社会环境和政策鼓励机制。例如,政府部门是否可在法律(如遗产法、捐赠法等)、政策上做出有利于社会资金流向文物保护领域的规定,使社会资金流入后能有相应的效益回报;也可选择招商、引资共同管理经营,既有利于保护利用,又有相应利益的回报。

3. 展望任重道远的文物科技保护事业

如果我们认真盘算一下我国文物的"家底",就知道我们的任务有多重了。全国已登记在册的文物建筑和革命纪念建筑等文物点约 35 万处,其中 27 项已被列入世界文化遗产或文化、自然双重遗产名录,全国重点文物保护单位 750 处,省级文保单位 5000 余处。收藏在各级各类博物馆里的文物藏品约 1200 万件。还有大量埋在地下的遗存,每年都在各地不断出土,如果再将近代的民居、建筑、民族民俗的文化资源也算在内的话,这个数量就更多得惊人。面对如此多的文物,尚有不少难题等待我们去解决。今后几十年的文物科技保护工作,会有怎样的发展,事业的前景如何? 不妨我们来做点预测。

首先,在人才培养上,除目前北京大学、西北大学在培养文物保护技术专门人才外,将有不少学校开设有古建筑、遗址、壁画、金属、陶瓷、书画、纺织品、竹木漆器、雕塑等文物保护技术专业。今后文物科技保护在职干部的培训,包括知识更新和提高管理水平也将制度化、经常化。

目前在壁画、漆器、竹木器、书画、大遗址等保护技术方面各具特点并有一定实力的单位,将逐渐形成一个专业化保护技术的中心,同时又成为检测、研究和人才培训的基地或开放实验室。它们能发挥各自的优势,引进现代化的保护技术,解决有关技术难题,形成合理布局的文物保护技术网,将涌现出一大批高水平的研究成果。

在每个考古队中将会有高水平的专业保护人员与考古人员共同进行现场的文物保护工作。测绘记录采用全球定位系统(GPS)及地理信息系统(GIS)、多媒体计算机、数字照相、数字摄像、图像信息储存。既能在现场对文物进行防腐、防霉,保持色彩及温、湿度的原始平衡状态;也能较好地解决文物运输过程的防振动、避光、避免温湿度剧变等技术,做好入库后的编录、提取、利用的信息化管理技术工作等。

有许多学科的专业技术和测试方法,不可能全部由文物部门自己去完成,一定要依靠社会各部门的科研单位,大专院校去合作完成。事实上我们的许多全国重点文物保护单位或大批古建筑的维修前的勘测试验工作都是由许多社会相关学科的单位来完成的。20 世纪 60 年代初文化部古代建筑修整所(简称"右建所")就请中南化学研究所和北京地质学院来共同完成云冈石窟与古建筑的保护;三峡库区的文物保护工程除了文物系统的队伍外,还有不少大专院校、科研单位投入;秦始皇陵周围遗址和地下文物的勘察,就动用了中国科学院多学科的研究所。不请教专业部门造成损失的这类教训还是不少的,如辽上京遗址被河穿过,由于开始没有正规水利部门介入,把标准放低,修了 3 次被冲垮了 3 次,经济损失很大。岳阳楼的维修,由于涉及滑坡和堤岸工程,开始的设计和工程也没有经受住考验。苏州虎丘塔 20 世纪 60 年代的维修,因为增加了塔身的荷载,非但没有止住倾斜,破坏速度反而加快了;后来 80 年代在几个部门的通力合作下,才科学、合理地保护好了这座宋代古塔。基本建设与文物保护遇到矛盾,甚至要求国务院出面协调时,都需要拿出有科学的依据和理由,龙门石窟与焦枝线的争论,最后还是请振动专家和其他专业的专家拿出检测数据后,才使铁路搬出保护区。

为了验证文物保护方法的可靠性,将进一步采取红外、核物理、电子、电磁、声能、分子生物等各种无损检测和分析的有效手段。

计算机技术将在文物保护中更广泛应用。不仅每个科技人员能应用网络技术迅速上网查阅国内外最新研究成果,用最快的速度展示自己的研究成果,而且在断层分析成像、全息摄影、激光成像图像处理、文物建筑稳定的有限元分析、古建筑工程辅助设计、数字模型模拟实验、数据库等方面将发挥极大作用。

对文物环境的监测和控制,显得越来越重要。因为许多文物保护工作者认识到保护改善文物所在的环境,比在文物实体上进行处理更为必要。

文物真伪鉴定。在传统经验鉴定的基础上加入科学无损检测的技术,如使用源激发X射线荧光法(XRF)、工业层析仪(XCT)等仪器对文物质地的成分含量进行无损检测。对文物形成年代的测定手段越来越多,综合分析将提高测定的可靠性和精度。

以上提到的只是今后科学技术在文物保护中发展方向的一部分。人类的历史是地球史几十亿年的1/2000,而人类历史的99%以上的时间又是漫长的原始社会。人类有自己的文化生活只有五六千年,但是真正把科学技术广泛应用到生产上,并引起社会生产、生活的巨大变革还不到300年。近30年来人类所取得的科技成果、科学新发现和技术新发明的数量比过去2000年的总和还要多。由于科技知识的激增,新学科不断涌现,当今学科总数已达到6000多门。遗憾的是文物保护科学及保护技术是尚未被社会普遍认可的一门学科。

科技知识的更新速度也在加快。当今,工程师知识的半衰期是5年,即5年内有一半知识已过时。最近几年,一个工程师所掌握知识的99%与计算机的最新发展有关。

当前科学技术发展的一个鲜明特征是用多学科融合战略来解决各种问题,出现新的跨学科研究领域,成为具有确定的特有概念和方法论的新学科和新领域,并开辟了一个全新的研究系列。在当代科学技术综合化发展趋势中,现代科学具有如下特征:

(1)研究的完整性,正向自然界微观和宏观两个方面延伸,从层次、过程、结构和功能多方面揭示规律,转化为进一步研究的方法论。

(2)研究对象的多学科性,采用多种学科的方法研究某一物质客体(如文物遗存),这是当代科学研究的一大特点,也是最有前途的方向。

(3)学科的多对象性,各门学科之间横向联系越来越紧密,各门科学的研究需要紧密配合,不再以传统的知识型(如文、史、哲、数、理、化)划分学科,而是由所面临的问题或对象来形成学科,如生命科学、环境科学、信息科学、文物保存科学等,都具有综合性的特点,这就促使我们要针对问题和对象去发展应用不同学科来为文物保护服务。而以问题的突出性和迫切性来重点借助相关学科去解决,这才是最有效的。

(4)科学研究的信息化,计算机信息处理技术已广泛渗透于各种科学技术领域。

这就要求我们把自然科学、技术和人文科学知识结合成一个创造性的综合体,当代人类面临的需要解决的问题的高度综合性质,决定了自然科学和技术与人文科学结合,这是当今科学发展的新趋势和新特点。这就启发我们在研究文物保护技术的同时,要将规划、环境、旅游、宗教、群众生活等综合起来考虑。

当代科学技术发展形成的思维方式的特点是:从绝对走向相对,从单义性走向多义性,从精确走向模糊,从因果性走向偶然性,从分析方法走向系统方法,从时空分离走向时空统一。这不仅使人类对客观过程的认识更加深化和全面,而且使人的认识水平提高到使自然现象和社会现象之间的鸿沟日趋消失。科学技术的概念、方法和手段向人文社会科学的渗透,以及人文社会科学的价值伦理观念和理论在科学技术中的广泛使用,引起了当代思维方式的深刻变革。

目前得到世界公认并列入21世纪重点研究开发的高技术领域有信息技术、生物技术、航天技术、新材料技术、新能源技术和海洋技术等。国际公认的现代文明三大支柱：材料、能源和信息技术中与我们文物保护直接有关的就有信息技术和新材料技术。

随着材料科学的突飞猛进，每年都会有新的保护材料出现。如壁画的清洗、修复、加固；木构件的填补空洞或裂缝加固；石质文物表面防风化、灌浆、黏结加固；金属防锈；织物的防霉、防虫、防老化等材料都将会有新的突破。就以石质文物防风化加固材料来说，已有新产品在实验室研制成功，如多功能超高分子聚合涂料，是一种特殊变性的多酯类共聚体树脂；四乙氧基硅烷与硅酸丁酯的混合体并具弹性；硅烷、硅氧烷与硅酸酯类树脂联合使用；碳氟丙烯酸类；丙烯酸酯类单体聚合，用高活性的室温引发剂等。

这些领域的发展，必然会对文物保护技术带来变革。

今后政府对文物保护经费的投入仍然是主渠道，但这将不是唯一的渠道。企业、财团、社会团体的资助，各种文物保护基金也会逐年增多。类似"修我长城"，共同赞助某一文物建筑的修缮保护工程，这些有意义的活动将会吸引更多民众。在科技部、国家自然科学基金的重要研究课题中，也将出现文物保护的大项目。文物科技保护还会随着国际合作交流的深入和扩展，争取到更多的支持。当然，人才的培训应是属于更合理、更有效的投入。今后国际合作的方向将是广泛传播文物保护的信息，加强文物保护的实践活动。通过合作，我国的科技人员将能运用自如地使用最新仪器设备，应用新技术、新方法，不断提交新研究成果。有理由相信，不久的将来，我国的文物保护科技将在文物保护理论、传统修缮技术与新技术结合、无损检测技术等方面屹立于世界东方，在国际文物科技保护领域将有举足轻重的地位。

人的生命是短暂的，但我们保存文化遗产的事业是光辉永驻的，会一代比一代更辉煌。相信文物科技保护事业将会有一个较大的发展，文物保护被普遍认为是一项光彩事业，能在这个行业里工作，会受到莫大的尊敬和向往。在国际上，作为一个延续不断五千年文明大国的辉煌的文物保护成果，将为世界文化遗产的保护做出应有的贡献。应该说这也是中国文物保护科技工作者共同的理想！

纵观中国文物的科技保护[①]

之所以用"文物"这个名词,而不称文化遗产,是因为中国的"文物"的概念,包括了可移动和不可移动的一切历史文化物质遗存。目前非物质的文化遗产并未列入文物保护管理系统,我们也没有进行过全面的研究和保护工作。

文物保护的面很广,包括法规建设、文物研究、考古、博物馆、文物市场,以及教育、培训、国际合作、经营管理等。今天要讨论的只是文物的科技保护,具体说主要是文物的保存科学和科技保护。科学与技术是辩证统一的整体,文物的科技保护就是为了保存和修复文物的需要而衍生的自然科学,它又融合了人文和社会科学,属于跨学术领域的研究。其领域又可分为文物价值的研究,文物材质的研究,内部结构、构造的研究,文物最佳保存环境的研究,保存修复所需的保护材料的研究,保存技术的研究等。

下面就我国文物科技保护的现状和发展中需要重视的几个问题,谈点自己的观点,与大家讨论。

一、历史沿革与现状

我国的文物科技保护历史是十分年轻的。在现代科学进入中国以前,中国自身已经形成了一个完整的文物修复体系,一直延续至今。但多数是凭师承传艺经验的工匠技师,它经过漫长岁月的实践积累,其发展进步是缓慢的。直到 20 世纪 50 年代主要还是采用传统手工工艺方法进行文物的修复。

以文物保护为概念的活动,开始于建筑大师梁思成先生,他带领一批人进行古建筑调查从 20 世纪 30 年代就开始了,不断以科学的方法进行研究,以不改变原状的原则进行修复。

直到 20 世纪 60 年代初,才开始提出现代科学意义上的保护,将传统的工艺技术与不断发展的现代科学技术相融合,解决了一大批文物保护技术上的问题。例如:大型石窟寺化学灌浆、锚固技术,表面防风化与防水等工程技术,形成了一套石窟保护方法;古建筑的维修工作,结合原构件的化学加固及砖石建筑的灌浆工艺,最大限度地在保存原构件的基础上修复保护大量古建筑。对于馆藏文物,传统的修复技术与现代技术、新工艺、新方法结合,使文物得到更好的保护。如脆弱文物的高分子材料渗透加固技术,金属的防腐蚀处理技术,饱水漆器的脱水、定型、加固技术,纤维质地文物的加固、防霉、防虫、杀虫、灭菌技术,纸张的脱酸技术等。

尤其是近 10 多年来,文物的科技保护有了长足进步。主要表现在对文物的材质使用现代科学技术方法进行清理、检测,以鉴定和分析其组成、结构和性质,研究影响文物保存的因素及环境质量。在对有机质文物及壁画、彩塑、彩画等保护时,能系统地研究病害及其特点,提出科学的加固方法和修复技术。对古遗址、古墓葬及土质文物的保护也找到了一些长期保存的方法。在文物保护材料方面,不仅能关注国外使用的新材料,也能研制出一些适合于文

[①] 该文为中国文化遗产研究院在中意合作培训中心成立第一期培训班上的讲稿。

物特点和环境的新材料。一些重要的保护工程项目,能严格按保护原则和程序进行而成为优质工程。在文物年代测定与应用现代科技方法考古等方面也做出了很大的成绩,如水下考古、航空考古及物探考古等。在文物科技管理方面,相继出台了《文物保护工程管理办法》《文物保护工程勘察设计和施工资质管理办法》《文物保护科技研究课题管理办法》等一批科学管理的法规。中国国际古迹遗址理事会(ICOMOS)编制的《中国文物古迹保护准则》已被广泛应用。它标志着我国文物科技保护工作已走向科学化、法制化轨道。

最近正在进行的《文物保护事业科学和技术发展战略与规划研究》,表明文物科技保护事业要纳入国家的科技规划中去。通过我们文物保护工作者的努力奋斗正在创造出一个可喜的新局面。

当然我们也应十分清醒地认识到,中国的文物保护科学和技术的发展还有很长的一段路要走,具体表现在:

(1)文物保护的理论体系尚未形成,文物保护的原则、准则还没有取得共识和普遍执行。在文物保护实践中,如何遵循"不改变文物原状"的原则,对文物真实性、可信性和可持续发展的理解,千差万别,并出现各种观点。例如,在对古建筑能不能重建和复建的争论中,有人提出:"保护措施取决于价值取向,只要历史价值与社会价值相容,无论采取何种保护措施,包括重建和复建都是合理的。"如果不加严格限制就有可能为大量重建和复建提供依据,更有人把真实的文物古迹拆掉,在上面建假文物。有人以为东、西方的保护理论是泾渭分明的,要抵制国际文化遗产保护中"可识别"的原则。不少人在进行大量的保护实践中,很少甚至不愿意对文物进行深入的研究。不注意文物的内涵和价值的评估,不按照科学的保护程序,仍按工匠式的修复。在保护方法上,也会产生对立的观点,如对在文物本体上是否能用化学材料,还在争论不休,或者是一概排斥,或者是盲目滥用。有学者提出要建立起具有中国特色的文物保护理论体系,但至今尚未清晰和得到认可。

(2)文物科技保护领域中,相应标准规范的制订还刚刚起步,被列入国家标准的规范只有2个,列入行业标准的也只3~4个。要提高文物保护科技含量和水平,必须加强国家标准与行业标准化的工作。仅举古建筑保护这一专业领域来说,需要制订的标准规范就有:《砖石结构古建筑加固维修规范》《工业震动的古建筑防护规范》《古建筑保存环境监测及病害防治规范》《档案记录、信息数据库系统标准》《自然灾害预防危急措施规范》,等等。在文物遗址古迹保护、文物修复、文物材质检测与分析等方面都需要逐步建立起标准化体系。

(3)文物科技保护的研究课题缺乏统筹规划和协调。以国家科技部下达的《文物保护技术与中华文明探源研究》为例,将社会科学的题目与具体的木材、金属、纺织品保护及虚拟现实技术预研究放在一起,至少说明在酝酿、申报和组织课题前是仓促的,没有经过深思熟虑的统筹考虑,只要能争取到课题就行。再以馆藏文物腐蚀调查的课题为例,其目的是为财政下拨馆藏文物保护的经费进行摸底,但是如何进行调查、腐蚀量的计算和评估,却涉及到许多科学研究的内容。要在限定的时间内完成,必然会影响到课题的质量。目前属于科技部下达的大课题已经有5个,但是当前最需要解决的文物保护难题有哪些,应列出哪些研究课题,尚没有一个总体战略的考虑与计划步骤。在管理协调上也有待改进。

(4)管理上的差距。首先表现在对文物保护科技人才的培养、选拔和配置上,至今在高等院校都没有一个文物科技保护系,更谈不上专门的学院。培养高级文物科技保护人才的师资奇缺,目前还没有适合于教学的正规教材。即使从学校培养出来很少的研究生、本科生,也在流向国外和企业。文物系统留不住人才。有在国外从事文物保护的研究人员想回国,因工作和生活条件太差望而却步。目前文物系统 7 万多在职人员中真正从事保护科技的在职人员只有 580 多人,许多科技保护领域处于后继乏人的严峻局面。对在第一线从事文物保护工作的职工培训很不正规,没有建立正常的继续教育制度,面临大量文物的损毁,因技术和经费原因而束手无策。

目前文物的大量损坏是人为因素大于自然因素,文物保护的技术措施在社会面前经常是软弱的。文物保护只有在社会的共同支持下才会行之有效。因此,文物保护技术的发展,根本上是依靠社会对文化、文物的认知和需求而推进的。

二、文物保护科技发展中应重视和研究的问题

文物保护科技发展中需要重视和研究的问题可以举出一些,如方针政策方面的、理论体系方面的,多学科在文物保护方面的应用,传统与现代技术的结合问题,科技管理体系等,这里仅选出 3 个题目谈谈自己的意见。

(1)深入理解和贯彻"保护为主、抢救第一、合理利用、加强管理"的文物工作方针。

我理解这主要是根据我国国情针对当前的经济建设与文物保护的关系,文物保护与合理利用的关系提出的。今后 10~15 年中,我国现代化物质建设依然规模空前,城乡建设中农村向城镇化转变,城市等级提升,旧城改造为新城,开辟经济发展区。产业基础设施有交通、资源开发等,会造成对文物古迹的巨大冲击,许多情况下我们处于被动无奈的局面。经济建设中大批地下文物被揭露破坏,即使有经费保护,往往留给文物保护人员的工作时间很短,不允许按常规去做保护工作,只能做抢救性的发掘和保护。有人认为"保护为主"会模糊保护与利用关系的错误处理,主张文物保护与产业经营双赢。又说"抢救第一"是被动的,应提"预防为主"。这些理解显然是片面的,或者是理想主义的,没有考虑最基本的中国国情。仅在今年就有三峡工程、南水北调、西气东输、青藏铁路等国家重点工程上马,其中有大量的文物保护和考古工作,如不进行抢救性保护,就会造成大量文物的损毁。在市场经济条件下,如何使文物保护事业有所发展,这个方针是指导性的。要求我们如何变被动为主动,这就需要除了运用法律手段、依法管理、依法行政外,还应加强宣传教育,加深各有关部门,尤其是主管领导对文物工作重要性的认识,提高全社会文物保护的意识和自觉性。对于文物部门自身则要提高队伍素质,改善管理水平,引入高新科学技术。比如上面提到的国家重点工程中的文物保护与考古工作,是否可引入遥感遥测、航空摄影、物探技术等加快抢救的进程。

此方针在指导文物保护科技工作时,应理解为这是关系到有效、科学保护的根本方针。我们要保护文物的价值,但是任何对文物所做的技术处理和修复工作,很难说对文物本身及其价值不产生任何影响和后遗症。所以只有当文物需要保护时,才在文物本体上进行保护,以避免文物的毁灭和其价值的严重损失。在执行"最小干预"的原则时,也要考虑已经到了文物即将消失的地步时,为了"救命",还是应该采取必要的干预措施。例如,四川大足石刻,由于处在重庆酸雨重点区,石刻的风化速度惊人,石雕表面已呈粉状,形象模糊不清,再不抢救保护,近年内就有消失的危险。这种情况下,经过多年慎重的室内、现场试验,最后经专家会议论证通过,在风化最严重的地区使用了有机硅系列的化学材料进行表面渗透加固处理,经过 10 多年的观察,其保护效果是明显的。通过本例说明,即便是对文物的抢救,仍要尽可能

地按程序、按保护原则进行保护处理,当然,更应从改善文物保存的环境等方面多加考虑。

(2)理清中国特色的文物保护理论体系与国际文化遗产保护接轨的问题。

什么是有中国特色的文物保护理论体系,它应具备怎样的个性?一个成熟的文物保护理念,必须要有深厚的历史文化积淀为背景,我们要保护的就是文物所携带的历史信息、民族文明史等完整的信息系统。以确定它们的重要性、典型性、独特性和它们在整个信息体系中的地位。所以保护文物的真实性和原生态,也就是不改变文物的原状,是我们理念中必不可少的。我们保护的对象,这些历史文物包含着几千年文化生活的精髓,它反映了文字语言体系、精神生活、文化艺术等具有独特文化个性的中华文明,体现了这个国家、民族的历史传统及生活形态。以我国的传统建筑为例,它以独特的风格和完整的体系而著称于世界,同时也在长期的实践中积累和形成了与之相适应的自成体系的营造、技术和规范。由于东方木构建筑的主要特点是承重和围护构造分离,自成一体及大量使用非永久性材料,因此整体修缮的频率加快。而且古建筑木构体系非常成熟,它从千年以前就实现了建筑设计标准化,并产生了我国古建筑修缮采用原材料、原工艺、整体再现原风貌的传统修缮保护方法。因此在进行价值评估、保护程序、技术措施时,都要考虑中国文物古迹具备的文化、哲学和历史的观念。

此外,这些保护理论和原则的信息积累又是动态的、不断发展变化的过程。认识观念的变化是影响保护方法的形成和发展的内在力量,所以我们的保护理念又应处在一个动态开放,吸取精华,融古纳新的整体化保护模式中。以北京故宫紫禁城为例:从历史看,对故宫价值的全面评价就有一个过程,20世纪中叶仅着眼于故宫内的古玩、古物,后又拓宽到包括建筑群体的一切历史文化遗存,再后来又从有形的文化遗产发展到同时关注无形的文化遗产,并从保护文物本体到同时重视保护它的环境。今后对故宫的认识还会随着时间的推进与观念的变迁而有新的发展,而这些保护理论、价值观念的变化决定了保护技术和展陈内容的变化。现在一个宏伟的保护和利用故宫的规划正在付诸实施。正因为先进的文物保护理念是文物保护事业发展的基础,所以建立具有中国特色的文物保护理论是十分必要的,但它不妨碍与国际文物保护的力量接轨。

我国早在1985年就加入了《保护世界文化和自然遗产公约》,然后又相继加入了有关文化遗产保护的公约和组织,因此不应过多地强调自己的国情而不去遵守世界通则。而且只有从国际上吸取更多更好的经验,才能不断完善充实我们的保护理论。从我们与国际上许多文物保护组织合作与交流的过程中发现,基本的理念和原则是相通的,只是在思想方法、表述的方式和保护方法上有所不同。有人发表文章,通过比较雅典的阿克罗波利斯(Acropolis)建筑和中国曲阜孔庙建筑群的保护方法的差异,认为东、西方对古迹保护的思维方法不同,西方把重点放在保护建筑古迹的物质方面,而认为东方是把重点放在保存精神方面,不仅是建筑细部,要求通过尊重古迹的内部意义来保护外部特征,以便达到形式和其内涵的和谐平衡。我认为这只说对了一部分。确实,孔庙是历代祭祀孔子的地方,历代帝王不断对孔庙进行过几十次重修、扩建,成为仅次于北京故宫,规模宏大的古建筑群,从建筑形制和装饰陈列都体现了中国儒家思想和帝王森严的等级制度。但是,作为保护理念和方法是随着时代不同而有很大区别,过去的维修都是为了帝王服务的,按他们的意图任意扩建、改建。但在20世纪50年代,维修保护的概念是不塌不漏,也有落架大修的,当时还没有文物法,没有明确规定不改变文物原状的原则。到80年代就不同了,在修其中一个主要建筑——奎文阁时,完全是按照"不改变文物原状"的原则修缮,而且与国际上的最小干预、可识别等原则是一致的。如果说有不同的话,是中国木构古建筑需要按照它传统的方法进行维修,贯彻"可识别"原则时不主张黑白分明,而更主张和谐,做到远看差不多,近看有区别。

更能说明问题的例子是,中国的国际古迹遗址理事会在编制"中国文物古迹保护准则"时,美国盖蒂保护所和澳大利亚遗产委员会的专家们也参与了此项工作,由于三方经过细致的考察和充分的论证,成功地克服了语言的障碍,都充分理解了各方所表达的意见,尤其是对一些理论概念取得了共识。对国际公认的文物保护工作应遵循的共同原则和根据本国实际制订的宪章和准则产生了共识。中方在制订准则的过程中,采纳了美方、澳方的有益建议,将价值评估、保护程序和重视档案记录等内容做了必要的修改和补充。三方合作的成功表明,尽管彼此的政治、历史、文化背景有很大差别,但保护文化遗产的目标、原则都是相通的,在保护文化遗产方面进行的各种形式的国际合作具有广阔的前景。今天中意能合作举办这个培训班,也是一个互相交流学习的极好机会,更是培养新一代文物保护科技干部的良好典范。

(3)关于科学研究与保护实践。

我们已经认识到,由于未确立科技保护的观念,因而不少的文物保护实践,只停留在工匠式的修复上。最近在编制"文物保护科技发展战略与规划研究"课题时,有人提出,要大力加强基础研究。我认为不应过分强调基础研究。百科全书中把科学研究按过程分为基础研究、应用研究和开发研究。基础研究是以创新探索知识为目标的研究,或有特定目标运用基础研究的方法进行的研究。应用研究是运用基础研究成果和有关知识为创新产品、新方法、新技术、新材料的技术基础所进行的研究。从此含义上理解,文物保护科技研究大量是属于应用研究。它需要将社会各个领域的基础研究成果应用到文物保护方面,再进行实验研究加以完善。如壁画的颜料、地仗、制作方法的研究,都是借助现代的测试、仪器和方法来进行的;保护材料的研究,更是在迅速发展的材料科学基础上,把一些新材料引用到文物保护领域里来,做各种改进、完善、实验和检测。即使这样的应用研究,要花费的时间、精力也是非常大的。

我的观点是应加强文物保护科技的应用研究,不能把研究工作与修复保护、工程设计分开,应把研究过程完全融合到文物保护、修复和设计、实施的全过程中去,这样才不至于将研究与保护实践脱节,形成"两张皮"。就以古建筑修缮为例,古建筑的修复全过程也应是研究的过程。修复前要充分利用现代科学技术手段对建筑的材质、成分、结构进行分析,尽可能多地获取科学数据——化学的、物理的、生物的,以便掌握材质的性能,通过这些数据来了解病变的原因和过程。同时要了解建筑的营造,加工方法,古代的工艺、技术,分出不同工艺,不同时代,还有受人为环境、自然破坏的痕迹。哪些应该保留,哪些应该去除,具体恢复时采用哪种方法,操作过程的研究与现场检测实验,为了改善保存的环境和日常管理需要做的长期监测与档案记录。

把研究人员和具体参加工程设计、文物修复的人员分开的做法是不明智的。看国际上的文物保护研究机构的研究项目,大都是与具体保护项目相结合的。他们研究工作的对象就是需要保护、修复的有难度的项目:比萨斜塔、罗马斗兽场、吴哥遗址、阿姆辛贝勒神庙、埃弗塔林墓葬壁画、狮身人面像等的修复都是在研究过程中进行的。文物保护的科学家只能从这些具有丰富实践经验的、在从事多项保护工程和修复文物的过程中解决一个个实际难题的、不断有研究成果的这些工程师和修复专家中产生。因此,联想到现在高校培养出来从事文物保护的学生,动手能力较差,为什么?他们没有现场实习的机会,或时间太少,没有需具体解决某个保护项目的课题。只有将理论知识、需要动手解决的文物保护难题和科技研究的办法三者结合起来,才能培养我们需要的合格人才。

同样,上面提到的需要组织协调的研究课题,也必须到迫切需要解决问题的文保单位、博物馆和考古工地去找。世界上最高、体量最大、保存时间达千年的应县木塔,为什么维修设计方案这么多年才拿出来?就是缺少组织研究力量攻关的这一环节。5000年前的牛河梁女神庙遗址,为什么从发现至今10多年,仍不敢进一步保护和发掘?也是因为没有组织研究力量攻关,去解决土建筑遗址保护问题,以及被掩埋彩塑、壁画的现场保护问题。西北地区像交河古城那种大面积土遗址的保护也在等待着解决高边坡崩塌,土遗址风蚀,墙体风化开裂,开放展示与保护的矛盾等多项难题。向国家申请的项目,并不是一定要宏观的或者必须追踪科技前沿的,像为了解决敦煌莫高窟脆弱壁画的保护与越来越大的旅游参观者压力,正在申报保护利用实施项目的立项,并得到国家领导人的重视和专家的支持。

总之,要将应用科学技术保护文物的思想贯穿到整个文物工作中去,必须要以科技保护理论指导实践,科技研究要与工程实践、文物修复和管理紧密结合。只有这样,才能适应迅速发展的时代要求。

完善文化遗产保护的学科建设[①]

一、文化遗产保护学科建设的现状

20年前,《文物保护与考古科学》期刊的宗旨已经明确提出:文物保护与考古是一门科学,而且它包含了两个学科,即考古学与文物保护学。20世纪80年代已经有学者提出保存科学的构想。随后有关文物科技学、文物保护学、文物保藏学、文物保存修复学、文物保护材料学等名称不断地被使用。中国文化遗产研究院成立时,许多学者、领导提出应将文化遗产学科建设作为一项重要的基础研究任务去努力开拓,认为这是当前社会与学术发展的需要。北京大学考古文博学院今年新组成文化遗产学系,下设博物馆学、古代建筑、文物科技保护3个专业。其他高等院校也相继成立文物保护专业、文化遗产保护研究所等。说明文化遗产保护学科建设已经被重视,并正在实际运作中。

1930年中国的国民政府颁布的第一个文物法规就叫《古物保存法》,其中涉及古物保存方式和管理方法。1931年行政院公布了《古物保存法施行细则》。1982年由全国人民代表大会常务委员会制定颁布了《中华人民共和国文物保护法》,又于2002年进行了修订,次年国务院又通过了文物保护法实施条例,使新中国的文物保护与管理工作走上了法制管理、稳步发展的轨道。

我国文物传统修复工艺,已有悠久的历史。对文物古迹进行科学的调查、研究、保护则起始于20世纪初的"营造学社"。中华人民共和国成立后,尤其是20世纪60年代,真正走上了科学保护的发展轨道。80—90年代,文物保护技术得到了蓬勃发展。也是文化遗产保护理论体系的实际操作阶段,尤其是具有中国特色的东方木构建筑保护的独特理论、概念与技术得到了重视和总结。《中国文物古迹保护准则》的制定,标志着中国文化遗产保护思想和理念开始走向成熟。文化遗产调查、建档及数据库管理系统,使文化遗产保护相关的配套体系更加完善、规范。纵观国内外文物科技保护前进的道路,经历了百年以上的历史已日渐成熟,科学发展至今,人们在不断修正保护理念和研究方法。

遗憾的是文物保护的学科建设,始终未引起社会的重视。普遍认可考古学、博物馆学,却没有文化遗产保护学,没有认为它是一门学科。至今仍把文物保护纳入考古学的社会科学范畴。究其原因,还是我们自己在学科建设方面的工作做得不够,按规范化、科学化的要求还有一定差距。将文物保护作为一门学科来系统研究、总结,尚不成熟。仅学科的名称定位,就显得混乱,没有统一。有关学科的定义、内涵、特征、研究领域及方法等,都需要共同来明确、探讨。此外,文物保护技术的科技研究水平不高,传统技艺传承不足,相关专业关联不充分,创新能力不强等,也影响着学科的完善。

人类对客观世界和科学的认识始终在进步和发展中,对文化遗产保护的认识和保护技术的提高,同样处于不断发展的过程中。学科的分化、综合,体现了科技进步的轨迹。新的科学

[①] 该文原载于《文物保护与考古科学》,2008年8月增刊。

突破和学科生长点往往发生在学科交叉点上。文化遗产的丰富性、复杂性和其生存环境的多样性,使得保护工作的每个环节都需要多学科的参与合作。因此,将现代科学引入文化遗产保护领域,形成一门学科,是十分必要的。

文化遗产保护学科是建立文化遗产保护体系的重要一环,是时代的需要。无论是文化遗产保护的教学课程,继续教育培训提高本行业专业人员的业务水平,加强专业建设、专业设置;还是需要取得社会各界尤其在整个文化、学术界的学术地位认可,都说明设立这门学科的重要性与迫切性。

二、学科的定义、内涵及特征

1. 学科名称定位

文化遗产(Cultural Heritage)与我国通称"文物古迹"的概念基本相同,是指"人类社会历史发展进程中保存下来的、由人类创造或者与人类活动有关的一切有价值的物质遗存的总称"(严格地说非物质文化遗产也应包括在内)。文化遗产保护是指"为保存文化遗产实物遗存及其历史环境进行的全部活动"。可见"保存"是"保护"的核心内容。而保存科学(Conservation Science)在国际上通常多称为"Conservation",是为了保存文化遗产的需要而衍生的自然科学、人文及社会科学等跨学科领域之研究,是综合性的技术科学。它涉及的基础科学和专业技术知识很广泛。"文物科技保护"作为学科名称就不够确切,因为任何学科都离不开科技,可以科技考古、科技管理等。从应用技术角度考虑,通常也被称为文物保护与修复技术。如果从自然科学领域更广泛的意义考虑,"保存科学"的用词作为一门学科,更容易被接受。究竟是用"文化遗产保护科学"还是称为"保存科学",需要广泛征求意见后才能定位。

对文化遗产的认识和利用,其运行与信息传播等研究,是一门综合的学科。而文化遗产保护就是其中重要的一个方面,其含义十分广泛,政策、法规、管理、人才培养、保护技术和利用展示等方面,都是其涉及的内容。文化遗产保护的理论与方法应贯穿在上述的各个方面和进程中。因文化遗产的多样性,决定了保护领域涉及众多学科。同时,文化遗产类别具有的复杂性状,又对科技提出了更高和更全面的要求。而保存科学则是支撑文化遗产保护的核心学科。

2. 学科内涵、特征

文化遗产保护科学的内涵,从目前我国已在进行中的实践和研究内容可以看出:测定文化遗产形成或制造的年代,评估其价值;了解文化遗产的材质,研究其制作工艺、技法;原有古环境及历史沿革中文物保存环境变化的研究;埋藏在地下的遗址、遗迹的探测方法与探测技术的研究;文物古迹病害机理及劣化进程的研究;室外与馆藏文物的保存和修复研究;文物复制技术的研究等。涉及的研究领域是以自然科学为主,但离不开社会科学与人文科学。

它是实践性很强的应用科学,在继承和总结传统文物保护实践的基础上,吸取、引进其他学科的理论与技术,逐渐发展完善,形成自己特有的科学体系。作为一门学科之所以独立存在,是由于其特有的研究对象和所承担的特殊任务而形成的,有其独立的研究范畴和理念,具有其他学科所不能包括、不能取代的科学体系。

文化遗产保护科学具有确定的特有概念和方法论,是一门新的学科,已具备一门学科的所有特征。从文化遗产的特征看,几乎所有的物质都可能是遗产,只要被人们认为是有价值的,能帮助人们了解那些即将或已消逝的反映人类文化和自然演变过程的重要信息。其缺失不能再生,是不可替代的,并且具有复杂、多样的空间和地理分布。文化遗产保护科学的特性是专门研究文化遗产的保存,并延缓文物本体状态退化的时间,由此传递连续的历史文化信息。它包括加固、修复文化遗产时,保持其真实性、完整性的所有保护行动。"保存"既包括短期、抢救性的保护措施,也包括为延缓退化或防止损坏的长期行动,即预防保护的理念与方法。它要求最大限度地不改变文化遗产的现状,包括随时间而演变的历史状态、特征和细节。它需要采用多种学科的方法研究并解决如何保存好文化遗产的许多难题,要求我们把自然科学、技术和人文、社会科学知识结合成为一个创造性的综合体。多种学科的理念和技术,需要结合遗产的文化价值、材质特性和其所处不同的环境,经过研究、试验、改造、创新和检验后,才能应用于文化遗产的保存。其整个研究与实践的过程,也是一次再创造的进程。

3. 研究方法

首先要对文化遗产进行基础研究和调查评估,探索遗产保护的基本规律、理论和方法,拓展文化遗产的认知手段和范围。文化遗产保护科学的研究方法主要有:研究环境、时间因素,各种物理、化学、生物等因素对遗产本体的作用机理和作用规律,逐渐发生不可逆的自然劣变现象;结合考古及人文科学的研究方法,利用现代的科学仪器设备和检测方法对文物的材质、文物表层、内部结构、构造特性进行研究,来判断文化遗产的信息与价值,研究如何将文化遗产及其资料信息留传给后代的保存环境,以指导文化遗产的保存和管理;保护修复所需要的保护材料、保护修复技术的研究,排除劣化的原因,维持已劣化而脆弱的文物保持现状,不再恶化,或者重现其原有的状态。要运用现有的科学技术探索、发现各类文物保护的特有规律,进一步提出解决各种难题的方向及方法。

在上述的研究方法中,我们既要尊重传统的材料和技艺,又要采用最新的科学技术。

近半个世纪来,上述的研究内容与方法都在实施,并不断被科学地总结,得到了长足的进步,在某些领域还有所创新,并与国外先进的文化遗产保护理念和保护技术进行了广泛而深入的交流。在国外许多国家的高校中,文化遗产保护已成为专门学科,意大利、日本、韩国、澳大利亚、墨西哥等国的教授已开设"保存科学"的课程多年。

三、文化遗产保存科学的研究方向和前沿领域

1. 从完善学科自身的理论与方法入手

研究文化遗产保护学科的分类,如从专业分可有文物修复学、断代学、文物管理学、文物鉴定技术等。如从研究方向考虑,可以分为文物保存环境学、古代建筑修缮技术、石窟保护技术、古遗址保护技术、田野考古探测技术、传统工艺及材料研究、文物保护材料学、文物复制技术等。

以文化遗产保护的需求去主导研究方向和开展实施项目。从全局性、战略性、前瞻性的高度统筹安排,突出重点,确立主攻方向和目标,加强宏观战略研究的综合分析和论证,然后

提出需要解决的重大科技问题。

要广泛收集信息，随时掌握本行业内外科技发展动向。这需要相当的知识广度，掌握的信息要横跨相当多的科技领域。树立科学的文化遗产保护观，通过对具体保护对象的分析研究，探索符合客观规律的保护方法。应长期保持与不同科技领域和业主的沟通及合作，促进跨行业的研究计划。我们要认真思考东、西方的差异，不断探索符合中国文化遗产特点和材料特点的保护理论。认真调研国外在学科建设等方面的经验，从中吸取有益的部分，少走弯路。

谈到当前文化遗产保护科学的研究方向和前沿领域，笔者想到的可能不全面、正确，作为抛砖引玉，说点想法。如文化遗产保护科学的基本分类体系，包括分类标准和方法；文化遗产价值评估的规范化和量化的研究；各种实验方法与技术规范的制订；如何针对某遗产地进行多学科研究，比较研究的手段与方法，尽可能获得综合信息和最大化信息；继承传统技艺、材料与现代科技结合的研究；遗产地环境改善和安全数据的检测，保护规划、保护工程实施情况的监测；遗址回填保护的科学性、可靠性研究；水下遗产的探测与保护；保护材料的优化、筛选与检测；面对自然灾害突发事件应急处理的措施与新技术；对文化景观、文化带（如长城、古运河、古丝绸之路）的保护、管理与展示；中华文明探源、城市建设与遗产保护等重大学术课题，进行多学科合作研究，联合攻关等。

2. 从管理上推进学科建设

在这方面，笔者仅能向行政管理部门做些呼吁或建议，如何组织实施，则不是本文所能涉及的。这些建议是否恰当，也有待读者来评议。

向发布《学科分类与代码》国家标准的国家技术监督局以及教育部、科技部等有关部门申请，将文化遗产保护列入《学科分类与代码》国家标准，作为保护国家资产的专业学科。

与教育主管部门联系、沟通，尽快申请在条件成熟的高校设置文化遗产保护学院，高校与文物研究机构共同培养本科生、硕士生、博士生；同时在文物研究机构设立博士点；建立培养技师、修复师的专科学校，形成完整的学科梯队，并组织专家编写成熟、完整的教材。我们在多年大量的实践和研究中，已经积累和具备了完成文化遗产保护科学的构架和内容，有关此学科的研讨、交流也应相继展开。只要有关部门去组织、实施，相信有关《文化遗产保护科学》的教材或专著会很快诞生。

从管理角度出发，组织文物系统的学科群体梯队，在重大课题或难题攻关时，组织社会各界的科研机构、高等院校与文物系统的科研团队横向联合攻关。当涉及国民经济和基本建设等社会关注、与民众息息相关的问题时，需要更广泛地与行政、利益相关者及有关专家、学者就社会科学与自然科学等问题进行规划论证，各抒己见，为决策者提供科学依据。例如：近年各大、中城市的地铁等轨道交通迅猛发展，涉及的地上、地下的文物古迹保护问题十分突出。这里面有许多我们还未熟悉的专业领域，如结构动力学、隧道工程学、地基与基础工程、地下水动力学、铁道工程建设等学科。如何使文化遗产保护由被动变为主动，要求管理部门主动立项，进行专题研究，拿出具体的对策与规范。对遗产实行科学管理以实现对文化遗产的永续利用。

《中国文物古迹保护准则》从制订到推广已有近10年的时间，在此基础上是否有必要在进一步完善具有中国特色的文化遗产保护理论体系方面做一些归纳、总结。

由于我们担负着文化遗产保护与利用的重任，所应用的最新现代科学技术领域越来越广阔，在不同文化背景、不同自然环境、不同技术传统和不同遗产类型的应用过程中，不断被检验、被证明、被修正、被丰富，从而衍生和变化出新的、更具有时代气息和地域特点的、更有针对性也更符合实际的新内容。因而文化遗产保护科学的内容也会不断地充实、完善、提高。完善、发展文化遗产保护学科的体系，是文化遗产保护工作者长期要做的事业。

参考文献

单霁翔.在全国文物局长座谈会上的讲话[N].中国文物报,2007-7-25

国际古迹遗址理事会中国国家委员会.中国文物古迹保护准则案例阐释,2005

国家文物局.中国文化遗产事业法规文件汇编[M].北京:文物出版社,2009

黄克忠.文化遗产保护与保存科学[J].中国文物科学研究,2007(4):45-46

贾莹.历史文化遗产保护学科群建设的初步设想[C].2005年文化遗产保护科技发展国际研讨会论文集,2009

梁吉生.文物学发微[J].中国文物科学研究,2007(1):4-6

孙家正.建设形神兼备的城市家园——在城市文化国际研讨会上的发言[C].滨海新区特色文化高端论坛论文集,2012

谢辰生.关于文物保护与研究的基本认识[J].中国文物科学研究,2006(创刊号)

泽田正昭(日).文化财保存科学纪要[M].台湾:台湾国立历史博物馆出版,2001

周环.潮湿环境土遗址的加固保护研究[D].浙江大学,2008

加强文物保护措施的有效性和耐久性的评估[①]

最近有位同仁问我,锚杆锈蚀不起加固作用了怎么办?我想了想说,可以用非钢筋锚杆如玻璃纤维锚杆代替。至今文物系统尚无砂浆锚杆耐久性定量评估的方法。问题是目前对于危岩体或石窟不稳定岩体的加固,除了锚固、灌浆外,还找不到更好的办法。类似的问题还有:麦积山石窟的栈道已使用30多年,其有效性和耐久性如何?在大足石刻宝顶山进行的表层防护加固的有机硅材料,经20多年的考验,与未加固的地方比较,确实起到防护的效果,但还能维持多久?龙门石窟在20世纪80年代使用的环氧树脂类灌浆材料10多年后产生开裂,石窟内又开始渗水。我们对许多摩崖石刻上的地衣、藻类微生物,一般都采用杀菌剂,但过不了多久又会生长,甚至会生长更多更新的菌种。这就给我们提出了这些保护措施的有效性与耐久性问题。联想到每个五年计划中文物保护工程的重点项目完成后,是否需要做后期质量及耐久性的评估,听说对考古遗址的保护项目已经开始做评估工作,这是应该提倡的良好开端。

对于我们每年实施的大量文物保护工程来说,保护修复对文物造成的改变是无法避免的,我们的保护措施是在坚持科学的传统技艺和应用多学科现代技术的实践过程中克服缺点、不断进步的。有效性是工程立项与批准设计的前提。耐久性是检验、判断工程质量与时效的标准,但往往缺少关注,因为它需要一定的检测手段和时间的考验。影响保护效果的潜在因素体现在保护过程的各个环节:立项、勘察研究、设计、施工、监理、验收及追踪回访等。因此,首先要对保护理念和技术方案的可行性进行全面的评估,要指出它可能带来的后果,综合利弊,才能批准。在立项时能否把住这一关,就显得十分重要。但发现有些没有把握的立项,在行政许可中就被通过了。理念与保护措施是不能分开的,如危岩加固使用锚固技术,它对文物价值有什么影响甚至危害,就要有理念、原则的指导。文物保护工程应凸显文化要素、多样性和独特性,是文化遗产保护中价值评估的重要因素。因构成文物实体的材料,文物的类型和重要价值、制作工艺和保存现状都有不同,保护需求与方法各异,首先要对文物价值的风险评估后再进行保护工作。保护方案中除了每个细节都不能对文物有害外,还需剖析修复过程是否会带来次生病害的可能性,对其积极效果和负面效应都要进行全面的评估。而且,要评估影响保护效果的潜在因素,还有制定的保护目标是否合理,病害诊断是否充分,收集的信息资料是否齐全,设计与施工的团队是否能胜任,预算成本是否可控,后期的维护与监测是否到位等。

如何实现保护技术有效性和耐久性评估的措施,是否需要有一个检查、跟踪的评估程序和计划,能否要求业主单位若干年后进行一次自查,写出合理的总结,吸取宝贵的经验教训,接着可将研究课题的第三方评估方法用到保护工程上来。评估可以分为3个阶段:①立项阶

[①] 该文原载于《中国文物报遗产保护周刊》,2016年3月。

段的可行性、必要性评估,对文物本体实施保护之前要论证是否必须干预,我们要提高对文物价值的认知水平和对文物的敬畏之心。我们的文物保护专业人员不仅要能驾驭自然科学、技术和多学科的应用科学,对考古、美学及文化价值等知识也要有所认知。兼容性是文物保护修复人员在平衡技术和文物价值时的操作准则,不能仅局限于保护修复技术,而应扩展到社会文化和可操作性等方面的因素。②施工阶段的质量与效果的评估,可以与验收阶段结合起来,预期它的使用寿命,包括对其干预过程进行连续的记录和效果追踪的监测,要证实它的可靠性与有效性。③若干年后的耐久性评估,首先要在研究设计、施工文件与监测报告的基础上,将保护目标与实施结果比较。应对每一个干预措施进行检测评估,尤其对隐蔽工程的检验方法应尽量采用无损检测技术。对施工后若干年文物本体及环境的变化,新产生的病害,要进行分析、总结。要对曾经使用的保护材料及结构补强的有效性进行检测、分析。除了要在实地检测评估外,还有必要做些走访与座谈工作。评估报告要确实起到能指导今后的保护与管理工作的作用,并有检测数据作为依据。

在审核文物保护设计方案时看到,不少方案都称为"抢险加固",也许有人认为这样容易被批准。要定义什么是抢险,与人体健康有关的大家很好理解,涉及到危及生命的病人要抢救,所采用的措施与慢性病的防治是不同的。我们在文物保护工程中,哪些属于抢险呢?例如:地震造成文物的坍塌、损坏;崖壁掉石、崩落危及文物与游客的安全;洪水、滑坡、泥石流造成文物的损坏等。其他因各种自然、人为因素对文物构成各种病害威胁的,是一个缓慢的过程,就不能称为抢险工程。抢险工程有时间及经费等限制,采取的措施可以是临时性的,不必全都要求耐久性,但对工程措施的可行性、有效性,最小干预等原则的评估,还是必不可少的。

对于大量的露天不可移动的石质文物,不可能都用保护性建筑盖住,要控制周边的环境,往往很难做到。当石质文物已经劣化到可能消失的时候,必要的干预,包括使用化学材料保护方法,还是需要的。事实证明使它"益寿延年"还是可行的。但如何来检验其有效性与耐久性呢?国外的同行已经为我们树立了典范。近40年来,欧盟尤其是德国、意大利在石质文物保护理念与试验研究水平,监测与检测技术等方面有巨大的进展。从2008年开始,由德国在石质文物保护方面有建树的10个研究单位的科学家组成团队,联合进行"环境污染对石质文物影响——长期监测风化和保护的方法、标准与发展研究课题"。其中着重研究在文物上使用保护材料后出现的有待处理的问题。他们对合适的研究方法,评估保护措施是否有效的标准和如何应用这些方法的知识等,获得了详细、丰硕的成果。在实施研究计划前,他们做了充分的准备,如研究方法的标准化,可行的质量评估体系和档案记录标准格式等。他们将跟踪保护的效果和日常维护,提高到未来的保护策略的高度。跟踪以往所做过的文物保护维修项目,意味着要连续不断地对它进行监测,记录它的变化,判断文物是否需要小修小补,或者要全面修复。要求对维修的对象及环境,使用的防护材料与实施工艺有详细的了解,实施效果要进行严格的检测评估。监测的目的是为了延续文物的寿命而采取适当的保护对策,这些措施既要保证质量,又要有可持续性。在如何对各种保护修复方法进行评估方面,主要依据是连续至少10年的历史修缮档案记录,并要有资质的施工质量保证。同时引用了大量实践案例来证明其有效性、持久性与存在的弊病。通过上述研究成果,可以确定哪些是必要的措施,哪些是不必要甚至是有害的措施。早期诊断出病害的过程,能及早进行预防,避免因出现大规模的病害,而投入更多的精力与财力。

联想到我们的一些遗产地将监测工作与预防性保护几乎是划等号的想法,上了很多的监测设备,但缺少对数据的分析,找出原因,研究改进保护与管理的对策。更忽视了对过去的石质文物实施保护后的跟踪、评估。没有总结出哪些监测方法是实用、可靠的。没有对这些保护措施的有效性、持久性进行细致和科学的评估,以指导我们今后的保护策略。大量的实践案例说明,保护材料是保护石质文物所必不可少的。即使对当前我国的石质文物保护修复工程,如何保证质量和可持续性,也需要研究过去实施的保护措施是否得当、有效,存在什么问题。当然,我们主要是领会国外同行的理念与精神,在保护方法与监测、检测技术上,还要结合我国的实情进行筛选与创新。尤其在预防性保护中,除了化学的方法外,还可综合使用物理的、生物的方法。

期望规范有序与求实的评估系统,能为文化遗产的安全与"延年益寿"保驾护航。

从一些文物保护工程的缺憾谈起[①]

  文物保护工程中都会涉及文物本体,因此要求在工程的勘察、设计和施工过程中,不能造成对文物的损害,要做到万无一失。但是,从以往大量已经实施的工程观察,对文物及其环境造成不可挽回的损害,并不是个别的案例。首先从本人参与过的工程设计缺憾的案例说起。20世纪90年代初,我参与新疆克孜尔石窟第一期保护工程的设计,由于没有保护考古遗址的意识,在没有了解地下有无遗址的情况下,就设计石窟加固保护工程,对应该先做的考古调查、清理造成了影响。此外,当时设计的栈道,若干年后发现栈道梁的根部出现下沉开裂,引起栈道安全的隐患。用钢筋水泥板做的窟檐也过于死板,与石窟环境不够协调。此后第三期的工程验收不合格,至今不了了之。再如,我作为专家组成员多次审核的龙门石窟潜溪寺治水、防渗加固方案,施工后发现窟内渗漏更加严重。究其直接原因是施工不到位,也有勘察、设计不细致的原因。但更深层次的原因有工作者本人的知识、业务水平的局限问题,有当时的科学技术解决不了的难题,如石窟的灌浆材料不过关(目前已经试验研究出合适的灌浆材料),还有缺少多专业人员的参与、咨询等。但是也要客观地看到,治水工程一步到位的成功案例很少,当时已经不渗水的地方,若干年后水又从别处渗出。因为水是十分活跃、善变的因素,大多数情况是经过多次治理后,才会看到好的效果。

  一旦工程出现问题,有人就会说:"这是国家局批准的""这是某某设计的"。这里面既体现出责任,但最重要的是对文物可能造成无可挽回的损失,也留下终身遗憾。

  联系到今天,随着方案审核等权限下放,其责任是否明确,责任方是地方主管部门,还是咨询公司,或者审核专家?作为行政主管部门在立项之后如何监管等,这些问题还有待进一步明确。

  把好审批这一关十分重要,例如内蒙古自治区赤峰二道井遗址,审批同意让高速公路在遗址下穿过,却在公路施工中就出现贯通整个遗址的一道纵向裂缝。后来去现场观察,当时只要让公路做很小的改线,避开遗址是可以做到的。此外,审批意见中,要求公路部门做的几项措施,他们都未认真实施。如果说要总结教训的话,遇到重要遗产地或大遗址的评审,最好事先要到现场考察,经论证后才能得出更客观的审批意见。再有,设计与施工的对接也很重要,往往设计人员到现场交底后就不再过问施工的质量,而施工单位不按设计施工,也是经常发生,尤其遇到不熟悉业务的监理单位或隐蔽工程时更容易出现问题。以往的一些重要大工程,都有设计代表常驻工地,这样的好作风仍应该坚持。

  云冈石窟五华洞是遗产地的精华所在,争论了几十年是否要建窟檐终于有了结果,为了更好地保护石刻造像,一致同意修建窟檐。但是,目前的窟檐体量过大,喧宾夺主;未考虑地下的重要遗址;窟顶的渗水如何防止经过窟檐搭接处流入窟内;建筑对窟内文物环境的要求,没有评估也未加考虑等。留下的这些缺憾也应该总结些经验教训。

  对于我们技术人员来说,接受每个大型复杂文物保护工程的勘察与设计时,都会感到是重大的挑战,甚至有越干越胆小的感受。就以中国文化遗产研究院接受的山东定陶汉墓原地保护工程勘察、设计来说,该任务是一个十分复杂的难题,要做到万无一失很不容易,可以看到他们正从几个方面努力去尽量避免失误:前期的勘察病害调查要更细致,找准主要病害对

[①] 该文原载于《中国文物报遗产保护周刊》,2015年7月。

症下药;如需要做隔水帷幕,就要确定底部隔水层的可靠性;要有多专业人士的会诊;引进能应用到文物保护工程中的其他行业的先进技术,设计中要做到每个细节都落到实处;符合实际需要的可行的监测手段;有统筹协调各专业团队能力的将才等。

每个重大工程的勘察、设计、施工的全过程,离不开研究的内容。如最近在大足石刻宝顶山治水勘察工作中,发现卧佛渗水呈层状,没有明显的构造裂隙与卸荷裂隙,岩体不存在孔隙渗透,到底这些渗水是从什么途径来的,研究人员产生了疑惑。经专家提醒,后研究证实,是由于岩体中的软弱夹层产生构造层间错动,造成大佛头部等处有少量、点状的渗水。找到了病根,这就为下一步设计保护措施提供可靠依据。再如圆觉洞内的宋代石刻雕像,用传统技艺留下了科学与艺术巧妙结合的排水系统,要让它继续发挥作用,又要将水截、排、导出洞窟外,不再对石刻产生危害,这也需要研究、评估。

我们在采用保护措施时,如何掌握好保护原则,应该具体问题具体分析。如何执行最小干预原则,最近我在吴哥窟看到的两个案例,就产生了疑问。墙体已经倾斜到即将倒塌的状态,不是将它归安加固,而是用巨大的钢架支撑。这对观众去体会其历史和艺术价值是否合理?新开放一处称崩密列的寺庙遗址,展示的都是未经整修的原始崩塌状态,观众在网上大加称赞,认为这是吴哥窟最吸引人的一处遗址。难道这也体现最小干预的原则?至少不符合不改变文物原状的原则。

再以我国在岩土文物建筑遗址的保护中使用锚固和灌浆的方法为例,有人认为它不符合最小干预与可逆性原则。我们可以更广泛地做些调查研究。遇到与文物紧密相关联又对文物与观众构成威胁的危石和大裂缝,是否能用什么方法体现贯彻这两个原则?支顶或垒砌的方法不是在随处都可以用的,也许目前除了锚固和灌浆还真找不到更好的方法。

石窟治水的措施,以往也是首先用少干预的方法,但不解决问题,才采取更大的干预措施。就以大足北山石刻摩崖的水患治理来说,此处多数造像普遍位于岩体的上层潜水带中,大量渗水长期严重损害着石刻造像,后采用开凿隧洞降低地下水位的办法,才解决了长期渗水对文物伤害的问题。其中对价值珍贵的第136窟内渗水的治理也是逐渐加大干预的过程,开始只采取窟内针对性的治理方法,过几年后又产生渗水;于是,将窟顶贮水的覆盖层进行防渗处理,还是未止住水;第三次,只能对与渗漏直接关联的岩体进行切割,与石窟分离,紧靠窟顶边构筑排水沟等措施,才使90%以上的渗水得到治理。

同样的道理,古建筑的落架大修,也是一种采用其他手段无法保持其稳定的情况下的不得已的措施。所以,无论是原则的贯彻或保护措施的应用,都不要绝对化。

借此机会还要说说岩土文物表面防风化使用化学方法保护的事。为什么不少人担心,不希望用这种手段,因为至今将化学方法用在岩土质文物保护上,还是个世界难题,失败的案例不少,而且是不可逆的,做得不好,还会影响后人再处理。此外,最近有文物保护工作人员在试验研究时发现,某些有机化学保护材料还可以成为微生物的营养剂。但是,我们也要看到,用化学保护的方法得当,也挽救了不少濒危的文物,而且能持久起保护作用几十年。因此,建议仍然要鼓励年轻人勇于实践,认真按原则和程序进行试验研究。目前使用在文物保护上的任何一种化学保护材料都有其优点和局限性,或叫适用范围。即便是将较成熟的、应用时间较长和较广泛的材料应用到某处文物上时,如果工艺不当、水土不服,也会出现问题。但如果有人说是此种材料不行,甚至武断地否定它,那也不是科学的态度。

如果我们不去全面、深入细致地研究和实践多种保护方法,眼看着许多文物变坏甚至消失,也是于心不忍呀。如龙门石窟的奉先寺有几则唐碑,大部分文字已模糊不清,再不抢救,用不了几年它就会成为光板,传承也就成了一句空话,这让我们怎么向子孙后代交代!

《纪念旧都文物整理委员会成立 80 周年》发言稿[①]

50 多年前旧都文物整理委员会(以下简称文整会)给我留下的印象还是挺正面的。从 1935 年成立到 1956 年期间,在当时的北平修建了大量重要的古建筑。尽管我在 1960 年来到该单位进行毕业实习时,文整会已在 4 年前改为古代建筑修整所(以下简称古建所),但文整会的人员大部分还在,有完整的古建修缮队伍,包括设计、施工、监理等人员,他们继承了古建修缮的效率高、质量好的传统。在 3 位工程师的带领下奔赴全国各地对重要的古建筑、石窟等不可移动文物进行勘查。彩画室在金荣老先生带领下,像王仲杰等一批年轻人进行临摹,编辑了大量古建彩画,出版了明清彩画图集。模型室已制作了大批古建筑模型,资料室的档案规范完整。尤其当时的古建所在很短的时间内引进了 10 多位大学生,还有刚从波兰留学回来的两位专家,后又请来中国科学院中南化学研究所的研究人员一起工作,为了石窟的保护,还请了北京地质学院的教授、讲师进行调研和勘察。回忆那时确实是一片欣欣向荣的景象。

由于文整会的文整处聘请了营造学社的梁思成、刘敦桢教授为技术顾问,因此后来的古建所与梁先生的关系很密切。还记得梁先生来红楼(北大旧址)的所里演讲的情景,风趣幽默的他开口第一句话就说:"我是无齿之徒",引得哄堂大笑。还记得第一个"文物科技保护规划"是在红楼的所内讨论制订的,当时像上海博物馆的沈之瑜馆长等各省文物部门的领导都参加并进行了认真的讨论。

1960 年正是经济困难时期,我们石窟室、古建室的大批技术人员在云冈石窟做勘察、病害调查和保护试验工作。工作到 11 月底,所里叫收队,由于下雪,没有公交车,便由当时还是小伙子的宋森才驾辕,将行李、铺盖放在板车上,大家推着行走了 32 里地,才乘上火车。但当时的工作热情都很高涨,也没有耽误当时的小贾与小孔在西部窟群谈恋爱。

从旧都文物整理委员会、古代建筑修整所、文物博物馆研究所、文物保护科学技术研究所、中国文物研究所直到现在的中国文化遗产研究院,经过 6 次名称的变更,却反映了我国文物科技保护事业发展历程的缩影。尽管其中的道路曲折、艰难,但总的看她是在不断地成长、壮大,称得起是文物系统国家级的研究机构。老中青结合的研究人员素质不断地提高,数量上稳步增长。我们看到现在的中国文化遗产研究院业务已经扩展到世界遗产的保护、监测、申遗,具有挑战性的重点工程,援藏援疆项目,大型文化遗产保护规划,中外技术与管理人员的培训工作,对外援助与交流,以及刚刚分出去的水下文化遗产保护等内容。呈现出大量的研究成果和各种奖励、多种出版物,还承担了国家文物局下达的如经费预审等专项任务。我们预祝具有悠久历史的中国文化遗产研究院继续保持国内丰富、广泛的实践经验和国际学术视野的优势,百尺竿头,争取更大的成就。

---

① 该文原载于《华构重彩》,文物出版社,2016 年 4 月。

多学科在古建筑保护中的应用①

一、科学技术与古建筑保护

有人称古建筑保护属于文物保护技术,也有人认为它属于文物保存科学。为此,我们有必要先对科学和技术作一阐述。

科学是关于自然、社会和思维的知识体系,是反映客观事实和规律的知识体系。由数学、物理、化学、地理、生物等基础科学和电力、机械、建筑、医药等工程科学以及管理科学等知识单元组成学科,学科又组成了科群,形成了一个多层次组成的体系。

技术是有目的的,技术的实现是通过广泛社会协作完成的。首要表现是生产工具、设备等硬件;表现形式是规则,生产使用的工艺方法、制度等知识,即软件;是成套的知识系统。

科学与技术是辩证统一的整体,科学中有技术,技术中有科学,科学回答是什么,为什么;技术回答的是做什么,怎么做。科学是发现,技术是发明。科学是创造知识的研究,技术是综合利用知识于客观要求的研究。而科学的概念是学术的分类,指一定科学领域或一门科学的分支。我国科技部在学科分类中把文物保护技术分到社会科学的考古学中,这是不符合实际的,古建筑保护应是专业技术科学中的文物保护科学与保护技术,行业应归入文物事业。

保护科学是为了保存和修复文物的需要而衍生的自然科学。它又融入了人文和社会科学,属于跨学术领域的研究。它的领域又可分为文物材质的研究,内部结构、构造的研究,文物最佳保存环境的研究,保存修复所需保存材料的研究,以及保存技术的研究等。古建筑的保存修缮,基本上是希望能用原材料、原工艺技术来进行,但当今这些材料和工艺技术已不复存在或逐渐消失中,或者技术人员想要坚持传统,现实生活中却由于经费、时间、管理等因素而做不到。

另外,这些具有传统技术或技能的人正在快速地减少或后继无人,所以修复所需要的保存材料也逐渐无法生产了。于是,在使用传统技术和材料的同时,也考虑引入现代材料和技术。当然,这并不意味着要以现代材料和科学技术代替传统材料和技术,而是从现代材料中取得传统材料所没有的长处,进行最佳的保存修复。取两者之长处加以应用的研究领域,即是把自然科学方法应用于保存或修复文物的研究领域,称之为"保存科学"。当然,保存科学中就包括了古建筑保护技术(泽田正昭,2002)。

为了将文物长久保存流传下去,我们需要从美术史、历史、建筑史、考古学、民俗学等观点来进行调查研究,对古建筑作一正确、客观的评价。其价值判断除了上面的学科之外,还有必要以自然科学的方法判断其价值,其实它也是重要的判断依据。如 ^{14}C 测定,材质的物理、化学性质测定和隐蔽遗迹的判释等。还有古建筑应开放给大众观赏并加以利用,管理者就要在保存与利用之间取得平衡。然而,无论何种文物,经长年累月的劣化最终将会消失,所以文物资源档案记录也是重要的保存行为,从文物保护环境的观点来评估档案资料的保存状况和探

---

① 该文为国家文物局2011年举办古建筑所长培训班上的讲稿。

索其劣化的机制,也显得十分重要,要达到此目的,也要有自然科学的参与。

古建筑保存修复所运用的自然科学方法,也需要广泛的跨学科研究。它必须与上述的社会科学与人文科学相结合,修复的过程就是研究的过程。修复前,应充分利用现代科学技术手段,对古建筑的材质、成分、结构进行分析,尽可能地获取科学证据——化学的、物理的、生物的,以及掌握材质的性能,通过这些数据来了解病变的原因和程度。同时,要了解古建筑的营造、加工方法,自然破坏的痕迹,哪些应保留,哪些应去除。具体修复时,应研究采取哪些方法和操作过程。如何改善保存的环境,保护古建筑和其附属文物的最佳环境是什么。使用新材料、新技术时,需要做室内和现场试验,修复后还需要检测保护的效果。

二、多学科在古建保护中的应用

1. 新技术、新理论与古建筑保护的关系

科学技术突飞猛进的时代,大量的新技术、新理论与古建筑保护密切相关。

人类的历史是地球史几十亿年的1/2000,而人类历史的99%以上的时间又是漫长的原始社会。人类有自己的文化生活只有五六千年,但是真正把科学技术广泛应用到生产上,并引起社会生产、生活的巨大变革还不到300年。近30年来,人类所取得的科技成果、科学新发现和技术新发明的数量比过去2000年的总和还要多。由于科技知识的激增,新学科不断涌现,当今学科总数已达到6000多门。遗憾的是文物保护科学及保护技术是尚未被社会普遍认可的一门学科。

科技知识的更新速度也在加快。当今,工程师知识的半衰期是5年,即5年内有一半知识已过时,最近几年,一个工程师所掌握的知识的99%与计算机的最新发展有关。

当前科学技术发展的一个鲜明特征是用多学科融合战略来解决各种问题,出现新的跨学科研究领域,成为具有确定的特有概念和方法论的新学科和新领域,并开辟了一个全新的研究系列。在当代科学技术综合化发展趋势中,现代科学具有如下特征:

(1)研究的完整性。正向自然界微观和宏观两个方面延伸,从层次、过程、结构和功能多方面揭示规律,转化为进一步研究的方法论。

(2)研究对象的多学科性。采用多种学科的方法研究某一物质客体(如古建筑),这是当代科学研究的一大特点,也是最有前途的方向。

(3)学科的多对象性。各门学科之间横向联系越来越紧密,各门科学的研究需要紧密配合,不再以传统的知识型(如文、史、哲、数、理、化)划分学科,而是由所面临的问题或对象来形成学科,如生命科学、环境科学、信息科学、文物保存科学等,都具有综合性的特点,这就促使我们要针对问题和对象应用不同学科来为古建筑保护服务。而以问题的突出性和迫切性来重点找有关学科解决,这才是最有效的。

(4)科学研究的信息化。计算机信息处理技术已广泛渗透于各种科学技术领域。这就要求我们把自然科学、技术和人文科学知识结合成一个创造性的综合体,当代人类面临需要解决问题的高度综合性质,决定了自然科学和技术与人文科学结合,这是当今科学发展的新趋势和新特点。这就启发我们在研究古建筑保护技术的同时,要将规划、环境、旅游、宗教、群众生活等综合起来考虑。

当代科学技术发展形成的思维方式的特点是：从绝对走向相对，从单义性走向多义性，从精确走向模糊，从因果性走向偶然性，从分析方法走向系统方法，从时空分离走向时空统一。这不仅使人类对客观过程的认识更加深化和全面，而且使人的认识水平提高，使自然现象和社会现象之间的鸿沟日趋消失。科学技术的概念、方法和手段向人文社会科学的渗透，以及人文社会科学的价值伦理观念和理论在科学技术中的广泛运用，引起了当代思维方式的深刻变革。自然科学、技术与社会科学相互作用的机制是：理论层次、经验层次、方法论层次、一般科学层次、学科功能结构层次、科研组织管理层次、科学人才培养层次、价值层次上的渗透和结合(周光召，1998)。

目前得到世界公认并列入 21 世纪重点研究开发的高技术领域有信息技术、生物技术、航天技术、新材料技术、新能源技术和海洋技术等。国际公认的现代文明三大支柱：材料、能源和信息技术中，与我们古建筑保护直接有关的就有信息技术和新材料技术。这些领域的发展，必然会对古建筑的保护技术带来变革。

2. 是抢救古建筑的需要

我国的传统古建筑以其独特的网络和完整体系而著称于世界，同时也在长期发展的实践中积累和形成了与之相适应的自成体系的营造技术和规范。对此我们应当予以高度的重视，并且应当将其像对待文物一样，作为我国宝贵的无形文化遗产加以保护、继承和发扬。

但是，我们在进行修缮保护时，是严格按照它的营造技术和规范做就行了？还有没有必要应用其他科技领域的新技术、新材料、新思维？回答应该是肯定的。我们研究传统的营造技术和规范的目的之一是为了保护，而古建筑的保护是一门科学，它有自己的理论原则和方法，不能与营造混同。保护古建筑为的是保护它们所携带的历史信息，这些信息是我们民族文明史的实物见证。古建筑的总和应该形成我们民族历史完整的信息系统，包括经济史、政治史、文化史、社会史、军事史、教育史、工业史等许多子系统，每个子系统又可细分为若干系统，如：文化史中又包括戏剧、音乐、美术、文学、出版史等。看建筑要从形成整个历史信息的大体系着眼，主要根据它们所携带的历史信息的重要性、丰富性、典型性、独特性和它们在整个信息体系中的地位来研究。正因为文物建筑的价值主要在于作为历史的实物见证，是某个时代与某种社会生活、经济生活、文化生活相联系的建筑或建筑群的标本，所以才要保护它的真实性和原生态。

古建筑保护水平提高的重要标志，是能否更加广泛、有效地在古建筑保护中运用各种自然科学的研究方法。在维修保护过程中，通过仪器设备、分析原理、技术手段、物质结构和化学组成进行保护对象的分析，来保证维修技术的科学性、实用性，结论的可靠性。

我们通过知识结构更新的过程，把自然科学有关的方法科学有效地运用到古建筑的规划、维修、测绘、鉴定、测试、分析中去，与社会科学文化背景有机地结合在一起，充分展现出多学科研究的价值，有意识地完善研究方法，积极推进方法多样化的创新过程。这样才能在保证维修质量的前提下，能更多、更有效地抢救大量即将消失的古建筑。要努力使其他学科成为古建筑保护的常规技术手段，这些技术不但能使我们看到更全面、更清楚的古建筑，而且能极大提高对其修缮的精度和质量。

随着社会发展和人们科学文化水平的不断提高和深化，需要我们以发展的整体性保护原则去指导古建筑修缮与保护，要以动态的、现代化的手段管理和保护好古建筑，确保它在一个动态开放、吸取升华、融古纳新的理论的整体化保护模式中。当前尚待解决的古建筑保护课题还不少，比如木结构的防腐、防虫技术，砖石建筑底部的防潮防酥碱，大遗址、土遗址的保护管理，大范围的环境污染、酸雨对古建筑的损害与防护监测，彩画、泥塑的修复，遇到自然灾害时的应变能力等。可见，从古建筑保护的方方面面来考察，它的涵盖面广，交叉性强，是兼容自然科学、社会科学和管理科学为一体的学科。

3. 是提高从业人员和管理者素质的需要

我们的管理人员和业务人员除了要熟悉自己的古建筑保护专业外，还要求掌握的技术知识很广，如法律、财政、考古、人类、建筑史、历史、管理学、经营、社会学、环境、化学、物理、地质、生物等，如木材、砖、瓦、石等材质特性，物理力学性质，化学成分，结构、构造；构件的制造工艺，模具的制造、操作方法；测绘技术：近景摄影测量、数码技术、航片判读、计算机绘图，各类软件使用；仪器设备的使用：X射线探伤、超声波、取样设备、强度测试等探测技术的用途和操作方法，判读使用数据等；档案记录：格式、内容、记录文字要求，影像资料，光盘等；文物的现场记录、保存与保护技术（题记、壁画、彩塑、石刻、新画）；展示利用中与保护关系的协调管理科学；安全防范、突发灾难的应变系统。

作为一个文物保护的技术和管理人员，还需要将保护单位与城市建设两种管理相结合，在制订保护规划时，要考虑城市发展和市民生活的需求，实现对古建筑维修后的利用。技术人员在进行维修方案设计时，要与管理人员进行沟通和交流。如果没有广泛的学科知识，这种交流和沟通就会十分困难。

4. 文物保护事业需要跨地区、跨学科的多方合作

从古建筑保护的全过程来看，它的涵盖面广，交叉性强，是自然科学、社会科学和管理科学融为一体的专业。

有许多学科的专业技术和测试方法，不可能全部由文物部门自己去完成，一定要依靠社会各部门的科研单位、大专院校去合作完成。事实上我们的许多国宝级单位或大批古建筑的维修前的勘测试验部分都是与社会有关学科的许多单共同位来完成的。20世纪60年代初古建所就请中南化学研究所和北京地质学院来共同完成云冈石窟与古建筑的保护；三峡库区的文物保护工程除了文物系统的队伍外，还有不少大专院校、科研单位投入；秦始皇陵周围遗址和地下文物的勘察，就动用了中国科学院多学科的研究所。不请教专业部门造成损失的教训还是不少的，如辽上京遗址被河穿过，由于开始没有正规水利部门介入，把标准放低，修了3次被冲垮了3次，经济损失很大。岳阳楼的维修，由于涉及滑坡和堤岸工程，开始的设计和工程也是没有经受住考验。苏州虎丘塔20世纪60年代的维修，非但没有止住倾斜，反而因为增加了塔身的荷载，破坏速度加快了，后来80年代在几个部门的通力合作下，才科学、合理地保护好了这座宋代的古塔。基本建设与文物保护遇到矛盾，甚至要求国务院出面协调时，都需要拿出科学的依据和理由，龙门石窟与焦枝线铁路的争论，最后还是请振动专家和其他专业的专家拿出检测数据后，才使铁路搬出保护区。

5. 社会的发展促使文物保护理念的变化

由于人们的世界观、哲学思想、文化传统的不同，在不同的历史阶段与科学技术水平的背

景下,处理和保护古建筑的方法有很大不同。

古代大都出于不同的动机和目的,在客观上起到了保护文物的效果,而不是已经有了保护文物的意识,更不能说具有保护文物的理论和原则。皇家建筑的修缮也有非常完备和科学的技术规范,但只是为了满足皇家建筑实用功能的需要。中华人民共和国成立初期限于当时的经济和科技水平,提出对古建筑的保护就是维修养护,能做到不塌不漏就行。"文革"期间则是在"破四旧"的口号下,对古建筑实施大拆大改,在"古为今用"的幌子下,大部分古建筑都当成民用建筑使用。改革开放的年代,在一些人的眼里,把古建筑当成包袱或者摇钱树,也是随心所欲地拆迁、改造。新的文物法中明确提出的"保护为主,抢救第一,合理利用,加强管理"的文物工作方针,也是针对当前的经济建设与文物保护的关系,文物保护与合理利用的关系,根据我国的国情提出的。因此,保护维修的观念,是一种以主观认识为基础的多元并存的状态,是一个信息积累的、动态的、不断发展变化的过程。

现代科学技术扩大了我们获取更多古代信息的范围和种类,提高了提取信息和分析问题的能力,这就提醒我们要更系统、更深入地关注如何建立起保存物质性,保持文化观念的方法和技术。把微观研究同宏观研究结合,静态研究与动态研究结合,确立整体保护维修的观念。它应该是多种思维方式和手段的结合,形成一个综合的、系统的、多学科的古建筑保护维修理论体系,这样才能担当起保护、研究、弘扬、传承和创新的重任。

三、建立规范化、标准化的古建筑保护管理体系需要多学科的支持

1. 古建筑保存科学技术管理体系

古建筑保护本身包含的科学内涵极其丰富,需有良好的管理与运作体系来保障。而这个体系需要综合的、系统的、多学科地加以完善。它的构建应该是以深厚的历史文化积淀为背景,有一个成熟的理念支持,以广泛的学科研究为手段,运用科学的方法进行保护和管理的过程。它涉及政治、经济、法律、哲学、历史、考古、宗教、建筑、地质、工程、生物、物理、化学、材料、环境、测绘、电子、计算机、遥感、信息、气象、水文、植物、光学、核物理、心理学、人文、文物学等如此多学科,这个体系应该是什么样的?愿意与大家一起来讨论,是否合适请共同评论修改。

2. 与古建保护相关的规范体现了多学科的参与

(1)木构古建筑维修加固规范已成为国家标准,但还有一些需要参考其他部门的规范来执行的。如木材防虫、防腐定级标准,就需要参考林业部的有关标准。木材材质分析,就要参考建筑材料工业的标准,防火就要参考消防部门的有关规定。

(2)尚未出台的砖石结构古建筑加固维修规范。同样需要参照建材工业,现代建筑工程及岩土工程等部门的规范或标准。石质文物保护涉及到专项设计时,就需要参照岩石物理力学实验规范和岩矿鉴定规范来进行成分分析、风化产物分析、材料实验等。涉及实验项目及方法、仪器分析、操作规程,野外试验程序等内容时,还要参照水利、铁道、地矿、建筑等有关规范和标准。

(3)正在进行制订的《工业振动对古建筑防护规范》中,涉及有微测振工程,爆破工程,铁

路、公路工程、岩土工程、地球物理勘探以及岩体力学、土地学等多项学科及部门。

(4) 古建筑保存环境监测及防治。在进行监测项目、方法、指标、标准以及预防措施等工作中，涉及的学科有环境保护、环境化学、仪器分析、大气测量、气象学、地质、水文、数据采集及信息传递学等。

(5) 进行档案记录时，就需要对数据库、地理信息系统、虚拟现实技术、网络技术等有所了解和掌握。用文字、图表、摄影材料、采相、拓片、摹本、计算机磁盘等形式，对文物建筑的历史、艺术和科学价值进行科学、准确、翔实的记录。把建筑历史、保护修缮史，保存现状管理情况等全面信息给予记录保存，以备使用查考。目前正在试验应用的三维数字扫描技术，能真实地记录古建整体和局部的面貌，现状与残损部位能直观、具体、真实地记录下来，并能将其记录方式应用于后续研究的过程中。

(6) 测绘技术中，我们就需掌握全球定位系统(GPS)、近景摄影测量、电子全站仪、遥感技术等，我们在应用其中的规程、规范时，也需要了解和提出恰当的使用要求。

(7) 自然灾害预防应急措施。在考虑到地震、火灾、风灾、滑坡等自然灾害时，要制订出防范各种灾害的规范或标准，如防火管理规范、防火设计标准，防盗管理规范，防风、防水灾规范，各建筑部位灾害的防范、防灾措施(设备计划、设备管理等)，紧急应对的措施等。

3. 传统材料的科学鉴定分析与现代技术相结合的问题

传统材料与传统工艺是由古代匠人的经验和灵感所制造发展起来的，为求得更佳的效果，是经过几代人的改善、改良、淘汰才得以传承至今。这些符合科学道理的材料和工艺，我们当然应该继承。但是积极引进新材料、新技术加以试验，并证实其可行，这被中外文物保护修复实践证明是正确的道路。即使维修同一个古建筑，为了考虑它们的不同保存状态，需要分别选用适当的保存材料，采用适当的保存措施，懂得哪些地方如何使用传统材料和工艺，哪些地方必要采取现代材料和工艺，需要经过慎重、细致研究后才能得出正确的认识。

有些传统材料，经过分析认为对文物的保存有害，就不能再用。如对断裂的石构件的黏结加固，过去使用黄蜡、白蜡和芸香合成的"焊药"，需要加热熔化，且黏结效果差，已很少使用。还有用锔子、铁箍等加固构件，它们对石质文物造成了明显的损伤，这种加固方法就应该摒弃。又如对壁画表面封护使用的胶矾水，经分析其中的胶多为有机质，有人认为，它易分解、老化，潮湿环境下更为严重。是否能继承，也需要进行科学的检测与观察。

在维修文物建筑时，最理想的当然是用传统的原材料、原工艺。但有些传统材料越来越少，如高而粗的木材、坚硬致密的澄泥青砖、年代久远的绳纹瓦等，要使用这些原材料和原工艺已经相当困难。此时就有必要使用现代技术制作的替代材料或对原材料进行补强加固。前期，需要对原材料的化学、物理特性有相当的了解，对它们进行必要的分析、研究，并了解其制作工艺和修复技术。然后用必要的现代材料和技术对原材料和工艺进行改善、补强或必要的淘汰。例如：用合成树脂粘接、强化已腐朽或被虫蛀而脆弱的木材；用真空练土机和液化石油气，超过1200℃烧制温度的瓦窑，烧制出高密度、吸水率低的高质瓦。

在西藏布达拉宫、罗布林卡、萨迦寺等重要寺庙建筑中，普遍用阿嘎土作为屋面材料，它起到遮蔽风沙雨雪、保温隔热的作用。这是根据当地气候条件使用当地特有的材料和独特的施工工艺，形成了与藏式建筑相协调的不可分割的部分。阿嘎土是一种风化的微晶灰岩，主要矿物成分为泥晶方解石，化学成分 CaO 占 42.83%，SiO_2 占 14.66%，含少量黏土矿物(伊利石、高岭石）。由于环境变化，近年雨水增多。阿嘎土作为屋面主体材料及工艺方面显出其弱点：刚性地面易开裂；防水功能差，易渗水；层厚体量重，促使下部木结构建筑构件变形下沉；每年需要维修，占用大量的劳力和经费。因此，在最近的维修工程中，对阿嘎土改性，提高其防水性能，增强柔性，是保护古建筑、节约增效的重要措施。在保留其地方特色的基础上，仍以阿嘎土为原材料，沿用传统夯打原工艺的前提下，进行了改性阿嘎土的试验研究。主要以符合标准的防水性，具备足够的柔性，适当地提高强度和相互匹配的柔和性为目标，进行了大量的室内和现场试验，结果研制出改性阿嘎土，柔性防水层和表层防水抗渗剂的系统配套材料与施工方法。获得鉴定论证、批准后，已在维修工程中实施。新疆交河古城的保护也是将传统材料、工艺与现代科技结合的一个例证。组成交河古城的生土墙基是第四纪冲洪积沉积物，土层不均质，含沙量大，强度低。版筑泥墙就是用此土料建造，因此遗址风蚀严重。进行遗址加固时，在保持原材料、原工艺的前提下，设法将当地的钙质结核（碳酸钙）加入土中，起胶结固强作用。经对比试验，其抗压强度提高近1倍，并形成结合紧密的结构骨架。遗址表层风化严重的部位，喷涂 PS 无机材料进行加固，有效地抗阻着风蚀的破坏。甘肃敦煌与宁夏西夏王陵等大量土遗址，通过使用 PS 无机化学材料、有机硅与丙烯酸等材料对土遗址进行裂隙灌浆及表面喷涂加固等措施，达到了保护土遗址目的。

也有使用新材料代替传统材料不成功的例子。油饰彩画是中国古建筑的重要组成部分，是具有中国特色的建筑装饰艺术，这是在几千年的建筑实践中，将木结构的防腐与装饰有机地结合在一起的传统技术，使用油漆的传统材料是光油及大漆。但是20世纪50年代末期以后的古建筑修缮中，为了工程进度快，省工省钱，开始大量使用化学油漆。但其色泽不庄重，缺乏古建筑的韵味，更差的是易褪色、失亮，产生开裂、暴皮、脱落。稳定性差，易老化。使用期缩短，甚至有的仅半年就出现上述病害。近年经过北京的专家呼吁、领导重视，提出恢复传统光油工艺的举措。在总结古代文献记载的材料、工艺的基础上，某古建公司经过大量工艺实验和配方筛选，选用古代光油原材料、桐油、苏子油、陀僧、土籽等，形成了一套光油制作方法。实践证明，传统油饰表面光亮、平整、色泽柔和，油膜质感明显，不易褪色，且有延展性及弹性，不易开裂、暴皮及脱落，性能稳定，耐老化等优点，使用期超过5年。

目前，在不少考古发掘报告、古建筑保护论文或文物建筑维修工程报告中，对一些传统材料缺乏科学的定名，如青膏泥、黄泥、石粉、青灰、黑矾、红土子、青丹、红丹等。读者不知是什么物质组成，很少有检测的数据，这对继承和发扬传统材料和工艺很不利。笔者曾对青灰的成分多方询问，却不得其解，后见实物后，方知为碳质页岩，属黏土质岩，其中含有大量炭化了的有机质，将它水化后与石灰浆混合便构成青灰。希望从事或关心文化遗产保护的人们，在今后的工作中，多关注传统材料和工艺的研究与保存问题。已建立起文物材质实验室的单位，要重视对传统材料的科学分析与总结，以利更好地为保存优秀的文化遗产做出贡献。

四、多学科应用于古建保护的实例

(1) 木构建筑（台北孔庙）防虫、木构件保存工程。
(2) 砖石结构（淡水红毛城）调查检测报告。
(3) 白鹤梁题刻水下保护方案。
(4) 砖塔纠偏工程（都江堰奎光塔）。

(5) 布达拉宫加固工程及壁画保护。

(6) 土遗址加固保护材料研制及效果检测。

五、国际古建筑保护及合作项目中使用的新技术、新材料

1. 先进的文物保护理念是文物保护事业发展的基础

国际文化遗产保护的理念也是随着时间而在变化的。20世纪初是美学价值为主的修复理念占了主导地位，结果造成不少古建筑被改造。到了60年代更重视文物的历史性，这可以从威尼斯宪章的精神体现出来。到了90年代，在1994年奈良的国际文化遗产保护的会议上，又提出在判断文物价值时，要强调自然性。所谓文化遗产的自然性，是指它的文化脉络和时间带来的演变，而保护文物的目标也已不仅在保存、收藏方面，还应包括展示研究成果，呈现文物真实、可信的历史性。正是在这样的理念之下，国外的保护技术和管理也充分地利用现代科学技术，在各个方面有很显著的变化。

2. 先进的文物保护技术

意大利的文物保护、修复工作，可以说是欧洲的先进保护技术和管理的代表，这在前面已有老师和意大利的专家们介绍过了，不再重复。下面我就简要地介绍日本在古建筑保护科学方面的一些进展。

(1) 材质分析方面，已经可以用极微量的样品分析出所需要的数据，如化学分析中有原子吸收光谱，高周波诱导离子(plasma)发光光谱分析，放射化学分析学，有机物的试样分析中有红外光谱分析、紫外线可视吸收光谱(spectral)分析、荧光光谱分析等。分析纤维或染料则用霍氏转换红外光谱分析(FTIR)，气相层析(Gaschromatography)高速液体色系法、薄层色系法等。在电子科技和计算机技术的带动下，分析技术的自动化、数字化及软件处理的进步很大，现已可以采用非破坏性的手法，从极微量的试样中找出多元化的大量信息。

(2) 非破坏性分析。荧光X射线分析法可做非破坏的测定文物的化学成分。有机质的木材、生物、纤维及DNA构造，就可用经过改装的X射线衍射仪测定内部形态和成分。此外还有中子活化分析，是用γ射线测定文物的成分与含量。利用加速器设备，用负电粒子励磁X光光谱分析法，可做高感度的分析。要调查文物材质内部的构造，用得最多的是X光透视。用X光影像处理和电脑处理的是X光断层扫描(CTScan)。用红外线照相能探到已剥落或变质，以至肉眼看不到的一些遗迹。此外还可用红外热相仪来测量古建筑的墙壁或摩崖造像的表面温度的分布情况，探索其中的裂缝、内部构造等。构造和材质不同时，其温度分布也不同。也有用紫外照相来修复壁画、彩画的。

(3) 保存环境的研究。日本的正仓院是能调节天然湿度的古建筑，木材随着干湿程度的不同而有伸缩的现象，因而屋内的湿度也得到某种程度的缓解，而文物国宝是收藏在重重隔间和好几层的收藏箱里，所以几乎不受室外温湿度的影响。一般古建筑内设定的相对湿度为RH:(55±5)%；对古建筑内有壁画的环境，除了控制湿度外，还用滤光剂隔离紫外线的专用荧光灯，以减少文物老化的速度。一般都是采取避免自然光直接照射的措施。

(4) 木构件的保存处理。首先从研究木材的物理性质(主要是含水率)和化学性质入手，

对其强度、韧性和收缩率做出详细的检测分析。对饱水木材的保存处理,基本上是采用聚乙二醇(PEG)浸渍法和真空冷冻干燥法。对大型的文物如船身,则采用常压冷风干燥法。喷洒低浓度的 PEG 溶液,为了缩短处理周期,使用硅酮树脂法,而且处理后还有韧性。

(5) 木构件补强加固用的材料。有多种合成树脂与有机溶剂的"溶剂-树脂法",用来加固腐蚀构件,如甲醇-乙醇-不饱和树脂法。还有用环氧类合成树脂、丙烯酸类合成树脂法和类氰酸盐(isocyanate)类树脂来加固构件。

日本最近还生产一种变性环氧类树脂 site FX(乳液型),是一种水溶性的透气性材料,具有优异的吸脱湿特性,它与水及充填材料如土、沙、SiO_2、木屑等混合后来控制不同强度和吸脱湿性,可作为各种黏结、补强材料,用途广泛,现用来修补泥塑、木材、石雕等。

3. 国际合作中体现出多学科的介入

(1) 敦煌研究院从 20 世纪 80 年代后期,通过国际合作,运用引进的先进技术和仪器,对敦煌石窟壁画和彩塑的病害进行了深入研究,对壁画和彩塑的制作材料及结构性能逐一剖析,对石窟所在岩体的地质结构及其病害成因做了调查分析,对影响石窟稳定的崖体裂隙进行了定时定点观测,对壁画酥碱、起甲等严重病害做了分析,展开了对长期以来无法彻底治愈的严重壁画顽症——酥碱病害的攻关研究,并在重点洞窟进行了治理加固和保护修复。同时还运用引进的技术和手段,对石窟环境进行了研究,对窟区气象环境、开放与未开放洞窟的小环境进行长期监测,对莫高窟风向、风速的变化特征和风沙沙害源头及风沙流的运动规律进行了监测。因大气降水与地表水通过崖体裂隙或园林浇灌入渗,是壁画和彩塑产生病害的关键因素,故对地表水的成分,裂隙渗水使崖体内可溶盐溶解、运移、富积的复杂活动过程,及其对壁画的危害进行了长期检测分析。

在对石窟本身及其环境进行研究的同时,又对其病害进行了治理。许多顶层洞窟长期受风沙危害,窟顶被风沙剥蚀,有逐年减薄的趋势;一些洞窟产生裂隙,长期漏水,直接危害壁画。合作双方经过研究与反复实验,找到了有效治理薄顶洞窟的保护材料和工艺,对治理酥碱、起甲壁画的修复材料和工艺进行了长时间的讨论和筛选。从 1990 年开始采用工程、化学、植物固沙相结合的综合措施,对风沙进行治理,在窟顶建立了一个长 3300m 的尼龙防沙障,用以阻挡和疏导沙粒,在风沙的源头附近栽种了长 2000m、宽 10m 的固沙林带,经过治理,石窟前的流沙已减少了 70%,取得了明显的治理效果。为了减少地表水向洞窟的入渗,对窟前的园林浇灌系统进行了改造。

通过国际合作,运用先进的图像存储与再现技术永久地记录保存敦煌石窟精美的彩塑和壁画信息。同时,使用数字图像,为研究工作提供资料,为旅游者作石窟的虚拟介绍。

通过这种长期的合作,使研究院及时获得了国外新的保护技术信息与保护理念,引进了国外最新的保护技术和手段,积累了大量科学数据和资料,推动了一些难题的突破,并能使所取得的最新成果及时通过国际学术会议发表出去。建立了包括环境监测、岩土分析、材料分析、文物修复等实验室,培养了一支年轻的专业保护队伍,使敦煌的保护及管理工作逐步跟上和接近世界先进水平,在国内外产生了很大的影响。最近合作完成的《莫高窟总体规划》,使敦煌的保护和管理向规范化、科学化前进了一大步(樊锦涛,2002)。

(2) 另一种合作交流形式是通过各国对某一文化遗产的保护而实现的,就像柬埔寨的吴哥窟保护活动。各个国家在实施某一地区某一遗址的保护时,根据自己的国情把他们的经验、方法、技术、材料带到了那里,把各自的理念也融合进去,通过相互参观、交流,使得这项援助计划更有生气。不是互相排斥,而是取长补短,求大同、存小异。不是强行规定,而是通过建议、讨论,取得共识。

当然,这里也是显示本国文物保护水平的场所,因此,各国都不敢轻视。前面已经有人作过介绍,你们不少人还要去亲自体验,在此不再重复。

参考文献

陈志华.我的认识[N].中国文物报,2003-4
樊锦涛.敦煌石窟的国际合作[C].学术会议论文,2002
黄克忠.文物建筑材质的研究与保存[J].东南文化,2003(9):93-96
谢辰生.认真贯彻文物保护工程管理办法[N].中国文物报,2003-5-23
泽田正昭.文化财保存科学纪要[M].台北市:国立历史博物馆,2002
周光召.现代科学技术基础知识[M].北京:科学出版社,1998

文物建筑材质的研究与保存[①]

一、丰富多彩的文物建筑传统材料

文物建筑材料的种类很多,有木材、竹子、砖、石、泥土、琉璃、金、银、铜、铁等,它们都是根据不同建筑结构的需要而选择使用的。什么样的建筑物用什么样的材料,什么样的材料产生什么样的结构与艺术形式,并都要符合力学原理。如木材的性能产生了抬梁式和穿斗式的结构。因此,建筑材料、建筑结构与建筑艺术是不可分割的。建筑材料随着建筑的发展而不断产生、更替组合。它反映了建筑工作技术、建筑艺术发展的进程,反映了各种建筑形式的特点(陈明达,1990)。

古代匠人有"就地取材,因料适用"的丰富经验,不同时代利用不同材料,巧妙加工,创造出各具特色的文物建筑。从原始社会末期,人们就开始以木材作为建造房屋的主要建筑材料;战国、秦汉时期则以木材、砖瓦、陶质材料为主,石料的使用逐渐增多,夯土也被广泛采用;两晋南北朝时期,较多地用金属材料作装饰,如塔刹上的铁链、金盘、檐角、链上的金铎、门上的金钉等;隋唐时期使用的建材更为广泛,包括土、石、砖、瓦、琉璃、石灰、木、竹、铜、铁、矿物颜料和油漆等;到明清时期,用料更为讲究。如砖的生产,根据官窑烧造的不同,有黑城砖、白城砖、青砖之分,至于宫殿的铺地金砖,则专门由苏州设官窑烧造。它选用澄板泥细料,质地坚腻,棱角方正,十分讲究。施工时还需要刨磨加工,烫蜡见光。或用生桐油表面涂刷加固,将墨汁泼洒在砖面上,称为"钻生泼墨"。宫廷建筑所用石料,也是根据建筑部位的不同需要,在全国各地广泛采集石灰岩、大理石、汉白玉、花岗岩、玄武岩等。琉璃的制作也有很大改进,北魏时期的较粗糙,色泽单调;宋、元时期皆用黏土作坯,柴草烧窑,火候低,强度较差;明朝以后以煤作燃料,并用瓷土作瓦坯,挂铅釉,用两火烧出,具有光彩夺目的琉璃宝色。

下面试图从古建筑木材构件、砌筑古城墙的材料、古建筑地基的传统材料、文物建筑使用的加固黏结材料和传统的乡土建筑材料等几个方面来阐述丰富多彩的文物建筑传统材料,以说明古代匠人的聪明智慧。

二、古建筑中使用的木材构件

我国常用的文物建筑木材树种有红松、白松、黄花松、杉木等。因为它们纹理顺直,木质较软,力学性能较好,易得到长材,而且便于加工。但它们有不同的特点:红松质量较好,易干燥,不易开裂,变形性小;白松易干燥,但收缩性较大,干燥后不易变形;黄花松强度高,但干燥较慢,易开裂,特别是在干燥过程中容易产生径向轮裂,它的耐腐蚀性较好;杉木虽强度较低,但耐腐蚀性强,很少受虫蛀。大部分阔叶树,如柞木、色木、桦木、椴木等质密,木质较硬,加工较难,易翘裂,因此,主要用来修配装饰构件。宫殿建筑经常使用贵重木材,最多的是楠木,主要用来做梁、柱和门窗装修。明十三陵墓的长陵棱恩殿用的整根楠木柱,直径达 1.17m,高

[①] 该文原载于《东南文化》,2003 年第九期。

23m。到清代已很难找到粗大的楠木,便用黄松作为主要建材。制作斗栱一般用柏木或楠木、樟木;用杉木制作檩条、圆椽和望板;用樟木制作飞檐椽、翘椽、山花、博缝和雀替;用松木制作连檐、瓦口;用柏木、榆木制作地丁和桥桩;用桐皮槁做鹰架木;室内装修用红木、花梨、铁梨、杉木、椴木等。可见古代匠人在用材上还是很讲究的。

三、砌筑古城墙用的传统材料

距今4355年的河南淮阳平粮台城垣遗址,是用黄土小版筑堆筑法建造。太湖地区发现的夏商古城址——江阴佘城遗址,城墙的堆筑,中心部分是灰色、黑色淤泥,掺少量黄土,土质纯净、黏性好、密度大,作为城墙的核心。其次是大量纯净黄土掺有少量的黑色淤泥,再外层是浅灰色熟土,土质不纯,黏性差,掺有大量红烧土和被人工粉碎的陶片(作为滤水层)。最外层便是就地取土堆筑的棕黄色生土,黏性好。这种筑法已与当今水利工程的土坝相似。战国时期,为加固老墙下部,以木橛钉入已筑好的下层夯土固定。筑好一版后,纴木、橛子、草腰全部打入夯土中。燕南长城则是版筑夯土和毛石垒砌,还有的采用草拌泥夯筑。秦长城中的燕长城,则有石筑、夯土版筑,也有堆土而成的。西汉时期修的河西长城,玉门关,阳关的长城烽燧,位于沙漠、戈壁滩,则用砂砾石、芦苇、红柳枝条等层层叠压而成。到了明长城,则更体现出因地制宜、就地取材的修筑技法。凡是在高山峻岭多石之处,就用块石、片石修筑,凡在黄土地带就用黄土夯筑。遇到绝壁悬崖、河流深谷就利用悬崖绝壁劈削为险墙和劈山墙等(罗哲文,1990)。

四、几种古建筑地基的材料

新石器时代的半坡遗址,地面以下用"红烧土"作防潮层。河南安阳仰韶文化时期的居住地面,黄土下层为一层黑色植物灰烬,其上抹有白色光滑坚硬的石灰质面层,这个灰层实际是碳质防潮层,到商周时期称之为"垩"。偃师二里头商初建筑的基础,是经过普遍垫土夯筑的,厚约3.1m,地基很深,地下水位下有三层大砾石。秦咸阳宫一号宫室基址共有四层,最下部是夯土,其上为红烧土颗粒,防潮层厚15cm,第三层是5～11cm的滑秸泥,第四层是6cm的细糠泥,最上表面层为类似菱苦土,上有朱红色光泽,古文献称之为"丹地"。

西汉长安明堂辟雍遗址的地基做得更为考究,最下层是150～170cm的夯土地基,上垒砌六层土坯,厚65cm,土坯上垫3～4cm填土,再上铺方砖。室内在夯土地基上还铺35～60cm厚的砂层,上铺0.5cm的木炭层,上砌土坯一层,垫席一道,再砌土坯一层,再铺0.5cm木炭,再砌土坯四层,最上层的地面是在土坯上抹2～2.5cm的麦秸泥,共达八层(杨鸿勋,1987)。

五、就地取材的传统乡土建筑

贵州安顺屯堡民居位于山区,石头屋面、石头墙、石头地面、石头巷,这些以石料营造的防御式住宅,主要适应当地特殊的环境和要求,尽量做到将装饰和结构相结合,创造出这种既朴素宁静又华丽活泼的屯堡建筑艺术。

新疆维吾尔族人称为"库夏木"的建筑,由于当地缺少泥土,不能用土坯,则是以木结构的柱,水平或垂直隔栓及斜坡三角支撑。支撑之间用芦苇篱笆做墙面,两面用草泥抹面。屋顶为平顶,用栓、隔柱、圈梁作骨架,其上放一层用柳枝编的席子或芦苇纺织的篱笆,上铺麦草,再复泥。早在尼雅古精绝国就是这种做法,流传至今。

浙江永嘉的工匠根据城墙、寨墙、院墙、防墙等不同要求,选用不同石料,创造出不同砌法,它们既实用,又美观。土楼、土堡是明清时期的客家移民迁到福建的,闽中南山区民居与沿海平原地带民居在材料、结构体系、型制、施工技术上均有明显差异。沿海平原地区的土楼用的材料为红砖、红瓦、大块花岗岩、木材。山区土楼用材是生土、灰瓦、木材、碎山石(傅晶,2000)。

六、加固、黏结材料

先辈们在文物建筑中使用的黏结加固材料也是十分广泛的,属于植物类的有:天然橡胶、大豆蛋白胶、菜胶(龙须菜、鹿角等)、树胶(松脂等)、桐油、大漆、糯米浆、杨桃汁、藤汁、淀粉等。属于动物类的有:骨胶、鹿胶(鹿筋角)、皮胶、鱼鳔胶、虫胶、牡蛎壳、血料(猪血)等。属于矿物类的有:白矾、白灰浆、黏土、料礓石、火山灰等。秦朝就以糯米与灰浆作为长城基石的黏合剂。台湾南投石冈有一座桥被称为"糯米桥",它是由花岗岩砌筑,用糯米汁和红糖作为黏合剂的石桥。漆树汁经过氧化会引起聚合作用,秦汉时期就用来作为木构建筑表面的胶结材料。桐树籽经压榨加工成的桐油,也是常被应用的胶黏剂,把它与石灰混合后称为"水丹",作为一种传统的防水、防渗漏的灰泥。唐代以后在砖塔或宫廷建筑中使用石灰加糯米汁来勾缝。唐代的安阳修定寺塔的勾缝黏合剂则是用石灰掺入料礓粉(钙质结核研成的粉)混合而成,至今其力学性能仍十分强固。南方石墙的勾缝材料是用1∶2的白灰砂浆,内掺杨桃汁、藤汁、江米汁等,用以防渗水。宋代海州(今连云港)的建筑用糯米汁掺铁渣勾缝。战国至东汉时期的广西花山岩画,是用矿物颜料调入新鲜树液绘制,树液中的松柏醇在自然条件下产生发酵和缩合的过程,后转变成木质素(存在植物蛋白),使岩画的颜料能保存至今。

七、文物建筑的保护需要现代科学的介入

在维修文物建筑时,最理想的当然是用传统的原材料、原工艺。但有些传统材料越来越少,如高而粗的木材,坚硬致密的澄泥青砖,年代久远的绳纹瓦等,要使用这些原材料和原工艺已相当困难。此时就有必要使用现代技术制作的替代材料或对原材料进行补强加固。前期,需要对原材料的化学、物理特性有相当的了解,对它们进行必要的分析、研究,并了解其制作工艺和修复技术。然后用必要的现代材料和技术对原材料与工艺进行改善,补强或必要的淘汰。例如:用合成树脂粘接、强化已腐朽或被虫蛀而脆弱的木材;用真空练土机和液化石油气,超过1200℃烧制温度的瓦窑,烧制出高密度、吸水率低的高质瓦。

在西藏布达拉宫、罗布林卡、萨迦寺等重要寺庙建筑中,普遍用阿嘎土作为屋面材料,它起到了遮蔽风沙雨雪、保温隔热的作用。这是根据当地气候条件使用当地特有的材料和独特的施工工艺,形成了与藏式建筑相协调的不可分割的部分。阿嘎土是一种风化的微晶灰岩,主要矿物成分泥晶方解石,化学成分 CaO 占 42.83%,SiO_2 占 14.66%,含少量黏土矿物(伊利石、高岭石)。由于环境变化,近年雨水增多。阿嘎土作为屋面主体材料及工艺方面显出其弱点:刚性地面易开裂;防水功能差、易渗水;层厚体量重,促使下部木结构建筑构件变形下沉;每年需要维修,占用大量劳力和经费。因此,在最近的维修工程中,对阿嘎土改性,提高其防水性能,增强柔性,是保护古建筑,节约增效的重要措施。在保留其地方特色,仍以阿嘎土为原材料,沿用传统夯打原工艺的前提下,进行了改性阿嘎土的试验研究。主要以符合标准

的防水性,具备足够的柔性、适当地提高强度和相互匹配的柔和性为目标,进行了大量的室内和现场试验,结果研制出改性阿嘎土,柔性防水层和表层防水抗渗剂的系统配套材料与施工方法。获得鉴定论证、批准后,已在维修工程中实施①。

新疆交河古城的保护也是将传统材料、工艺与现代科技结合的一个例证。组成交河古城的生土墙基是第四纪冲洪积沉积物,土层不均质,含沙量大,强度低。版筑泥墙就是用此土料建造,因此遗址风蚀严重。在进行遗址加固时,要保持原材料、原工艺前提下,设法将当地的钙质结核(碳酸钙)加入土中,起胶结固强作用。经对比试验,其抗压强度提高近1倍,并形成结合紧密的结构骨架。遗址表层风化严重的部位,喷涂 PS 无机材料进行加固,有效地抗阻着风蚀的破坏。甘肃敦煌与宁夏西夏王陵等大量土遗址,通过使用 PS 无机化学材料、有机硅与丙烯酸等材料对土遗址进行裂隙灌浆及表面喷涂加固等措施,达到保护土遗址的目的。

也有使用新材料代替传统材料不成功的例子。油饰彩画是中国古建筑的重要组成部分,是具有中国特色的建筑装饰艺术,这是在几千年的建筑实践中,将木结构的防腐与装饰有机地结合在一起的传统技术,使用油漆的传统材料是光油及大漆。但是20世纪50年代末期以后的古建筑修缮中,为了工程进度快,省工省钱,开始大量使用化学油漆。但其色泽不庄重,缺乏古建筑的韵味,更差的是易褪色、失亮,产生开裂、暴皮、脱落。稳定性差,易老化,使用期缩短,甚至有的仅半年就出现上述病害。近年经过北京的专家呼吁、领导重视,提出恢复传统光油工艺的举措。在总结古代文献记载的材料、工艺基础上,某古建公司经过大量工艺实验和配方筛选(张自成,2003)。选用古代光油原材料:桐油、苏子油、陀僧、土籽等,形成了一套光油制作方法。实践证明,传统油饰表面光亮、平整、色泽柔和,油膜质感明显,不易褪色,且有延展性及弹性,不易开裂、暴皮及脱落,性能稳定,耐老化等优点,使用期超过5年。

目前,在不少考古发掘报告、古建筑保护论文或文物建筑维修工程报告中,对一些传统材料缺乏科学的定名,如青膏泥、黄泥、石粉、青灰、黑矾、红土子、青丹、红丹等。读者不知是什么物质组成,很少有检测的数据,这对继承和发扬传统材料和工艺很不利。作者曾对青灰的成分多方询问,却不得其解,后见实物后,方知为碳质页岩,属黏土质岩,其中含有大量炭化了的有机质,将它水化后与石灰浆混合便构成青灰。希望从事或关心文化遗产保护的人们,在今后的工作中,多关注传统材料和工艺的研究与保存问题。已建立起文物材质实验室的单位,要重视对传统材料的科学分析与总结,以便更好地为保存优秀的文化遗产做出贡献。

参考文献

白丽娟.故宫的基础工程[J].古建园林技术,1996(2):38-44
陈明达.中国古代木构建筑技术[M].北京:文物出版社,1990
傅晶.闽南及闽中土楼初探[J].建筑史论文集(第11辑),2000
高国瑞.灰土增强机理探讨[J].岩土工程学报,1982.4(1):113-117
李最雄.李最雄石窟保护论文集[M].兰州:甘肃民族出版社,1996
刘景龙.龙门石窟保护[M].北京:中国科学技术出版社,1992
罗哲文.中国古代建筑[M].上海:上海古籍出版社,1990
杨鸿勋.建筑考古学论文集[M].北京:文物出版社,1987
张自成,等.留住传统[N].中国文物报,2003-1-31

---

① 中国文物研究所,北京凯莱斯建筑技术公司.西藏布达拉宫层面修缮及阿嘎土材料的改性,2003。

没有规矩　不成方圆

——写在《古建筑防工业振动技术规范》国家标准实施之际[①]

《古建筑防工业振动技术规范》已于 2009 年 1 月 1 日实施,经过 3 年的课题研究、5 年规范编制的磨炼,终成正果。因笔者参与了规范的起草,有些感受说出来,也许可以起到沟通、交流的作用。

记得在 20 世纪 80 年代末,因焦枝铁路修建复线要通过龙门石窟的保护区,文物部门与铁道部门的领导在一次会议上,谈起铁路运行振动对石窟的影响时,文物部门有人提出要求振动为零。当时铁道部门的一位领导笑着说,除非火车、汽车都不开,即使这样,还有行人、地脉动等仍有振动值,你们文物部门能提供出一个标准值,我们才能做出设计。为了找到铁路建设与石窟安全评估的可靠依据,双方联合进行了大量的现场测试工作,还请来公安、工程通信兵、地震监测等部门,阻断交通进行剖面测量。在取得了大量实测数据的基础上,邀请中国科学院力学研究所、铁道科学院、工程兵研究三所、中国水利水电科学研究院、交通运输部科学研究院、国家地震局等单位的振动、爆破、地质、铁路及文物保护、考古等方面的专家,共同研讨。在当时没有标准、规范可参照的情况下,只能凭专家的经验,再参考其他部门和国内、外的一些规范,规定出允许振动速度阈值、铁路施工及运营期对石窟影响的评估方法。从协商、争论、三次大规模的测试、制定出有关标准,到修改设计、开始施工,长达 6 年。使铁路建设推迟,受到较大的经济损失。随着大量的轨道交通,高速公路,尤其是地铁在各地迅猛的发展,建设部门与文物部门都意识到,如果没有相应的规范与标准,今后仍会遇到这类问题,对双方都不利。促使有关单位考虑,需要尽快编制出这方面的规范。当时的国家计划委员会将此项任务交给了中国兵器工业第五设计研究院微测振研究所,并由建设部科技司主管。

此规范体现了我国政府对文化遗产进行科学保护的举措,对经济建设也起到有法可依的促进作用。就以地铁建设为例,我国的城市轨道交通建设速度居世界首位。据建设部统计,15 个城市近期建设规划了 61 条线路,共长 1700km,目前已开工建设超过 1000km。据预测,到 2020 年,我国将有 30 个城市发展以地铁为主的城市轨道交通。北京地下空间建成面积已达 30km^2,到 2020 年将达到 90km^2。由于地下工程具有投资大、施工周期长、施工项目多、施工技术复杂、不可预见风险因素多和对社会环境影响大等特点,地下工程是一项高风险的建设工程。更因规模大、发展快,技术和管理力量难以充分保证的客观原因,施工单位对地下工程安全风险的认识不客观,风险管理不科学,风险管理投入不到位的主观原因,所以地下工程建设中,事故频发,形势非常严峻,令人堪忧。北京地铁 5 号线雍和宫段施工时,就出过问题,究竟古建筑受到哪些影响,当时没有进行监测。目前地铁风险管理相关技术控制规范不够全

---

① 这是笔者在 2009 年写给《中国文物报》的文章,距今已有五年多,情况已发生很大变化。仅以地下轨道交通为例,其设计理念与施工技术已有显著进步,人们对文物保护的意识也有不少提高。再加此规范是首次编制,不到之处,在所难免。因而修编此规范,实属必然。据笔者了解,有关部门正在准备修编规范。据潘复兰先生介绍,她已申请这方面的多项专利,并获批准。她正在写关于这方面的论文在国际刊物上发表,并已得到国际标准委员会的关注。我相信,随着时间的进程,规范的修编工作,一定能实现。也希望有关各方专家,集思广益,积极参与到此项事关基本建设、国计民生与文物保护的重要工作中来。该文原载于《中国文物报遗产保护周刊》,2009 年 1 月。

面,如地铁施工及运营振动的控制标准是用噪声分贝数值,它对文物建筑的影响,根本就没有意义。西安的地铁建设规划中,地铁要从东西南北4个方向穿过城墙,而用新公布的规范标准恒量,它已超过指标,将会对古城墙带来危害。再如,地下工程施工地面沉降控制标准的取值,对古建筑来说就偏低。

此规范的编制是建立在大量实践研究的基础上,对130多处古建筑结构的动力特性、响应、弹性波传播速度等进行了现场实测和收集,共取得时程曲线11 000多条;对火车、汽车、地铁等主要工业振动在土层中的传播和衰减进行了样本采集,测线总长达160km;对弹性波在古建筑材料中的传播速度、动弹模量、疲劳极限(设定疲劳次数为1000万次)等进行了390多个试件的室内试验,共获得曲线4100多条。规范的重点内容和特点是:

(1)给出古建筑结构的容许振动标准。提出以疲劳极限作为古建筑结构容许振动标准的依据。当最大往复应力小于疲劳极限时,无论往复多少次,材料或结构的变形达到一定值后就不再继续增长,也不会产生疲劳破坏。根据这一特性,将古建筑结构的最大动应力控制在疲劳极限以下,即使经过长期往复运动,古建筑结构不会产生新的裂缝,已有的裂缝也不会扩展。这也是该规范的创新之处。

(2)进行古建筑结构动力特性和响应的计算。由于古建筑结构长期经受风雨侵蚀,其质量、刚度变化甚大,很难计算出准确的数值。本规范根据130多座古建筑结构的实测、分析,得出不同类型、不同材料、不同高度古建筑结构的质量和刚度参数,它反映了古建筑结构的体形特征、质量和刚度分布以及材料等对动力特性的影响,能较好地符合实际,并根据古建筑特点建立的力学模型计算出古建筑结构的动力特性,与实测结果基本吻合。还提出古建筑砖石结构、木结构的响应计算,是采用振型叠加法。

(3)对古建筑结构现状的判断,是采用测试弹性波在古建筑结构中的传播速度,以此作为确定古建筑结构容许振动指标的依据之一。根据对不同年代、不同材料、不同环境的各类古建筑结构弹性波传播速度的大量实测,并与古建筑结构的现状进行了对比分析,结果表明:弹性波传播速度能反映古建筑结构的现状。

(4)在工业振动对古建筑结构影响的评估中,规定了评估时确定古建筑结构速度响应的两种方法:计算法和测试法,以及评估的依据和步骤。

(5)在计算古建筑结构的动力响应时,必须考虑工业振源频率随距离的变化。规范中提出了火车、汽车等工业振源在黏土、淤泥质粉质黏土、粉细砂、砂砾石等土层上不同距离处振动速度和振动频率的统计数值和计算方法。

由于文物古迹的种类和材质种类多,此规范适用的范围为木结构、砖石结构的古建筑以及石窟寺,其他如古桥梁、古遗址、古墓葬等防工业振动规范,有待今后完善。

规范编制单位在前期进行课题研究时,对大量古建筑结构进行了测试,并获得了每个古建筑的动力分析模型及参数,对古建筑保护是有用的资料。据了解,他们在完成规范编制后,不再继续此项研究工作。文物部门在今后使用此规范时,既需要应用上述研究成果,还需要做些培训等完善后续的研究工作。

工业振动对古建筑的影响,是一个全新的、跨学科的、难度很大的课题(专家论证会鉴定意见用语)。此规范的发布,不仅对文化遗产保护与经济建设带来重大影响,还将在国际上确立我国在这一领域的理论与实践的领先地位,会引起有益的反响。

浅议文化遗产地的监测工作①

近年国家文物局颁布了《中国世界文化遗产监测巡视管理办法》，逐步建立起国家、省、市三级监测巡视体系，并开始启动世界文化遗产管理动态信息和监测预警系统建设的试点工作，在一些专业领域实施监测培训项目等。文化遗产地监测与辅助决策、文物风险预测与控制等也已列入了"十二五"文化遗产保护规划中，说明我们对监测工作的重要性和必要性的认识，已从理性认知转入付诸行动的阶段。

笔者通过多处遗产地监测项目的考察及有关监测方案的审核工作，看到不少遗产地监测经历了一个从无到有、从简单到复杂、从直觉判断到系统化、从被动到主动的过程。有些单位已经能做到将监测作为日常工作的组成部分。例如敦煌研究院，除了对莫高窟区域大环境及洞窟小环境进行长期的监测及评价外，还对莫高窟的周边风沙运动规律、壁画颜料色度、岩体裂隙位移、洞窟内岩体水汽运移、游客管理等项目进行了有序的监测与分析评估。其监测成果为洞窟的壁画病害形成机理分析和壁画保护修复提供了科学依据。但是，遗产地监测工作的建设很不平衡，不少单位的监测工作尚处于起步阶段。现针对发现的一些问题谈点看法，为完善今后的监测工作提出一些建议，供大家研讨。

一、监测的目的性

由于对预防性保护的管理意识淡薄，一开始就将精力放在对文物本体的干预保护上，对监测工作的重要性认识不足，将监测当成任务去执行。因此有的遗产地对监测什么，监测后有什么用，认识都还比较模糊。

要树立以文物安全的保存环境为主的保护理念，监测是预防性保护的需要。通过对遗产地环境的有效监测与控制干预，最大限度地防止或延缓文物的损坏，达到长久保存文物的目的。文化遗产的风险评估，控制文物病害的发展，改善文物的保存环境与参观环境的协调等，都需要监测的数据作为依据。因此，监测是遗产地管理机构对文物保护、管理做出决策的基础支撑。

二、监测的内容、方法和要求

由于遗产地的类型多，所处的环境差异大，保存现状与病害不同，管理的条件也有差别，因此每个遗产地的监测方案会有很大的差别。

从监测的内容看，目前用得较为普遍的是安防、消防的监测，气象与污染物的监测，其他还有对文物本体的现状与病害的监测，减灾、防灾的监测，与管理相关的监测（包括保护范围与监控地带建设动态监测、保护规划执行情况的监测及游客管理的监测等）。是否每个遗产地都需要监测这些内容，还应根据需要逐步实施，不宜统一要求。建立一套完整、合理的检测

---

① 该文原载于《中国文物报遗产保护周刊》，2011年2月。

体系,要因地制宜,针对不同的文物本体和环境现状,制订合理的监测要求。

监测的项目也因文物对象的不同而有所侧重,敦煌莫高窟主要针对脆弱的壁画与彩塑,因此需要对窟内外的环境现状进行同步实时的无线监测,尤其对窟内的有害气体,需要高精度的仪器设备精确测量;而对云冈洞窟内的石雕,环境监测的重点,除了空气中的温度、湿度外,还要监测岩石表面及内部的温度,为了控制凝结水病,需要监测露点温度。再以地震监测为例,岩土类文物建筑与木构建筑的监测内容、方法、仪器有很大的差异。前者要进行对构造断裂带及载体主结构面的监测,附属构筑物(如窟檐、栈道)沉降、开裂监测,地下水动态监测等。而对应县木塔的木构建筑,则要针对木塔结构的现场应力、变形、位移和振动进行测试,除了自然地震条件下的监测外,还需对环境脉动和人工激振等反应性进行监测,以确定木塔的固有频率、位移、振型、振动阻尼比、传递函数、节点耗能比及层间刚度值等参数。因此,需要对遗产的不同类型分别编制监测规范、标准。

三、提高监测数据的分析能力

不少遗产地对监测的数据缺乏归纳、整理和分析,尤其是如何以此来指导保护措施及改进管理现状,能做到这一步的单位不多。例如,以莫高窟崖顶气象环境监测为依据,建立了莫高窟风沙危害综合防护体系,有效解决了莫高窟前积沙的难题。

此外,对取得数据的可靠性,也缺少严格的规章制度和检查、审核办法。看到的数据缺乏动态监测的连续性,甚至还有弄虚作假的现象。有的地方设立了气象站,但站内杂草丛生,如此环境下,得出的数据资料准确度会受到很大影响。

文物的损坏是受到多种环境因素并存的影响。这些因素叠加对文物所造成的破坏是极其复杂的加速影响。随着文物保护意识和科技的发展,监测工作也在飞速发展,在常规监测的基础上,逐渐将 GIS、GPS 系统引入监测中,实现生态环境信息分析的空间与属性信息一体化分析与综合处理的功能,形成智能化决策和控制网络,更会有大量的数据需要处理与分析。如果连上述的基本功都掌握不好,怎能跟上时代发展的步伐。

四、对监测的效果进行评估、追踪

如何在监测工作的基础上建立起一套评估制度,这是很重要的一个环节。例如对汉阳陵遗址博物馆内封闭的遗址区的监测发现,其空气湿度(RH)达到 98%,且稳定,但土遗址仍然开裂,通过分析评估,认为水分循环只能从土壤到空气,无法从空气到土壤。这就指导了下一步监测的重点以及保护措施。

从评估的程序考虑,首先要了解监测的目的、对象、监测内容、方法和监测资料。评估的内容除了上述提到的几个方面外,还要对管理的方式及存在的问题做出实事求是的评价。在此基础上建立起评估指标体系,提出评估方案,经审核批准后,以开展现场调研与座谈相结合的方法,写出评估报告,并提出改进建议。

五、加强管理指导

在整个监测的管理过程,需要不断地研究存在的问题,改善、调控监测的措施,使监测工作逐渐走向制度化、规范化。即使规范中提出的要求、指标,也不能硬性照搬、机械地执行,还要考虑文物长期所处环境的适应性。通过对监测数据的分析与评估,要研究被监测对象需要采取何种措施。例如对遗址博物馆环境,需要防什么,解决什么问题,达到什么程度等,在此基础上,布置的监测工作才会有的放矢。有的地区温差极大,紫外线极强,普通的电信设备在野外很容易出现故障,塑料皮电线一两年就老化,裸露出铜丝,说明管理部门在选择设备时考虑不周。某些遗产地的基础设施很差,技术人员配备尚未落实,就急忙上报一套先进的遥控监测设备的方案,以为这些仪器设备就可代替日常的管理工作。殊不知这些设备需要高素质的人去管理、操作和维护。即使在世界遗产地安置一些先进的遥控视频设备,不到两年,有的也会不再工作,说明当地在人员配置、业务培训、设备售后服务等方面存在缺憾,是个值得思考的问题。

遇到遗产地存在洪水、地震、滑坡、水电站蓄放水等问题时,如何争取纳入到国家的防灾减灾预警系统内,建立共享监测成果的协调机制。

总之,一个理想的遗产地监测系统,是要参与到建立起一个环境质量、文物自然劣化(病害)、突发灾害、人为破坏等风险因素的识别、分级、预测、评估和控制的综合体系中,由基础地理、环境监测、文物状态、图像存储、安全防范等构成的数据库,形成文物预防性保护及辅助决策技术支撑体系,提高管理的信息监测、动态管理与辅助决策的能力。也许,这是我们努力的方向吧。

读《石质文化遗产监测技术导则》中文版有感[①]

首先要对在百忙中抽空翻译德文版的石质文物保护方面书籍的译者戴仕炳教授等表示钦佩和赞扬。除了信息传播、学术会议交流外,专著也是十分重要的学习与交流的渠道。在我国通晓德文又熟悉文物保护的人才太少,此书的出版尤显珍贵。

目前全球环境污染与恶化,已被各国关注并着手共同治理。但暴露在室外的石质文物的劣化进程在加速,已到需要抢救的地步。因而,研究防止其劣化的防护材料也不失为重要的手段之一。我国不少地方的文物保护工程,也在使用德国生产的各种保护材料,因为其性能的有效性及可靠性,是具有优势的。近40年来,欧盟尤其是德国、意大利在石质文物保护理念与实验研究水平,监测与检测技术等方面有巨大的进展。与我国文物保护机构及人员的合作交流也越来越多。从2008年开始,由德国在石质文物保护方面有建树的10个单位科学家组成团队,联合进行"环境污染对石质文物影响—长期监测风化和保护的方法、标准与发展"研究课题,着重研究在文物上使用保护材料后出现的有待处理的问题。他们对合适的研究方法、评估保护措施是否有效的标准和如何应用这些方法的知识等方面,获得了详细、科学的成果。在此基础上编写成了这本导则。

本书虽然是以监测技术导则为题,但其内容除对保护实施效果的有效性进行评估外,同时还对使用材料的可能性与局限性进行评估,其中介绍了多种监测、检测的方法。在实施写作之前,他们做了充分的准备,如研究方法的标准化、可行的质量评估体系和档案记录标准格式等。他们将跟踪保护的效果提高到未来的保护策略的高度,很受启发。当前我国的石质文物保护修复工程,如何保证质量和可持续性,也需要研究过去实施的保护措施是否得当、有效,存在什么问题。因而,非常赞同本书的副标题:"跟踪和维护是未来的保护策略"。跟踪以往所做过的文物保护维修项目,意味着要连续不断地对它进行监测,记录它的变化,判断文物是否需要小修小补,还是要全面修复。要求对维修的对象及环境,使用的防护材料与实施工艺有详细的了解,对实施效果要进行严格的检测评估。监测的目的是为了延续文物的"寿命"而采取适当的保护对策,这些措施既要保证质量,又要有可持续性。

在如何对各种保护修复方法进行评估方面,书中作了详细阐述。主要依据是连续至少10年的历史修缮档案记录,并要有资质的施工质量保证。评估内容包括:憎水处理后的耐久性,硅酸乙酯固结的耐久性,合成树脂(丙烯酸酯、环氧树脂)在固化、裂隙修复、修补中的耐久性,丙烯酸树脂渗透性、无机材料修补的长效性,以及勾缝材料、清洗材料、排盐材料、作为保护层和耐磨层的涂漆与清漆等。同时引用了大量实践案例来证明其有效性、持久性与存在的弊病。通过上述研究成果,可以确定哪些是必要的措施,哪些是不必要甚至是有害的措施。早期诊断出病害的过程,能及早进行预防,避免出现大规模的病害,投入更多的精力与财力。

书中还介绍了一些常用的检测方法,不一定非要是高科技手段,一些简单方便的方法如

[①] 该文原载于《石质文化遗产监测技术导则》序。

毛刷、胶带等测试方法，同样有效、实用。我们也经常使用超声波仪、红外热成像仪、岩石贯入阻力仪、卡斯特瓶、偏光显微镜、扫描电镜等检测方法，但是缺乏操作标准的统一规定，往往看到某个实施报告或论文，各说各的。只有统一规范了测试方法与标准，其成果才能有可信度并可进行有效的比较。再联想到我们的一些遗产地将监测工作与预防性保护几乎是划等号的想法，用了很多的监测设备，但缺少对数据的分析，找出原因、研究对策，更忽视了过去对石质文物实施保护后的跟踪与评估。没有总结出哪些监测方法是实用、可靠的。没有对这些保护措施的有效性、持久性进行细致和科学的评估，以指导我们今后的保护策略。另外，通过本书大量实践案例说明，保护材料对保护石质文物是必不可少的，但要像德国科学家那样，在大量实践的基础上，使用有效、实用的监测和检测方法，对以往实施的保护工程进行追踪、评估、总结，以指导我们未来的保护策略。译者还在书后附上专业术语中德文对照表，为读者提供了学习、交流的方便。11个案例分析，更增加了导则的可读性，以及实施过程中要考虑的方方面面的问题。当然，这是在德国的实践案例，我们要领会其理念与精神，在保护方法与监测、检测技术上，还要结合我国的实情进行筛选与创新，尤其在预防性保护中，除了化学的方法外，还要考虑综合使用物理、生物等其他方法。

　　总之，看过这本导则后的感言，也许不全面、不准确，但有一点是肯定的，德国科学家在石质文物保护方面的理念，保护实践与保护方法上严谨、科学的精神，确有许多值得我们学习、借鉴的地方。

中国文化遗产保护的国际合作①

一、中国文化遗产的保护需要国际合作

"和平与发展已成为当代社会的主题,尊重历史,继承优良传统,弘扬民族文化正在成为人类共同的价值观念。中国优秀的文物古迹,不仅是中国各族人民的,也是全人类共同的财富,不但属于今天,更属于未来。"②

"我国作为一个文物大国,文物分布范围广、数量大、种类多、保存修复难度高。与此相比,我国现有的文物从业人员不仅数量少,而且水平尚待提高,特别是由于普遍对国际上先进的文物保护理论、保护方法、新技术和新材料的运用以及学术动态了解不多,拉大了我国与世界上文物保护先进国家之间在文物事业发展上的差距。"(郑欣淼,2001)

改革开放以来,我国通过政府间、联合国教科文组织、社会团体、科研机构、企业财团、友好人士等广泛的合作交流,给中国文化遗产的保护带来了实实在在的好处。形式多样的合作中开展了文物保护研究项目、学术交流活动、文化遗产管理、人才培养、基础设施和科研设备的建设等内容,对我国的文物保护科学、加强文化遗产管理、提高人员素质、改善基础设施有很大的推动。在科学保护的一些领域有重要的进展,同时也扩大了我国文物保护工作在国外的影响。

中国的文化遗产有其独特的魅力。在有效的保护实践中形成了一套成熟的保护方法,初步形成了符合中国国情的文物保护理论,但是这不影响我们与国外的合作交流。通过交流,才能做到彼此了解,取长补短。事实证明,国外有益的文物保护理念、先进的管理经验、科学的保护方法和技术、材料与档案记录等,都是值得我们学习和借鉴的。

二、总结成功的合作经验,吸取失败的教训

成功的国际合作应具备必要的条件,它由许多相互联系的环节组成,不能缺失。要有一个符合实际、可持续发展的合作计划,有双方可以信赖的项目负责人,能够双方沟通、互相尊重、信任,有一批善于学习、勇于实践的青年人才,能得到主管部门的支持和资金投入,有值得推广、得到双方认可的保护理念和技术或有待解决的难题等。

以下仅介绍几个被普遍认为是成功的合作项目。

国际古迹遗址理事会中国国家委员会(ICOMOS·CHINA)开始组织编写《中国文物古迹保护准则》(以下简称《准则》)时,为了吸取国际文化遗产保护方面的有益经验,于1997年10月,中国国家文物局与美国盖蒂保护研究所和澳大利亚遗产委员会签订了此项目的合作协议。合作的方式主要是三方对中国、澳大利亚和美国的文物古迹进行考察,根据考察所得到

---

① 该文为敦煌莫高窟第二届国际文物古迹保护学术研讨会发言稿,2004。
② 国际古迹遗址理事会中国国家委员会(ICOMOS CHINA).中国文物古迹保护准则[S].2000。

的认识,围绕《准则》进行深入的讨论,多次的讨论都是充分地结合了考察实际,热烈而深入。例如:在讨论到对古建筑的改造(修缮)程度时,一些外国专家认为中国对古建筑的改造过多,而中方专家则认为中国是以木结构为主的建筑体系,木构件如梁柱、斗拱、椽望等缺失的一定要补配,它们关系到整个建筑的存在。外表要随色做旧,与原来古建筑的色调一致,要将花纹、彩画做得与原来的相同,这样做也同时为了保护木构件的需要。应该说这符合并不因时空的变化而保持真实性、完整性的准则。又如:在金属修复技术方面,中、西方的观念、修复方法都有不同,修复后的效果也不同,一种是要求恢复到原来的文物崭新的面貌,而中方要求修复后保留它的古朴、沧桑感,这些做法与中国民族文化传统有关。讨论中卓有成效地克服了语言的障碍,都充分理解了各方所表达的意见,尤其是对一些理论的概念性抽象语言取得了共识,对国际公认的文物保护工作应当遵循的共同原则和中、澳两国根据本国实际制定的《巴拉宪章》《中国文物古迹保护准则》产生了共识。中方采纳了美、澳方的有益建议,吸收了《巴拉宪章》文本制定成功的经验,写进了《准则》。如:为了真实、全面地传递文化遗产的价值,要对它进行价值评估;要严格按程序工作,避免造成失误;重视管理和展示,但要使利用与文化遗产的价值相容,要更有利于保护;做好科学的档案记录等。

同时,《准则》也体现了中国的特点:它与法规紧密相关,体现了"保护为主,抢救第一,合理利用,加强管理"的方针,它是法规范围内专业性、技术性的规则;将文物古迹在当今社会实际存在的文化价值,认定为历史、艺术、科学三大价值;保护理念更重视保护工程,对技术运用原则的规定比较严密;坚持文物利用以社会效益为主,同时对可能产生的经济效益作了规定,对复建、迁建等问题作了严格的和实事求是的规定等。

为使《准则》更全面地反映中国文物保护的实际情况,更具有指导性和权威性,中国国家文物局专门成立了多专业的资深专家组成的顾问组进行审议,组织有实践经验的第一线文物工作者进行广泛讨论,听取意见,多次修改。

由于《准则》对法规进行了专业性、技术性的阐述,它将成为中国文物古迹保护的行业规则,现已在各地流传、应用。近年的合作过程中,对制定的《莫高窟总体规划》与即将完成的《承德避暑山庄及周围寺庙管理总体规划》,依照《准则》规定的程序和原则,对文物古迹多方面的价值和现状逐项进行调查评估。依据评估的结果,确定管理目标和实现管理目标的原则。最后制订保护、研究、开放、展示陈列、日常运行管理等多项分目标,以及完成目标的对策。这种文化遗产和重大项目的管理方法,培养了广大职工科学保护的观念,现在已被这两个单位的保护人员所接受,并运用于工作之中,推动了他们保护和管理工作向规范化、科学化迈进,改变了过去不够科学的管理方式,建立起文化遗产管理的科学模式。

合作三方分别属于亚洲、北美洲、澳洲,彼此的政治、历史、文化背景有很大差别。三方合作的成功表明,保护文化遗产是世界人类进步的表现和共同要求,在保护文化遗产方面进行多国和多种组织的国际合作具有广阔的前景(张柏,1999)。

敦煌研究院与美国盖蒂研究所保持了长达14年的稳定合作关系,其成功的经验值得总结推广。第一,合作的双方都在文物保护方面有成功的建树和良好声誉,项目负责人都是经验丰富、责任心强、有创新精神的领导者,参加项目的人员也都是有丰富实践经验、能独立思考、勤奋工作、有责任心的高素质的年轻人,双方能交流与对话。第二,在选择合作的内容上,能够有明确的目标,选择保护中亟待解决或久未解决的难题。如壁画和彩塑疑难病害的成因和机理,莫高窟的气象、风沙、渗水、崖体稳定等环境因素如何影响文物的保存。第三,注意加强国际合作的管理,由于双方的思维方式、保护方法不同,合作开始阶段经常发生不协调,甚至产生误会和矛盾。双方共事相处的时间短暂,当时的交通运输条件差,如抓得不紧,就会使项目进展迟缓,难以深入,甚至影响到合作的继续。为此,在一年两次的共同工作时间,提出明确的任务,做到全面安排,及时检查、沟通和协调。第三期合作项目完成后,还专门聘请中外专家对项目进行全面评估,及时总结经验教训。这样不仅提高了合作的效率,保证项目的顺利、健康发展,而且形成了互相尊重、互相信任、坦诚相见的氛围,增进了双方的理解和友谊。第四,不断注意引进和更新保护技术方法,如颜料分析从常规的X射线衍射仪、电子显微镜、偏光显微镜,逐渐发展到探索无损伤的检测分析。环境监测从气象要素的监测发展到微观水汽运移研究。在对第85窟酥碱病害治理这一具有挑战性的保护研究课题中,引进了先进的监测方法、保护技术及档案记录模式,并已取得突破性进展。第五,把人才培养放在重要位置,不仅将中青年专业人员送到国外学习、进修,而且特别重视在国际合作的实践中培养和提高他们,通过国际合作与培训,极大地提高了研究人员的素质,推动了敦煌保护研究工作的发展(樊锦涛,2002)。

陕西省文物保护的国际合作,由1989年的中国国家科委与联邦德国研究技术部签订协议,列入中德两国政府的合作项目。10余年来,在陕西省文物局的直接领导下,陕西省考古研究所与德国美因兹罗马——日耳曼中央博物馆合作,建立了现代文物修复保护实验室,完成以法门寺唐代地宫等多处出土文物的修复保护,在帝陵勘测、计算机图文信息数据库建设方面,为遗址的保护研究和规划打下了基础。2001年双方签订了关于建立丝绸、壁画修复实验室的协定,对东汉壁画进行保护,尤其对法门寺丝绸包块的展揭保护,取得了重大突破,并已成功展揭出6件珍品。巴伐利亚州文物局与秦兵马俑博物馆、西安文物保护中心就秦汉彩绘保护、彬县大佛彩绘保护等项目进行的合作,都已取得了良好的成果。

联合国教科文组织使用日本政府无偿援助资金对新疆库木吐拉千佛洞进行保护,由于联合国教科文组织北京办事处的精心管理,承担单位新疆文物局积极主动的组织协调,使2001年第一期的测绘、勘探和地质调查工作进展顺利。他们充分尊重中日双方专家的意见,发挥专家们的咨询、指导作用,严格把关,使参与单位能应用成功的先进技术和科学的档案记录。日本专家冒着山陡路险,将先进的仪器设备运到现场,在十分艰苦的环境下,获得了保护壁画与洞窟必要的第一手资料,为下一步制订保护措施打下了坚实的基础。

2004年2月举办的中意合作文物保护与修复培训班和建立中意合作文物保护与修复培训中心,是中意两国在文化领域进行政府间交流与合作的一个重要成果。意大利外交部投入144万欧元,作为设备购置、培训、奖学金等方面的经费;中国财政部、国家文物局及中国文物研究所从财力、物力等方面为项目的实施提供了保障,先后投入900万元人民币作为项目配套资金,并提供了近1000m^{2}的教学实践场地。来自全国27个省、市、自治区、直辖市的67名学员将参加为期7个月的科学化、系统化、规范化的多学科培训。

项目的执行计划是由意大利和中国专家合作制订的,分为两个阶段:第一阶段在北京的中国文物研究所进行,为期4个月。专业理论课程涉及的领域有陶瓷、金属、石质的修复,古建筑修复及考古遗址的保护规划。第二阶段在河南进行,为期3个月。分别在洛阳山陕会馆、龙门石窟以及考古现场3处进行实习。同时在龙门石窟研究所建立了一个石质文物实验室。此次培训的教员由意大利的25名专家学者和国内的18名中方教学人员组成。本次培训项目将建立一个行之有效的培训体系,使项目的培训活动形成一个可复制的模式。

近10多年来,如此成功的合作项目,还有不少,恕不一一列举。

毋庸避讳,不成功或有诸多遗憾的合作项目也不是个别的。究其原因很多。比如:由于双方在制订合作计划时,目标过大或要求过高,有些脱离实际,致使项目顾此失彼,不能按期完成;因语言障碍,管理不当等原因,双方未得以充分的了解和交流,猜疑和产生的歧见未能及时沟通、解决,使项目中途停顿;有的把目标主要放在资金和设备上,忽略对人才的培养,即使得到了先进的仪器设备,由于参加项目的人员不能掌握使用以及管理不善而使仪器损坏,设备闲置甚至丢失;没有做到共同投入,双方参与,双方受益,各抱不同的目的,有的仅以获取资料为目的,有的只要求对方援助设备、奖金,自己的配套资金和相应投入没有落实,使项目一拖再拖,甚至半途而废;在培训问题上,没有从当时当地的实际需求考虑,由于准备和交流不够,事先未把各自都认为行之有效的文物保护理论、原则和方法,经过充分讨论,相互结合起来,而只是按照自认为先进的理念和方法强行灌输给对方,往往适得其反。

缺少相互尊重和谅解,结果使很多的投入只得到了较差的效益,双方都不满意。尊重,意味着看到对方的优点、长处;谅解由于观念、文化和经济的差别,而导致的不同做法,承认有差别。引进的技术要考虑在当地能推广,经济上能承受,技术上能操作,要有可持续发展的前景。

三、展望文化遗产保护国际合作的前景

首先,由于合作交流对中国的文化遗产保护起到了促进和示范作用,随着国家对文化遗产保护的力度加大,民众对文化遗产的兴趣增高,必将迎来更多形式的国际合作交流。在合作内容上,则应根据国情的需要和待解决的保护难题来优先考虑。如人才培训,管理经验,规范、标准,保护技术(重点是土遗址加固保护,墓葬内壁画保护,木材防腐、防虫,书画修复加固,纺织品清洗、加固等),保护材料,环境监测等方面。在合作交流中,还应注意将现代技术与中国的优秀传统技术、工艺和材料结合起来,使合作成果能在本土很快推广应用。

其次,加强对文化遗产保护普及知识的宣传、教育与培训。合作中引进的新技术、新设备及管理经验,在中国目前还只能在少数单位能够应用自如,发挥应有的作用。但这是一面旗帜、一块样板,是努力的方向,也是与国际接轨的窗口。与此同时,合作交流项目也可以考虑普及增强文化遗产保护的意识,提高众多从业人员的素质和管理水平。文化遗产的保护工作要求从业人员必须具备较高的文化和专业素养,相当的法律知识,并且要有一定的科技能力。因此,合作项目中能开展教育、培训这样的人才,显得更为重要。此外,还可在鼓励民间团体参与保护文化遗产等方面,提供有益的经验和办法。

第三,在高级层面管理进行合作交流十分必要。它能影响到文化遗产的保护策略、方针、政策而引导未来。在世界遗产的保护方面,每个国家的情况各不相同,但各国可以吸收别国的经验或教训。有些做法值得研究或借鉴,例如:在澳大利亚与美国,人们的保护观念由狭隘变广阔,对人的价值观念在发生变化,对土著人的文化也注意保存,尤其是将表现人和社会活动的传统保持下来,如古朴小镇的店铺服务对象仍然是居民,而不是游客。法国文化遗产的概念在扩展,百年老厂、20世纪的一些建筑也列入了文化遗产。意大利政府用在遗产保护上的经费是多渠道的,将彩票收入的8/1000作为文物保护资金,在税收方面制定了一些有利于文化事业的政策。墨西哥国家人类学和历史局统一领导管理全国的文物保护工作,有职有

权,工作中做到"三结合":一是文物保护工程与扶贫项目结合,吸收文物古迹所在地居民参加文物古迹保护工作,在保护文物古迹的同时带动当地贫困人口脱贫致富;二是保护文物与合理利用结合,开发以文物遗址为主要内容的旅游项目,向人们传播墨西哥的历史和文物保护观念,充分发挥文化遗产的社会功能;三是国家为主与公众参与结合,很多公众自发成立的保护文物古迹和文物保护志愿者组织,活动十分活跃,对文物保护起到了很大的作用。印度文物界对外宣传的一句口号:"人民的参与是最好的保障。"

相信我国在文物保护方面的方针、政策及理念甚至教训,同样会使他国感到有兴趣或可借鉴。此外,正确处理城市建设与文化遗产保护规划的关系,文化遗产保护和旅游的关系,历史文化名城、名镇的保护措施等都是非常需要交流的内容。

我国在2004年举办的第27届世界遗产委员会年会和2005年举办的第15届国际古迹遗址理事会等,这些活动象征着我国正进一步加强与各国政府在文物保护方面的合作交流,密切与相关国际组织的联系,积极参与文化遗产保护的国际行动,履行我国加入相关国际公约的责任与义务。通过合作交流,必将增强世界对中华民族优秀文化遗产和中国文物保护事业的认识和了解,我国作为文物保护大国,在国际文化遗产保护研究以及国际合作中必将做出更大的贡献。

参考文献

樊锦诗.敦煌石窟的国际合作[Z].中国社会科学院在北京举办的"文化遗产的保护与经营研讨会",2002

张柏.1999年在墨西哥国际古迹遗址理事会代表大会上的发言[Z].1999

郑欣淼.2001年全国文物外事工作会上的讲话[Z].2001

从石质文物保护的历程看
《威尼斯宪章》的影响[①]

一、回忆走过的历程

1964年公布《威尼斯宪章》时,我还是刚工作4年的实习研究员。真正了解它,已经到了1988年。费尔顿等专家代表世界遗产中心来考察中国世界遗产保护状况并进行评估时,用《威尼斯宪章》的精神,提出了不少改善、提高保护管理状况的建议。当时给我印象最深的是对敦煌莫高窟提出做保护规划和如何保护石窟所在的环境等建议,并指出将水泥作为文物保护材料的八大害处。而之前的30多年,我们已经独立自主地走上文物科技保护之路。就以我熟悉的石窟保护来说,20世纪50年代,莫高窟只能做到看护,用砖、土坯支顶;做些简单的防沙障,无法阻挡风沙的堆积;做到不塌不漏,是当时的主要保护措施。60年代,"三年困难"时期刚过,国家就动用铁道部门的力量,对莫高窟前立面进行挡墙的设计、施工,做到保证石窟的稳定和参观、管理。对方案讨论、争议了多少年,最终在"鱼和熊掌不能兼得"的妥协下,批准了此方案。70年代,云冈石窟抢险工程在中国科学院化学专家的指导与文物部门科技人员的共同努力下,在危岩加固中使用了化学灌浆,进行了石雕防风化试验。80年代,麦积山石窟也是采用了岩体工程专家推荐的、当时属于先进的喷锚加固和灌浆技术,恢复了栈道通行;尽管存在混凝土喷层掩盖了不少历史信息,增加了窟内湿度等弊病,但在当时地震威胁下,搬迁方案与大柱子支顶方案都没有可行性时,此项锚固技术成功地做到了原地现状保护,也成为后来石窟加固的重要方法。

在这个时期,我们在大量文物保护工程实践的基础上,已经形成了相对完善的保护理念,如强调文物建筑原有形制的研究及修复原则,提出了不改变文物原状的原则和修旧如旧的保护理念等。

到了改革开放的90年代,龙门石窟的防水、窟檐和栈道工程,明显地改善了石窟的保存环境。尤其是申请列入世界文化遗产名录的过程,极大地优化了石窟周边的环境。其他如克孜尔千佛洞、炳灵寺石窟和大足石刻等许多大型石窟和摩崖石刻的抢救加固工程,也是在此段时间完成的。

21世纪的文物保护,可以说进入了突飞猛进的阶段,无论在理念上还是保护技术方面都有了长足的进步。如开始建立起评估体系;动用各种科技方法,对石窟及其所依存的环境,进行细致的勘测、调查、检测;重视多学科联合攻关等。应该说,这些成就也与我们开展多种形式的国际合作、交流是分不开的。

[①] 该文原载于《中国文物科学研究》,2014年第二期。

二、《威尼斯宪章》的精神,有利于建立具有中国特色的文物保护理论

《威尼斯宪章》主要是由欧美的文物保护专家起草的,里面阐述的原则主要是涉及欧洲文化遗产的保护,反映的是西方保护和管理的历史发展过程,没有考虑其他地区的文化观点、文化差别等综合因素。但是也要看到,《威尼斯宪章》是100多年来西方文物保护专家实践的总结,是共同探索的成果,我们可以从中得到许多有益的借鉴,取其精华,为我所用。但它不妨碍而且完全有必要根据中国的国情、文化传统和建筑特点等,总结出我们自己的文物建筑保护理论和原则。目的是能够使我们更严密、更细致地理解和执行这些原则。

在石质文物保护的原则和方法上,当今东、西方的差别不多。如,西方展示早期的石构建筑,大多是残存现状,一般不作恢复。而中国石构建筑遗迹的展示,尽管有不少争论,但大多数文物工作者也是这种观点。如北京圆明园遗址、承德避暑山庄内的建筑遗址。过去做过较多的复原式修复,也不认为是恰当的。其他如要求尽量保存文物古迹的真实性、完整性,要求遵循少干预、可逆性的原则,观点都是一致的。如果要说有差别的话,西方在石构建筑保护中,新添配的构件与原构件有较明显的差异,反差较大。而中国修复人员则要求"远看差不多,近看有区别",更追求修复后要与环境协调,要求通过尊重古迹的内部意义来保护外部特征,以便达到形式和内涵的和谐平衡。此外,由于我国石质文物多样复杂,因此要求制订的维修原则包容性大,适应面广。

2002年,《中国文物报》上对胡雪岩故居维修的大讨论,引发了对国际文化遗产保护准则包括《威尼斯宪章》的再认识,甚至有人提出批判。如果这些理论上的问题不能很好地解决,获得广泛的共识,其维修的方法和原则,就会无所适从,甚至出现混乱。

一个成熟的文物保护理论,必须要以深厚的历史文化积淀为背景,我们要保护的就是文物所携带的历史信息、民族文明史等完整的信息系统。以确定它们的重要性、典型性、独特性和它们整个信息体系的地位。所以保护文物的真实性和原生态,也就是不改变文物的原状,是我们理念中必不可少的。我们保护的对象,这些历史文物包含着几千年文化生活精髓。它反映了文字语言体系、精神生活、文化艺术等文化独特个性的中华文明,体现了这个国家、民族的历史传统及生活形态。以我国的石窟寺为例,它以独特的风格和完整的体系而著称于世界,同时也在长期的实践中积累和形成了与之相适应的自然体系的营造技术,产生了我国独特的传统修缮保护方法。

龙门石窟的开凿,与云冈石窟一样,是有总体规划与设计的。从奉先寺可以看到,它不采取全部开凿洞窟的方式,而就在露天雕造佛像,可利用山势减少开凿山崖的时间。奉先寺的九躯雕像,作为各自独立的圆雕,都不同程度地具有性格的刻画,达到了很高的艺术水平。这些不同的人物被组织联系在以卢舍那佛像为中心的一组群像里。这种联系一方面是依靠形象的神情、姿态所达到的,另一方面也利用了构图等形式上的因素,使分散的形象连成相互呼应、相互结合的有变化的整体。奉先寺的凿窟规模、艺术设计以及雕刻形象的塑造等方面的成就,代表着唐代所达到的高度的艺术和营造的水平。

因此在进行价值评估、制订保护程序和技术措施时,都要考虑中国文物古迹具备的文化、哲学和历史的观念。

此外,这些保护理论和原则的信息积累,又是动态的、不断发展变化的过程,认识观念的

变化,也会影响保护方法的形成和发展的内在因素,所以我们的保护理念又是在一个动态开放、吸取精华、融古纳新理论的整体化保护模式中发展。正因为先进的文物保护理念是文物保护事业发展的基础,所以建立具有中国特色的文物保护理论是十分必要的,它并不妨碍与国际文物保护的理论接轨。

我国早在 1985 年就加入了《保护世界文化和自然遗产公约》,然后又相继加入了有关文化遗产保护的公约和组织。因此,不应过多地强调自己的国情而不去遵守世界通则。只有从国际上吸取更多、更好的经验,才能不断完善充实我们的保护理论。我们从与国际上许多文物保护组织合作与交流的过程中发现,基本的理念和原则是相通的,只是在思想方法、表述的方式和保护方法上有所不同。中国完全是按照"不改变文物原状"的原则进行修缮,并且与国际上的最小干预、可识别等原则是一致的。如果说有不同的话,是中国的古建筑需要按照传统的方法进行维修,贯彻"可识别"原则时不主张黑白分明,而更主张和谐,做到"远看差不多,近看有区别"。

三、《中国文物古迹保护准则》的编制,说明我们在国际文物保护的舞台发挥着重要的作用

中国的国际古迹遗址理事会在编制《中国文物古迹保护准则》时,美国盖蒂保护所和澳大利亚遗产委员会的专家们也参与了此项工作,由于三方经过细致的考察和充分的论证,成功地克服了语言的障碍,都充分理解了各方所表达的意见,尤其是对一些理论概念取得了共识,对国际公认的文物保护工作应遵循的共同原则、根据本国实际制订的宪章和准则产生了共识。中方在制订准则的过程中,采纳了美方、澳方的有益建议,将价值评估、保护程序和重视档案记录等内容作了必要的修改和补充。三方合作的成功表明,尽管彼此的政治、历史、文化背景有很大差别,但保护文化遗产的目标、原则都是相通的,在保护文化遗产方面进行的各种形式的国际合作具有广阔的前景。近年相继与多国合作举办各类文物保护培训班,也是一个互相交流学习的极好机会,更是培养新一代文物保护科技干部的良好典范。

通过广泛的国际合作交流,将我国的文物保护理论、有特色的传统与现代保护技术介绍给世界,也向各国学习先进的文物保护技术和理论。建立起国际间文物保护信息和交流的网络,为保护人类共同的世界文化遗产做出应有的贡献,使我们在 21 世纪的世界文物保存科学领域成为重要的一员。

参考文献

文化遗产保护—守护人类的精神家园[N].中国文物报,2008(特刊)
中国古迹遗址理事会.中国文物古迹保护准则案例阐释[S].2005

对《中国文物古迹保护准则》中
有关合理利用的理解[①]

  随着社会经济的发展和现实生活中人们的状况与需求，如何使当代的成就、生活的环境与前辈留下的文明遗产保持联系，将它们整体纳入一个大家都认可的政策之中，这是我们所期盼的。而文化遗产保护与合理利用就是其中很重要的内容。我通过参与《中国文物古迹保护准则》（以下简称《准则》）的制订与修订的过程，对其中的合理利用谈一些个人的体会。

  由于《准则》是针对中国国情的更具体、更具操作性的行业规范，因此文化遗产保护与合理利用始终是十分敏感而又经常引起争论的问题。《准则》的原版还是比较重视这个问题的，将它放在第一章总则的第4条，将合理利用与发挥文物作用，创造社会效益作为方向，并强调不应当为了当前利用的需要而损害文物古迹的价值。但是在修订《准则》时，感到明显不足了，不仅在修订版的总则第6条强调利用必须以文物古迹安全为前提，又专门增加了第5章合理利用，分成6个条款详细阐述。从利用的原则、内容、方式到展示和陈列等都针对当前的实际予以规范。我认为这是不回避矛盾、与时俱进的表现。

  下面我根据自己在编制和实践准则的过程中，用敦煌莫高窟的案例，来简单说明敦煌研究院是如何处理好保护和利用的关系。矛盾的焦点是脆弱的壁画要面对越来越多的观众。莫高窟自1998年以来游客迅速增长，至2000年突破30万，到2012年参观的人数达到80万，超半数的游客集中在7月、8月、9月三个月，节假日一天的游客已突破5000人次。而且铁路、航班还在不断开辟新线。游客已是敦煌城镇人口的10余倍，遗产地旅游带来的间接收入，包括文化产业、餐饮住宿等第三产业的收益，也成为敦煌市财政收入的重要组成部分。游客数量的急剧增多对莫高窟文物保护工作提出了更严格的要求。面对如此严峻的形势，敦煌研究院首先根据《准则》的精神深入细致地制订莫高窟的保护管理总体规划，其中分项规划第13章，游客管理规划中主要对策有游客问卷调查，及时了解游客感受与需求，积极提高服务内容与质量。同时建立定期监测制度，监督游客服务质量改善情况。紧接着就开展了游客承载量的调查、研究，包括借鉴澳大利亚等国外的有益经验。其中涉及到文物保护、旅游开发、公共政策、旅游设施、交通、展陈内容、线路设计等领域。依据科学、严谨的程序和步骤，对莫高窟的历史文化价值、保存利用及管理现状予以评估，以定期的游客调查结果作为制订游客管理计划的依据，寻找解决矛盾的相应对策。最近这几年，以王旭东院长为首的团队，花了巨大的精力，终于将莫高窟游客中心建成并对外开放。这是莫高窟保护利用工程重要的子项目，既为游客提供了全新的敦煌艺术新体验及丰富的人性化服务，又根据科学检测与分析的数据，下决心将每日的参观人数限定在600人次。可以说，这是既较好地保护了世界文化遗产，又将遗产的精神、价值尽可能真实地展示给观众，是合理利用的典范。

  但是，面对当前民众现实生活的需求与社会经济的发展进程，要处理好文化遗产的保护与利用并不是件容易的事情。如果没有各级主管领导对文化遗产价值的理解，专业人员精心

[①] 该文为在中国古迹遗址保护协会2015年修订《中国文物古迹保护准则》会上的发言。

的规划设计,各利益相关者的支持,要做到两全其美是十分困难的。例如,已被列入世界文化景观的杭州西湖,是中国传统山水园林中,历史悠久、传播甚广、文化内涵最丰富的景观。其申报过程十分艰辛,没有方方面面的努力与承诺,就不会有今天较为理想的"诗情画意"的环境和效益。但是它同样承受着群众多种需求与保护文化环境的巨大压力。更有的世界文化遗产地却将保护工作放在很次要的位置,把主要精力放在经营旅游开发上。正在编制的《乐山大佛遗产地保护管理规划》中,表明了遗产管理者是乐山大佛风景区管理委员会与乐山大佛实业有限公司,政企合一来保护管理文物。过去长期以来,主管领导执行的是风景名胜区分级保护模式,从管理费用的支出就能看出他们的业务状况:其中非文物保护项目支出包括景观维护、资源调查和科研、基础设施和宣传教育等,这两者各约占35%,缴纳税收及贷款约占28%,剩下的2%是文物保护项目支出,包括本体保护和环境整治,其中环境整治项目金额是本体保护的1倍,也就是用在本体保护上的经费还不到1%!这样的利用方式,令人揪心。如果乐山市的主管领导不改变对乐山大佛世界遗产价值的认识,将保护工作放在重要地位,那么这个保护管理规划能否被落到实处,我很担心。最近我在西安参观了大唐西市遗址博物馆,当时作为丝绸之路起点的国际化大都市,"长安九市"正是这一巨大都城中的商业区,博物馆中展示了唐代宽广的道路及车辙遗迹,再现了当时繁忙的中外商人交易的景象,是个不错的遗址博物馆,但是,其周围的环境却令人失望。由市政府出资,房地产开发商参与开发建设的观光休闲娱乐、现代商务会展等密集的现代建筑与再造曲江南湖等大量的所谓历史文化景观,已经看不到遗址周边真正的历史环境了。这能体现出遗产的真实性和完整性吗?还符合公益性原则吗?但愿修改后的文物法对如何合理利用会给予更明确的规范,对这些决策者要大力宣传普及有关文物政策法规及准则,能使他们理解和接受,避免出现更多的"曲江模式"。

  如何使石窟寺这类"静态遗产"活起来?这又是近来有人探讨的敏感问题。如有的遗产地为了发扬石窟遗产地的宗教意义,作为寺院宗教场所,可以更直观强烈地表达和体现宗教精神。因而许多重要的石窟遗产地朝拜的信众逐渐增多。如房山云居寺,要更换高僧进入文物保护区,乐山大佛遗产地要恢复佛教道场。这给如何管理好文化遗产及其环境,又带来了新的课题。甚至有个别遗产地在开凿新的洞窟,认为这是利用途径的潜力。这样的利用,我们能接受吗?还有,如何将遗产地的保护由传统的保存和延续的静态观点向更新、重构的可持续与动态观点转变,也就是参与式保护理念的落实,如何请当地社区民众、团体及利益相关者参与到遗产地的保护和管理中来,这是我们的弱项,我们还有很长的一段路要走。

  总之,要借助《准则》去解决当前文化遗产的所有理念与保护中存在的问题,是不现实的。正如现在要修编原有的《准则》一样,随着时代的前进,需要不断地完善和改进。文化遗产事业可持续发展的基础是广大民众文化素质的不断提高和法治观念的不断增强。

澳大利亚访问汇报[①]

一、概述

这次去澳洲参加"中国文物保护纲要"(后来正式命名为《中国文物古迹保护准则》)研讨班,这是国家文物局与美国盖蒂研究所和澳大利亚遗产委员会合作项目的内容之一。

这次去考察被称为根据《威尼斯宪章》结合本国情做得很好的《巴拉宪章》。他们是怎么做的,效果如何?以便为我们制订"纲要"时作为借鉴。

我们制订纲要的目的是为了总结我国在文物古迹保护中的实践经验和理论,使它成为行业规范和对管理人员有参考作用的指导性文件。并以100个实例来说明这些条文。

我们一行12人,由张柏副局长带队,有国家文物局处室的业务管理人员、纲要编写小组专家及部分省市的行政管理人员。共参观文物点23处,访问机关、学校、单位10处,各种会议讲座21次。

这次访问的特点是参观点多,开会交流多,联系国内实际收获大。对澳大利亚两个城市的印象是环境优美、干净、秩序良好。

二、参观内容

这次访问的参观分为5个类型:

(1)古建筑修复规划及修复现场5处。有至今仍在使用的圣玛丽大教堂;有过去是展览交易牲口的展览场,现被改造成电影公司的摄影场;有1996年被火灾烧过,后与动力博物馆共同做保护计划的广东两个县的同乡会馆——安明庙;澳洲移民早期的检疫站(到港后消毒,防病传染);悉尼的第一座小屋被修复后的陈列。另外,还有堪培拉一个旧工业区的改造规划。

(2)遗址修复现场8处。有海德公园营区,实际上是被英国流放的犯人的劳动营。被改造成一个很生动的博物馆;库林盖国家公园中的岩画参观小道如何做好保护工作;澳洲的第一座总督府;麦觉理德尔一个早期的农场如何改造利用;兰永牧场变成一个文化和展览中心;亚拉伦拉羊毛棚早期建筑用来组织活动集会;堪培拉早期一个工人的小屋,保存下来作为当时工人生活的写照;海军学院内从越南战场迁来的一个教堂。

(3)博物馆、纪念馆7处。规模大、包罗万象的动力博物馆(由原来的一个电站改造而成);典型哥特式建筑的总督官邸;悉尼博物馆是建在原来1846年澳洲第一个总督府遗址上,因而也将原来的遗址作了精心的展示;建筑独特的悉尼歌剧院;旧国会大厦,现在还举行一些特别的会议;卡瑱匹的家庭博物馆,体现了18世纪中产阶段的家庭生活;澳洲战争纪念馆,规模大,反映澳洲的战争史和与战争有关的活动,让人们体会到战争的残酷,企求和平的愿望。

[①] 该文为1997年向国家文物局的汇报材料。

(4)机关、大学、公司8处。历史环境部下属的全国遗产委员会,是这次的接待单位;新南威尔士州遗产委员会的伊丽莎白海湾大厦;一个私人的文物保护机构——高登麦凯公司;悉尼游览信息中心,是一个海员俱乐部改建的,楼上展出悉尼的历史陈列;通信艺术部,下面管辖博物馆和一些艺术部门;新的国会大厦,规模宏大,设计精巧;国家基金会;文物协会(即历史文物顾问服务网络)。

(5)历史地段、街区、名镇3处。悉尼岩石区,就在海湾大桥边上,是个著名的历史地段,作了长期和近期的规划;麦觉里街,是悉尼原来一条繁华的街道,有许多古建筑,如何改造利用被列入保护规划;布雷鸟德镇,非常宁静,环境优美的小镇,传统的生活习惯未破坏。

除参观这些文物点外,还游览了悉尼海湾,参加丛林式烧烤野餐,参观野生动物园等活动。

三、重点介绍3处有意义的地方

1. 圣玛丽大教堂

时下正在按修复计划进行,预计2000年完工。

(1)该教堂由州遗产委员会承包此项工程(公开招投标得到),他们有100多名施工人员,同时承建新建筑,属于政府组织商业行为。本工程的运作流程为,首先与政府教会订出保护规划—再进行调查—确定保护维修的项目、范围—成本预算(强调程序)。

(2)队伍中由各专业的专家组成,建筑师、考古、历史、保护专家等。

(3)成立一个指导工作小组,由历史建筑基金会、大学、遗产委员会、建筑师等组成,协调教会与保护古建筑的矛盾(保护和利用),并发调查表征求群众意见。

(4)其中还有新区开发部分:停车场、活动中心等新建筑,教徒聚会广场,重建尖塔、改建圣坛。

(5)保护方法:采用其他采石场的砂岩,用多种方法清洗恢复原貌,列出清洗标准(八成新、不深入深处的污点)低压冲水,微磨损技术是由美国公司承担($1m^2=34$美元)。

(6)讨论中提出了保护和利用的关系,利用要改动原有建筑是否被允许,《巴拉宪章》强调文化价值,灵活性较大,如新建塔尖,条件是原设计图纸上有的,毁掉时间不长,为游客新建设施是可以的,但应与环境协调。教会举办一个学校也在其计划之内。

2. 高登麦卡公司

该公司是一家专门从事遗产保护的公司(也称咨询公司),承担国内外保护工程,成立已有10年。职员25名,1/4为行政人员,其余都是专家,来自各行业,在外还派驻一个办事处,是政府与社会之间的桥梁。开始顾主是被迫的(维修计划得不到批准),后通过咨询能得到益处(即节约开支,增加收入),逐渐取得了信任,因为由该公司做出的规划能很快得到批准。如悉尼一个百货楼的改造,计划使他们加大了利用面积,并保留了外观和结构。

职员工作内容是仅搞调查、评估(大部分是考古发掘),不搞设计,关键是靠工作质量进入市场。主要为国有单位、政府部门咨询,也为私人企业公司咨询,并为南极的遗址保护工作咨询(只为名,不收费)。展览场的规划是电影制片厂找上门的。又如把过去的因犯住房改成汽车旅店,不进行大规模的改建。改建政府大楼时发现墓葬,评估后把墓葬保留,将原下水道改变设计方案。

该公司的主要业绩:
(1)考古发掘现场可以参观,允许义务劳动者参加,然后回填建公寓。
(2)一年能接受 300 项的任务。
(3)在对展览场进行改造后,给旧遗址注入新生命,既保存其历史价值,又可将其中大部分用于群众服务(娱乐)、拍电影、游行等,并用说明牌表示遗址的用途。
(4)FOX 公司投资 2 亿澳元,政府为保存遗址补贴了 3000 万。
(5)规划的范围只是大遗址的一部分,其他未能按规划做,改造成了房产出租。

讨论时中方与澳方的最大分歧是对文物建筑的改造程度。他们强调文化价值、社会价值和利用。即目前的文化价值,场地对社会有特殊意义。我国强调实物是价值的载体,改变了载体,价值就会受影响。而西方对"文化遗产"这个概念更广泛,包括许多审美的、社会的价值(如民俗、传统观念等,无形文化遗产)。

3. 布雷乌德镇(1827 年)

该镇能把原貌完整地保存下来,把人和社会活动传统保持下来。甚至小店铺的服务对象是居民而不是游客。对保护什么的观念在发生变化,即不仅保住了文物,也要将社会和人的价值观念保存下来,使现代的文明、生活方式对历史小镇的冲击减少到最低程度。

四、值得学习的经验

1. 强调保护工作的程序

首先,重视对建筑遗址历史沿革的调查研究和价值评估。整个工作过程有很强的科学性,组织了考古、历史、建筑文物保护等方面的专家参与此项工作。

其次是制订保护规划,过程中听取各方面的意见,包括政府、文物利用单位、当地居民甚至观众的意见,经过反复论证,得到批准后才能制订具体的保护方案,经严格的报批程序,通过招标,由具有威信的公司承包实施。

2. 文物保护法规和《巴拉宪章》(类似《威尼斯宪章》)的深入普及

文物保护法规和《巴拉宪章》(类似《威尼斯宪章》)已深入普及到政府机构和民间组织。政府、文物保护单位、文物使用单位(企业或宗教),以及历史街区、村镇居民的相互关系,在文物保护的问题上处理、协调得很好。使用单位主动找文物保护公司作价值评估和规划,保护单位和使用单位互相配合、协调制订保护方案,遗产委员会对方案的审批也很快。普通公众对文物保护的义务参与意识很强,对文物的保护意识也很高,如共同参与某工地的考古发掘,参加文物点的义务讲解,自发组织保护小组等。非官方的文物保护组织就有不少。

1)ICOMOS 全称为国际古迹遗址理事会

目前有 90 多个会员国,18 个专业委员会,共有 5000 会员,3 年开一次大会。

澳大利亚 ICOMOS 成立已有 10 年,会员 400 名,做了《巴拉宪章》的制订工作,每隔 5 年修改一次,每一段都要有解译并说明。活动内容:

(1) 与国际 ICOMOS 经常取得联系,并参与下属各委员会(技术性)的活动。

(2) 参加国内各种保护法的制订。
(3) 对原理、原则进行修正,与有关机构取得联系。
(4) 调查报告,对政府的一些决策提出意见、建议,出版有刊物指南。
(5) 对各州委员会提出的一些问题作出答复。
(6) 参与政府部门的一些会议(政府部门中有代表)。

2) 澳大利亚国家基金会

1970年成立,各州先后都成立了文物保护基金会,是民间非赢利社会公众组织,有8万会员。资金来源:会员费、门票、私人赞助、有偿服务、销售产品。

每年政府提供80万澳元(约占需总经费的7%~8%),8个州总经费约1000万美元,用来保护管理280处文物点,有工作人员300人,义务劳动者8000人,组织对外开放日、遗产节和青少年教育。文物点是个人、团体送的,政府委托管理的。存在的问题主要有会员年龄普遍老化、影响日益减小。

3) 堪培拉大学

在遗产保护技术方面占领先地位,有个文物保护中心,主要对遗址、馆藏文物(纸张、金属、陶瓷等)进行保护。并有培训班(管理方面),每年招收硕士、博士生。学科内容包括:

(1) 文化遗产保护、环境设计、应用科学等。
(2) 在老挝有个埃格洛石窟的保护项目,已进行6年。
(3) 与GCT合作开展博物馆环境保护(主要是热带湿热环境,不用空调的设计),不用化学药品防治白蚁(整个楼进行热处理)。
(4) 遗产保护短期培训课程:传统建筑保护,遗产保护管理。在印尼及太平洋岛国有22名学员,培训课程遍布14个地区,由联合国教科文组织出资。
(5) 实验室有壁画、绘画保护、纸张保护、文物材质分析。

4) 澳大利亚洲历史文物顾问服务网络(文物协会)

参加的有34个组织,包括大学、建筑公司等。有建筑师、材料专家、考古学家等,也有政府官员。主要接受国外的遗产保护任务:马来西亚槟城区街保护、改造规划;澳门老区保护规划。属于公私合营,启动资金由政府提供。工作方法是雇用当地人进行调查,与各方面的专业人员一起开展建设项目。

(1) 澳中两国的合作项目:天津城内一老工业区(天津市南站)的改造、价值评估报告与天津建筑设计院合作,做到统一规划、合理利用,又保持原有风貌、开发潜力很大。
(2) 保护实验美术公司,实际是做古建筑装饰与室内器物保护的,属于西澳政府的国有企业,如对宗教建筑的有色玻璃、圣坛物品的保护,也有仿制雕塑(因具宗教意义),也保护壁画。

这个组织由董事会决定任务给谁,并负责向政府报告,相当于一个国际咨询公司,人员组成是国家机关、企业、个人、私人公司等,下设6个分会,会员都是ICOMOS成员,高水平的专家。

3. 文物有效保护和合理利用

对文物有效保护和合理利用的关系处理得很好,在做保护规划的同时,也十分重视如何使用或发挥它的作用。如对历史街区作保护计划时,与当地群众结合得很好,还让土著人参与导游和保护工作,对有建筑遗址所有权的房主给予指导、补贴。开发一些与建筑遗址相适应的企业,如旅馆、活动中心、展销馆、电影拍摄地等。

如岩石保护区(悉尼闹市区)有个介绍地区历史、文物的巡回展,为开发该地区,20世纪70年代成立了海湾管理局,抓紧了规划。80年代曾要全拆,遭到当地中产阶级和劳工工会反对,在多方压力下管理局改变了观点,将北区的23公顷(1公顷=0.01km^2)范围划为传统保护区,为修复、保养已经花了8000多万澳元。保护区自己也盖些住宅出租,都保持原来外貌,旧的仓库改造成百货商店、出租柜台。这样的保护区,在悉尼有5个。

4. 人才培养

通过重大文物保护项目的实施,并结合大专院校的教学活动,培养文物保护科技人才。如在堪培拉大学的文物保护系,将教学与文物修复保护研究结合,通过参与实施重大保护项目,来培养文物保护科技人才。这样培养出来的文物保护科技人员,既有扎实的理论基础,也有很强的动手能力。

五、几点体会

(1)看到了走入市场经济后的文物保护工作大有可为。我们的文物保护工作如何面对当前的形势,进行改革已是当务之急。首先是如何使文物保护管理工作既有科学严格的程序,又能加快运作的速度。真正使政府行政职能仅仅是起宏观调控作用,许多技术工作交给事业单位甚至是成立咨询公司去做,让规划、设计、监理工作成为独立经营的实体,有参与竞争的意识。同时发挥中国的ICOMOS、协会、基金会的作用。通过它们承担国内外各种类型的文物保护项目。

(2)只有人才的竞争,才是最有实力的。只要努力创造条件,发挥技术人员的积极性,才是事业兴旺发达的保证。要在积极提高队伍素质和选拔吸收人才上下功夫。

(3)通过编写《中国文物保护纲要》,不仅能规范我们的文物保护工作人员,更可以让行政领导增强文物意识,明白什么是可以做的,什么是不能做的,既有理论,又有具体实例指导。

六、下一步的工作计划

经国家文物局与GCI、澳洲遗产委员会商定,1998年7月下旬(最后一个星期)在北京举行研讨会2～3天,事先到河北正定看实例,研究修改后的提纲,共6～7天。

同年9月下旬将在承德开会,用纲要做出一个规划,图解起步(拿出一个样板),并下文发至有关单位,按要求提供材料,确定纲要初稿。

今年中国文物研究所要做的工作:①两次会议的接待、组织工作。②成立一个顾问组,名单与国家文物局商定,报局批准,然后开会,对纲要提出修改意见。③资料归档:包括国外的、国内由各单位寄来的资料。④3月中旬各人将修改意见寄中国文物研究所,5月中旬编写人员集中讨论一次。明确负责人为张柏,执笔人为王世仁,中国文物研究所起组织、协调作用。⑤建立简报制度,这次出访报告由晋宏逵撰写。

《中国文物保护纲要》预定于1999年定稿付印,2000年以中国ICOMOS名义出版发行。

中国维修保护周萨神殿的初步设想①

尊敬的主席、各位女士/先生：

柬埔寨吴哥古迹记载着高棉民族辉煌的历史进程和勇于创造的聪明才智，是柬埔寨最优秀的文化艺术的重要组成部分。它们不但是认识历史的证据，也是开拓未来的基础。和平与发展已成为当代社会的主题，尊重历史，继承优良传统，弘扬民族文化正在成为人类统一的价值观念。吴哥古迹，不但是柬埔寨人民的，也是全人类共同的财富，不但属于今天，更属于未来。因此，为了后代保护这些文物古迹，将它们真实、完整地留传下去，正是我们现在的职责。

应柬埔寨政府的邀请，中国专家调查组于1996年、1997年两次对吴哥古迹进行调查，回国后经过主管部门及专家们多次研究讨论，报中国国务院批准，并征得柬埔寨政府的同意，最后选定周萨神殿作为中国政府第一次用于文物保护方面的投资项目，并于1997年冬季正式组建了中国政府维修吴哥古迹工作队，他们对自己能够承担维修周萨神殿的工作，感到十分的荣幸和神圣。

一、周萨神殿保护修复的基本构想

1. 目的

为了妥善保护世界文化遗产——吴哥遗址。通过卓有成效的工作，进一步发展中柬两国的友好关系，与世界各国的文物保护同行进行交流，增进友谊。

2. 任务

从1998年起，用5年左右的时间实施对吴哥遗址群中的周萨神殿的修复保护工作。

3. 工作程序

对吴哥遗址的历史、文化进行实地和有关文献的研究。尽可能多地调查维修史、收集资料，以达到对整个吴哥遗址有整体、广泛、综合的了解，在此基础上对周萨神殿的历史、文化、宗教、艺术等进行研究，并与吴哥古迹的建筑风格进行对比研究。

对周萨神殿的文化价值、保存状态和管理条件进行评估。评估工作的基础是研究上述调查资料，对历史记载的分析，对现状的勘察和考古清理发掘等。

制订周萨神殿维修保护规划。首先要明确实施保护的主要目标，包括保护措施、恢复传统文化的方案和管理手段等内容。规划要纳入整个吴哥遗址保护的整体规划中。

实施保护规划，包括实施保护工程、制订展陈计划和落实管理措施。保护规划和保护工程设计方案要经过中国专家委员会、保护吴哥古迹国际协调委员会和柬埔寨政府的各级批准。目前工作队正在进行第一项工作，并对周萨神殿的复原设计进行研究论述。

---

① 该文为作者在2001年参加在吴哥古迹国际协调委员会上的发言。

工作队由来自研究所、高等院校、科学院、勘察设计部门的文物保护、建筑学、土木工程、考古学、地质学、化学、物理学等各方面的专家组成。他们将根据不同阶段和需要,分期分批地有序进行室内、现场的研究和实施。

要担负起培训柬埔寨技术人才的责任,并为地方民众的参与创造条件。

二、保护工作的全过程要遵循的几项原则

经过认真的研究,我们要在充分理解的前提下,努力达到柬埔寨政府对吴哥遗址维修的标准和要求,它们与国际和中国的世界文化遗产保护准则是一致的。结合周萨神殿的情况,应该遵循下列原则:

(1)建筑遗址的维修与保护,是建立在历史学、考古学、宗教和文化特征综合研究的基础上,是密切相关、不可分离的。修复建筑的过程,也就是恢复柬埔寨传统文化的具体体现。

(2)尽可能减少干预。采用的保护措施,应以延续现状、缓解损伤为主要目标。附加的手段,只用在最必要部分,减少到最低限度,不应仅为了使外观新鲜完整而进行修复。

(3)保护现存实物原状与历史信息。附加的技术措施应不妨碍再次对原物进行保护处理,经过处理的部分要和原物或前一次处理的部分既相协调,又可识别。所有修复的部分都应有详细的档案记录和明显的年代标志。尽可能多地保留文物所携带的所有历史信息。

(4)按照保护要求使用保护技术。独特的传统工艺技术属于文物原状,具有文化价值,应当保留。此外,根据不同工程类别的要求,保证文物安全的要求,可以采用传统的、现代的或两者结合的最有效的技术。

(5)文物古迹的审美价值主要表现在它的历史状态中刻画的岁月痕迹。这种历史的真实性,既是文物古迹最有魅力的艺术精华,也是引导公众正确审美观的根本条件。不允许为了追求完整、华丽、新鲜而改变历史原貌。

(6)必须保护文物环境。保护文物古迹的环境应当与保护文物本体统一进行。要保护具有文化价值的自然和人文景观,清除影响安全和破坏景观的环境因素。

(7)已不存在的建筑不应重建。如因特殊需要,必须在原址重建的,应具备确实依据,经过充分论证。重建时不允许破坏现有遗址的文化价值。重建的复制品应有醒目的标志说明。

三、几个值得讨论的问题

1. 如何理解将周萨神殿恢复到原来的状态

已经塌坍仅存基座或残墙的南、北入口塔门以及南馆和北馆是否应该整体复原?复原的依据有以下几个方面,是否充分?

(1)参考与周萨神殿同时期同风格的其他寺庙建筑式样,并考虑宗教影响和地方习惯做法,确定所复原的各单体建筑的式样特征。

(2)以周萨神殿各建筑现存部分的尺度与同时期、同风格、同类型的其他寺庙建筑进行比较,推出复原部分的尺度。

(3)对与周萨神殿同时期、同风格、同类型的建筑,以仪器测量的方法,对其特征点采集数

据,进行分析比较,确定复原部分的风格式样和参考尺寸。

(4)周萨神殿内各建筑式样的相互借鉴参考。

(5)考察现存于建筑某些部位的痕迹,确定原构件的位置和式样。

(6)考察周萨神殿周围散落的石构件(有 4000 余件),推测建筑的风格式样和尺寸。

2. 关于建筑风格特征

法国学者在 1926 年对周萨神殿进行清理的报告中,根据婆罗门道的做法特点和两侧的水池布局,提出周萨神殿是"巴芳寺艺术风格的产物"。"巴芳风格"为 11 世纪中叶吴哥建筑的特征。

根据目前我们掌握的资料,周萨神殿应建于 11 世纪末到 12 世纪初,属于印度教,是祭祀周萨神的庙宇。其建造年代在苏亚娃曼二世(SuryavarmanⅡ)(1113—1150)统治时期,正是吴哥王朝的鼎盛时期。其建筑以吴哥窟建筑群为杰出代表,即"小吴哥"风格(Angkor Wat Style),周萨神殿应属于与此风格相同的建筑。此外还有托玛侬寺(Thommanon)、般提萨姆雷(Banteay Samre)、Preah Pitha 等。前两处寺庙的规模和建筑风格与周萨神殿很接近,我们将以它们作为复原的主要参考对象。

3. 关于总平面布局

吴哥王朝建庙宇的构架多以印度教的"宇宙论"为蓝本,即平面布局为方形,建筑群围墙外挖掘壕沟灌水为"咸海",寺庙内以庙山(Temple Moantain)为中心,庙山上代表"须弥山"的中央主塔高耸,主殿内供奉"人神合一"的神。考察托玛侬寺、吴哥窟、般提萨姆雷寺的总平面均可见"咸海",即建筑群围墙外设壕沟。但是,目前周萨神殿外并无发现壕沟。是原来有,后被填平了,还是原来就没有,需要进一步的考古发掘后加以证实。

随着考古发掘、地基勘察、石质修复保护和维修设计的深入,还将会有更多的问题被提出来进行深入的讨论。

中国政府参加维修吴哥遗址的工作还刚开始,无论从掌握资料的程度,还是此地的工作经验都很缺乏,我们衷心希望在今后的工作中能得到各国同仁,以及柬埔寨 APSARA 局、联合国教科文组织驻柬埔寨代表的帮助。我们将在吴哥古迹国际协调委员会中积极参与、交流,发挥我们应有的作用。

谢谢!

石质文物保护 | 综述

敦煌石窟崖体加固历程与思考

王旭东[1,2]

(1. 敦煌研究院;2. 国家古代壁画与土遗址保护工程技术研究中心)

  敦煌石窟为包括敦煌莫高窟、西千佛洞、瓜州榆林窟、东千佛洞、肃北五个庙及其窟前建筑的石窟群,保存了 800 多个自公元 4 世纪至公元 14 世纪不间断开凿的洞窟和窟前寺院、佛塔等佛教建筑,近 600 个洞窟保存有壁画和彩塑。敦煌石窟中最为著名的就是莫高窟,1961 年被列入第一批全国重点保护单位,1987 年因符合世界文化遗产的全部 6 项标准被联合国教科文组织列入世界文化遗产名录。经过千年的风雨洗礼,受自然环境和人为因素的影响,敦煌石窟的崖壁已经破败不堪,险象丛生,严重威胁到壁画和塑像的保护。20 世纪 40 年代国立敦煌艺术研究所(敦煌研究院前身)成立之后,如何加固敦煌石窟崖壁,缓解或消除崖体坍塌对石窟造成毁灭性破坏等隐患,一直是摆在几代人面前的重要任务之一。

  敦煌研究院在 70 多年保护敦煌石窟的历程中,先后开展了多次石窟围岩加固工程,同时也经历了加固理念的不断完善、保护技术不断创新的过程,其中有敦煌研究院专家的艰辛努力,也不乏其他单位的大力支持。作为岩土文物保护领域的知名专家,黄克忠先生一直非常关心敦煌石窟的保护,参与并指导了敦煌石窟围岩的历次保护加固。本文通过回顾和总结敦煌石窟围岩保护加固中的莫高窟南区崖体抢险加固工程、榆林窟崖体加固工程、莫高窟北区崖体加固工程和莫高窟南区崖体加固工程为代表的敦煌石窟加固工程,梳理保护理念的变化,凝练保护技术的完善过程,以此表达对黄克忠先生致力于岩土质文物保护 50 余年的崇高敬意。

一、莫高窟南区崖体加固工程

  20 世纪 40 年代国立敦煌艺术研究所(敦煌研究院前身)成立以来,如何加固莫高窟的崖壁,缓解或消除崖体坍塌对石窟造成毁灭性破坏隐患,成为老一辈莫高窟人的主要任务。1951 年 6 月,根据敦煌文物研究所(敦煌研究院前身)的请求,文化部文物局委派北京大学赵正之、宿白教授,清华大学莫宗江教授以及古代建筑修整所(中国文化遗产研究院前身)余鸣谦工程师 4 位专家组成工作组来莫高窟工作,在 3 个月的时间里,他们主要从以下几个方面对莫高窟进行了全面考察:自然环境对洞窟的影响;各洞窟的损害情况、石窟崖面原状研究;洞窟的建造年代;窟檐情况等,并针对以上问题提出保护意见(赵正之等,1955)。1956 年,在文化部文物局古代建筑修整所的协助下,选择第 248~260 窟区段洞窟作为石窟加固的试点,开始了莫高窟试验性加固工程。此段洞窟是莫高窟早期石窟的精华所在,因第 249、250、251、257、259 等窟的前壁崩塌,石窟主室完全暴露在日光、风沙的直接侵蚀之下,主室围岩的顶部亦处于悬空状态,石窟安全十分危急。由于此次加固属试验性质,因此支顶加固采用了石灰浆砌条石,效果不好时可以随时拆除。这些均体现了当时文物保护工作者对石窟保护技术和原则的慎重把握和探索。工程于1957—1958年予以实施(孙儒僩,1994),为大规模的莫高窟加固工程积累了经验,奠定了坚实的基础。1962年,文化部徐平羽副部长率领有各方面专家参加的"敦煌莫高窟考察工作组",亲临莫高窟,讨论确定了莫高窟的全面维修方案。工程由铁道部工程局承担勘察设计与施工任务,但石窟围岩的加固在中国是第一次,没有先例可循。在铁路等行业的成熟技术也不能直接照搬到石窟加固中的情况下,无论是文化部领导,还是考古专家、古建筑保护专家对此都非常慎重。梁思成先生就莫高窟加固工程提出了"有若无,实若虚,大智若愚"的设计思想(李最雄,2003),为工程的设计与施工指明了方向。但铁路系统的工程师们无法完全理解这一原则,余鸣谦先生、罗哲文先生等先后参加了莫高窟崖体加固工程前三期的技术指导工作,与敦煌文物研究所的专家们一道,跟铁路设计工程师们紧密配合,最终找到了比较合适的加固方案并顺利实施。在此过程中,文物专家有和铁路工程师思想的冲突,也有找到解决方案后的喜悦。莫高窟南区崖体的抢险加固工程采用了"支""顶""挡"和"刷"的工程措施(李最雄,2003)。

(1)"支":由于大部分洞窟前室都是敞开式的,前室的顶部只有三面有岩体支撑,外面为半悬空状态,如前室的跨度和进深较大顶部岩层往往产生水平裂缝,并逐渐发育造成岩体坍塌。如上部岩体较厚,则可能坍塌并自然形成拱状,达到相对稳定状态,但有时上部是洞窟,下层洞窟前室发生坍塌将直接影响上层洞窟的安全,解决这种病害就是用块石砌体或钢筋混凝土梁柱对悬空岩体加以支顶,在几期加固工程中如第351、342、202~205、218、217、61、171、172等窟前室的加固都是以"支顶"的措施防止病害发展的具体运用。

(2)"挡":是在洞窟陡壁前建造厚重的块石砌体或混凝土结构的挡土墙抗岩体侧向压力和地震的负荷,防止因崖壁岸边裂隙产生向外倾覆的趋势,以达到保证石窟安全的目的。在莫高窟加固工程中,各主要工点广泛运用了"挡"的技术措施,是加固工程中防止石窟崖体崩塌的主要手段。此种加固方法,在设计时要求结构本身和地基有足够的应力强度以抵抗岩体的压力,不致因强度不够而发生结构倾斜或滑动,当基底是土时,须防止内外不均匀的沉降,在满足这些力学要求的同时,还应考虑节约工程量和便于施工,并结合解决建筑形式和人行栈道的设置等使用功能。

(3)"刷":就是对部分悬崖危石予以清除,在工程技术上称作"刷方",这一技术措施不仅使崖壁边沿的危石得以清除,而且也减轻了上部岩体的自重。

到1966年秋,完成了莫高窟抢险加固工程的第一、二、三期,共加固崖壁576m,洞窟354个,图1为莫高窟第130段加固前后的对比照片。基于前三期加固工程的经验,莫高窟第四期石窟加固工程也于1984年经国家文物局批准并实施,加固了第130~155窟之间26个洞窟长达172m的崖面。至此,莫高窟南区的石窟崖体全部实施了加固,解除了洞窟和围岩坍塌的危险。在20世纪80年代,采用类似的方法和措施,敦煌研究院实施了西千佛洞崖体的保护加固。

尽管莫高窟南区抢险加固工程对于整个窟区的外观影响较大,但在当时技术条件下,应当是最佳的选择,起到了阻止崖体坍塌与风化,为石窟的展示提供了便利条件的作用。莫高窟南区抢险加固工程实施期间,参加工作不久的黄克忠先生来敦煌工作1个月,实地参加了崖体的加固工程。

图 1　莫高窟第 130 段加固前后对比照片(左:1956 年,右:1966 年)

二、榆林窟崖体抢险加固工程

榆林窟的崖体病害可分为两大类:一是崖体裂隙发育,将洞窟崖体切割成许多条块,形成危岩体,直接威胁洞窟的安全;二是榆林河河水在汛期淘刷西崖坡脚,使窟区岩体崩塌,危及洞窟安全。窟区岩体裂隙主要有两组:第一组裂隙为与崖面平行的张性裂隙,呈现"V"字形,上部宽度达 0.5m,贯通性好,是在构造基础上形成的卸荷裂隙;第二组裂隙与崖面垂直,与第一组裂隙近直交。上述两组裂隙将洞窟岩体切割成许多条块,使裂隙外侧的岩体与后部分开形成危岩体,在地震力和其他营力作用下,岩体存在大规模崩塌倾倒,造成石窟毁灭性破坏的危险,严重影响着洞窟内文物的安全。通过多次论证,最终确定了锚固、灌浆与表面防风化相结合的加固措施(李最雄,2003;王旭东等,2000)。

1. 危岩体锚固

由于榆林窟开凿在第四系酒泉组砾石层上,裂隙发育,岩体已相当破碎,多处形成危岩,采取的加固措施应尽量减少对坡体的扰动。针对榆林窟岩体病害特点,经过反复论证和现场试验,最后决定采用锚索技术加固榆林窟的危岩和破碎岩体。锚头和承压板封在岩体内,较好地满足了修旧如旧的原则,保持了榆林窟的原貌。根据岩体加固设计原则,施工前首先进行了施工可行性的锚索锚固力拉拔试验。采用锚索技术对榆林窟崖体进行了 3 期加固:一期加固范围是东崖第 12~17 窟段,共锚固锚索 127 根,累计长度 1419m;二期加固范围是东崖第 17~29 窟段,共锚固 166 根锚索,累计长度 1290m;三期加固主要分布在西崖,共锚固 75 根锚索,累计长 500m。

2. 裂隙灌浆

裂隙灌浆工程是榆林窟加固工程的重要组成部分,它不仅可以防止大气降水沿裂隙渗入洞窟内破坏壁画,而且与锚索工程相配合,增加了岩土的完整性和结构的整体性,特别是岩体的薄弱部分,使岩体的结构面得到较大的增强,最大限度地利用或提高岩土原有的力学性能,有效地增强岩体自身的抗破坏能力。我国过去的石窟加固工程中的裂隙注浆,主要采用环氧树脂、丙烯酸酯类等有机高分子为主剂的灌浆材料,灌浆工艺也比较成熟。如洛阳龙门石窟、大同云冈石窟、四川大足石窟等加固工程,采用有机高分子材料进行岩体裂隙灌浆都取得了成功。但对于像榆林窟这样强度低,泥质胶结或半胶结状态的砾岩,其岩体裂隙化学灌浆是我国近年来石窟加固工程中遇到的一个新的难题。泥质胶结或半胶结的砂砾岩强度很低,极易风化,岩体裂隙面风化很严重,裂隙中填充了很多砂土、碎石,这些砂土、碎石又无法清除。如对这种崖体裂隙采用环氧树脂等有机高分子化学浆液灌浆显然是不适宜的。因为松散的岩体裂隙风化层和环氧树脂等高分子材料的浆液形成的结石体不能牢固黏结,势必在浆液结石体与裂隙面上又形成新的裂隙。针对榆林窟砂砾岩岩体裂隙特性,进行了砂砾岩裂隙灌浆材料与工艺的筛选试验研究。在对 PS-G、PS-Z 和 PS-F 三种浆材,即以最佳模数的硅酸钾为主剂,分别以硅藻土(G)、铸石粉(Z)和粉煤灰(F)为填充材料制成的结石体进行了物理化学性能和力学性能的反复分析、测试,特别对以上 3 种浆材的收缩变形性和可灌性进行了对比分析测试、大量室内试验和现场试验,最后选定了 PS-F 浆材作为榆林窟裂隙灌浆材料以及与之匹配的灌浆工艺。榆林窟裂隙灌浆中,以 PS-F 浆材灌浆的主要裂隙 20 条,总长度 558m(其中东崖 16 条,裂隙长 388m,西崖 4 条,裂隙长 170m),使用浆液 123m³。采用人工地震的方法对榆林窟的灌浆效果进行了检测,使用的仪器为美国 Bison1580 型浅层信号增强型地震仪。检测结果表明,PS-F 浆材对砂砾岩岩体裂隙灌浆后可以明显地提高裂隙两端初动脉冲的振幅比,即灌浆效果好。也就是 PS-F 灌浆密实,浆液结石体与裂隙两壁粘合牢固,灌浆后的岩体几乎可与无裂隙岩体媲美。

3. 崖体防风化

20 世纪 70 年代,麦积山加固工程采用了挂网喷射混凝土的方法进行了岩体的防风化处理,虽然取得了较好的效果,但这种方法也带来了诸多弊病,如改变了石窟的原貌,同时因混凝土层透气、透水性差,使得岩体内排水不畅,导致窟内湿度增大而影响壁画和塑像的保存。榆林窟加固工程最初的方案也采用了这种方法。但随着防止砂岩风化的 PS 材料的研制成功并通过部级鉴定,以及挂网喷射混凝土诸多弊端的进一步显露,国家文物局在《关于榆林窟加固工程方案的批复》中指出,"榆林窟崖体加固不可照搬麦积山全部挂网喷涂混凝土的方式。挂网混凝土层应限用在崖面酥松破碎区及西崖底部可能遭受洪水冲刷的部位,对其他酥松不严重和并非裂隙密布的崖体,可使用锚杆锚固,并考虑用 PS 材料渗透防止表面风化,避免一概挂网喷涂混凝土所造成的历史遗迹被遮盖,岩体内排水不畅和窟内湿度增大等弊病"。报国家文物局批准后,用 PS 材料进行了榆林窟东、西两崖的防风化加固。榆林窟加固工程中共完成 9200m² 的风化岩面加固,耗用 PS 材料 60t。加固后的崖面几乎未改变其原貌。在榆林窟施工期间,黄克忠先生全程参与了工程的设计与论证,并多次赴现场予以指导。图 2 为榆林窟加固前后对比照片。采用类似的方式,在东千佛洞、肃北五个庙石窟也开展了相应的崖体加固。

就整个工程而言,无论是建设方还是设计、施工方都本着"保护为主,抢救第一"的方针,严格、认真、负责地完成了各自的任务,取得了较为满意的效果,但之后看来也还存在着一些

图 2　榆林窟加固前后对比照片

问题。如当时砂砾岩石窟裂隙灌浆是一项无经验可循的工程,加之榆林窟的岩体十分松散,PS-F 浆液流动性、可灌性非常好,灌浆工程自始至终应十分仔细、谨慎,否则,就会发生漏浆而污染壁画。1993 年 7 月在东崖第 12 窟顶部崖体上灌浆时,就发生了第 12 窟顶部西侧漏浆,污染壁画约 30cm²,造成不应有的损失。由于利用 PS 材料大规模加固风化岩面在文物保护领域还是第一次,在施工过程中不能很好地掌握地层结构与喷洒方式的关系,使得在部分松散层表面形成一层薄壳的现象,遇到雨雪天气,这层薄壳便会脱落,重新遭受风化。另外,在风化岩面上喷涂 PS 后,出现了前述的"泛白"现象引起人们的议论。事实上,这是一种正常现象。通过适当的做旧处理,仍然可取得良好的外观效果。关于在石窟保护工程中使用混凝土的弊端,这次在榆林窟工程中也有所显露,因为混凝土的透气、透水性很差,一旦水分被包在岩体内,很难被蒸发出来。多次的实践证明,在文物保护工程中要尽量少用混凝土一类透气透水性差的材料,以免造成保护性破坏。

三、莫高窟北区崖体加固工程

莫高窟北区是莫高窟的重要组成部分,崖面全长 700 多米,平均高度在 18m 左右,开凿有洞窟 248 个,除第 461~465 窟外,其余洞窟多无壁画或塑像。因此长期以来,莫高窟北区洞窟群未受世人关注。但是 20 世纪 80 年代起,敦煌研究院对北区石窟进行了系统的发掘整理,发现北区洞窟主要是敦煌艺术创造者们生活与起居的地方,有僧房窟、禅窟、瘗窟、礼佛窟和仓储窟等。这次考古发掘不但取得了非常重要的考古资料,并科学地揭示了北区洞窟的性质、功能以及与南区洞窟的关系和它们的开凿时代。从而证明了北区洞窟是莫高窟石窟群不可缺少的组成部分,具有极其重要的历史价值、艺术价值和科学价值(彭金章等,2000)。千百年来,由于敦煌莫高窟开凿在以钙泥质弱胶结为主的第四纪砂砾岩组成的崖体上,这种岩体自身抗风化能力较差,在裂隙、温度、风、雨等因素的作用下极易造成崖体风化、开裂坍塌,从而导致洞窟毁坏。通过现场调查发现,莫高窟北区主要病害为岩体坍塌、裂隙发育、风蚀、雨蚀、洪水冲刷造成崖体悬空等,根据现状调查结果,对莫高窟北区实施了以锚杆锚固、裂隙灌浆、局部支顶、崖面防风化渗透加固等为主要措施的保护加固工程,使得莫高窟北区崖体的病害得到了有效的治理,确保了北区洞窟安全(张国军等,2005;Guo et al,2009)。

1. 锚杆锚固

针对莫高窟北区崖体的工程地质性质,危岩体锚固采用预应力锚索和砂浆锚杆两大类措施,其中预应力锚索又分为拉力型锚索和压力型锚索,以适应不同部位岩体加固的需要(黄克忠,1997)。拉力型锚索主要用于锚固体积较大的危岩体,为控制性锚索,在重点加固区域中采取内扩孔技术,以提高锚索的弹孔锚固力。压力型锚索则主要布置在靠近洞窟的体积较小的危岩体上或裂缝深度较小的崖面上,为局部性锚索,其优点是锚孔内砂浆体受力更为合理,能够将不稳定的岩体与崖体深部稳定岩体实现连接,从而减少了锚索预应力对表层岩体的不利影响。砂浆锚杆主要用于体积较小、厚度较薄的局部危岩体加固,多布置在洞窟密集部位,此外锚杆还可以平衡岩体内部因锚索预应力作用而产生的拉力,优化岩体受力状况。工程共使用锚索2600m,锚杆2646m。

2. 裂隙灌浆

在崖体加固工程中,对岩体裂隙多采用化学灌浆的方法进行加固,这样即可以使开裂的崖体粘合在一起,使其完整,而更重要的作用是,用浆液结石体将裂隙填充密实,这样可以防止雨水沿裂隙渗入洞窟,造成洞窟中壁画等文物的破坏。灌浆中所采用的PS-F材料浆液(PS为高模数的硅酸钾溶液,F为粉煤灰)具有较好的流动和渗透性,在裂隙中凝固形成的结石体能充分充填大小不同的裂隙,而且结石体强度可利用PS的浓度进行调整到与岩体强度相近。浆液结石体的安定性、耐冻融性、抗崩解性以及耐酸碱性介质的性能都较好,特别是结石体基本无收缩,浆液的初凝和终凝速度以及结石体强度都可通过调配PS的模数和浓度而得到很好的控制,适合于砂砾岩体的裂隙灌浆,达到了封闭裂隙增加崖体稳定性的目的。裂隙注浆共使用PS-F浆液15t。

3. 崖体表面防风化

由于崖体自身的岩层性质,在北区崖面上发育有大量平行于岩层的风蚀凹槽。部分崖体中部的软弱粉砂质夹层受风蚀作用强烈,深入崖体内部,从而造成上部崖体坍塌并后退。莫高窟地区夏季骤降的暴雨在崖面及崖顶上汇合而形成面流,冲刷崖体,并可沿裂隙渗入下层洞窟,从而造成更大的破坏。针对以上情况,采取常用于砂砾岩石窟表面防风化的PS材料,进行表面防风化加固。根据北区洞窟位置分布、数量多少及风化严重程度,我们将加固范围分为重点加固区、次重点加固区和一般加固区。针对崖体不同的风化程度而采取了不同的PS材料浓度和喷洒次数。在最后的一次喷洒过程中,应在PS溶液中掺入部分研磨过筛后的澄板土进行崖体表面的做旧,尽量使施工后的崖面与原来的颜色保持一致。用于整个岩体表面防风化的PS浆液共150t。

4. 局部支撑

北区崖体底部内凹、崖体或洞窟悬空,都是大泉河洪水冲刷留下的遗迹。在这种状况下,如再遇到地震,已经悬空的洞窟或崖体必然崩塌。因此需要对坡脚冲刷和下层洞室坍塌所形成的悬空段进行加固,以防止上部悬空部分的继续坍塌。在用块石对悬空处砌补支撑后,在表面用水泥敷上与砂砾岩大小相同的石子做旧。整个支顶共用砌筑浆砌片石130m³。

通过莫高窟北区的岩体加固工程的实施,有效防止了石窟的坍塌,较好地解决了崖体的稳定性问题(图3)。但在表面防风化实施的过程中仅采取了PS喷洒的措施,没有对一些裂缝进行封闭,而且部分宽大裂隙当时采用水泥进行的裂隙封闭,影响了遗址的整体外观;对于崖体的一些风蚀凹槽没有进行封护,PS喷洒时存在死角,局部地方没有喷洒到位,影响整体防风化的效果。另外,当时做的一些崖体底部用于局部支顶加固的柱子,形状过于规则,整体和遗址的协调性要差一些。以上存在的这些问题都需要我们认真总结,避免在今后类似的工程中再次发生。莫高窟北区加固工程,黄克忠先生作为专家,参与了方案的论证、施工过程中的指导以及项目结项验收,为项目的实施贡献了很多的智慧。

图3 莫高窟北区加固前后对比照片

四、莫高窟南区崖体加固工程

20世纪完成的莫高窟南区崖体抢险加固工程,采用以"支""顶""挡""刷"为主要技术措施对莫高窟南区崖体进行了抢险加固,解决了莫高窟绝大部分崖体稳定性的问题,对于莫高窟的保护起到了极为重要的作用。但随着时间的推移,石窟崖面风化日益严重,在刮风下雨时崖面发生落石、流沙,部分薄顶洞窟出现漏雨,局部崖体稳定性依然存在安全隐患。这些问题不仅对窟内珍贵文物保存构成威胁,也存在游客安全问题,影响莫高窟的开放。针对上述问题,敦煌研究院在中央政府和甘肃省政府的支持下,2008年启动了敦煌莫高窟历史上最大的综合保护工程——敦煌莫高窟保护利用工程,莫高窟南区崖体加固工程属于其中的子项目。项目始终遵循《中国文物保护准则》的有关要求,结合莫高窟的实际,尽量减少对洞窟本体及周边自然环境的干预,在充分开展前期研究和先试验的基础上实施了保护工程。整个工程采用了锚索锚固、裂隙注浆、表面防风化、薄顶洞窟加固等综合治理措施,全方位治理缓坡流沙落石、卸荷裂隙、崖面风化塌落、洞窟窟顶变薄等多种危害(Wang,Wang et al,2015;Wang,Guo et al,2015)。

1. 现场试验

为了确保莫高窟南区崖体整体稳定和防风化加固的成功实施,在莫高窟南区崖体加固工程实施前,开展了崖体防风化加固试验,崖面裂隙封护材料及风蚀凹槽处理方法,崖面析盐区盐分处理方法,斜坡松散物堆积层花管注浆工艺及表面PS溶液渗透工艺试验、砂砾岩PS溶液渗透加固及封护工艺、孤石处理方法等多个试验和效果评价,目的是通过现场试验,筛选出最佳加固材料和施工工艺。为莫高窟南区崖体加固工程实施提供技术支撑。

2. 锚索锚固

石窟所在崖体在长期重力作用下向崖面临空方向卸荷,普遍发育平行崖面的卸荷裂隙,该类裂隙与岩体中的层面裂隙、构造裂隙、洞窟开挖空间等交叉组合,将洞窟围岩切割成许多大小不等的破碎块体。在地震、风蚀、雨蚀等外部因素作用下,破碎岩体变形破坏,存在以剪切滑移或倾倒的方式发生错落或崩塌的隐患。通过详细勘察,对于莫高窟存在坍塌隐患的崖体采用锚索锚固的方式进行加固。锚索锚固采用 6 根 15.20mm 的钢绞线编成的直径为 90mm 的锚索,锚固端不小于 5.0m,锚索锚固段的设计极限锚固力$\geqslant$30.0kN/m。

3. 悬空区支顶加固

崖体局部区域由于中下部坍塌而导致一定区域范围内悬空,为更好地加固崖体悬空区域独立块体,当锚杆等抗剪切力难以满足悬空块体需要的抗滑力时,尽量考虑结构性支顶措施,尤其针对崖体局部下错破坏类型的崖体、底部掏蚀凹进的崖体。为防止其下错、下滑等破坏,需提供一定的抗剪力,而钢结构支顶有结构轻巧、易施工、强度高、接触面积大、受力性能好,同时其隐蔽性较强等优点。一般主要利用根部基础,或成孔悬挑两种方式实现崖体悬空区域的支顶加固。

4. 裂隙灌浆

砂砾岩岩体裂隙注浆主要起填充裂隙作用,保持岩体的完整性,防止雨水渗入裂隙对壁画造成危害。锚索的注浆是防止雨水渗漏对锚杆锈蚀,保证设计的锚固力。注浆时应注意注浆次序、间隔时间及注浆过程中不同区域,尤其是对整个施工过程中实时的监测,并确保灌浆效果和文物安全。

5. 崖体表面防风化加固

崖体表面受风蚀和雨蚀作用,砂砾岩表面一定深度出现风化。针对表面风化问题,主要采取表面喷洒渗透PS溶液来加固。在喷洒PS前首先用清水对风化层进行喷洒,主要是为了打开岩体表面空隙,有利于加固液的入渗。用清水打开岩体表面孔隙后再进行PS喷洒渗透。原则上,喷洒的面积较小的,用手动喷雾器均匀、间歇地喷洒渗透;喷洒面积大的,用电动喷雾器进行喷洒渗透。

6. 薄顶洞窟加固

莫高窟地区虽气候极干旱,降水量少,但降水较为集中。由于砂砾岩体被严重的风蚀以及雨水冲刷,莫高窟崖体上层洞窟的窟顶以惊人的速度变薄,个别洞窟的窟顶已被穿透,变成了露天窟。20世纪,限于当时的条件,莫高窟的薄顶洞窟曾经用树枝、砂石等做过简单的加固,随着时间的推移,存在漏雨、露沙等现象。为了避免雨水对窟内文物的破坏,加固工程采取了重新加固窟顶的方式,确保文物不受风雨的直接侵蚀。首先将原来由木杆—树枝条—水泥砂浆建造的加固层揭开,露出窟顶的大小、形状不规整的洞。将窟顶洞口周围岩体整修,做嵌入崖体内的栅栏式的框架,在木框架上钉一层金属拉网,做复合土工层和砂层的支撑体,之后铺撒沙石,同时喷洒 PS 加固。窟顶加固后,做窟顶内部修复和窟顶外周围的风化坡面加固,达到窟顶外部的加固层同岩体,窟内方木上的草泥层与壁画地仗协调一致的效果。

敦煌莫高窟南区崖体加固工程成功地解决了遗址本体的诸多安全隐患,并提高了崖体整体抗风蚀、雨蚀和自稳能力,对遗址本体及崖体的保护起到积极作用,效果明显(图4)。同时,也通过加固工程形成了集研究、监测、实施、检测于一体的工程实施模式,并尝试将研究贯穿于工程实践全过程,全面真实地记录项目实施的全部过程,从有效性、可靠性及感官协调性方面均满足设计理念和要求。项目实施过程中,莫高窟崖体经受住了 2011 年"6·16"暴雨的考验,加固区域几乎没有流沙及落石现象,而未加固区域出现区域性大面积落石流沙,充分验证了本工程实施的必要性和良好的加固效果。对于莫高窟南区崖体加固工程,我们参考了许多黄克忠先生的研究成果(Huang,2010;黄克忠,1991,1994,1997,1999,2006,2008,2013,2014),黄先生作为石窟保护加固专家,全程参与了项目的论证和现场指导,提出了很多建设性的意见和建议,保护工程的成功实施也凝聚了他的心血和汗水。

图 4　莫高窟南区崖体加固前后对比照片(局部)

五、结　语

敦煌石窟崖体的保护加固是石窟保护的重要内容,因为一旦崖体失稳坍塌,将对石窟内文物造成不可估量的损失。敦煌研究院成立 70 多年来,实施了多次石窟围岩的加固工程,以确保石窟崖体的稳定性。总结石窟崖体加固历程,凝练石窟围岩加固技术和理念的发展过程,主要有以下几点收获和体会:

(1)历次莫高窟崖体保护加固工程遵循国际有关宪章和《中国文物古迹保护准则》的相关理念和原则,并紧密结合敦煌石窟实际,走出了既符合文物保护基本原则,又有敦煌特色的石窟保护之路。

(2)20 世纪实施的莫高窟南区的石窟崖体加固,解除了大部分洞窟和围岩坍塌的危险,尽管对整个窟区的外观影响较大,但在当时技术条件下,应当是最佳的选择,起到了阻止崖体坍塌与风化,为石窟的展示提供了便利条件。

(3)在几乎未改变崖面原貌的情况下,通过锚固、灌浆、表面防风化等措施实施了榆林窟、莫高窟北区崖体的加固,较好地保护了石窟的完整性和窟内文物。

（4）21世纪实施的莫高窟南区加固工程,采取锚索锚固、裂隙注浆、表面防风化、局部支顶、薄顶洞窟加固等综合治理措施,全方位治理了缓坡流沙落石、横向卸荷裂隙、崖面风化塌落、洞窟窟顶变薄等多种危害,较好地保证了石窟安全和参观游客的安全。

后　记

本文是对敦煌石窟围岩加固和工程实践的一个初步总结,能收入黄先生的八十寿辰纪念文集,深感荣幸!

无论是敦煌石窟的保护研究、国际合作,还是敦煌研究院这些年承担的科研课题和文物保护项目,均得到了黄先生的大力支持和悉心指导。如敦煌研究院在20世纪80年代末以来与美国盖蒂保护研究所合作项目,黄先生自始至终作为技术顾问,参与指导项目研究方案的制订和咨询,为项目的实施做出了突出贡献。无论是敦煌石窟保护,还是其他岩土质文物的综合研究项目,从立项、实施到鉴定、验收,都得到以黄先生为代表的许多专家的关心、指导。在此,笔者谨代表敦煌研究院深表谢意!

黄先生是我国最早从事岩土质文物保护的著名专家之一,在将岩土工程领域的理论与方法引入岩土质文物保护方面做出了杰出的贡献。与敦煌石窟保护有关的具有广泛影响的论文就有《中国石窟的保护现状》《中国石窟保护方法述评》《甘肃石窟保护工作五十年的成功之路》《纵观当前的石窟保护》和《从我国石质文物保护的历程看＜威尼斯宪章＞的影响》等多篇。作为水文地质与工程地质专业的毕业生,笔者一踏进文物保护领域就受到了黄先生的赐教,20多年来,不断从先生那里得到教诲。他深厚的专业理论素养、丰富的保护实践经验和提携后进的崇高品德,指引着这个领域的年轻人成长之路,堪称年轻人的楷模。敦煌研究院在石窟保护方面的每一次进步,都离不开以黄先生为代表的老一辈文物保护专家的厚爱和鼓励,我们一直铭记在心,也将此作为我们前进的动力。我们愿把老一辈的保护理念和对于文物的拳拳之心传承并发扬光大。

先生八十寿辰之际,谨以此文祝福先生健康快乐!

参考文献

黄克忠.从我国石质文物保护的历程看《威尼斯宪章》的影响[J].中国文物科学研究,2014(2):12-14

黄克忠.地震对莫高窟及附属建筑的影响[J].敦煌研究,1991(3):107-112

黄克忠.甘肃石窟保护工作五十年的成功之路[A].甘肃文物工作五十年,兰州:甘肃文化出版社,1999:126-129

黄克忠.评介莫高窟旅游开放的挑战与对策[N].中国文物报.2008-6-27

黄克忠.任重而道远的莫高窟文化遗产保护[J].敦煌研究,2006(6):200-202

黄克忠.中国石窟保护方法述评[J].文物保护与考古科学,1997(1):48-51

黄克忠.中国石窟的保护现状[J].敦煌研究,1994(1):18-23

黄克忠.纵观当前的石窟保护[J].石窟寺研究,2013(4):5-12

李最雄.丝绸之路古遗址保护[M].北京:科学出版社,2003

彭金章,王建军.敦煌莫高窟北区石窟(一卷)[M].北京:文物出版社,2000

孙儒僩.莫高窟石窟加固工程的回顾[J].敦煌研究,1994(2):14-29

王旭东,李最雄. 安西榆林窟的岩土工程问题及防治对策[J]. 敦煌研究,2000(2):123-131

张国军,李最雄. 莫高窟北区崖体病害[J]. 敦煌研究,2005,92(4):71-75

赵正之,莫宗江,宿白,等. 敦煌石窟勘察报告[J]. 文物参考资料,1955(2):39-70

Guo Q, Wang X, Zhang H, et al. Damage and conservation of the high cliff on the Northern area of Dunhuang Mogao Grottoes, China[J]. Landslides, 2009, 6(2):89-100

Huang kezhong. International Cooperation for the Protection of China's Cultural Heritage[A]. Neville Agnew. Proceedings: Conservation of Ancient Sites on the Silk Road (The Second International Conference on the Conservation of Grotto Site, Mogao Grottoes, Dunhuang, People's Republic of China, June 28-July 3, 2004) The Getty Conservation Institute. Los Angeles, June 2010:41-45

Wang X, Guo Q, Yang S, et al. The Engineering Geological Problems and Conservation of Cliff Face of Dunhuang Mogao Grottoes, China[M]. Engineering Geology for Society and Territory-Volume 8. Springer International Publishing, 2015:183-187

Wang X, Wang Y, Guo Q, et al. Assessing the relative stability of the Mogao Grottoes using a rock mass quality classification approach[C]. Ancient Underground Opening and Preservation: Proceedings of the International Symposium on Scientific Problems and Long-term Preservation of Large-scale Ancient Underground Engineering (23-26 October 2015, Longyou, Zhejiang, China). CRC Press, 2015:249

粉尘对云冈石窟石雕的影响机理研究

黄继忠

(上海大学)

一、云冈石窟概述

位于我国山西省大同市西郊的云冈石窟,背依武周山,面临十里河,东西绵延 1km,现存主要洞窟 45 个,大小造像 51 000 多尊。它开凿于 1500 年前的北魏时期,是我国古代规模最大的石窟群之一,以石雕造像气魄雄伟、内容丰富多彩著称于世,具有强大的艺术魅力。它与甘肃敦煌莫高窟、河南洛阳龙门石窟并称为我国三大石窟,也是世界闻名的艺术宝库之一。

近几十年来,随着经济的发展,云冈石窟周围的自然环境发生了很大的变化,环境污染对石雕的威胁日益严重。现石窟附近已有大中小型煤矿几十座,年产原煤达 700 多万吨,石窟西边的云冈矿,年产煤 400 万吨,东南是晋华宫矿,年产原煤 120 万吨,北面有社队小煤窑近 10 座,年产原煤 180 万吨。有矸石堆放处 17 处。石窟地区的主要交通有大同—燕子山铁路专用线,大同至左云、云冈至新荣区的公路,这些线路均为大同地区煤炭运输干线。石窟周围年运输原煤量约 700 万吨,各厂矿锅炉运行及民用燃煤量约为每年 30 万吨,周围堆放矸石体积约为 569 万立方米。

云冈石窟周围的工业及生活能源均以燃煤为主,故大气污染为燃煤型污染,石窟地区的主要大气污染源来自各厂矿生产及生活的锅炉、矸石山自燃、民用炉灶及交通运输带来的二次扬尘,主要污染物是燃煤产生的二氧化碳、二氧化硫、氮氧化物、悬浮颗粒及扬尘。

二、云冈砂岩特征

1. 砂岩矿物成分及特征

通过偏光显微镜鉴定并配合 X 光粉晶衍射分析,确定该砂岩为一种成分复杂的长石石英杂砂岩。它的矿物成分为长石、石英、高岭石、方解石、白云石、绢云母及岩屑。该砂岩的胶结类型为孔隙式胶结,矿物颗粒多为棱角状,分选性差,成熟度低,孔隙较大,并且有良好的贯通性。

2. 水溶性盐

云冈石窟砂岩中的盐分按其溶解度可分为易溶盐(六水泻盐、泻利盐、芒硝、天然碱)。中溶盐(石膏)、含水矿物(矽钙石)、赤铁矿等(黄克忠等,1992)。

三、云冈石窟粉尘特征

1. 物量学特征

云冈石窟降尘的平均密度为 $\rho=2.2\text{g/cm}^3$,粒度直径大于 $2.1\mu m$ 的年平均为 $378\mu g/\text{cm}^3$,粒度直径小于等于 $2.1\mu m$ 的年平均为 $130\mu g/\text{cm}^3$。

2. 粉尘的主要化学成分

采用 PHILIPS SEM-505 扫描电子显微镜 EDIX-9100 型 X 射线能谱仪(以下简称 EIDX)对粉尘样进行了大面积定量分析(清华大学分析化学教研室,1983),共分析 3 个区域,其主要化学成分的分析结果见表 1。

从表 1 中可以看出,粉尘的主要来源是石雕砂岩风化产物及周围煤炭开采及运输、工业与民用燃煤的产物。

表 1　粉尘的主要化学成分　　　　　　　　　　(单位:%)

化学成分 样品名称	Al_2O_3	SiO_2	K_2O	CaO	Fe_2O_3	TiO_2	$S*$	$C*$	H_2O*
第 19 窟粉尘样品	11.33	39.46	2.65	10.08	6.99	0.55	1.83	19.62	7.49

注:标有 * 者为化学分析结果。

3. 粉尘的主要矿物成分

经显微镜鉴定和采用日本理学电机公司生产的 RAX-10 型旋转阳极全自动 X 射线衍射仪分析,表明粉尘中的主要矿物有石英、高岭石、钾微长石、云母和石膏,还有少量的方解石、褐铁矿、赤铁矿、磁铁矿、黄铁矿及较多的粉煤等。粉尘的 X 射线衍射图见图 1。

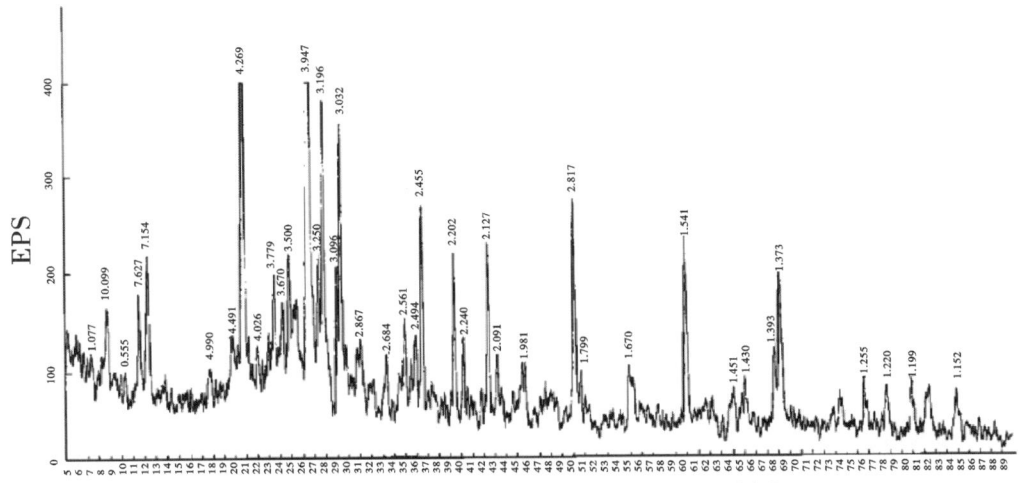

图 1　粉尘样品的 X 射线衍射图

四、粉尘破坏石雕的实验研究

1. 粉尘对 SO_2 吸收的对比

C1 为 10％的 SO_2 气氛中的粉尘样品，C2 为 1％的 SO_2 气氛中的粉尘样品，针对 C1、C2 中硫酸盐含量的变化，经 X 射线衍射分析表明：C1 即在高 SO_2 浓度的情况下，粉尘吸附 SO_2 气体产生的硫酸盐较 C2 多。X 射线衍射分析结果见图 2。

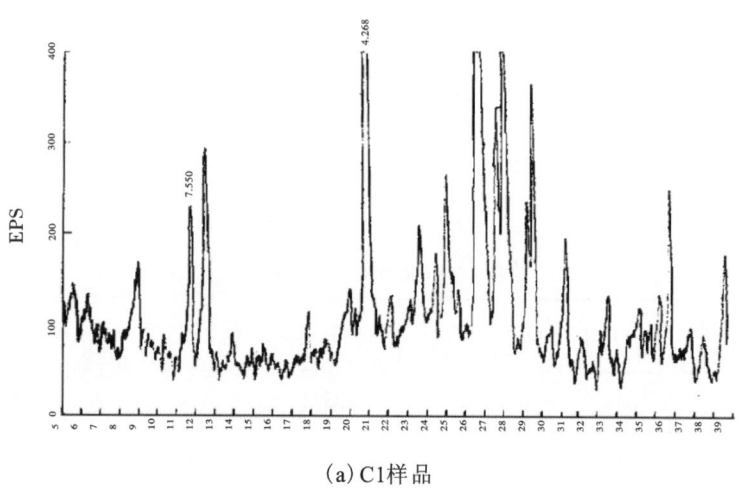

(a) C1 样品

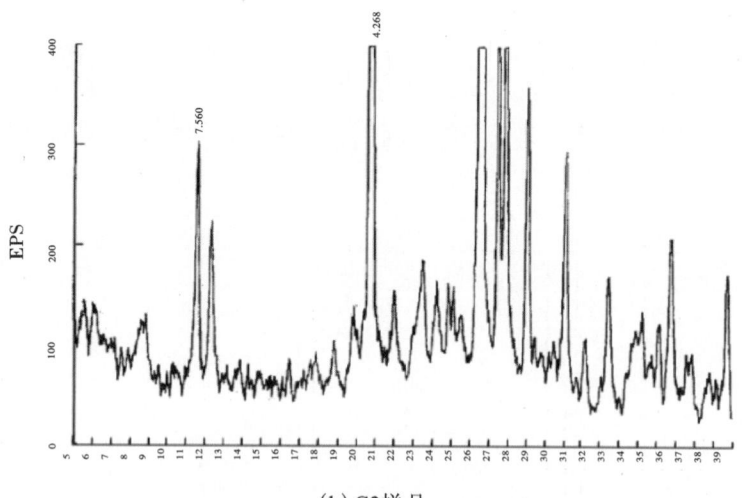

(b) C2 样品

图 2　C1、C2 样品 X 射线衍射图

2. SO_2 气体对砂岩样品的腐蚀试验

室内模拟试验是研究石质腐蚀的重要方法（王文兴，1995），使用这种方法可以观察一种或多种因素变化对石质腐蚀的影响，从而了解粉尘在石质腐蚀过程中的作用。

1)室内模拟试验

试验中采用在干燥器内配制不同浓度的 SO_2 气体,并保持高湿度的环境中分别对照两种样品的方法。材料选用新鲜(取自岩石深部)和风化(岩石表层)两种样品。每种材料制成 4 块薄片,用高倍显微镜观察、拍照,并通过 X 射线衍射和扫描电镜对岩样的物相和化学成分进行分析。然后将每组样品各取 2 个,分别置入不同浓度 SO_2 气体的干燥器中,在其中一个薄片表面均匀撒一层取自洞窟内的粉尘(约 200mg)。

影响材料腐蚀的因素很多,化学因素(如 SO_2、NO_x、O_3、CO_2、颗粒物和各种酸类等)、物理因素(如太阳、温度、湿度、风向、风速等)对材料的腐蚀都有影响(陈恩龙等,1993)。本研究选择了气相 SO_2 和颗粒物这两个主要标志作为室内模拟试验的变动因素,其他因素恒定不变。在进行腐蚀试验时,气相 SO_2 浓度分别达到 1% 和 10%,湿度保持大于 90%。

腐蚀气体 SO_2 根据下式制得:

$$2NaHSO_3 + H_2SO_4 = 2H_2SO_3 + Na_2SO_4$$

$$H_2SO_3 = SO_2\uparrow + H_2O$$

2)石雕砂岩样品的制备

两种砂岩的编号分别为 W41 和 N340,其中 W41 组为近表面风化程度较强的砂岩,N340 为深部风化程度相对较弱的砂岩。我们将两组砂岩分别磨制成 4 个薄片,薄片上的矿物厚度在 0.03mm 左右。在腐蚀试验前分别在薄片上选定分析区域和特征的矿物进行分析和测试,然后在选定的区域进行腐蚀试验,再对腐蚀后已选定的区域进行同样的分析测试,并尽量保持分析测试的一致性,以便研究两组砂岩腐蚀前后的变化情况。

3)腐蚀试验前两组砂岩样品的对比

(1)两组砂岩的主要矿物成分及其相对含量。显微镜鉴定和 X 射线衍射分析表明两组砂岩中的主要矿物种类相似,其相对含量有一定的差异。主要矿物有石英、高岭石、钾微长石,其次为云母、赤铁矿、褐铁矿、石膏、方解石、绢云母、重晶石、钛铁矿、金红石、锆英石、黄铁矿、氯化钠等(黄继忠,1996)[5]。W41 和 N340 两组砂岩薄片显微镜下大致定量结果见表 2。

表 2　两组砂岩样主要矿物相对含量　　　　(单位:%)

主要矿物 样品名称	石英	钾微长石	高岭石	黑云母	赤铁矿	褐铁矿	其他	总量
W41 砂岩样	46.19	15.21	32.48	2.57	0.93	1.71	0.91	100
N340 砂岩样	42.78	19.04	30.79	1.78	3.57	1.43	0.61	100

从表中可以看出,W41 组钾微长石含量较 N340 组低,而高岭石较 N340 组高,说明在表面的砂岩中钾微长石风化蚀变成了高岭石。

(2)化学成分的比较。根据资料,云冈砂岩风化规律中,SiO_2/Al_2O_3 值大则风化程度较轻,SiO_2/Al_2O_3 值小则风化程度较强(黄克忠等,1992),分析结果的 SiO_2/Al_2O_3 值说明 W41 组砂岩的风化程度较强(表3)。

表 3　两组砂岩化学成分　　　　(单位:%)

化学成分 样品名称	Al_2O_3	SiO_2	K_2O	CaO	Fe_2O_3	TiO_2	S *	H_2O	SiO_2/Al_2O_3
W41 组砂岩	14.95	72.49	2.54	0.55	4.66	0.32	0.00	4.30	4.85
N340 组砂岩	14.32	73.48	2.51	0.46	4.79	0.19	0.00	4.20	5.13

4) 腐蚀试验前后两组样品的对比

W41 组腐蚀试验前后的对比：

(a) W41 组腐蚀前后化学成分的比较。在扫描电镜下，选定分析区域，放大 71.5 倍，进行全视域大面积分析，W41-1～W41-4 腐蚀试验前后的分析区域保持相同，4 个样品的分析结果见表 4。

表 4 W41 组腐蚀前后化学成分   （单位：%）

化学成分 编号		Al_2O_3	SiO_2	K_2O	CaO	Fe_2O_3	TiO_2	S	H_2O	SiO_2/Al_2O_3	W.I
W41-1	前	15.34	70.87	2.62	0.97	5.16	0.72	—	4.30	4.619	0.083
W41-1	后	15.40	71.07	2.88	0.48	4.45	0.80	0.62	4.30	4.615	0.081
W41-2	前	15.29	70.99	2.43	0.67	6.32	—	—	4.30	4.619	0.077
W41-2	后	16.06	70.35	2.27	0.49	6.16	0.21	0.16	4.30	4.375	0.074
W41-3	前	15.11	73.74	2.60	0.15	3.54	0.56	—	4.30	4.880	0.074
W41-3	后	15.19	73.16	2.80	0.26	2.80	0.97	0.52	4.30	4.814	0.078
W41-4	前	14.70	74.36	2.50	0.42	3.72	—	—	4.30	5.059	0.074
W41-4	后	12.29	76.45	2.16	0.15	3.95	0.40	0.30	4.30	6.220	0.068

(b) W41 组砂岩中长石成分的比较。砂岩中钾微长石和胶结物中的钙质成分较石英、高岭石属易蚀变的矿物。为研究腐蚀试验的效果，我们选定基本无蚀变现象的钾微长石为特征矿物，通过显微镜照相和 EDIX 能谱仪分析的方法比较其腐蚀试验前后的变化。其分析结果见表 5。

表 5 W41 组砂岩中长石成分   （单位：%）

化学成分 编号		Al_2O_3	SiO_2	K_2O	CaO	Fe_2O_3	S
W41-1	前	20.03	62.54	17.42	—	—	—
W41-1	后	19.81	62.09	17.92	—	0.08	0.10
W41-2	前	19.41	61.90	18.70	—	—	—
W41-2	后	19.37	61.92	18.50	0.07	0.13	0.01
W41-3	前	19.89	62.10	17.34	0.72	—	—
W41-3	后	19.78	62.15	17.74	0.18	0.08	0.07
W41-4	前	19.89	62.36	17.75	—	—	—
W41-4	后	19.41	62.18	17.90	0.30	0.18	0.03

其中在腐蚀试验之后发现 Fe_2O_3 和 S 增加。而 CaO 在某些试样中首次发现，另一些样品

中则有所增加,这是粉尘在试验的过程中滞留在长石微细裂隙之中造成的。

(c)W41组砂岩腐蚀前后相组分的比较。

采用X射线衍射仪对W41-1~W41-4薄片选定的相同区域腐蚀前后进行X射线衍射分析,每种矿物的相对含量从图谱中的强度上可以反映出来,计算其中石膏相对石英的含量如表6所示。

表6 石膏相对石英的含量

样品	相对含量(%)
W41-1-1	0.00
W41-1-2	65.23
W41-2-1	17.88
W41-2-2	22.05
W41-3-1	0.00
W41-3-2	158.45
W41-4-1	0.00
W41-4-2	19.53

注:其中W41-X-1为腐蚀试验前,W41-X-2为腐蚀试验后。

从表6中可以看出,经腐蚀后的薄片中石膏的含量有明显的增加,其主要来源有两个:一是粉尘中的Ca质成分与SO_2气体发生反应生成石膏,滞留在长石的裂隙中和颗粒间隙中;另一个可能是砂岩胶结物中含Ca物质在SO_2气体腐蚀过程中产生的。

5)N340砂岩组腐蚀试验前后两组样品的对比

(1)N340组砂岩腐蚀前后化学成分的比较。在扫描电镜下,选定分析区域,放大71.5倍,进行全视域大面积分析,N340-1~N340-4腐蚀试验前后的分析区域保持相同,4个样品的分析结果见表7。

表7 N340组腐蚀前后化学成分　　　　　　　　　　　　（单位:%）

化学成分 编　号	Al_2O_3	SiO_2	K_2O	CaO	Fe_2O_3	TiO_2	S	H_2O	SiO_2/Al_2O_3	W.I
N340-1-1	12.52	75.56	2.50	0.57	4.65	—	—	4.20	6.04	0.076
N340-1-2	11.99	75.24	2.40	0.44	4.86	0.37	0.50	4.20	6.27	0.073
N340-2-1	15.31	71.06	2.43	0.67	6.33	—	—	4.20	4.57	0.078
N340-2-2	15.57	71.02	3.72	1.13	3.52	0.58	0.26	4.20	4.49	0.095
N340-3-1	15.12	73.81	2.61	0.15	3.55	0.56	—	4.20	4.88	0.073
N340-3-2	15.70	71.58	3.69	1.25	2.86	0.45	0.27	4.20	4.56	0.096
N340-4-1	20.90	71.34	4.54	0.38	2.79	0.05	—	4.20	3.41	0.092
N340-4-2	20.89	70.96	3.80	0.17	3.54	0.21	0.45	4.20	3.39	0.082

注:其中N340-X-1为腐蚀试验前,N340-X-2为腐蚀试验后。

(2) N340 组砂岩中长石成分的比较。通过显微镜照相和 EDIX 能谱仪分析的方法比较其腐蚀试验前后的变化,其分析结果见表 8。其中在腐蚀试验之后发现 Fe_2O_3、CaO 和 S 的含量增加。

表 8　N340 组砂岩中的长石成分分析结果　　　　　　　　(单位:%)

化学成分 编号	Al_2O_3	SiO_2	K_2O	CaO	Fe_2O_3	S
N340-1-1	19.95	62.59	17.46	—	—	—
N340-1-2	19.28	62.35	17.70	0.09	0.46	0.12
N340-2-1	19.62	62.33	18.05	—	—	—
N340-2-2	19.52	62.40	18.02	—	0.04	0.02
N340-3-1	19.62	62.30	18.08	—	—	—
N340-3-2	19.39	62.21	17.99	0.34	0.03	0.04
N340-4-1	19.15	62.48	18.38	—	—	—
N340-4-2	18.92	63.34	17.38	0.07	0.17	0.12

注:其中 N340-X-1 为腐蚀试验前,N340-X-2 为腐蚀试验后。

(3) N340 组砂岩腐蚀前后相组分的比较。采用 X 射线衍射仪对 N340-1～N340-4 薄片的相同选定区域腐蚀前后进行 X 射线衍射分析,计算其中石膏相对石英的含量如表 9 所示。

表 9　石膏相对石英的含量

样品编号	相对含量(%)
N340-1-1	0.00
N340-1-2	73.70
N340-2-1	0.00
N340-2-2	42.90
N340-3-1	0.00
N340-3-2	228.91
N340-4-1	39.45
N340-4-2	33.56

注:其中 N340-X-1 为腐蚀试验前,N340-X-2 为腐蚀试验后。

从表 9 中可以看出,经腐蚀后薄片中石膏的含量有明显的增加。其主要来源有两个:一是粉尘中的 Ca 质成分与 SO_2 气体发生反应生成石膏,滞留在长石的裂隙中和颗粒间隙中;另一个可能是砂岩胶结物中含 Ca 物质在 SO_2 气体腐蚀过程中产生的。

五、结果与讨论

通过 X 射线衍射、扫描电镜(EDIX)和显微镜对粉尘的主要物质成分分析表明,云冈石窟

大气粉尘中以 SiO_2、C、Al_2O_3、CaO、Fe_2O_3 及 S 为主，其主要来源是地壳、土壤及石雕砂岩，周围的煤炭开采和运输、工业和民用燃煤而产生的含炭、含硫等物质，其次还有少量的含铁物质是来自车辆运输的磨损。

云冈石窟石雕砂岩中相对不稳定的矿物是长石和胶结物中的含钙物质(李最雄等，1993)。试验结果表明：腐蚀试验前后的两组砂岩，在化学组分及其主要矿物的化学组分等方面没有明显的变化，说明粉尘及 SO_2 气体在短期内没有明显的腐蚀作用。X 射线衍射结果表明，经腐蚀后薄片中新的矿物相稍有增加，石膏的含量有明显的增加。其主要来源有两个：一是粉尘中的 Ca 质成分与 SO_2 气体发生反应生成石膏，滞留在长石的裂隙中和颗粒间的孔隙中；另一个是砂岩胶结物中含 Ca 物质在 SO_2 气体腐蚀过程中产生的。腐蚀试验前后两组砂岩中的长石的成分相比较，腐蚀后砂岩中的长石新的矿物相稍有增加，CaO、Fe_2O_3、S 的含量增加。从显微结构上可以看出，在砂岩中长石微细裂隙及粒间孔隙中，充填了大量的硫酸盐(主要是石膏)。

云冈石窟石雕的风化是一个极其复杂的过程，其风化速度既决定于岩石本身的内在因素，即岩石矿物组成及胶结状态，又与其外界条件，如大气环境、水文地质环境、气候状况等有关。

(1)大同地区属温带大陆性半干旱气候，温差变化显著，日温差最高达 20℃，月温差可达 40℃，骤变的温度是云冈石窟风化的原因之一。组成云冈石雕砂岩的不同矿物和颗粒间隙、长石裂隙中充填的石膏的膨胀系数不同，当温度反复变化时，石英、长石与颗粒间隙中的石膏按照不同的膨胀系数胀或缩，这样原来由胶结物连在一起的石英和长石颗粒之间就彼此脱开，长石本身的裂隙加长加宽，使完整的岩石破裂松散(王兴录，1992)。

(2)水对云冈石窟石雕的危害是普遍而严重的，它与岩石长期而缓慢的相互作用是石雕遭受风化破坏的主要原因。水通过多种途径侵蚀石雕，影响云冈石窟石雕的水主要有裂隙渗水和凝结水。由于云冈石窟的岩石构造及开凿石窟产生的卸荷作用，使石窟内裂隙纵横交错。雨季时，大气降水通过裂隙渗入洞窟，使岩石表面普遍潮湿，甚至有微细的水流或滴水。热湿空气进入窟内遇到温度较低的岩石便会在石雕表面形成凝结水，而空气中的粉尘又充当了水汽的凝结核，加速了这一进程。大气中的粉尘粘附或沉降到石雕表面之后，也具有一定的吸水性(喻本德等，1994)。由于粉尘的吸附表面产生的石膏与岩石中长石水解等作用在岩石内部产生的含结晶水盐类一起，当处于低温和高湿环境时吸水膨胀，对岩石产生压力，加速了矿物颗粒间连接的破坏和裂隙的扩张，使岩石表面开裂呈页片状剥落或碎屑状刷落。在干燥环境时失去或减少结晶水，体积收缩，在岩石表面形成粉末(和玲等，1995)。

(3)粉尘粘附或沉降至石雕表面后，其对大气中 SO_2 气体有一定的吸附作用。而由粉尘的金属离子的分析可知，云冈石窟大气粉尘中含有一定量的铁离子(黄继忠等，1998)，由于铁离子的催化作用，使 SO_2 氧化成 SO_3(Vasco Fassina，1988)，再与岩石内部的渗水或表面的凝结水结合成硫酸。由于粉尘在岩石表面的存在是一个持续的、长时间的过程，所以硫酸对砂岩中的胶结物具有一定的腐蚀作用。

总之，云冈石窟大气中的粉尘对石雕的影响既有物理上的作用，即表面黑色层的形成、孔隙和裂隙的填充造成岩石的风化剥落；又有化学上的作用，即由其形成的酸性物质对岩石中胶结物的腐蚀作用。从某种意义上讲，物理风化是化学风化的前奏，因为物理风化使岩石或矿物间产生裂隙或裂隙扩大，增加了水和其他化学物质与岩石及矿物的接触面积，使化学风化得以深入进行。同时由于化学风化使岩石表面疏松、长石高岭石化，为粉尘的吸附和含水盐类的聚集创造了条件。物理风化与化学风化长期存在、交替作用，互相促进，致使云冈石窟石雕遭受严重的风化。

  云冈石窟大气中粉尘的组成是极其复杂的。据大同市环境保护研究所刘瑞莲等人的分析，大气颗粒物中有机污染物的含量占总悬浮微粒（TSP）的 20% 左右，其比重是相当高的（刘瑞莲等，1985）。粉尘中又往往含有一些生物物质，包括细菌、孢子、花粉等，Kauffman 所作的研究表明，含氮细菌可将大气中的氨水转化成亚硝酸盐或其他盐而风化岩石（谭顿，1995）。本文仅对其中的无机物及其对石雕的影响作了探讨，而对有机物和生物物质未进行研究，所以说本工作仅仅是粉尘对石质文物影响研究的开端，还有许多问题有待进一步解决。

后　记

  本文是在中国文化遗产研究院黄克忠先生悉心指导下完成的。在论文完成过程中，黄先生给予本人无私的帮助和大力的支持，并慷慨提供了大量珍贵的资料和数据，在此诚挚地感谢黄先生！

  黄克忠先生是我国著名的文物保护专家，毕业于北京地质学院。笔者 1988 年毕业于长春地质学院，所学专业相近，从事的工作相同，所以能够师从黄克忠先生是我三生有幸。多年来与先生的交往使我受益匪浅，可以说是黄克忠先生引导我走上文物保护的道路，也是在先生的鼓励、帮助、指导下一路走过来的。在我与先生交往的几十年里，先生不仅仅在学术方面给予我诸多的指导和帮助；在生活、工作中，先生也对我是关怀备至。黄先生严谨的治学态度给我留下了深刻的印象，是我一生的科研事业中一笔宝贵的财富。先生对晚辈在事业上的提携和生活中的关心彰显出大家风范，为我在人生的道路上树立了典范。

  衷心感谢黄克忠先生！衷心祝愿黄克忠先生健康长寿！

参考文献

  陈恩龙，等. 重庆大气酸沉降与钢材腐蚀[J]. 环境科学，1993，15(2)
  和玲，甄广全. 乾陵石刻化学风化研究[J]. 考古与文物，1995(6)：31-37
  黄继忠，等. 云冈石窟大气粉尘中金属离子的分析[J]. 雁北示范学院学报，1998(2)：21-24
  黄继忠. 煤尘对云冈石窟的影响[D]. 复旦大学硕士论文，1996
  黄克忠，解廷藩. 云冈石窟风化治理对策研究. [M]. 文物保护与环境地质. 武汉：中国地质大学出版社，1992
  李最雄. 炳灵寺、麦积山和庆阳北石窟寺的风化研究[J]. 文博，1985(3)：66-75
  刘瑞莲，丁中华，等. 大同市大气颗粒物及有机污染物的分析研究[J]. 环境科学，1995(1)：66-67
  清华大学分析化学教研室. 现化仪器分析[M]. 北京：清华大学出版社，1983
  谭顿. 印度古物的保护问题[J]. 敦煌研究，1995(2)
  王文兴，洪少贤，张婉华. 酸沉降对材料破坏的损伤函数的研究[J]. 环境科学学报，1995，15(1)：23-31
  王兴录. 钟山石刻的风化及保护初探[J]. 文博，1992(2)
  喻本德，肖以德. 长江中下游地区酸雨及大气污染物对钢材破坏的研究[J]. 武汉大学学报（自然科学版），1994(5)：85-91
  Vasco Fassina. Air Pollution in Relation to Stone Decay[J]. The Deterioration and Conservation of Stone, UNESCO, 1988

恢复正常状态:石质文物的预防性保护与保护性处理[①]

原著:埃里克·德内(Eric Doehne)[1] 克利福德·普莱斯(Clifford Price)[1]
翻译:马涛[2] 柏柯[2] 纪娟[2] 王翀[2] 贾甲[2]
(1.美国盖蒂文物保护研究所;2.陕西省文物保护研究院)

当面对已经发生风化的石质文物时,文物保护工作者会立刻产生"为此做些什么"的本能反应,可能包括用砂浆对石材进行修补,使用一些保护性涂层材料,或者剔除已经风化的石材并用新石材进行替换。在任何地方周期性的维护保养都是非常关键的,1877 年 William Morris 就曾经写到"日常的护理能够减缓风化"。

2003 年 Domaslowski 在一本文物保护专业教材中首次振聋发聩地提出了石质文物预防性保护的概念,他令人信服地证明常常被忽视的日常维修保养恰恰是预防性保护的一个重要方面。现在,石质文物保护越来越强调不仅只考虑对石质文物本体,同时也要对石质文物所处的环境进行保护,这反映了大家对预防性保护重要性、对最小干预原则以及限量使用可能会对石质文物和其环境造成不良影响的保护材料意识的日益增加。另外,既然我们已很好地了解了石质文物的风化机理,文物保护的策略可以设计为通过聚焦能减缓风化过程的手段来减少风化破坏的速度。这方面一个令人感兴趣的例子是:大家普遍认为历史建筑的风化通常开始于建筑屋面的劣化,那么利用一个历史名城的多光谱卫星图片,就可以对历史建筑屋面的状况提供一种自动评估方法,从而指导预防性保护而非病害严重以后再进行保护修复。

一、预防性保护

为石质文物所处的环境做点什么,不仅仅是简单的关于温度和相对湿度的问题。预防石质文物的风化可能涉及很广泛的方面:立法保护单件历史建筑和文物古迹、环境污染控制、交通控制、地下水控制、游客管理、灾害规划(巴伊尔,1991;巴伊尔,施奈斯拉格,1997;巴伊尔,斯尼卡尔斯,2001)。这些方面的考量似乎与一件单个石质文物的保护问题相距甚远,但毫无疑问它们都是非常重要的问题。不可移动石质文物预防性保护研究的其他内容还包括保护棚、防风墙和回填掩理(德玛斯,2004;提乌托尼科,2004),以及模拟计算内部环境参数来帮助确定必需的干预措施(阿尔拜罗等,2004)。

预防性保护措施中最快速有效的方法通常是确保石质文物不受水的影响并控制周围空气的相对湿度和温度。在博物馆中对石质藏品做到这些非常容易,即使对一个历史建筑中暴露于内部环境的石质砌体结构也能够达到(普莱斯,布里姆布莱恩姆,1994;普莱斯,2007)。

在户外的石质文物则很难进行同样的预防性保护工作,尽管在这方面有一个引人注目的

[①] 本文译自盖蒂文物保护研究所出版的《石质文物保护研究现状综述》,Chapter 2 Putting it right:Preventive and remedial treatments。

例子：挪威在哈马大教堂遗址建造了一个玻璃结构的保护棚，确保石质建筑的材质不受水的影响并控制周围空气的相对湿度和温度，来提供类似博物馆的预防性保护措施。更多的保护棚或遮护物已经开始频繁地用于石质建筑物外部以保护其中比较重要的一些特殊或重点部位。他们可能是原来就设计有的遮护物（例如，在壁龛中遮护雕像的天篷或华盖），也可能是后来的附加物。一种极端的保护棚是将这些特征部位整个围护或封闭起来。保护棚或遮护物的目的是减少能够接近石质文物的雨水量，截至目前，稳定石材温度和含湿量还是一种非常实用的方法。当然，如果遮护物是后加的，可能会在视觉上有影响（显得唐突），但是体量也不能太小，否则很难起到遮护作用。目前，针对户外石质文物保护棚或遮护物的设计研究很少，因而其保护或遮护作用也许更多的是心理上而非实际的（阿格纽等，1996；阿斯兰，2007）。

这方面的一个典型案例是位于洪都拉斯科潘的一处世界文化遗产：在前哥伦布遗址的一个象形文字梯道上建造了一个简单的帆布保护棚，来防止因频繁暴雨可能产生的地衣苔藓生长，以及富含黏土的石质文物材质的膨胀等（德内等，2005；盖蒂研究所，IHAH，2006）。

第二个案例是在萨尔瓦多首都圣萨尔瓦多的霍亚德塞伦考古遗址现场，通过计算不同类型保护棚的保护性能参数，发现有几类保护棚可以减少蒸发，并且能改善温度和相对湿度的稳定性（前川，2006）。

更进一步的研究是在卡特维尔的阁楼进行的，那是丘吉尔爵士在英格兰肯特郡的乡间房屋（Lithgow et al，2007）。这个阁楼是两边开合，内部装饰常受冷凝水的影响。通过屋面修理和搭建临时墙来缓冲冬季小环境的影响，减缓了冷凝水的影响。

控制或减缓相对湿度变化的主要目的是减少伴随含湿量变化的可溶盐循环造成的破坏。目前针对石质文物或壁画，已经研究并很好地建立了能够防止含有单个盐分结晶析出的湿度范围体系，然而石质文物通常不是只含有一种盐，而是盐的混合物。而盐的混合物，其行为也很复杂（Steiger，Zeunert，1996；Price，2000；Steiger，2005；Sawdy，Heritage，2007；De Clercq，2008；Franzen，Mirwald，2009），现在有了能够帮助我们筛选适宜湿度范围、预防这类复杂的盐混合物可溶盐析出的方法（Bionda，2004）。阿诺德提出了通过在一年周期内监测相对湿度和温度，同时全程观察盐霜/盐斑活动情况来减少壁画盐分破坏的方法（Arnold，Zehnder，1991；Arnold，1996）。在出现盐霜/盐斑析出的时间段，将其与环境参数进行关联分析，然后，通过对相关环境条件的控制就可以减少可溶盐析出的发生率和范围（Laue et al，1996）。

越来越多的证据表明，干燥速度很重要，小幅减少干燥速度甚至可以使得在石质文物表面形成的盐结晶成为相对无害的盐霜/盐斑（Selwitz，Doehne，2002）。这也就是在澳大利亚阿瑟港遗址，建议种植一排树来帮助保护含盐建筑结构背后隐喻的道理（Thorn，Piper，1996）。

二、保护性处理

本章的其余部分将重点综述针对石质文物本体保护的相关研究。作为一个综述，本部分内容不应被视为技术手册，石质文物保护的常规做法请另外查阅（Ashurst，Ashurst，1988；Ashurst，Dimes，1998；Ashurst，2007；Snethlage，2008）。

1. 保护性处理：清洗

清洗往往是保存现状调查完成以后，第一步采取的保护措施。正如可以预见的那样，碳酸盐材质的石质文物是与酸性污染物反应最积极的,所以成为了石质清洗研究中最受关注的内容。通过清洗去除表面脏污,可以更清楚地查看下面石质文物的真实情况,并决定下一步有必要进行的保护工作。清洗在某些情况下还可以去除表面有害物。然而,清洗的最主要原因常常还是能较大地改变文物外貌,脏污的建筑和古迹让人觉得保护不够,脏污还使一些精细的部位、主要的建筑特征模糊。

但是,也有人认为清洗违反了文物保护最基本的原则之一——可逆性,去除脏污的同时,也去除了历史的感觉和证据。

从形态学观点看,原来的石质文物表面可能存在于一层煤灰或黑色外壳下面。然而,从化学角度看,这时的石质文物不能被认为是原貌状态,而是其表层经历了一系列与不断变化的外部环境相适应后的变化结果(Vergès-Belmin,1994;Smith et al,2008)。

石质文物表面形成的不同类型的石膏结壳,已经被用来确定去除石膏结壳程度的标准,在某些情况下消除石质文物表面的所有石膏已不再被认为是理想的目标(Bromblet,VergèsBelmin,1996;Siegesmund et al,2007)。去除了最表层的黑色外壳后,留存的不含空气颗粒物的石膏层,可能标示原来的石质文物表面已被"保护"了。这类"层"大约有 $30\sim500\mu m$ 厚,它不能被肉眼辨认,常常需要借助光学显微观察剖面样片、扫描电镜能谱,或者能量色散型 X 射线荧光光谱来进行确定(Vergès-Belmin,1994);还有一些情况,即在脆弱、变硬的石材表面下还会见到一层清晰的石膏层,则意味着原来的石质文物表面已经彻底不存在了(José Delgado Rodrigues,personal communication)。

很多技术方法都可以用于石质文物的清洗,包括从用于大面积的建筑墙面到用于精细石质雕刻的清洗。这些技术已经被很多的研究人员和从业人员综述、验证过(Fassina,1994;Andrew et al,1994;Ashurst,1994;Cooper et al,1995;BSI,2000;Vergès-Belmin,Bromblet,2000;Rodríguez-Navarro et al,2003;Normandin et al,2005;Worth,2007)。

这个领域在过去的 20 年里取得了很大的进展,尽管只有一小部分作为文献直接发表。清洗的基本技术大部分都保持一样,但是变得更加精细、高效。这反映了对于可能因不当或过于热心清洗所造成的石质文物破坏/损坏(随之而来的诉讼),以及对于使用某些化学物质或过量的水所造成的环境问题等认识的不断提高(Maxwell,1996;Young et al,2003)。

有些例外,例如乳胶净化膜,发展主要是通过现场的关心和关注而不是在实验室。这些来自实地的经验已被固化为清洗的指导原则/准则(BSI,2000;Young et al,2003)。需要注意的是,任何清洗方法都需要在工作开始前对清洗的程度进行效果判断并达成一致的约定。例如,在目前的城市环境中,未清洗的石灰石表面,其颜色可能从白色(发生了水蚀情况)到深褐色和黑色,这取决于棕色和黑色的准确数量,取决于堆积的污垢数量。所有这些表面基本上不同于"原始"新鲜切割表面,当一个单一的建筑物可能包含多个石材立面的时候,建立一个石质文物清洗的标准目标是一个很艰难的事情。

许多作者都强调了清洗可能造成的损害:例如表面的损失、染色、可溶性盐的沉积,或使石材更容易受到大气污染物或微生物生长的影响等。他们包括 Maxwell(1992);MacDonald et al(1992);Young,Urquhart(1992);Andrew et al(1994);Maxwell(2007);Delegou others(2008)。毫无疑问有可能会出现因清洗造成石质文物严重损害的极端案例,但有些怀疑论者可能是在用扫描电镜的角度来说明清洗对石质文物的"损害"。

在绝大多数的清洗技术中,都没有尝试收集灰尘和碎屑,而是使它们从石质文物转入周围环境或进入排水管道(而损害环境)。现在已经有收集碎屑的清洗方法了,例如循环使用喷砂材料的清洗方法(Hoffmann,Heuser,1993)。目前该方法已成功地得到了商业化开发,该清洗系统通过使用细粉喷砂料和抽气系统来捕捉碎屑,这类及相似的清洗方法目前已得到了广泛的应用(Vergès-Belmin,Bromblet,2000;Iglesias et al,2008)。

尽管已有一批作者介绍了很多关于清洗技术效果客观评估体系的研究(Werner,1991;Young,1993;Andrew et al,1994;D'Urbano et al,1994;Vergès-Belmin,1996a;Kapsalas et al,2007;Hauff et al,2008),目前针对某一种清洗技术的有效性通常还是主观评估为主。

Vergès-Belmin 在 1996 年曾经发表了一篇非常有用的、关于石质文物清洗处理效果评估方法的综述。最近的研究工作表明:石质文物表面清洗后,石材颜色变化的定量测量数据变化很大,主要是由于吸湿性盐的作用(Vergès-Belmin et al,2008),因此对清洗后的石质文物进行这类测量时,解释颜色变化的影响时应考虑吸湿性盐的作用(Vergès-Belmin et al,2008)。

当讨论因清洗而造成石质文物颜色的变化时,应明确经历了许多历史年头后,石材表面永远不可能恢复到当年新切割时的颜色。只有当定义了一个"参考表面"并作为干预中要求达到的清洗目标级别的时候,颜色才能作为清洗处理的标准。与激光清洗有关的颜色变化处理在下一节介绍。

1)激光清洗(Laser Cleaning)

用激光清理石质文物现在是一种常规的方法,在过去的 15 年里大规模的、商业化利用激光进行清洗已经变得越来越普遍(Dajnowski et al,2009)。其巨大吸引力在于激光清洗不需要任何与石材的物理接触,因此适合于非常精细表面的清洗,同时不用任何溶剂或水,所以也不会有潜在有害盐的重新分配。从清除污染物的程度、可控性看,该技术的选择性和灵敏性很高。其清洗的原理基本上也很简单:激光冲击表面,瞬间加热释放的红外光束能量和表面的光吸收材料的膨胀,富含碳的颗粒和在表层的水分几乎瞬间蒸发,起到了去除表面污垢的作用。激光清洗前,用水喷洒石质文物表面,能够提高激光清洗的处理效果(Siedel et al,2003)。

对于表面有深色脏污沉积的浅色石材,在石材表面仍然有脏污时红外光束继续被吸收,然而一旦脏污被去除完,红外光束由干净的表面反射,就不再有物质被去除了。对于富含黑云母的花岗岩和有彩绘的石质情况不是这样,这类情况不适合激光清洗。Cooper et al (1993);Cooper (1998);Maravelaki-Kalaitzaki et al(1999);Orial others (Orial,Riboulet,1993;Orial et al,2003) 等很多学者都已经详细地介绍过激光清洗技术了。

早期的系统中,激光清洗的速度与一个铅笔大小的空气喷砂枪的效果相当。使用光纤来传送激光束是一个有重大意义的进步[①]。现在可以用激光清洗整个建筑的庞大立面(Pini et al,2000),例如鹿特丹市政厅(Nijland,Wijffels,2003),以及波兰的很多文物古迹(Koss,Marczak,2008)的例子。

这个技术也在美国进行着进一步的试验和应用(Normandin et al,2007)。目前的研究目的首先是选择最佳波长和脉冲能量;其次是检查对石质文物的损伤影响,包括物理和化学的

---

① EC project;LAMA-LAser MAnuportable pour le nettoyage des façades courantes et des monu pour le nettoyage des façades courantes et des monuments historiques;BRITE/EURAM BRE CT93-560.

影响;再次是对比激光和其他清洗技术的性能和效果;最后是激光清洗机对操作者可能存在的危害(VergèsBelmin et al.,2003;Bromblet et al,2003;Rodríguez Navarro et al,2003)。使用激光清洗表面有彩绘痕迹的石质文物时,需要特别小心(Fassina,2008)。

已有系列的学术研讨会致力于激光在艺术品保护中的应用(艺术品保护中的激光,缩写为 LACONA),自 1995 以来每两年举办一次;例如 1997 年在利物浦,2007 年在马德里的会议。欧洲科学基金会资助的一个关于利用激光保护艺术品的欧洲科技合作项目,从 2000 年到 2006 年,开展了系列研究,并形成了一本可供下载的相关技术手册。①

激光设备的进一步研发,需要研究如何通过合适的方法,以及提供多长时间的激光脉冲到石质文物表面才能最有效地清洗石质文物表面的脏污(Margheri et al,2000;Mazzinghi,Margheri,2003;Dogariu et al,2005;Siano et al,2008)。激光清洗的一个重要保护问题是清洗后表面的颜色变化:某些情况下,清洗后会形成一个黄色的表面层,这可能与以前的修复处理有关(Vergès-Belmin,Dignard,2003;Zafiropulos et al,2003;Gaviño et al,2004;Gaviño et al,2005;Vergès Belmin,Laboure,2007;Andreotti et al,2009)。激光清洗后的颜色变化可能与发生在基材的变异有关(例如粉红色的长石),也与任何以前覆盖的颜料,或沉积污垢颗粒的变异有关。最后这种颜色变化的情况还可能说明没有达到预定的清洗目标/清洗水平。

2)合成胶乳剂贴敷清洗方法

一个重大的挑战是在大的公共活动场所、整个石质文物包括室内装饰的清洗保护过程中需要保持对公众开放,这种严苛的条件常常需要排除使用有毒化学物质和喷砂研磨材料。在过去 15 年中对这一挑战的一个创新应对——合成胶乳敷剂,一种已经取得了很大的进展商品(雷马士产品:去除内墙和外墙污垢和灰尘的自熔/自固化单组分清洁膏)。

1992 年,De Witte 和 Dupas 最初对一种含有 EDTA(乙烯二胺四乙酸)和其他添加剂的、喷雾成膜的 Mora 乳敷剂进行了改进,2000 年 Woolfitt 和 Abrey 又进行了发展,目前该材料已在很大的范围内得到了应用,包括伦敦的圣保罗大教堂(Miget,2000;Odgers,2003;Jacobs,2004;Stancliffe,De Witte et al,2005;Odgers,2006;Allanbrook,Normandin,2007)。这个方法在建筑内部石质装饰表面的应用效果最好。如果污渍被包裹在一个类似石膏硬壳类的覆盖物内,合成胶乳敷剂将不再具有清洗效果。

关于合成胶乳敷剂的最新研究发现了其在石质文物表面的残留问题,甚至有可能在清除脏污中对脆弱石材表面无意的机械损伤。在使用合成胶乳敷剂清洗彩绘/绘画和可能的残留问题之间也有一些有趣的相似之处。

3)生物清洗

1976 年 Hempe 首次提出了生物清洗的可能性。他对含有尿素和甘油的黏土贴敷剂的效果感到非常惊奇,并发现微生物至少起到了部分作用。1992 年 Kouzeli 报道该方法毫不逊色于基于 EDTA 或碳酸氢铵浆料的贴敷材料。但总体来说,生物清洗的研究还是很少(Ranalli et al,1996;Ranalli et al,2000)。1992 年 Gauri 等演示了用厌氧硫还原细菌除去大理石表面黑色结壳的效果,另外,他强调这些细菌能将硫酸钙转化成碳酸钙,而硫酸钙正是由碳酸钙形成的(Konkol et al,2009)。

2010 年,De Muynck 等评估了通过硫杆菌去除混凝土上的地衣的研究。Toniolo et al

---

① http://www.cost.esf.org/library/publications/05-40-Cleaning-Safely-with-a-Laser-in-Artwork-Conservation.

(2008)和 Cappitelli et al(2007a)等,先后报道了在米兰大教堂大理石建筑构件清洗中硫酸盐还原菌处理方法与通常的化学清洗程序的比较。

针对污垢,Gauri 的工作很有意思,因为它考虑到了污垢的性质。这些思路确实也可能隐含在其他清洁技术(例如,利用复杂的试剂来增加硫酸钙的溶解度或利用氢氟酸来增加溶解二氧化硅等)中,但令人失望的是大量地去除黑色硬壳的清洗技术研究只取得了很少的技术进步,其中的一个例子是 1994 年 Vergès Belmin,Pichot 和 Orial 确定结束清除流程临界点的研究。1992 年 Livingston 研究了碳酸钙和硫酸钙的溶解性;1992 年 Schiavon 评估了石材孔隙中硫酸钙的分布和这种分布与用水清洗的关系;1984 年 Skoulikidis 和 Beloyannis 尝试了利用碳酸钾将硫酸钙转回成碳酸钙的研究,忽视了由于硫酸钾的形成而对石质文物可能造成的潜在有害影响。仅有个别研究者直接针对沉积的污垢特性尝试研发更有效的清洗技术,直到最近对一种含有复杂有机组分的石质文物"风化层",以及微生物在这个"生态学"中所发挥的作用的深入了解,生物清洗才部分得到重视。

2. 保护性处理:除/脱盐

在可溶盐成为风化主要原因的情况下,尝试去除/脱盐分是合理的保护措施。之所以用"尝试"这个词,目的是要说明除/脱盐必须审慎。

去除可溶盐听起来很简单,但是实施起来却非常难。降盐可能是个更恰当的术语(Redman,1999;Sawdy et al,2008;Pel et al,2010)。对于一个小件艺术品降盐相对简单,例如可以将其浸入水中或用合成胶乳敷剂将其包敷达到降盐效果,尽管这种方法可能带来脆弱表面或其颜料层的保护问题(Beaubien et al,1999;Paterakis,1999;Muros,Hirx,2004;Franzen et al,2008)。

真正的问题在于人们尝试对一个古建筑或纪念物砖石结构中可溶盐的除/脱盐。在早期的脱盐研究中,1975 年 Bowley 就证明重复利用黏土膏料贴敷来吸除砖石结构中一定数量可溶盐是可行的,尽管从长远来看,除非能消除今后可溶盐的来源,否则将不会有什么实际效果。2005 年 VergèsBelmin 和 Siedel 在这方面有一篇很好的综述,明确了大尺度砖石结构的脱盐需要进一步的研究:砖石结构的脱盐一般通过使用膏料来进行尝试,这些膏料可能由一系列的物质如黏土、沙子和纸浆组成(Auras,2008),在需要对硫酸钙进行脱盐处理的时候,可能需要附加其他的材料来增加对硫酸钙的溶解性。显然这项工作有与清洗处理的重叠,尤其是在去除黑色结壳的情况中。添加物可能包括 EDTA 和它的钠盐,碳酸氢钠,碳酸氢铵和碳酸铵(Maravelaki et al,1992;De Witte,Dupas,1992;Alessandrini et al,1993;Leitner,2005;Henry 2006)。

这里可能需要有警示:如果有一个严重硫酸化的石灰岩,这个石材可能是靠硫酸钙支撑成形的,全部去除硫酸盐将是灾难性的。欧盟的一个研究项目:历史建筑砖石结构脱盐砂浆和膏料的评估,通过大量的研究工作给出了高效使用脱盐膏料的科学基础和指导方针(Bourguignon et al,2008;Doehne et al,2008;TU Delft,2009),这些原则包括需要针对石质文物基材的孔隙特性匹配脱盐膏料(高岭土有助于细粒石材),防止脱盐膏料的快速干燥,使用尽量少的水、尽量薄的贴敷层等。与直觉不同,使用尽量少的水有助于脱除石材表面的盐分,并避免促使盐分向石材更深层扩散。有些研究者提出了不少的改进方法/材料,如使用更细的脱盐膏料,贴敷于墙体的两面,能够改进脱盐工作的效率(Friese,Protz,1997;Friese et al,1997)。

最新的工作表明：脱盐膏料的收缩和脱落是今后改进其效率的重要特性参数（Bourgès，2008a；Bourgès，Vergès-Belmin，2008b；Sawdy et al，2008；Heritage et al，2008）。脱盐工作经常需要有减少盐分供给工作的配合，如在建筑物地基基础上维护或安装防潮层（DPC）（Pinto Guerra，2008；Young，Ellsmore，2008），在一些教堂遗迹建造新的防潮层（DPC）来应对盐分和潮湿的积累，已有一些混合记录。最后，在脱盐工作中利用细菌的技术可能值得进一步的关注，1991 年 Gabrielli 列举了一个利用牛粪产生的还原气氛将硝酸盐转化为元素氮气体的传闻。

然而如果还有其他盐类存在，如何脱盐可能还存在一定的问题。2008 年，May 等人在欧盟 BIOBRUSH 项目——用于城市石质建筑保护的生物修复研究中，2006 年 Webster 和 May 等人均提出过利用微生物进行除/脱盐，而且是作为其研究工作的一个核心内容。这些研究发现，细菌的除/脱盐效果在大多数案例中都表现为作为它们载体材料的效果，还存在一些为了支持大面积使用而产生的载体材料的实际问题。目前的情况是脱盐可操作的"生物清洗"技术在可以成熟的推广应用之前，还需要更多的技术研究支撑。相反，"生物钙化"技术似乎已经发展到了一个比较高的水平（详见后面的石灰石和生物钙化部分）。

3. 保护性处理：渗透加固

当石质文物风化严重时，就需要一定的加固措施来增加它的强度。理想情况下，都希望能通过加固处理至少使之恢复到它原有的强度（Snethlage，2008；Scherer，Wheeler，2009），可能这样才能抵抗进一步的风化，但其实是哪怕只能增强到抵御风的冲击或鸟翅的震动的影响，都可能足以延长石质文物的生存。这些听起来都很简单，只需要找出一种材料，它可以渗透到已经风化的石材里面，将石材表面已经风化的部分与下层保存完好的部分键合并固定在一起就可以了（Ginell et al，2001）。但是为什么就此打住？为什么不去寻找一种还可以阻止石质文物继续风化的材料？或许可以从可溶盐的周期性结晶循环角度来阻止石质文物的风化，也可以使石质文物表面具有憎水或者抵抗湿胀来阻止石质文物继续风化。当然，采取的措施必须相当的便宜，操作方便，并且安全无害。VOC（挥发性有机化合物）规则意味着任何保护措施都必须是环境友好型的。每一次的保护处理都应可以保持数十年的效果，以便能从一个维护周期持续到下一个维护周期（通常由脚手架的成本决定）。经过加固处理的石材必须与未经处理的石材具有大致相同的湿膨胀、热膨胀和弹性模量，以避免产生内部应力并确保相容性。理想情况下，无论风化的原因如何，加固措施都应该可以同样好地应用于任何材质的石质文物上。同时也要牢记，它必须是不可见的。在这样严苛的要求下，再尝试这个任务似乎听起来很荒唐。就像试图找到一种能治愈人类已知所有疾病的药片一样。但这并没有妨碍我们寻找一个多功能的石质文物加固剂兼防护剂。这是一个奇迹，并且我们已经取得了很多进展。自古以来，已经尝试了各种各样的材料（Barff，1860；Egleston，1886），且每种材料都有自己的倡导者（Palmer，2002）。

首先，加固材料必须拥有的属性之一是能渗透到石材内部的能力，这又需要低黏度和低接触角。其次，加固剂需要能使石材变硬或加固剂要能抵达原来石材胶结物流失的位置来使石材得到加固。这些要求可以通过 3 种方式实现：第一，可以考虑在高温下为液态，冷却时变硬的物质，例如蜡。在实际操作中，很难获得足够低的黏度而不产生过多的热量，而且蜡往往是黏稠的并且吸收灰尘，而且在露天环境下，此种加固剂也可能会变得很危险。第二，使用溶解在溶剂中的加固剂,加固剂必须能渗透到溶剂到达的最深处,并且随着溶剂蒸发,始终存在加固剂被吸回到表面的危险。第三,可以使用在原位进行化学反应以得到固体产物的低黏度体系。

加固剂通常通过刷涂、喷雾、移液管滴渗或浸泡施用于石材的表面,并通过毛细吸收作用进入石材内部。Domaslowski 尝试了一个"袖珍系统",旨在加固石材,Mirkowski 描述了一个系统,使用瓶子以大量维持稳定的供应加固剂。在 St. Trophime (Arles, France),使用"静脉输液管"来注射加固剂,以使加固剂缓慢滴落到石材中(Mérindol, 1994)。Schoonbrood 发明了一种使毛细吸收最大化的低压应用技术。在可移动石质文物和建筑块石的加固方面(see, e. g. , Hempel, 1976; Török, 2008),真空系统也被用来提高加固剂的渗透性。Balfour Beatty 有限公司(Balvac)针对历史遗迹开发的真空系统(Antonelli, 1979),在实践中并没有广泛应用。目前已有不同的真空系统用于石雕的加固处理(Pummer 2008),通过用棉花先行包裹这些石雕可以减少真空系统加固处理中对脆弱石材表面的损坏。大多数作为石质文物加固剂的材料都是有机聚合物,但是有几种无机材料值得特别提及,因为它们的操作方式是不同的:氢氧化钙(熟石灰)和氢氧化钡。

1)石灰和相关的保护处理

没有什么比将石灰加入石灰石更自然。选择石灰,不仅因为它比较普及,而且它是有合理依据的。如果饱和的氢氧化钙溶液渗入石灰石中,溶液的随后蒸发将导致氢氧化钙在石头内沉积。随后,氢氧化钙又会与空气中的二氧化碳反应,产生碳酸钙。这可以用于加固石材,其方式与石灰砂浆硬化过程中的氢氧化钙的碳酸化大致相同。这种基础化学形成了"石灰技术"(Ashurst, 1998)的基础,在英格兰和其他地方被广泛使用。这种技术整体上可以很大地改变已风化的石灰石的外观。然而,Price 等(1988)证实,石灰沉积在石头的表层几毫米处,石头的更深层的加固则不能归因于氢氧化钙。然而,可以想见,一些加固可归因于石灰中硫酸钙的再沉积,在某些情况下,蒸馏水显然是有效的(Clarke, Ashurst, 1972)。Price 等的结论是,该技术的成功主要归功于后来使用的精心设计的砂浆,这些砂浆填充了石质文物表面的裂缝和其他缺陷。另一个建议是由 White 和 Anagnostidis 等人提出的(1992),他们认为,正是石灰杀死了石头中的细菌和其他生物,从而减缓了风化作用。Krumbein 等人(1993)提出用石灰处理过的大理石是无菌的,并不是由于生物灭活作用而是堵塞了它的气孔,从而阻止了生物的繁殖活动。尽管希望石灰处理会导致连锁碳酸钙的沉积,但现有的证据表明,沉积以一种无定形形式,可以没有巩固的效果。Tiano 等提出了一种基于来自海洋生物和生物矿化的糖蛋白的预处理措施(Tiano Addadi, Weiner, 1992; Tiano, 1995; Tiano, 2004)。据报道预处理诱导方解石的成核,导致形成结构良好的结晶体,牢固地粘附在下层完好的石头上。Jiménez-Lopez 及其同事(Jiménez-Lopez et al, 2007; Jiménez-Lopez et al, 2008)在近期的工作中测试了土壤微生物在多孔石灰岩中沉淀方解石的固结效应。石灰技术仍在使用中(Fidler, 1995; Brajer, Kalsbeek, 1999; Fidler, 2002; Woolfitt, Durnan, 2002; Oudbashi et al, 2008)。然而,新的纳米石灰技术已经经过几年的发展(Giorgi et al, 2000; Ambrosi et al, 2001; Dei, Salvadori, 2006; Adolfs, 2007; Ziegenbalg, 2008)。这种在酒精中悬浮纳米级氢氧化钙颗粒的技术,允许深入渗透到石头表面。在颗粒沉积在多孔石中之前,使用酒精代替水来限制由于 CO_2 导致的碳酸化,并且促进了比水溶液可能的高得多的石灰负荷。该方法是可商用的并且已经在某些具体案例中使用(Howe, 2007; Daniele, Taglieri, 2010)。未来的工作应包括对纳米石灰材料的长期测试,目前 EC 项目正在进行中:STONECORE(建筑翻新工程中的石质文物保护 http://www.stonecore-europe.eu/;Drdácký,Silzkova,and Ziegenbalg,2009)

2)Barium Hydroxide 氢氧化钡

氢氧化钡是另一种具有悠久历史的材料。化学上,钡化合物和钙化合物具有许多相同的特性,一个显著的差异是硫酸钡的不溶性与硫酸钙的微溶性。可以使用氢氧化钡处理许多可能的目标,这些目标并不总是能清楚地阐明。它们可用于将硫酸钙转化为硫酸钡,从而减少由于硫酸钙的溶解和重结晶造成的损害;它们可以在碳酸化之后形成一层碳酸钡的涂层,其将比碳酸钙更耐酸雨腐蚀;并且它们可以用于通过形成碳酸钙钡的固溶体来加固石头(Lewin,Baer,1974)。Hansen 等人(2003)综述了关于基于钡的保护措施的优缺点。目前已经有许多采用氢氧化钡来加固石头的技术。氢氧化钡溶液的简单应用似乎是无效的,Schaffer(1932)解释该过程:"在实践中,该方法证明是失败的。"相比之下,Lewin 和 Baer(1974)描述了一种技术,确保了石材中形成结构良好的结晶体的缓慢增长,Lewin(1988)15 年之后仍然提倡该项技术。Schnabel(1992)对原位毛细管现象应用过程的有效性产生了怀疑。最近还有很多关于钡的应用研究,包括 Toniolo(2001)等人的"结果不令人满意",Gioia 大理石(Bracci et al,2008)的结果令人满意,以及将其作为石灰砂浆中的添加剂来使用(Karatasios et al,2007)。EC 项目评估了一系列的加固措施,包括氢氧化钡,发现在多孔石灰岩中深 2cm 处的抗钻强度得到改善(Bracci et al,2008)。氢氧化钡已经在壁画保护领域得到广泛应用,Matteini(1991)提出,在使用氢氧化钡处理前应先用碳酸铵溶解掉表面的硫酸钙(Ambrosi et al,2000)。草酸钡和铝酸盐也已经在一系列材料上进行了测试(Matteini,Zannini,2004)。

3)Organic Polymers 有机聚合物

从天然存在的化合物,比如亚麻籽油和仙人掌汁,到 20 世纪的合成聚合物,某人在某个地方已经开始尝试将其用于石材加固。一般来说,这些尝试当然是毫无根据的。材料的选择以有效性为基础,而不是以任何预先决定的性质为基础。假如他们只是渗透石材然后加固,这些材料则值得一试。在一些案例中,不相容材料在石材上的使用已经产生一系列困难和非计划内的后果,即使在表面使用可移除材料。虽然很容易对这样的经验方法表示轻蔑,但很难看出事情会有什么不同。因为对衰变过程的认知还不完全,同样我们对如何战胜这种衰变的知识也不完全。必然地,我们从经验中不断学习。绝大多数的研究者相信石材需要"呼吸"。换句话说,石材对水蒸气应当是可渗透的,以避免湿度增加和在处理区和未处理石材基体界面处可溶盐(以及可能发生的剪应力)的增加。石材表面的快速干燥降低了生物生长的可能性并且减少了润湿时间——一个和大气污染对石材的损害相关联的参数。尽管用扫描电镜拍摄了大量的显微照片,可石材加固剂在微观水平上的分布却很少受到关注。许多作者已经简单地满足于处理"裂纹和孔"。Sasse 和 Honsinger(1991)描述了一种"支撑紧身衣"模型,包含一层包裹和保护石材内表面同时增强机械强度的隔水层。Hammecker 和其他作者(Hammecker et al,1992;Hammecker,1993)描述了使用压汞仪监测处理后孔结构的变化,但是这些研究可能会被后续处理后接触角的改变而牵制。对于发生在加固剂和石质基材之间的健合力,即便有我们也知之甚少,其中大部分是靠我们的化学知识感知的。比如,硅氧烷能与砂岩表面的 Si—OH 基团形成化学键,而不会在石灰岩表面形成化学键的结论,一直存在着广泛的争论。然而,缺少键合力不一定意味着失败,加固剂的非健合网仍能提供一定的强度。在实验室和现场,越来越多复杂的方法用来评估稳定聚合物的防护作用,详述了它们随时间的改变和效率损失(Gembinski et al,2000;Chiantore,Lazzari,2001;Favaro et al,2005)。不仅仅是稳定性,还有聚合物在石材内部堆积的分子结构,我们需要知道得更多。我们可以流利地说,比如,三烷氧基硅烷和四烷氧基硅烷水解而后缩合形成了聚合物网络。但是每个硅原子平均形成了多少个硅氧烷键?聚合物的结构是什么?水、溶剂、盐或者特殊矿物质存在时如何影响材料?它是如何影响并增加聚合物强度?现在我们对于加固剂的认识就像医学中的偏方。我们已经获得了很多什么有效什么无效的经验,但我们对聚合物加固剂如何起作用的了解很少。一旦我们对所需加固剂的性质有了深刻认识,我们可以在合成包含这些性质的化合物时占据有利位置。

4) Alkoxysilanes 硅氧烷

硅氧烷和烷基硅氧烷,或简称"硅烷",在过去 20 年毫无疑问地被广泛用于石材加固(Snethlage,Wendler,2000;Wheeler,Goins,2005;Price,2006;Wheeler,2008;Scherer,Wheeler,2009)。特别是占有优势的甲基三甲氧基硅烷(MTMOS)和四乙氧基硅烷(TEOS)两种化合物。硅烷水解后形成硅醇,然后通过缩聚反应生成硅氧烷聚合物。水可以来自大气或者石材本身,还可以是有意添加的成分。在后者的情况下,为了使混合物是易混合的可能需要一种溶剂。同时还需要催化剂,通常以有机金属锡或铅化合物形式添加。缩合反应,还有水解反应常常发生在有机聚合物已经被石材吸收后,结果是聚合物给予石材所需的强度。MTMOS 和 TEOS 的流行无疑在某种程度上归因于它们的工业效用,以及可以获得很多基于这两种化合物的专利产品。尝试使用一些其他硅烷,通常涉及到用更大的烷基或芳基替代甲基。Wheeler(2008)详细地回顾了硅氧烷在石材加固中的使用涉及到 3 个重要问题:硅氧烷在富含黏土岩石上的使用,硅氧烷在与石英砂岩相对的石灰岩上的使用,以及硅氧烷在大理石上的使用。黏土的结果是混淆的:两个重要的研究发现用硅酸乙酯处理富含黏土的岩石最初会导致应力的增加,但是这一改善是在 3~10 次干湿循环后发生的(Félix,1996;Scherer,Jiménez-González,2008)。对于富含黏土岩石的建议是应该聚焦于减少黏土膨胀,而不是增加应力(见第一章抗膨润性实验的不同应力检验片)。将硅酸盐材料结合到方解石的困难一直被认为是主要问题,导致了一些结合试剂和可替换加固剂的研究(Wheeler et al,2003;Correia,Matero,2008;Ferreira Pinto et al,2008;Ferreira Pinto,Delgado Rodrigues,2008)。Wheeler(2008),指出用硅酸乙酯处理后的石灰岩的应力增加百分数不如砂岩的大,对照断裂模量的绝对水平(通常高于石灰岩),提供了更多的现实维度并且帮助解释这种材料广泛用于石灰岩的原因。硅氧烷在大理石上的使用被解释为填充方解石颗粒间的狭窄孔洞,可以帮助锁定颗粒,防止颗粒瓦解(Ruedrich et al,2002)。最近在纳米颗粒方面的工作,改性硅烷表现出它们在常规处理中可以减少裂纹,并导致加固改良的优势(Escalante et al,2000;Miliani et al,2007;Kim ea al,2008)。塑化硅烷已经被研制出来帮助产生不易碎的薄膜(Boos et al,1996;Kim et al,2008;Maravelaki-Kalaitzaki et al,2008)。商业性产品可以获得(Wendler;Remmers KSE 500 E)。表面活性剂已经被测试并导致不易碎的硅烷处理——一种杂交纳米复合材料(Mosquera,de los Santos,2008;Simionescu et al,2009)。应用程序的重要研究显示应用程序的时间和数量会导致在气孔阻塞效应和 TEOS 的普通硬度之间的重要差别(De Clercq et al,2007)。Barajas 和其他人(2009)关注了在处理 Funcosil 石材使其变得更牢固时微孔率的发展变化。虽然文献用很多篇幅来描述硅烷在石材上的使用,但是很少有人尝试着手解决潜在的化学过程或相关的溶胶凝胶技术。Wheeler（Wheeler et al,2003；Wheeler,Goins,2005；Scherer,Wheeler,2009）、Scherer（Scherer et al,2001；Miliani et al,2007）、Snethlage（Snethlage,2002；Meinhardt-Degen,Snethlage,2007；Snethlage,2008）研究了一些异常案例。其他最近的工作包括努力去评估与控制孔隙变化和溶剂的关系（Salazar-Hernández et al,2009）。将溶胶凝胶法扩展应用到除石质文物以外的其他不同遗产材料，包括青铜、黄铁矿和不稳定古玻璃的研究仍在继续（Bescher,Mackenzie,2003；Khummalai,Boonamnuayvitaya,2005；Dal Bianco,Bertoncello,2008）。Kumar（Kumar,Price,1994）就MTMOS的水解和缩合反应时可溶盐的影响作了报告。例如硫酸钠明显地减少了水解和缩合反应的比率，而氯化钠则增加了缩合反应的比率。佩特拉发现了硅溶胶处理，由于盐的存在表现不佳，导致在应用之前需要预先处理敷糊区域（Simon et al,2006），研究表明。石材加固剂不能封装可能存在的盐，如果盐浓度低于中等水平，在处理后盐可以被湿敷药物去除。然而，根据盐分的测试，一些加固效应会在样品润湿后消失（Costa et al,2008a）。

5）Epoxies 环氧树脂

就加固而言，环氧树脂已经有一些负面报道。许多保护者认为黏性的、易碎的、泛黄的材料在一些情况下会成为极好的黏合剂。事实上也有一些值得注意的失败，而据此完全排除掉环氧树脂是不明智的。Selwitz 在 3 篇综述（1991,1992a,1992b）中总结了使用环氧树脂作为加固剂，制图列举了成功和失败的案例。他强调了 Domaslowski（Domaslowski,Strzelczyk,1986；Domaslowski,Sobkowiak,1991）和 Gauri（Gauri,1974；Gauri,Appa Rao,1978）的开创性工作，详述了他们为了分别处理相对较小的物体和较大外立面所采用的两种不同路径。溶剂的选择、应用的方法和过去的应用程序对成功的结果非常重要（Pinto,Delgado Rodrigues,2008b）。脂环族环氧树脂（Eurostac,2101）已经成功应用于意大利的一些重要户外石质文物的加固（Cavalletti et al,1985）。较新的工作已经集中在随着老化使颜色变化最少的应用方法（Ginell,Coffman,1998），水性环氧树脂的使用（Kozub,2004；Luan Xiaoxia et al,2008）和杂交合成，比如环氧硅材料（Cardiano et al,2003；Cardiano et al,2005）。这些新材料的评估还需要进一步的工作。

6）Acrylics 丙烯酸树酯

尽管甲基丙烯酸甲酯（其他丙烯酸单体）的原位聚合反应有其倡导者，但聚甲基丙烯酸甲酯的高刚性和高玻璃转变温度通常认为其不适宜用于石材加固。丙烯酸溶于溶剂的使用被给予了很多关注，普遍存在的 Paraloid B72（Acryloid B72）不可避免地出现了。许多保护学家对 B72 溶于烷氧基硅烷比如 MTMOS 进行了实验，原因在于 B72 带来了烷氧基硅烷缺少的黏结性能。有个理念是 B72 能够加固颜料或松散的剥落薄片，例如，烷氧基硅烷提供较深的加固。这种处理被 Nonfarmale 和 Rossi-Manaresi 用于博洛尼亚圣佩特罗尼奥大教堂，在那里杜撰了"博洛尼亚鸡尾酒"一词。在圣佩特罗尼奥，石灰岩是非常紧密，几乎没有孔隙，劣化过程主要是鳞片状和其他碎片的形成和剥落。鸡尾酒疗法被用于粘合鳞片状剥落这一案例，由于这一工作是由非常有经验的保护学家来完成的，所以结果是令人满意的，这些石材的表面显然处于良好状态（Laurenzi Tabasso,1995）。当博洛尼亚鸡尾酒法应用于多孔洞的石灰岩，问题就出现了（J. Delgado Rodrigues,个人通讯）。在这种情况下，B72 的浸渍能力非常低，形成硬化外壳并会导致在使用后某个时刻严重分离。这种情况下它可能会构成一个灾难。总之，B72 是一种优良的黏合剂，但它没必要成为可用于室外的良好加固剂。当需要与问题相匹配的处理办法以及在阅读保护文献时的批判性思维,博洛尼亚鸡尾酒法是一个非常有用的例子。Favaro 和其他人已经开展了博洛尼亚鸡尾酒混合物(Paraloid B72 和 Dri Film 104)老化的较新研究(2006,2007)。Wheeler 与其合作者(Wheeler et al,1991;Wheeler,Wolkow,Gafney,1992)解释了复合凝胶比由整洁 MTMOS 或溶于不反应溶剂的 B72 聚合物都要弱的原因。关于丙烯酸/硅氧烷复合材料的研究仍在继续(Zielecka et al,2007;Sadat-Shojai,Ershad-Langroudi,2009),得到了一些满意的结果。B72 的其他工作聚焦于表征其长期稳定性和野外性能表现(Roby,1996;Bracci,Melo,2003)。

7) 其他材料

一些研究者研究了加固的其他改进材料,比如钙盐(Favaro et al,2008),在古铜绿基质上石膏或方解石转变成磷酸钙(Martín-Gil et al,2005;Xiangmin Zhang,Spiers,2005;Vazquez-Calvo et al,2007;Snethlage et al,2008),正面(原位)聚合(Proietti et al,2006;Mariani et al,2008)。酒石酸盐的应用研究导致了一种在方解石上产生转化膜,并可以担当硅酸乙酯基处理方法的偶联剂的专利产品的产生(Slavid,Weiss,2001)。商业上所知的 HCT(Prosoco 公司),其产品已经上市一段时间(Correia,2005;Correia,Matero,2008;Pinto,Delgado Rodrigues,2008a),在适当的时候预期有长期考验的结果。异氰酸酯、聚氨酯、聚脲的过去报道出现于 Hansen 和 Agnew (1990);Coffman 等(1991);Zádor (1992);Littmann 等(1993);Auras (1993);Riecken 和 Sasse (1997)。环十二烷大部分作为临时的、可逆的、随时间升华的加固剂来使用,在过去 10 年里作为保管员工具箱非常有用的组成而被应用(Stein et al,2000;Maish,Risser,2002;Muros,Hirx,2004;Anselmi et al,2008)。关于环十二烷的许多健康安全问题还有待解决(Rowe,Rozeik,2008)。自清洁表面的先进研究,比如钛涂层玻璃,导致了在仿生表面的极大兴趣,对开发石质文物保护用的兼容性涂料具有潜在的应用价值(Solga et al,2007;Qiang Liu et al,2006;Kun Hong,Yuzhong Zhan,2008)。

8) 含水乳剂

有机加固剂通常依靠反应产物或在处理过程中溶剂的挥发损失进行加固。这一应用在高温天气下行不通,会对修复师和外界环境带来危害。用于加固剂和表面涂料的含水乳剂的发展已经使其得到了越来越多的关注(见下一章节)。Snethlage 和 Wendler (1991)讨论了用氨烷基硅烷来稳定硅烷乳液的可能应用,Piacenti,Camaiti,Brocchi 和其他人(1993)报道了基于偏氟乙烯丙烯弹性体乳液的发展。更多最近的工作展示了含丙烯酸、氟化丙烯酸、甲基丙烯酸酯/烷氧基硅烷,或者环氧树脂等保护材料的含水乳液在保护处理中的广泛应用(Castelvetro et al,2004;Luan Xiaoxia et al,2008;Theoulakis et al,2008)。在这一领域可能还有大量工作需要继续开展。

4. 石质文物的表面涂层

表面涂层是一个综合类别,包括应用于预防性防水剂、含水乳液、防涂鸦涂料、可溶盐抑制剂、保护性草酸盐层、牺牲性石灰涂料、胶体二氧化硅、杀菌剂,以及生物修复处理的一系列材料。20 世纪 70 年代和 80 年代的大量研究工作旨在找到一种可以一次性完成加固和石材防护的方法。然而,这种思路明显过于理想化,现在许多文物保护师都接受了分别采用两种方法达到保护目标的方法:即一种方法来进行加固,另一种方法来做防护。Félix,Furlan (1994)和 Alonso 等人(1994)证实了后一种方法的可靠性,研究报告称仅使用四乙氧基硅烷

(TEOS)处理后的某一石材依然发生风化,而同时添加了防水涂层的石材则不会。

表面防护处理效果需要长期维持,这意味着在设计处理措施时需要考虑到可再处理性。表面涂层可以定期更新,但希望涂层能够持续时间尽可能长。虽然也有一些研究人员建议不使用加固剂,仅仅依靠防水剂(Sramek,1993),但是 Honeyborne 等(1990)对此持否定态度,认为不应忽视单独使用防水涂料在多孔隙石灰石和砂岩保护中的漫长而令人失望的历史。

1)防水剂

表面涂层处理中最引人关注的性能是防水性。这种方法背后的逻辑很简单:因为绝大部分石质文物的风化都涉及到水分的参与,所以防止水分渗入的措施必然有助于减少风化。关于在石材表面使用防水剂的论述可见 Charola(1995),Bromblet 和 Martinet(2002)以及 Vallet 等(2000)的论文。De Clercq 和 De Witte(2001)研究了岩石基底层和温度对防水剂应用的影响。关于防水剂这一主题召开了一系列的学术会议,最近一次是 2008 年比利时布鲁塞尔召开的"建筑材料防水处理国际会议:憎水的 V 2008"(De Clercq,Charola,2008)。

防水剂主要为烷氧基硅烷、硅氧烷和含氟聚合物。含氟聚合物的开发提供了一个引人感兴趣的但又略显薄弱的"定制"产品的案例。此种聚合物与聚四氟乙烯(PTFE 或特氟隆)近似,以其不黏特性而著称。(使用)初期该含氟聚合物涂层表现极佳,但聚合物与岩石表面的黏结能力很差。后续研发合成的化合物添加了可以黏附在石材表面的官能团,以提供更持久的保护(Piacenti et al,1993)。有人认为,这种憎水剂可起到防止积尘的作用,但这一论述尚未得到充分证实。一些研究人员发现,人工加速老化和室外自然老化后,含氟聚合物防水剂的防水特性会快速丧失,这一现象值得深入研究。

Fassina 及其同事(Aglietto et al,1993;Fassina et al,1994)合成了一系列氟化丙烯酸聚合物,提供了另一个"定制"材料的例子。与非氟化类似物如 Paraloid B72 相比,氟化丙烯酸聚合物部分实现了其制造意图,其防水性和抗光氧化能力有了一定的提高。还有一些其他的研究,以"亚琛概念"闻名的石质表面使用聚氨酯进行防水的研究,Snethlage 和 Wendler(2002)对其进行了回顾和总结。更近期的研究将不同憎水剂(丙烯酸分散体,低聚烷基聚硅氧烷,硅氧烷树脂和烷基烷氧基硅氧烷在水性微乳液中的溶液)施加在 7 种不同类型的石灰岩后,"结果表明:由于各个岩石物理本质和特性的不同,不存在普适兼容的保护处理材料"(Boutin,2001)。

通过加速模拟实验,评估了利用疏水涂层来减少大气污染对多孔材料如石灰岩影响的效果,取得了喜忧参半的结果:作为减少空气污染物对多孔石灰石影响的方法已有混合的结果,块样表面的保护效果随着时间的推移迅速减小(Camaiti et al,2007),而 X 射线光电子能谱(XPS)微量分析显示在经过 240h 老化后仍有足够的保护性能(Torrisi,2008)。除用作石质文物表面防水剂外,硅烷的防水性能也被用于构建化学防潮层(DPC),现代砖石建筑都不具备此特性(Pinto Guerra,2008;Young,Ellsmore,2008)。作为一个古老的想法(见 Vitruvius 7.4),从 19 世纪中叶开始,防潮层即成为新建筑标准的主要部分之一(Schmidt,1999)。化学防潮层构建时可用自然渗透和压力灌注方式将硅烷注入到地基上打好的规则孔洞中。目前的方法是沿着灰浆接缝凿出一系列孔洞,将含有硅烷的油性材料注入到孔洞中。硅烷从油性材料表面扩散出来并分散入灰浆中一段距离最终形成化学防潮层。对各种防潮层的长期测量数据表明,部分会随着时间的推移快速丧失效力(Alfano et al,2006;Lopez-Arce et al,2009;Henry,2006)。最近工作表明,氯化钠会最先在疏水性表面上结晶(Shahidzadeh et al,2008),表明憎水剂不能应用于有盐分积聚的区域(Lubelli et al,2007)。欧盟资助的项目SCOST(表面处理措施与盐分兼容性)详细阐述了这个问题(De Witte,2001;Miquel et al,2001)。

2)防涂鸦涂层

过去15年来,胡乱涂写问题已经蔓延到不同的城市环境,不仅影响着现代建筑,也影响到历史建筑。欧盟开展了相关课题,比较了6个国家的5个涂鸦保护(Gardei et al,2008)研究结果,发现有4种商业防涂鸦材料大幅地减少了石材中水和水蒸气的运移与扩散,导致其与大多数历史建筑材料不兼容。为此研发了一种专用于古代建筑的新产品,使用后建筑表面外观符合要求,材料相关性能评估正在进行中。近期研究的防涂鸦涂层材料为全氟聚醚、环氧硅烷水分散微乳液和环氧化物固化物,具有很好的抗反复循环清洗能力。Mertz,Grunenwald和Ternay(2003)的早期工作发现,有必要适当降低石材的水蒸气扩散性,以获得有效的保护效果,防涂鸦处理本身不会降低石材本身毛细吸收系数。

3)含水乳剂

许多研究人员研究使用复合含水乳剂作为石材保护剂,包括丙烯酸类(Kumar,Ginell,1995;Theoulakis et al,2008;Karatasios et al,2009),有机硅类(Snethlage,Wendler,1991;Ren,Kagi,1995;Mao,Kagi,1995;Van Hees,Koek,1995;Ciabach,1996;Boutin,2001),硅烷类(Biscontin et al,1993;Licchelli,Marzolla,2008;Wittmann et al,2008)和氟化聚氨酯(Guidetti et al,1992;Croveri,Chiavarini,2000)。这些含水乳剂的保护效果随不同石材而异,但总体而言是有前途的。

4)盐晶体生长抑制剂

另一种可能性是用抑制盐晶体生长的化合物来处理石材表面,具体操作在可溶盐相关章节中有简要提及。相关技术已经存在于多种领域,如路面抗盐结晶剂和石油萃取防结块剂等,原理为使用磷酸盐来防止硫酸钡和硫酸钙的沉淀(Black et al,1991)。

在保护领域也多次提出类似的应用设计(例如,普埃林格,恩斯特朗,1985),最近此领域的研究也取得了进一步的支持(Selwitz,Doehne,2002),其中包括欧盟项目"盐控制"就是相关主题(Rodríguez-Navarro et al,2006;Cassar et al,2008)。磷酸盐和羧酸盐类用作抑制剂处理石材表面,其结果有好有坏。一些案例中,它们让盐到达石材表面结晶,减少了对本体的损害。然而,另一些案例中,它们提高了溶液过饱和度并吸收盐分到表面,导致破坏更加严重。

5)Oxalate Formation

基于草酸钙的保护性能(石灰岩表面自然形成的一种保护层),Matteini,Moles和Giovannoni(1994)尝试使用草酸铵在钙质表面如壁画上生成草酸钙的浅薄膜。碳酸钙和硫酸钙都与含有草酸铵溶液的膏状物反应,生成了一层有黏合力的、亲水性的薄膜,可以抵御酸的侵蚀(Hansen et al,2003;Doherty et al,2007;Sikka et al,2008)。该方法已经用来帮助保护不能搬移到具有良好保护环境条件的石质文物本体或建筑立面、装饰物表面(Ambrosi et al,2000;Mairani et al,2000)。

6) 石灰和生物钙化

石灰岩保护处理的最后阶段包括将在表面施以非常薄的石灰涂层,并通过擦拭让石灰颗粒和石材表面紧密结合(参见上述"石灰和相关处理"部分),这一涂层起到保护石材的作用,并能够根据需要重复实施。另一种保护方法,最早在法国开始,是利用微生物在石材表面生成一层方解石牺牲层(Orial et al,1996;LeMétayer-Levrel et al,1999;Castanier et al,2000;Orial et al,2003)。依据欧盟生物修复项目(BIOBRUSH)的结果,Webster 等人提出了这一设想(Webster et al,2004 年;Webster,May,2006;May et al,2008)。Tiano(2008)从保护处理的角度评估了生物钙化方法,Zamarreño 等(2009)提出了有应用前景的测试数据。

7) 二氧化硅胶体

Kozlowski,Tokarz 和 Persson(1992)采取了一种与众不同的方式在钙质石材上形成保护层。他们利用二氧化硅溶胶,将二氧化硅微粒沉积在岩石的开放孔内。岩石表面是亲水性的,但水分传递的通道被二氧化硅颗粒堵塞。该材料已被用于几处遗址,以保护脆弱的钙质石材免受酸性污染的侵蚀(Stepien et al,1993;Mangio et al,1996)。保护师 Egon Kaiser 将该方法进一步开发,在约旦 Petra 和其他遗址上用作空鼓填充和修复用砂浆(Kühlenthal et al,2000;Simon et al,2006)。

8) 杀菌剂/抗生剂

关于如何杀灭文物表面生物的生长,或是抑制再生的研究已经持续多年。所选择的治理方法必须满足众多标准,同时,由于在露天环境中有源源不断的水分为生物的再次生长作补给,使得灭菌治理变得困难。各种治理方法不仅要杀灭已出现的生物菌群,同时要抑制新菌群的出现,既不能对石材本体产生任何影响,也不能改变石材外观。发挥灭菌效力之前,它们既不能被雨水冲掉,也不能被紫外线破坏,既要对操作人员安全也要对环境友好。这最后一个要求在过去的几年中被严格要求遵守,导致许多行之有效的杀菌剂被法律明令禁止。由此可见,这一领域仍有需要进行研究。与其相关的生物污染物清除工作取得一定的进展,一些顽固污染物可成功清除(Delgado Rodrigues,Valero,2003;Konkol et al,2009)。目前,关于杀菌剂的多数研究与藻类、地衣及包含杂草、苔藓与常青藤等种类的高等植物有关。其中一些研究建立在实验室接种的基础上,多数的研究是建立在现场试验的基础上。Agarossi,Ferrari 和 Monte(1990);Monte 等(2000);Anagnostidis 等(1992)提供相关研究实例。最后还要强调定期观察与再次治理的必要性,研究人员建议利用预警系统来指示再次治理的时间。

2008 年,Cuzman,Tiano 和 Ventura 提出了一个充满前景的新方法,利用抗生物污染剂进行生物的治理。2004 年,Orial 和 Brunet 提出了一个利用复合真菌进行治理的例子引人关注。近期,有研究提出利用干冰,通过低压研磨技术清除地衣(Rosato,2008)。De Cruz 等人(2009)研究利用激光清除地衣的技术。一本关于天然石材与人造石材杀菌剂的书正在筹划之中(Daniela Pinna)。

Caneva,Nugari 和 Salvadori(1991,2008)提供了许多有价值的可购买到的杀菌剂,这些杀菌剂常常通过涂刷或喷雾的方式应用到石材的表面。可移动文物也可使用熏蒸法进行处理,例如 1993 年 Elmer 等报道用环氧乙烷进行熏蒸。1989 年 Bassier 报道使用紫外线对矿物表面进行杀菌处理。Caneva,Nugari 和 Salvadori(1991,2008)提到通过在文物周边主动引种适宜植物进行预防性保护的可能性。由于防水处理的方法可起到控制水分的作用而被用于抑制生物生长。低科技含量的方法仍然是行之有效的,例如使用热蒸汽杀灭地衣和藻类(Orial,Bousta,2005)。Sorlini,Falappi 和 Sardi(1991)报道了甲基苯基硅树脂可抑制霉菌生长,但是其他报道给出了相反的结果,硅树脂可被生物降解(Petushkova,Grishkova,1990;Santoro,Koestler,1991;Krumbein et al,1993)。令人意外的是关于石质生物杀菌处理的方法相对较少,也许这是细菌在侵蚀过程中所起的多样的作用的结果,但是它能够反映出寻找持久效力的杀菌方法的困难之处(Gorbushina et al,2003)。尽管如此,1992 年,Orial 和 Brunet 还是呈现了一个令人满意的报道,在埃尔恩大教堂花费超过 7 年的时间,使用链霉素与卡那霉素显著减少了石质文物中细菌的数量,最终生物侵蚀停止。

5. 生物对保护处理层的侵袭

在有些情况下,处理石质文物的高分子聚合物为微生物提供了营养来源,导致了有机酸及其他生物活性物质的产生,而它们会损耗表面保护处理的效力(Cappitelli et al,2007b;Cappitelli,Sorlini,2008)。然而,这种原本不溶、交联的有机物的亲和性,使其 20 年来都被用作去除馆藏壁画碎块表面硬化胶的生物修复处理方法(Antonioli et al,2005)。

马涛后记

我(译者马涛)从 1989 年开始长期从事石质文物保护、古建彩画保护、遗址文物保护等科技保护工作,先后承担了 10 多项省部级相关文物保护科研课题、全国重点文物保护单位保护修复工程和多项中外文物合作保护研究项目,发表了 20 多篇学术论文和论著,获得 3 项中国实用新型发明专利,并获得国家文物局文物保护科学和技术创新奖二等奖 2 项,现任国家文物局砖石质文物保护重点科研基地主任,二级研究员,享受政府特殊津贴专家。

从一个文保战线的新手成长为一个老兵,回顾近 30 年的从业经历,首先得益于改革开放以来我国文物保护事业的快速发展,使我们有幸参与了大量的文物科技保护工作来积累经验;其次是得益于老一辈文物科技保护工作者的教诲培养和指导帮助,使我们迅速掌握了文物保护科学研究、实施的方法和程序,并取得了些许成绩。对于译者本人而言,黄克忠老师多年来的关爱和帮扶使我在石质文物保护专业的发展上受益最大。

1990 年新成立的西安文物保护修复中心与德国巴伐利亚文物保护局合作开展了陕西省彬县大佛寺石窟前期保护研究,作为一个刚入行的青年文保工作者,如何开展涉及考古学、佛教艺术、建筑学、地质学、岩土力学、化学、物理学、文物保护学等多学科合作的、综合性极强的石窟寺保护项目,曾经令我迷茫。黄老师作为中方指导委员会委员和专家,从前期调查与基础研究、科学探测与保护方法研究,直到保护工程实施的大约 6 年时间里,多次到现场进行技术指导和咨询帮助,利用他在石窟寺保护中的丰富经验,为彬县大佛寺石窟考古清淤、进窟甬道地基托换、窟内危岩加固工程中提供了很多具体的保护措施建议。从 2005 年到 2009 年,黄老师全程给予咨询并指导了中日唐代帝陵石刻保护修复项目的工作,帮助我们很好地完成了3个帝陵和约60多件珍贵石刻的扶正、裂缝加固、局部修复、石刻环境整治工程实施等工作,均取得了很好的保护效果,也获得了国内外石质文物保护同行的高度赞赏。

　　黄克忠老师毕生从事于我国文化遗产的科技保护研究和实践工作,凭借着深厚的专业水平和丰富的保护经验,解决了大量石窟寺保护、土遗址保护的难点、热点和关键技术问题,为我国文物保护事业,尤其是石窟寺保护及相关学科的建设和发展做出了突出的贡献。作为我国文物保护界的泰斗之一,黄老师对我们中青年文保工作者非常关爱,业务上严格指导,殷殷之意可感;工作上热情帮助,提携之情可佩,译者只是众多受益者之一。

　　黄克忠老师作为石质文物保护界的老前辈,给予译者的帮助不仅来自于具体的文物保护科研和实施工作中的教诲和帮助,也包括对译者今后继续从事文物保护事业、做好自己专业工作的砥砺和期许,希望能以更多的文物科技保护工作成果,回报黄老师长期以来的指导、帮助、鼓励和关爱。

花山岩画保护研究

王金华

(中国文化遗产研究院)

一、引言

广西宁明花山岩画位于广西壮族自治区宁明县驮龙乡耀达村,左江支流明江右岸的陡崖峭壁岩体上,是由战国至汉代时期壮族先民骆越人涂绘。岩画长172m,高约50m,面积有8000多平方米,规模宏大,是中国乃至世界画面最大的岩画(图1)。现存人物、动物、器具等各种图像1900多个(图2)。花山岩画保存较好,画像清晰、图像密集、内容丰富神秘,为左江流域乃至中国南方岩画的典型代表,并在世界岩画界中占有重要地位,具有重要的历史文化、美学艺术、民族史研究、鉴赏教育等价值,1988年被国务院公布为第三批全国重点文物保护单位。2016年花山岩画入选《世界文化遗产名单》。

图1 花山岩画全景

图2 花山岩画局部画面

由于自然环境因素的长期作用,花山岩画产生了岩画本体的岩体开裂剥落破坏、山体岩体的崩塌垮落、水的溶蚀、钟乳石沉积覆盖破坏、岩画颜料层的风化破坏等病害。其中岩画本体的岩体开裂剥落危害性最大。主要表现为:

(1)脱空区域大。据初步调查,1/4～1/3的岩画区域因为本体的岩体开裂而呈现脱空状态。

(2)状态危险。岩画本体的开裂岩体呈上部张开、向外倾斜状态,块体40%～60%的区域都与崖壁岩体脱离,隙宽5～10mm。此种状态对外力——风力、水的流动等十分敏感,极易产生破坏,十分危险。

(3)长期以来,时常发生小规模的崩塌破坏,对岩画的破坏十分严重。花山岩画存在的岩石剥落、垮塌,威胁着岩画和游人的安全,长时间已封闭,不能对公众开放。花山岩画保护工作十分迫切。

花山岩画保护工程的特点如下:

(1)存在的问题十分复杂。花山岩画保护技术,国内外没有现成的经验可以借鉴,需要集中力量联合公关,需要开放的、广泛合作(包括国际合作)的研究。

(2)花山岩画保护需要充分的前期调查工作支持。需要借助三维、红外成像检测等先进科技手段查明保存状况,并且需要充分的试验研究工作支撑保护工作。

(3)保护工作条件难度极大。由于花山岩画背景宏大,为开展调查、试验研究和保护工作,需要搭设 20 000～30 000m² 的脚手架,高度 100m 左右。

(4)花山岩画保护工作的关键技术问题是本体加固材料的遴选、研究。加固材料要求与岩画岩体性能相近、黏结强度适宜、耐老化、不能产生衍生破坏作用,适应花山岩画高温高湿的气候条件。

二、自然环境条件

1. 水文与气候

花山地区地处北回归线以南,属温暖亚热带季风型气候,高温多雨,终年少见霜雪。每年7～9月,雨量非常集中,强度大,历时短,往往酿成灾害性洪水。据历史记录,花山地区最高洪水位为 121.04m(1986年7月23日)。洪水位低于岩画底部高程,对岩画没有浸泡侵蚀影响。

多年平均气温 19～22℃。冬季1月最冷,平均气温 13.3℃;夏季7月最热,平均气温 28.4℃。年度最大平均温差 15.1℃(1967年1月)。历年极端最高气温达 40.8℃(1958年5月),历年极端最低气温 -2.4℃。极端气温变幅达 43.2℃。温差变化产生的应力作用,对岩画表层岩体风化破坏有一定的影响。

据宁明气象站资料记载,年平均蒸发量为 1663.7mm,空气相对湿度较大,年平均值为 79%。花山岩画的载体为对水敏感的石灰岩,空气中湿度大,对岩画质感、色泽的保存有一定的影响。

全年以东风频率最大,东北风、西南风次之。区内大风多为东北风,最大风速 17～20m/s。每年6至9月常受台风侵袭。花山崖壁走向为北北西向,受西南风的影响较大。风的影响有两个方面：①降雨时，风将雨水吹落到岩画上，对岩画产生一定的水害影响；②风沙对岩画产生一定的磨蚀作用。

2. 地形地貌

崖壁：花山岩画依托的山体为陡峭的崖壁，高差100～220m，规模宏大，由于构造运动和河水的切割侵蚀作用，崖壁下部呈负坡，负坡对岩画有一定的遮护作用。但由于坡体陡峻，常常发育一些具有垮塌、滑动破坏趋势的危岩体。岩画崖壁北侧坡体中部以下山势平缓，堆积有坡积物，为雨水的保存和渗流提供了条件。

洼地：岩画区内北侧，紧邻花山岩画崖壁发育1个大的岩溶洼地，呈似椭圆形，长轴方向长80m，短轴方向长30m，洼地深度为5～6m。洼地内有第四纪松散堆积物覆盖，其厚度由小于1m至4～5m不等。洼地底部有溶斗、落水洞或消溢洪洞等发育。该落水洞与明江相通，是洼地的主要泄洪通道。洼地地势高，降雨时的积水犹如悬在岩画上方的一盆水，洼地对岩画没有影响。

河谷阶地：明江普遍发育有河漫滩及Ⅱ级阶地。花山岩画管理站就坐落在明江右岸的Ⅰ级阶地上。芭耀村和花山村都坐落在Ⅱ级阶地上。花山岩画对面为广阔的Ⅱ级阶地，其上为现代河床相粉砂土及粉质黏土组成。阶地粉砂及粉土随风飘扬，对岩画保存有一定的影响。

3. 地层岩性及地质构造

1）地层岩性

花山岩画地层为石炭系黄龙组(C_2h)浅灰—灰色厚—巨厚层状生物碎屑微—泥晶灰岩夹中薄层生物碎屑灰岩，岩石为基底式胶结，基质组分为微—泥晶方解石，岩石结构相对致密。岩石中方解石含量较高，容易受水的溶蚀作用。

2）地质构造

构造：花山岩画区立壁岩层总体为向南南东倾斜的单斜地层，区内未见褶皱，产状平缓，一般倾向为165°～190°，倾角为16°～20°。

断裂相对比较发育，对花山岩画有影响的主要构造形迹有花山F_1断层：该断层纵贯全区，长约20.5km，走向呈弧形弯曲，转折起伏不平；区内该断层走向北北西，断层面产状260°∠60°，为一压扭性断层，断层两盘张开30～50cm，中间有泥质充填，沿断裂面溶蚀现象比较发育，在层面裂隙和断层相交处可见大小不一的石钟乳和溶孔，溶孔直径约为20～40cm。花山地区位于该断层的北端，在断层的切割及河流侵蚀作用下，形成了高约140m、宽约300m的断壁。花山岩画就分布在这一断壁之上。受断层构造运动的影响，花山岩画崖壁岩体节理裂隙比较发育。

节理裂隙：立壁岩体中各种节理裂隙比较发育，主要类型有构造节理裂隙、风化裂隙和卸荷裂隙，另外还有层面裂隙。

构造裂隙：岩画立壁岩体中各种节理裂隙十分发育。据野外调查统计，主要发育有3组节理，产状为：①275°～285°∠70°～80°；②250°～260°∠55°～65°；③215°～225°∠75°～85°。其次还有两组不太发育，产状为：①200°∠70°～80°；②295°～300°∠80°～85°。较为发育的3组节理裂隙相互交切，破坏了岩体稳定性，产生滑塌破坏。岩画崖壁面上发育的交切构造裂隙对岩画载体的安全稳定构成威胁。构造裂隙以剪裂隙为主，裂隙面平直。延伸较长，一般延伸数米至数十米。由于岩溶及其他风化营力的作用,大部分节理均有一定的张开度,一般张开约数毫米至数厘米,大部分为泥质所充填。构造裂隙与层面裂隙交错切割,形成渗水带。

风化裂隙:受构造运动的应力作用以及温差作用等,崖壁岩体,尤其是岩画载体的表层岩体发育有各式各样的风化裂隙,使得岩画载体岩体出现开裂、片状张开、起鼓,甚至剥落破坏,对岩画造成严重损害。

卸荷裂隙:受崖壁应力释放作用及岩体应力调整的影响,崖壁岩体发育一些卸荷裂隙,卸荷裂隙的类型有两类:①卸荷作用使原有的构造裂隙产生位移、变形、扩张变化;②岩体应力作用,崖壁岩体上产生一些不规则的卸荷裂隙。卸荷裂隙的危害性是形成危岩体,破坏岩体稳定。

层面裂隙:层面裂隙发育是花山岩画崖壁岩体最显著的构造特征。崖壁岩体发育有层理裂隙17条,层面裂隙倾角较缓,产状为倾向165°~190°,倾角16°~20°。花山岩画崖壁岩体发育的层理裂隙延展广阔,控制着花山山体地下水的渗流状态。层理裂隙的隙宽差异性较大,有些张开性好一些,有些比较闭合,据现场测定、统计,隙宽外侧一般1~2cm。

4. 水文条件

1)地下水的补给、径流与排泄

本区地下水主要有岩溶裂隙水和第四纪松散堆积物孔隙水两类。

岩溶裂隙水接受大气降水补给,地下水在坡脚以下降泉或暗河的形式朝明江排泄,对花山岩画影响较小。

第四纪松散堆积物孔隙水赋存于Ⅰ级阶地和Ⅱ级阶地的松散堆积层中,对岩画没有影响。

对岩画有影响的是大气降水沿层理裂隙渗流,在岩画崖壁上以下降泉排泄形成的水害。

2)地下水的化学特征

本区水的类型有两种:河水与地下水。河水为 $HCO_3 \cdot SO_4$-$K+Na$ 型,地下水中的井水为 HCO_3-$(K+Na) \cdot Ca$ 型,泉水为 HCO_3-Ca 型,立壁渗出水为 $HCO_3 \cdot Cl \cdot SO_4$-$Na \cdot Mg \cdot Ca$ 型。与河水相比,岩溶水中含有较多的 Cl^-、SO_4^{2-},这种水质有利于岩溶作用。

5. 地震

据广西地震历史资料,地震记录最大震级为里氏4.5~4.9级。根据《建筑抗震设计规范》(GB 50011—2001)附录A《我国主要城镇抗震设防烈度、设计基本地震加速度和设计地震分组》之规定,宁明县抗震设防烈度为Ⅵ度。由于文物的重要性,岩画区内的抗震设防烈度按Ⅶ度考虑,设计基本地震加速度值为0.127g。

三、主要病害

花山岩画存在的病害有:花山岩画本体岩体的开裂剥落破坏、岩画载体崖壁危岩体的崩塌垮落破坏、水的溶蚀破坏、覆盖破坏及钟乳石发育的破坏、岩画颜料层的风化破坏等,其中主要病害为花山岩画本体岩体的开裂剥落破坏、岩画载体崖壁危岩体的崩塌垮落破坏。岩画本体岩体的开裂剥落对岩画的破坏是毁灭性的,危害性最大,崖壁岩体危岩体的崩塌垮落,对岩画保护管理、监测研究及游人参观鉴赏的安全造成威胁。

1. 岩画本体岩体的开裂剥落破坏

据统计,花山岩画的脱落面积已经超过了 500m²,呈鳞片状、板状开裂的岩画本体岩体区域占总面积的 1/2,花山岩画的本体安全面临着严重威胁(图3)。

(a) 鳞片状剥落破坏　　　　　　　　　　　　(b) 板状开裂破坏

图3　岩体开裂剥落破坏

花山岩画岩体开裂病害分为 3 类:①岩体构造裂隙为控制因素引起的开裂称为构造开裂;②风化作用为控制因素引起的开裂称为风化开裂;③部分开裂岩体病害的形成是上述两个成因的综合作用。

根据第一期 735m² 区域调查,共发现 3025 处开裂岩体病害,病害总面积 90.22m²,约占调查区域面积的 12.28%。其特征:开裂岩体厚度主要集中在 1~200mm 之间;块体形式 2178 处呈片状开裂,847 处为块状开裂;开裂面形式 279 块裂隙面呈平面,2746 块裂隙面呈曲面;裂隙开口方位分为自上而下开裂、自下而上开裂和侧向与其他开裂 3 类,比例相当;裂隙的张开宽度多在 0.5~20mm 之间;裂隙内多无填充物。开裂岩体病害类型以风化开裂为主,所有调查的开裂岩体中有 2178 块风化开裂岩体,占开裂岩体总数的 72%,构造开裂岩体为 847 块,占开裂岩体总数的 28%(表1)。

表1　开裂岩体类型统计表

开裂岩体分类	构造开裂体	风化开裂体
统计个数	847	2178
面积(m²)	43.93	46.29
平均面积(m²)	0.0521	0.0215

开裂岩体病害危险性评估:首先岩画本体开裂体都视为不稳定块体,根据开裂岩体开裂面积与开裂岩体总面积之比(假定该比值为 A)作为判断指标,为此建立危害评估标准依据,划分为 3 个不稳定性评估级别:

(1)当 $A \geqslant 1/2$ 时,则为Ⅰ级不稳定(最危险块体)。

(2)当 $1/3 < A < 1/2$,则为Ⅱ级不稳定(次危险块体)。

(3)当 $A \leqslant 1/3$ 时,则为Ⅲ级不稳定(一般危险块体)。

根据上述标准,开裂岩体的不稳定情况:2096 块为Ⅰ级不稳定,占开裂岩体总数的 70.41%,538 块为Ⅱ级不稳定,占开裂岩体总数的 18.07%,343 块为Ⅲ级不稳定,占开裂岩体总数的 11.52%,部分开裂岩体已发生脱落。

花山岩画岩体开裂病害形成机理分析:①花山断层相对错动,受压应力、剪切应力等影响,断层表层岩体发育大量的剪张性、剪切性裂隙,这些裂隙或呈显性裂隙面,或呈隐性裂隙面,为崖壁岩体后期裂隙的扩展、发育创造条件。②岩体表层温度梯度的剧烈波动造成表层温差应力巨幅变化,主要是张拉应力,平行崖壁的张拉应力对岩体的破坏严重,加速岩体表层的开裂,特别是当表面岩体力学强度在风化作用下降低、热力学性质改变的情况下,这种作用更加明显。温差应力变化是导致花山岩画表面开裂的主要因素。

2. 岩画崖壁危岩体的破坏

由于各类裂隙的相互交切,花山岩画崖壁上发育许多规模不等的危险块体,随时有崩塌、垮落的危险。按岩画分布位置,可以分为岩画本体区域的危岩体和岩画区域以外的危岩体。岩画本体区域的危岩体,一般规模较小,由构造裂隙和卸荷裂隙交切形成,形态多为楔形体,破坏形式主要为滑塌,一旦产生破坏,对岩画破坏是毁灭性的,危害性大;岩画区域以外的危岩体规模大小不一,形态各异,有的是由构造裂隙相互交切形成,规模较大,破坏形式以崩塌或滑坡为主,比如崖壁顶部被构造裂隙切穿的岩体,危岩体规模大,它的破坏是以崩塌、滑动为主,除了破坏了崖壁岩体的环境外,其破坏产生的累积危害较大;分布在崖壁规模较小的危岩体,易产生崩塌破坏(图 4)。

图 4 小型危岩体

3. 水的危害

花山岩画岩体水病害的特点：①对岩画有侵蚀破坏危害的水害类型主要有两种，即裂隙渗水病害和崖壁面流水病害；②渗水量很小，裂隙渗水和面流水水量都较小，几乎很难见到流动的水流，无法进行渗水量的测量；③崖壁不同区域遭受水侵蚀破坏形式不同：岩画北侧区域以面流水的侵蚀为主（图5），崖壁中部受裂隙渗水影响较大；④裂隙渗水病害受沉积层理裂隙控制；⑤花山岩画崖壁上部及周边地貌受水面积较大，水的来源途径较多。花山岩画的裂隙渗水有层理裂隙水、节理裂隙水，其中以层理裂隙水为主。裂隙渗水的危害主要是钟乳石沉积对岩画的覆盖、掩埋。

面流直接的危害是在崖壁面上形成为白色、灰色、黑色流水状水痕的膜状钙质沉积。如果钙质沉积发生在岩画区域，就形成对岩画的覆盖破坏（图6）。

图5 岩画崖壁面流水影响的3个区域

4. 岩画颜料的风化破坏

由于环境因素的作用，岩画表层出现颜料层的风化剥落（图7），严重损害岩画的价值。

图6 钙质覆盖破坏

图7 颜料层剥落状况

四、花山岩画保护工作的特点及要求

花山岩画保护工作为抢救性保护：岩画本体岩体的剥落、垮塌对岩画的破坏是毁灭性的，而且这种病害依然还在恶化发展，还没有采取有效的保护措施，随时会发生。所以花山岩画保护形势十分迫切。

岩画本体保护是重点：花山岩画存在有崖壁岩体危岩体、岩画本体开裂及剥落、岩画颜料脱落、裂隙渗水、岩溶、微生物及动物侵蚀、环境污染等多种病害，其中最危险的病害是花山岩画本体岩体的开裂、剥落,最紧迫的保护工作是花山岩画本体开裂岩体的加固保护。

关键技术问题是保护材料研发。岩画本体岩体加固需要大量的粘接加固材料,材料要求与岩画岩体性能相近、粘接强度适宜、耐老化、不能产生衍生破坏作用,还要适应花山岩画高温的气候条件,不宜选用有机树脂材料,宜选择无机材料等。这些技术要求是花山岩画作为重大文化遗产保护必需的。

必须重视前期勘察研究工作:花山岩画存在的问题十分复杂,病害的类型、形式、分布特征、危害性评估、病害机理分析等需要进行详细的调查、勘察、试验、分析研究,需要进行环境监测和相关试验;病害治理的保护材料、技术措施需要试验研究。

花山岩画保护是目前国际文化遗产保护的科研难题,是一项综合性保护工作,需要多学科协作、支持,需要集中力量联合攻关,需要开放性、广泛合作性(包括国际合作)研究。

花山岩画保护是一项长期工作,需要分轻重缓急,有计划、分步骤实施。

五、关键技术——修复保护材料的应用性研究

目前在工程实践中,主要有两种材料,即无机水泥质材料和有机树脂高分子材料。水泥材料由于黏结强度高,在现代工程中得到了广泛应用。但是,大量的科学研究与工程实例证明,现代水泥材料与传统砖石等材料不兼容,如水泥中的水溶盐会给文物建筑带来严重损坏。其次,水泥建筑一旦出现问题,其再次修复也是很困难的,有些甚至是不可能的。高分子材料(如环氧树脂)与砖石材料的物理化学性质差异更大,在实践中出现了更多、更严重的兼容性问题,主要表现为强度太高、发脆,老化产物与砖石材料完全不同,不吸水、不透气。

自20世纪90年代初启动花山岩画保护工作以来,在关键技术——保护材料试验研究方面曾经开展了环氧树脂、硅橡胶、超细水泥等材料试验,因无法达到花山岩画保护的要求,花山岩画保护工作一直没有取得实质性的进展。

2007年,中国文化遗产研究院联合同济大学,根据花山岩画岩石性能特征和独特的自然地理环境特征,进行了大量的室内试验和现场试验,对不同加固材料性能、配比及其性能参数进行比选,最终选定天然水硬性石灰作为花山岩画的加固修复材料,第一次系统开展了针对重大文化遗产保护工程的应用研究,即水硬性石灰在花山岩画修复保护中的应用研究(包括大量的性能试验、配比性能对比试验、现场效果及工艺试验、材料性能认证试验等)。试验成果证明水硬性石灰具有稳定、长久的黏结强度,与岩画岩体性能相近、结构相近、热膨胀系数相近,不存在盐类析出腐蚀等后续衍生的问题等优点。

1. 水硬性石灰简介

中国建筑工程上习惯说的石灰,是指气硬性石灰,它是由含碳酸钙较多较纯的石灰岩石经800~1000℃高温煅烧而成的气硬性胶凝材料。石灰又分为生石灰和熟石灰。生石灰粉是由块状生石灰材料磨细而得到的细粉,其主要成分是CaO;熟石灰粉是块状生石灰用适量水熟化而得到的粉末,又称消石灰,其主要成分是$Ca(OH)_2$。采用不纯、黏土质含量大于8%的石灰石,经过烧制(温度900~1100℃)、粉碎、消解而成,则烧成的石灰中除CaO以外,还含有较多的硅酸钙、铝酸钙和铁铝酸钙等化合物,是一类有别于传统石灰材料与水泥材料的一种天然无机材料。这类钙质凝结材料称为水硬性石灰,使用后它们将会呈现出较强的水硬性。

天然水硬石灰成分主要由二钙硅石（2CaO·SiO$_2$，简写成 C$_2$S）、熟石灰 Ca(OH)$_2$、部分生石灰 CaO、部分没有烧透的生石灰 CaCO$_3$，及少量的黏土矿物、石英等组成。其固化的机制可以分成3个部分：

C$_2$S 的固化（水硬性组分）：水硬性石灰中的水硬性组分 C$_2$S 在遇到拌和水后，发生水化反应，形成钙硅酸盐，使其强度增加。该组分是传统白石灰中不具备的。

Ca(OH)$_2$ 的碳化：Ca(OH)$_2$ 也是水硬性石灰材料的主要组分之一，其和空气中 CO$_2$ 和 H$_2$O 反应，形成碳酸钙固化，这也是普通消石灰的固化机理。

Ca(OH)$_2$ 与骨料中的活性组分的反应：Ca(OH)$_2$ 与骨料（如黏土砖粉）中的活性 SiO$_2$、Al$_2$O$_3$ 也可以发生胶凝反应，形成硅酸钙、铝酸钙。这是用石灰改性土的重要化学反应。

其特性：①其固化反应及凝结过程分为水合反应硬化（即水硬化）和碳化合反应硬化（即气硬化），具有通过水合反应固化满足早期强度要求，逐渐碳化合反应固化满足长期强度要求的特性。长期缓慢的气硬化过程使材料与加固对象的适应性能更加优越。②与水泥材料相比，不含有水溶盐等腐蚀性成分。③与传统熟石灰相比，抵御自然侵蚀破坏的能力更强。④对于微小的变形，可以通过缓慢、不断进行的气硬化过程进行必要的修正。理论与实践研究证明，水硬性石灰是建筑遗产保护修缮的理想材料之一。

欧洲成立了 EUROLIME（欧洲石灰）协会，宗旨是研发、生产用于文物保护的石灰材料，每年发表论文，定期召开年会。

2002年在欧洲对水硬性石灰进行了科学规范，并制订了标准 EN459-1/2002，同时规定了测试方法及质量参数。

20世纪80年代，李最雄先生首先对中国传统水硬性石灰进行了研究，经过对甘肃省秦安县大地湾出土的仰韶时期人类居住房址的地面建筑材料分析和室内模拟实验证明，烧料礓石是在烧陶的窑中约900℃温度条件下烧制而成，并对研究成果进行了发表。近年来，李最雄先生又对西藏寺院传统用房屋地面及屋（顶）面建筑材料——阿嘎土进行了烧制研发，以及料礓石烧制及系统研发。2004年马清林博士对料礓石的材质、胶凝机理和胶凝后的产物形貌作了系统研究，为潮湿环境下的壁画地仗加固提供了材料和方法。

总体而言，我国对水硬性石灰的系统研究还刚刚起步，尤其是结合重大文化遗产保护的针对性、系统性研究，花山岩画保护还是第一次。

2. 研究工作

天然水硬性石灰在花山岩画保护中的应用研究思路：提出花山岩画保护材料的要求，制订技术指标，然后进行材料海选，选定材料类型、骨料，制订各类材料配比计划，进行各种配比材料的性能试验、对比试验，选定性能适宜的配比材料，对选定的配比材料进行环境适应性效果试验，以及现场效果、工艺试验，最终确定各种性能优化、效果良好、适于操作的配比材料。

材料类型要求：第一类是填补黏结材料，第二类是灌注黏结材料。

材料类型选择：根据调研及国内外研究成果查询，国内没有水硬性石灰产品。实验材料选自德国 Hessler-Kalk 公司的水硬性石灰和德国 Hessler 公司生产的 NHL2 水硬性石灰。

骨料的选择：为确保黏结材料的性能与岩画岩体的性能最大限度的适应性，选择花山岩画岩体的岩石作为骨料材料，并根据不同隙宽灌注技术需求，研制不同粒径的骨料。

性能试验：黏结材料的性能试验包括黏结强度、吸水试验、透气性试验、抗折试验、抗压试验、抗拉试验、耐酸抗崩解试验、炭化试验、添加剂作用及影响试验、固化材料物理化学成分试验、流动性测试、热膨胀系数测试及干湿交替耐候试验等。

3. 研究成果的应用及推广

根据岩画保护材料需求和各种性能试验对比，确定了最佳配比材料用于不同隙宽的黏结加固，包括最佳的封口黏结材料和最佳的注浆黏结材料，获得了专利授权两项。

根据研究成果编制的《广西花山岩画抢救性修复加固工程》得到国家文物局的审批同意，自2009年至2013年分3期实施，使花山岩画得到了有效保护，确保了花山岩画的安全，为花山岩画对外开放及申报世界文化遗产工作奠定了坚实的基础。

2010年开始，李黎在李最雄对6000年前甘肃大地湾"仰韶水泥"的研究基础上，开展了对国产水硬性石灰改性料礓石和阿嘎土作为岩土文物的修复加固材料的研发，对其物理力学性能、标准性能进行测试，提出硅酸盐材料经过科学改性后，应用于我国石质、土质文物的加固，具有推广意义，并成功应用于高句丽壁画修复加固工程、承德避暑山庄石质文物修复保护工程。

天然水硬性石灰具有与水接触后首先发生水硬过程，之后逐步气硬过程的自我修复特性，兼具有气硬石灰与水泥的优点，低收缩、耐盐、适中的抗压和抗折强度、水溶盐含量低，是一种天然、无污染、耐老化的无机材料，与被加固修复对象的各种性能相互兼容，具备与被加固对象性能优越的匹配性，十分适合砖石文物的加固要求，是中国文化遗产研究院极力推崇用于石质文物本体修复加固的理想材料。

后　记

我（笔者）大学毕业后主要从事以石窟保护为主体的岩土文物保护与研究工作，承担了几十项国家重点文物保护工程和多项国家级课题，获得了两项省部级奖励和两项专利授权，出版了3部专著。回顾近30年的从业经历，能够取得一点点业绩，一是感谢中国文化遗产研究院提供的资源和工作平台，二是感激黄克忠先生的殷殷鼓励和关怀。

黄克忠先生作为我的领导、同事，以及事业的老师，给予我的帮助和关怀，来自于文物保护、研究、实践等日常工作中的殷殷教诲。让我敬佩和感念的是老先生对文物保护事业，尤其是对石窟保护工作的热爱、执着，对文物保护的深厚理论水平和丰富的实践经验，对解决关键技术问题的智慧和方法。在我国重大石窟保护工作中，几乎都蕴含着老先生的心血和智慧。老先生把一生的热血和智慧奉献给了我国的石窟保护事业，为我国文物事业，尤其是石窟保护行业的发展及建设做出了突出的贡献，在我国岩土文物保护界德高望重，是我国石窟保护界的一面旗帜。

除了敬佩老先生对事业的热爱和执着外，更为敬仰的是老先生对文物保护事业的情怀。老先生对于岩土文物的贡献，除了讲稿、论文外，更多的是对勘察、规划、设计、施工的意见和建议。这些意见和建议更加体现了老先生的水平和智慧。因为文物保护是一项社会学属性的实践科学，除了比较深厚的理论水平，对保护工作的理念、原则有比较深刻的认识和理解外，更为重要的是结合保护实践的不同情况、不同背景、不同问题、不同需求等，把保护原则、理念落实到具体实践工作中。无论这些意见和建议的对象是来自哪个地域、哪个单位、哪个行业等,都是认真的、负责的,体现了老先生对文物事业发展建设的情怀。

近些年来,有幸和老先生一起参与了几项复杂石窟水害治理的咨询和指导工作,更加深切地体会到老先生对石窟保护事业的热爱、责任和情怀。2003年至2008年,在联合国教科文组织资助的龙门石窟潜溪寺水害治理工作中,由于各方面的原因,项目对潜溪寺石窟水害的勘察工作并不充分,使得治理效果很不理想。本来此事与作为专家咨询的老先生关联性不大,但老先生表现的那份责任感的沉重心情,深深激发着作为年轻文物保护者的那份沉重的责任,让我充满敬佩和感慨。为此,在老先生的指导下,我们于2010年至2016年针对潜溪寺石窟水害实施了精细勘察和治理工作,取得了显著治理效果,算是对老先生的一份安慰。起于2013年的大足石刻卧佛水害治理工作,历经周折,召开的专家咨询、研讨、论证会多达二十几次,至2017年5月初取得显著的效果,此项工作对大足石刻以及我国石窟水害的治理工作具有标志性的意义。此间老先生的统筹指导、保护原则的把控、关键技术的处理等,都充分显示了老先生的智慧。

我工作后承担的第一份工作是大足石刻保护,因此和大足石刻结下了几十年的缘分。2007年在筹划编辑《大足石刻保护》专著中,老先生给予了极大的指导、鼓励和关怀,并亲自写序予以支持。现在读来,既是殷殷鼓励,又是老先生自己的感情表述和成果总结,是我多年来从事文物保护事业的一份动力。

大足石刻数字测绘的探索与实践

赵岗 黎方银 黄能迁
（大足石刻研究院）

一、引言

大足石刻是大足区境内摩崖造像的总称，始凿于初唐（公元7世纪中叶），历经晚唐、五代、北宋，兴盛于南宋（公元12世纪），延续至明、清（公元15—19世纪），石刻题材以佛教为主，兼有道教及中国石窟艺术中不可多得的儒、释、道三教合一造像。大足石刻点多面广，全区境域27个街、镇均有石刻分布，现存造像5万余尊，被公布为各级文物保护单位的达75处，是中国古代晚期石窟艺术的代表。1999年12月大足石刻被列入《世界遗产名录》。

大足石刻作为室外文化遗存，多以摩崖造像的形式展现，又为开放空间，历经千百年的干湿、冷暖交替，风吹日晒，雨雾侵蚀等自然因素作用，造成造像岩体风化、失稳、崩塌等损害。尤其是近年来，由于气候、环境污染等诸多因素的影响，石刻病害更加复杂，大足石刻目前已进入高速风化期，石刻自然破坏有加速的趋势。因此，为确保这一珍贵的历史文化遗产永续流传下去，开展大足石刻的测绘与信息留取是大足石刻石质文物保护的一项重要基础性工作。

二、大足石刻测绘历程及成果应用

大足石刻测绘工作可以分为两个阶段：

第一阶段为传统测绘阶段。首次传统测绘工作开展于1945年，以杨家骆为首的民国大足石刻考察团考察大足石刻时，遵循科学考古之方法，先后对北山佛湾、宝顶山大佛湾石窟进行了人工测量，绘制了《大足宝顶宋石刻部位图》（图1）和《大足龙岗唐宋石刻部位图》（图2）等。其成果收录入《民国重修大足县志》[①]，在大足石刻科研保护史上，书写了重要篇章。本次测绘是大足石刻史上的首次测绘，部位图基本反映了石窟建筑的空间位置关系、龛窟造像分布以及石窟构筑物建设等基本情况。但囿于当时的历史条件，该次测绘所得的部位图仅算《考古示意图》，不属于真正意义上的考古测绘。自20世纪80—90年代，为配合开展大足石刻考古专题研究工作，先后对宝顶山大佛湾、小佛湾等石窟内的部分龛窟进行了人工测量，参照正投影图片，绘制了少量龛窟的线划图。此阶段是基于考察研究所需，有针对性、选择性开展的测绘，其测绘规模和成果应用皆有一定局限性。

---

① 《民国重修大足县志》卷首《大足石刻图征初稿》，重庆：中国学典馆北泉分馆印刷厂排印，1945年。

图1　大足宝顶宋石刻部位图

图2　大足龙岗唐宋石刻部位图

1986年,中国文物保护科学技术研究所、建设部综合勘察研究院利用近景摄影测量技术对北山、宝顶山石窟进行测绘。本次测绘获得北山佛湾、宝顶山大佛湾各龛窟的立面图,提升了大足石刻档案资料建设的科技含量。但是由于当时的技术条件,各龛窟平面图、剖面图则未测绘,其成果精度低,且图件为纸质形式,未能全面反映石窟建筑的空间结构以及造像本体信息(图3)[①]。1992年由重庆建筑工程学院建筑系(现重庆大学建筑城规学院)对北山、宝顶山石窟造像和古建筑进行全面测绘,获取了石窟及古建筑总体立面图、平面图,以及重要龛窟的平、立、剖面图(李先奎等,2015)(图4至图7),其测绘成果进一步充实了大足石刻基础资料,也对大足石刻保护和申遗工作提供了一定的技术支撑。

---

① 文化部文物保护科学技术研究所,城乡建设部综合勘察研究院.近影摄影测绘技术在石窟中的应用研究(四川大足宝顶山摩崖造像)1988年。

图 3 北山玉印观音近景摄影测绘成果图

图 4 万岁楼立面图

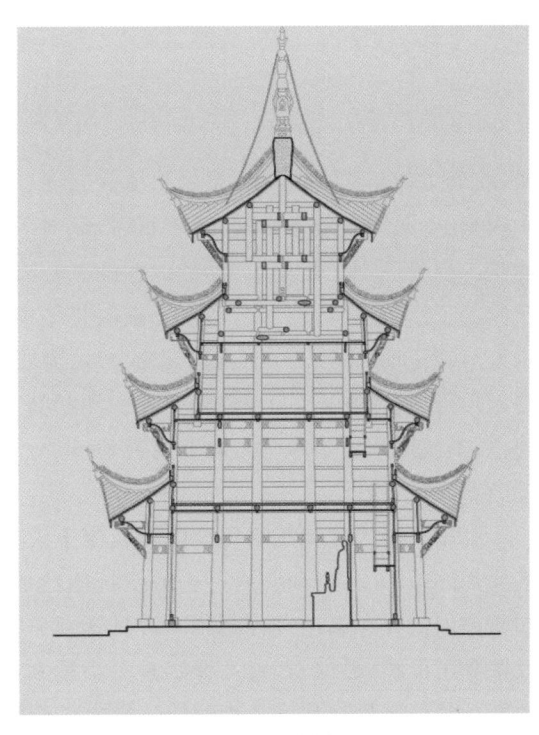

图 5 万岁楼剖面图

2002—2008 年，由大足石刻研究院考古人员在 20 世纪 80 年代近景摄影成果的基础上，采用传统的石窟测绘方法，对北山佛湾石窟南区第 1～100 号和北区第 237～249 号进行了实

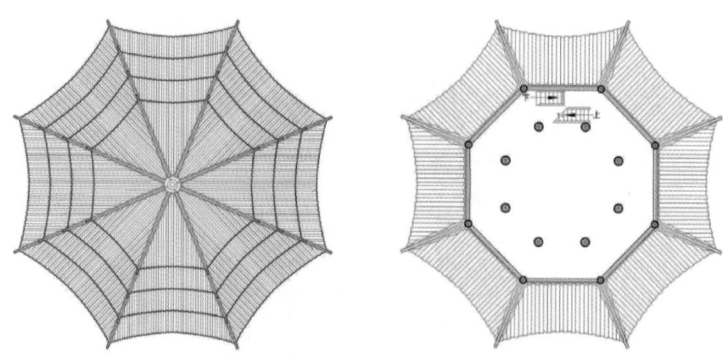

图 6　万岁楼顶部及二层平面图

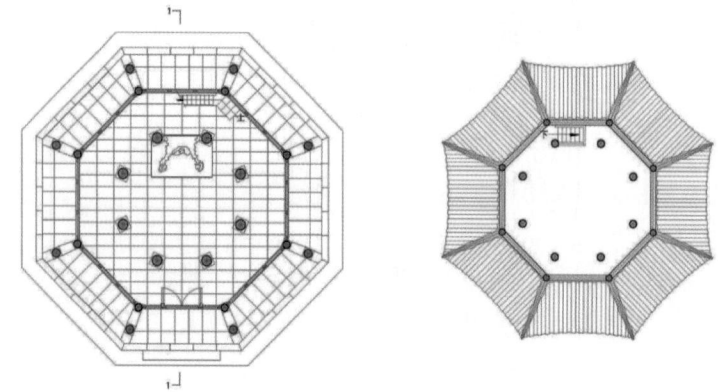

图 7　万岁楼首层及三层平面图

测,获取了包括北山佛湾石窟的总体立面图、总体平面图以及各龛窟的平、立、剖面图(图 8)。本次测绘,采用双层方格网、水平基线、纵向垂线、测绘铁架、米格纸等工具开展各龛窟的现场测绘。现场原则上使用1∶1的比例绘制初稿,再在室内使用硫酸纸进行清绘,获得正稿。本次测绘工作,是在国内著名考古专家的具体指导下完成的,遵循了考古测绘的基本规范,测绘成果客观全面,精度相对准确。本次考古测绘延续时间长,获取成果丰富,满足了考古研究之需,在总体规模和质量上,较之前各次测绘皆有所扩充和提升。由于未建立可供执行的测绘规范,本次测绘成果尽管相对客观科学,但与石窟遗存信息的类别未加区别,表现方法及手段较为单一。

第二阶段为现代数字测绘阶段。由于大足石刻造像具有体量较大、形态多样、造像形态各异加之地形复杂等特点,过去的传统测绘成果往往不全面、不准确、不规范,无法满足保护和研究的需要。利用现代测绘手段对石刻文物尽可能实现全面的、准确的、真实的信息留存,及服务于保护、研究与利用,无疑是一项迫在眉睫的重大工作。地面三维激光扫描与多基线数字近景摄影测量技术作为测绘领域的最新技术手段,能够快速、完整、高精度地获得原始测绘数据,重建扫描实物;并且已经在文物本体信息留取、考古测绘、文物保护与数字展示等领域得到了局部应用,彻底改变了传统的单点测量方式,从而也开启了大足石刻现代数字测绘的新局面。

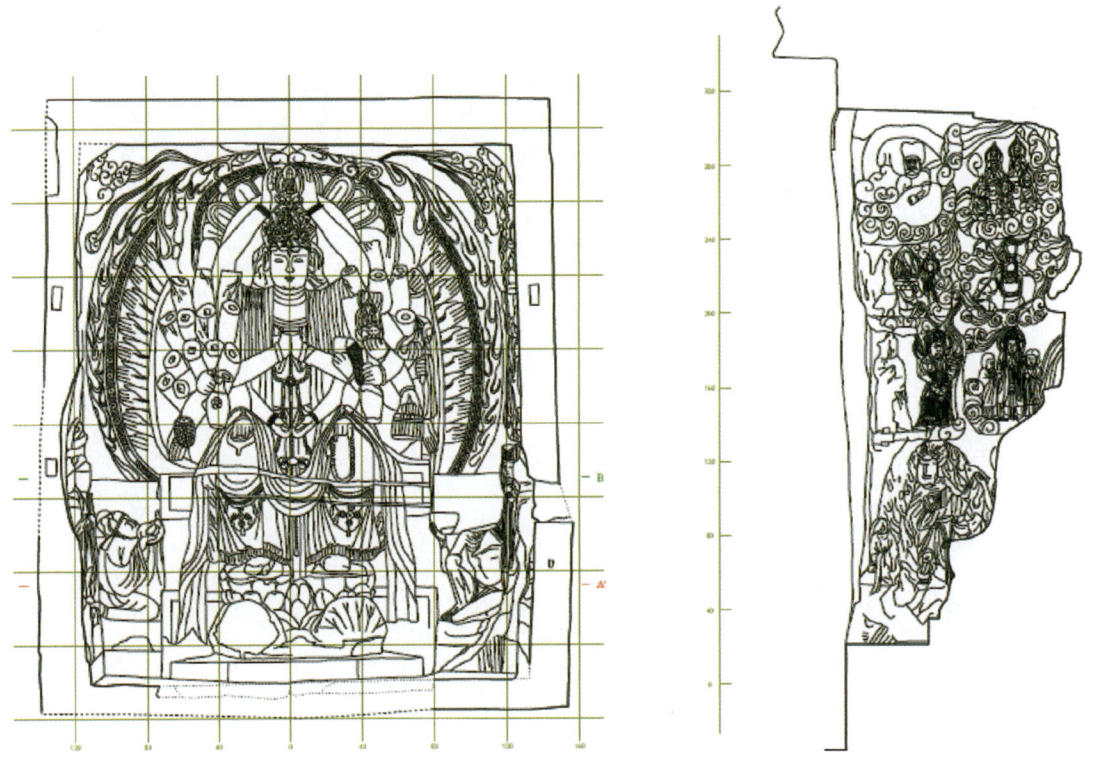

图 8 北山第 9 号龛立、剖面图

2008 年开始，基于开展宝顶山大佛湾千手观音抢救性保护工程项目的需要，中国文化遗产研究院、北京建筑大学等单位利用三维激光扫描技术，对宝顶山千手观音造像进行测绘，客观记录文物本体现状，真实反映了造像形态、结构等信息。本次测绘工作首次运用三维扫描技术对单体文物进行全面的测绘，在千手观音的保护修复过程中，通过三维激光扫描实现了原始石刻信息的永久存档（包括高精度几何信息和色彩信息），用于复原展示（包括复制品制作和数字展示）、提供形态和尺寸数据（包括面积、体积、残损率等精确量算），为其他相关保护工作提供模型和数据源（包括修复效果跟踪监测、病害检测、信息数据库管理系统建设），可提供虚拟修复模型和相关尺寸数据（包括提供修复方案参考和辅助决策），为实际修复提供参考（包括缺损部位的形态参考，可提供多角度真实尺寸的二维图件），为保护工程的开展奠定了坚实基础（刘曙光等，2015）（图 9 至图 11）。

2013 年 4 月，大足石刻研究院联合中国文化遗产研究院、北京帝测科技股份有限公司开展了大足石刻三维数字化与保护应用试点项目，重点结合大佛湾石刻保护工程及文物数字化展示相关需求，探索三维激光扫描技术在石窟寺及石刻类文物保护工程应用中的科学模式。主要以大足石刻中具有代表性的宝顶山大佛湾石刻作为试点对象，重点研究海量数据的三维数据的处理与优化，以及三维数据在大佛湾石刻保护、研究中的应用结合。在对第 29 号圆觉洞进行精细扫描的基础上，先后完成了大佛湾全部龛窟造像的测绘，获取了大佛湾三维激光点云、三维模型、正射影像、部分考古线划图、等值线图、各龛窟立面图、剖面图、量算分析、形态分析等多种数据成果（图 10、图 11）。其点云数据在大足石刻博物馆数字展示中也得到了

图 9　宝顶山千手观音造像线划图及手的编号

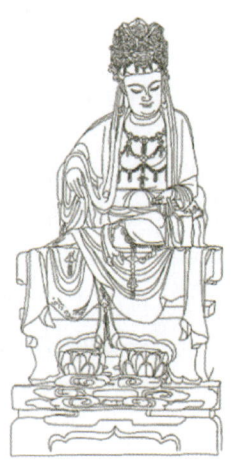

图 10　宝顶山圆觉洞西壁威德自在菩萨正射影像、三维模型及线划图

充分运用。建立了监测基准框架,在大佛湾环境监测站埋设 4 个监测基准点,在大佛湾内埋设 36 个监测点,作为宝顶山大佛湾石刻岩体裂隙发育监测的参考基准。同时,测设了高精度 GPS 网,联测上述监测点获取了每个点的三维坐标;建立了大佛湾文件管理数据库系统[①](图 12)。

---

① 大足石刻宝顶山大佛湾石刻三维测绘与数字化(一期工程)——重点石窟圆觉洞成果图集. 中国文化遗产研究院,2015 年。

图 11　宝顶山大佛湾石窟第 29 号窟圆觉洞透视图

图 12　大佛湾数据库管理系统登陆界面

自 2010 年至今，大足石刻研究院联合武汉华宇世纪科技发展有限公司运用多基线数字近景摄影测绘技术，有计划和分步骤地对北山佛湾、多宝塔、南山、石门山、石篆山以及宝顶山周边宋代石窟进行测绘。在测绘过程中，考古人员根据石窟信息特征等实际情况，建立了数据采集、数据处理、绘图、调绘、出图线型等规范及标准。在线划图方面，确定了实线、圆点线、虚线、灰色线等线型标准，明确了线条特定的功能，有效表现了原形制结构、雕塑的形态以及后期干预遗迹等信息。采用多基线数字近景摄影测绘技术，先后获得矢量线图 2131 幅（图 12 至图 14）、等值线图 78 幅（图 15、图 16）、正射影像图 593 幅（图 17、图 18），涵盖了上述石窟的连续立面图、平面图以及各个龛窟的平、立、剖面图，全面、客观、精确、全息记录了石窟现状。上述测绘成果，极大地满足了大足石刻考古研究之需，亦为大足石刻今后开展保护研究、展陈利用等提供了坚实可靠的基础。

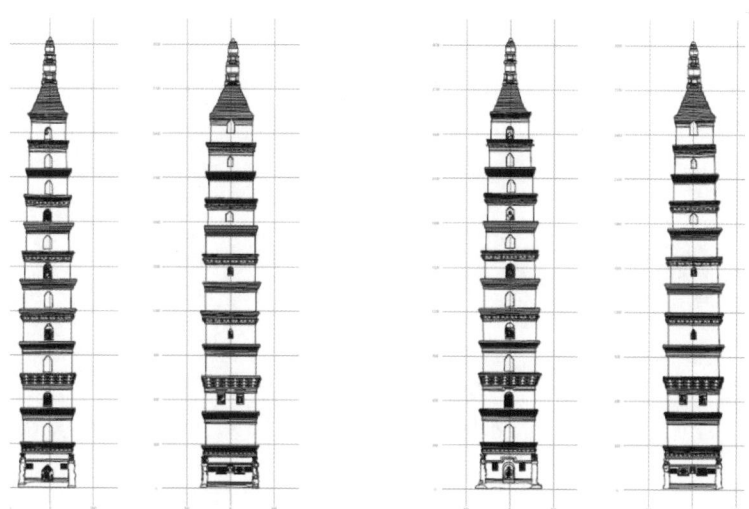

图 12　北山多宝塔立面图（部分）

图 13　石门山石窟第 6 窟造像展开图

图 14　北山佛湾第 136 窟右壁立面图

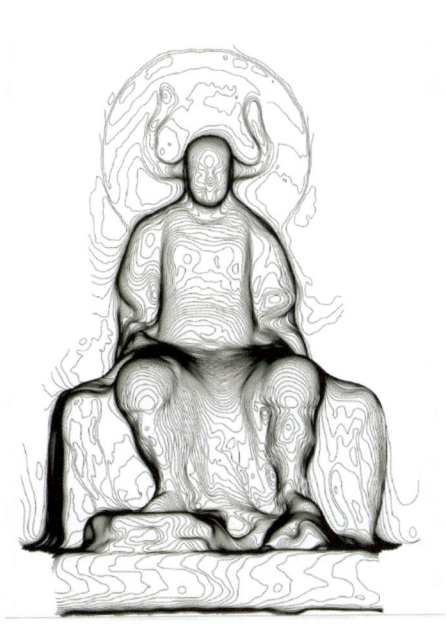

图 15　南山石窟第 1 号龛主尊等值线图

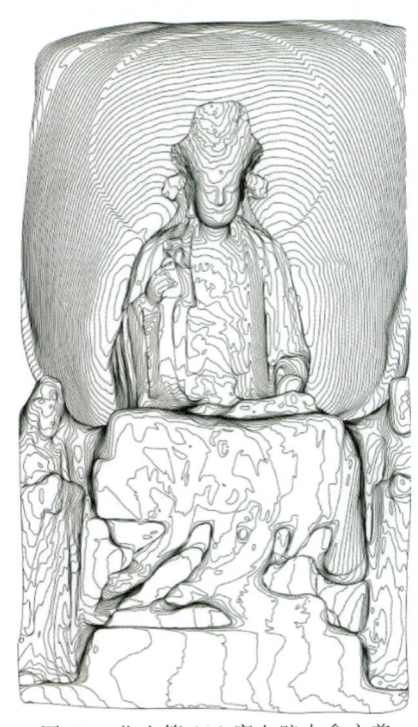

图 16　北山第 136 窟左壁中龛主尊菩萨像等值线图

图 17　北山第 130 号龛正射影像图

图 18　石门山石窟第 2 龛正射影像图

综上，大足石刻摩崖造像的测绘与数字化工作基本可分为两类：一类为基本形态的测绘；另一类则为影像记录。基本形态的测绘主要包括传统的拉尺丈量、经纬仪测量、水准仪测量、全站仪测量、光学近景摄影测量、数字近景摄影测量、三维激光扫描；而影像记录则主要有素描、传统胶片照相（包括黑白与彩色）、数码照相及DV录像等。以多基线数字近景摄影测量和地面三维激光扫描为代表的测绘技术与数字化手段，不仅为大足石刻留下了珍贵的原始资料，其成果也为大足石刻的保护科研、展陈利用、档案资料建设、数字博物馆建设、遗产监测等提供可靠的数据资源和支撑。

三、数字测绘及成果应用所面临的问题和挑战

1. 海量数据处理及管理仍需进一步研究

石窟寺及石刻一直是文物保护和考古的主要研究对象之一，是研究历史、宗教、艺术、工艺技术、社会生活和中外文化交流等问题的重要历史资料。无论是从建造技术和绘画水平本身，还是从其中所蕴含的历史文化信息来看，石窟寺及石刻都具有极高的保护和研究价值。要研究其建筑结构和造像形态，准确的数字测绘是石窟寺文物考古必不可少的基本工作之一。但是处理庞大的点云数据过程中，如何快速优化数据、准确进行纹理贴图等仍需进一步的研究。此外，要管理如此海量的数据，仅依靠目前流行的商业数据库来完成入库、存储及管理工作还远远不够，必须借助最先进的数据分割、索引及数据组织技术来实现。

2. 数字成果应用还有待于进一步发掘

现代高新测绘技术为加强文物保护前期勘测工作提供了有力支撑，三维激光扫描、多基线数字近景摄影测量技术以其高精度、高效率、无损等优势逐渐被文博工作者认同，且应用渐广。然而，目前普遍存在数据利用率过低，数字化成果广泛应用还有待于进一步发掘和研究。如何快速、高效、精确地利用丰富的数据源，以及多源数据融合，真实再现三维立体模型，使文物测绘工作更系统化、自动化，也是今后考虑的一个方向。由于数据成果使用者的关注点不同而导致数据成果的要求有所差异，如文物保护规划人员对整体性要求较高但尺寸精度要求较低，而考古研究人员注重细微雕刻艺术而强调较高精度，两者需要的模型和图件也都存在一定差异。

3. 测绘成果需要技术和艺术的融合

三维激光扫描、多基线数字近景摄影测量技术等数字测绘技术作为数字化的一种手段，在遵循测绘实事求是的原则下，需要与艺术相融合。石窟寺及石刻文物作为雕塑艺术，涵盖了雕塑、绘画、建筑等多个传统艺术门类，测绘成果应当符合并体现出应有的艺术特征与规律。针对不同的应用领域，精心设计、艺术加工、拓展思路、加强利用、再创辉煌，是石窟寺及石刻类文物数字化的必然趋势。

四、结语

综上所述,以三维激光扫描技术和多基线数字近景摄影测量技术为代表的测绘科学新技术,在文物保护和展示利用等方面得到了较为广泛的应用,并受到了越来越多的关注和重视,研究人员不仅将其作为快速准确的记录和存档工具,更将其作为有效的研究辅助手段加以利用,数字测绘科学将不断为文物保护、研究等领域提供崭新的研究视角和思维方式。总的来说,现代数字测绘技术在文物保护和考古工作中的应用日渐成熟,新技术的引入促使文物保护和考古发掘工作越来越注重多方法相结合、多学科相融合,在今后的研究和应用中一定会充分发挥各技术的优势,取得更理想的效果。

黎方银后记

在我们心底,"黄工"是我们对黄克忠先生最高的尊称。

黄工首次到大足,大约是在 1964 年。当他再次踏上这片土地的时候,已是十年之后的 20 世纪 70 年代末。但也许,连他自己也没想到,当他再次来到大足的时候,他与大足石刻会结下一生的不解之缘。

当时,"文革"刚结束,从北京到大足,要辗转三五天;而从大足县城到宝顶山工作现场有 15 km,大多数时候只能步行,偶尔才能顺便搭上拖拉机。也因为交通不便,每次在山上一住至少就是半月或一月。当时在山上的生活也十分清苦,最好的待遇也就莫过于在宝顶赶集的日子,能够吃上一顿回锅肉。但就是在这样的条件下,在整个 20 世纪 80 年代,黄工与同事贾瑞广、马家郁先生等,每年都要数次来到大足,对保护项目进行现场勘察、方案设计、施工组织,亲历亲为地开展自中华人民共和国以来大足石刻史上规模最大的有计划的保护工作,并先后实施完成了宝顶山石窟第一、二期,北山石窟第一期保护工程。其中很多工程项目实施至今,效果仍很明显。如 1983 年至 1984 年开展的北山第 136 窟的渗水病害治理,对抢救保护这一大足石刻中最精美、最珍贵的造像起到了巨大作用,至今仍是我国石窟寺及石刻渗水病害治理的成功范例。

20 世纪 90 年代后,随着国家文博事业的不断发展,全国各地的文物保护项目增多、规模及投资更大、科技保护要求更高,黄工作为我国最早从事岩土文物保护的著名专家之一,虽已不能如从前那样对大足石刻的每项保护工程亲力亲为,但他对大足石刻的情未变、心仍然,仍一如既往地关心着大足石刻的发展。从北山石窟隧洞排水,到宝顶山石窟风化治理;从宝顶山石窟观经变、柳本尊行化图及其大佛湾窟檐的抢险加固,到南山、石篆山、石门山石窟综合保护;从千手观音造像抢救性保护,到宝顶山大佛湾综合水害治理;从大规模开展文物区环境整治,到全力推动大足石刻申遗成功;从支持建立大足石刻安全技术防范中心,到促进大足石质文物保护中心、监测中心的建立;从关注大足石刻文物保护工程,到关心大足石刻保护科研及其人才队伍建设,黄工都层层把脉、步步把关,给予悉心指导、热情帮助。可以说,对大足石刻,他倾注了全部的心血和智慧。

大足石刻之所以能历经岁月的洗礼完整保存至今,之所以能在今天以其独特的魅力展示于世人,之所以能从默默无闻的空谷中一步步走向世界遗产的舞台,正是因为有一代又一代、一位又一位像黄工这样的先贤大德,用汗水、用智慧、用双手,遮护起了这座艺术的宝藏。在大足石刻发展的路上,到处都留下了他们前行的脚步和身影,感谢他们,感谢所有为大足石刻的保护做出奉献的人们!

而今,黄工已至耄耋之年。初见黄工才20岁的我,也已过知命之年。在与黄工一路相随的路上,我获益匪浅,受教良多。几十年的岁月积淀,在我们眼里,黄工已经成为大足石刻研究院的一员,他不仅是大足石刻不断发展和大足石刻研究院不断壮大的见证者,更是其重要参与者。见到他,我们谁也不会觉得陌生,似乎就像见到我们院的老先生一样,那样亲切,那样随意。一声"黄工",饱含着的是我们发自心底的对黄克忠先生的无限敬佩和感激!

谨以此文,献给黄工八十寿辰。

参考文献

李先奎,郭璇,陈蔚,等.大足石刻与古建筑群[M].重庆:重庆大学出版社,2015

刘曙光,黎方银,詹长法,等.大足石刻千手观音造像抢救性保护工程前期研究(上册)[M].北京:文物出版社,2015

联合国教科文组织在文化遗产保护方面的国际合作策略
——以中国新疆库木吐喇千佛洞保护修复工程为例

杜晓帆

（复旦大学）

一、联合国教科文组织的文化遗产保护策略

联合国教育、科学及文化组织属联合国专门机构，简称联合国教科文组织。1945年11月在英国伦敦会议上通过了联合国教科文组织法，1946年11月4日正式生效，同年12月成为联合国专门机构，总部设在巴黎。目前有成员190个国家和地区。联合国教科文组织的宗旨是：通过教育、科学及文化来促进各国之间的合作，以增进对正义、法治及联合国宪章所确认的世界人民不分种族、性别、语言、宗教均享有人权与自由的普遍尊重，对世界和平和安全做出贡献。联合国教科文组织北京办事处成立于1984年，起初负责联合国教科文组织在中国科学技术方面的事务。现在，它的职责范围已经扩大至教科文组织的各个领域，并已在中国、蒙古、朝鲜、韩国、日本等东亚地区展开工作。联合国教科文组织北京办事处的职责主要有两个方面：一是根据东亚分地区的利益与现实实施一系列的项目；二是综合东亚分地区成员国现实和未来的需求，将这些需求纳入到教科文组织的计划领域。

20世纪60年代之前，人们普遍认为，在一个国家境内的文化遗产，完全是该国的内部事务，该国需对文化遗产的保护工作负责。直到1959年，埃及和苏丹联合向联合国教科文组织提交了一份紧急报告，请求帮助保护努比亚遗址和有关文物。因为修建阿斯旺水坝，从阿布辛拜勒至菲莱的努比亚遗迹将受到人工湖淹没的威胁(图1)。1960年3月8日，联合国教科文组织的总干事比托里诺·维罗内塞(Vittorino Veronese)呼吁各国政府、组织、公共和私立的基金会以及一切有美好愿望的个人为保护努比亚遗址提供技术和财政支持。保护努比亚遗址的行动从此展开，这也表明了联合国教科文组织在对待文化遗产方面有了一个全新的概念，即这些文化遗址应该被视为全人类的文化遗产，因此应当受到整个国际社会和联合国教科文组织的关注。整个工程从1962年开始，持续了18年，把阿布辛拜勒神庙切割成了1050块重达10~30t的块体，运到山崖的高处重新组装，这些宏伟壮丽的建筑遗址从尼罗河的洪水中得以挽救(图2)。此项行动除了带来了很大的技术成就外，它也提供了一个激动人

图1 阿斯旺水坝修建威胁努比亚遗址

心的案例：成功地用国际资源来保护文化遗产。阿布辛拜勒神庙和菲莱这两处保护工作分两个阶段进行，所需总费用为7000万美元，它们得到了4000万美元的国际支援。在这项行动的成功感召下，许多国家转向联合国教科文组织寻求国际社会的支持，来保护本国最为宝贵的遗址。

保护世界文化和自然遗产,是多年来联合国教科文组织的优先活动领域之一。1972年联合国教科文组织大会通过的《世界遗产公约》(以下简称《公约》)第一次提供了国际合作的永久性的法律、管理和财政框架,同时引进了世界遗产的概念,超越了任何政治和地理边界。《公约》的一个基本目标是使人们意识到文化遗产的不可替代性,它旨在增强和刺激国民的主动性,强调保护文化遗产的责任最终依赖于各个国家自身。在本民族文化血脉体系的反复追溯中,在对其历史与民族性形成的认识过程中,一个民族就能够与其他民族建立和平友好的关系,继续进行古老的对话,向未来稳步前进。重视文化遗产、保护祖先馈赠给我们的珍宝,将它们尽可能完整地传递给我们的子孙,是我们的责任,也是明智之举。同时,各缔约国也认识到国际社会有义务帮助本身资源不足的国家。然而,世界遗产委员会的资源难以满足所有申请技术合作的请求。对于保护文化遗产事业的支持,更多的是来自于各成员国的自愿的捐助,它们和联合国教科

图2　阿布辛贝神庙搬迁

文组织共同组成了信托基金。日本政府于1989年设立的联合国教科文组织文化遗产保护日本信托基金,即为其中重要的一部分。至2002年,日本政府已经提供了4300万美元援助了以亚洲为中心的15个国家的20多处遗址。

在过去的30年里,为了推进城市改造、工业、农业综合经营以及旅游业的发展,采取了重点投资于基础设施建设和人力资源开发的策略,亚太地区的国家经历了前所未有的繁荣。然而,经济的迅速发展也让我们的国家在遗产资源方面付出了沉重的代价,不仅极度消耗了地区环境资源,而且大大地消耗了珍贵的文化资源,而这些都是我们的祖先历经数个世纪的积累并精心经营的结晶(图3)。在认识到地区经济的无限膨胀不能继续再以业已枯竭的资源为基础之后,政策制定者们终于开始将其注意力转移到有关资源的可持续性,以及公众参与和许可的议题上来。整个亚太地区已经逐渐认识到遗产保护不必要限制在一些有限的国际旅游胜地上。我们现在渐渐了解到文化遗产保护是国家政策普遍关注的问题,是可持续发展过程的一部分,并以此形成各个社会独特的文化及历史传统。联合国教科文组织坚决

图3　全球化威胁

承诺,确保所有的社区继续过上高质量的生活,而不以牺牲有别于其他地方的传统特征以及人们居住的家园为代价。亚洲东北部是世界许多古老文明的发源地。占世界人口1/5的中国,同时也是拥有文化遗产最多的国家。促进现代文明,保护文化遗产是联合国教科文组织

北京办事处目前的首要任务。与中国、蒙古和朝鲜的当地政府及有关单位的密切合作加速了这一进程。

二、联合国教科文组织在中国的文化遗产保护工作

城市化、人口膨胀、环境恶化以及旅游业的无序发展，严重威胁了中国的文化遗产。中国政府已经意识到了问题的严重性，并且在法律、制度以及教育等领域开展了卓有成效的工作。20世纪80年代中期开始，为了协助中国提高在文化遗产保护领域的水平，并加强国际交流与合作，联合国教科文组织与中国政府合作，举办了多次有关文化遗产保护的专业会议。1986年在中国北京举办的"亚洲地区文物保护科学技术研讨会"，受到了亚洲各国文物保护界的关注。90年代以后，这种合作更加活跃。1990年、1994年和1995年，在联合国教科文组织的支持下，国家文物局相继举办了壁画保护、古建筑保护理论、石窟保护以及木构建筑保护技术等培训班，聘请中外专家为来自全国各地从事文物保护的专业人员授课，介绍国际上文物保护的最新技术和信息。1991年，联合国教科文组织利用国际保护长城和威尼斯委员会的专项捐款，资助中国修复北京慕田峪长城西段。同年7月，利用世界遗产基金向遭受特大洪水袭击、部分古建筑受到严重破坏的黄山风景区提供紧急援助。1994年提供紧急援助加强周口店北京人遗址的保护。之外，还支持了河北省承德避暑山庄博物馆防盗系统、中国世界遗产管理人员培训班、云南丽江大地震后的文物抢修，以及苏州、丽江、北京、拉萨等地传统街区保护等。1985年12月中国批准加入了《保护世界文化和自然遗产公约》，经过近20年的努力，中国已经有29处文化和自然遗产被列入《世界遗产名录》。

除了联合国教科文组织的常规项目外，北京办事处还积极协助中国政府申请预算外项目。中国作为联合国教科文组织文化遗产保护日本信托基金的受益国，已经得到了交河故城、大明宫含元殿遗址、库木吐喇千佛洞、龙门石窟共4个保护修复工程的资助。其中，交河故城保护修复工程于1996年完工，大明宫含元殿遗址保护修复工程于2003年完工，库木吐喇千佛洞、龙门石窟保护修复工程正在实施中。

交河故城保护修复工程　交河故城保护修复工程是联合国教科文组织日本信托基金在中国所实施的第一个项目（图4）。交河故城是历史记载中新疆吐鲁番地区的第一个政治、经济和文化中心，距今已有2000多年的历史。自两汉以来一直是西域地区政治、经济、文化中

图4　交河故城

心之一,在东、西方的文化交流中发挥过重要的作用,是丝绸之路上的一座历史名城。交河故城总面积35万余平方千米,建筑面积22万平方米,现今保存在地面的建筑遗迹大多是公元3—6世纪所建,是举世罕见的保存较好的古城遗址。1993年联合国教科文组织北京办事处与中国国家文物局签署了为期3年的保护修缮工程协议,投资100万美元,完成了搜集相关资料、调查研究与试验、考古发掘、建立自动气象监测站、测绘、部分遗址的修复和复原、修建防洪堤和旅游路线,以及制订交河故城保护修复总体规划等10多个项目。1996年这项保护工程圆满完成,为交河故城今后的保护奠定了较为坚实的基础,同时为保护中国其他大型遗址和土建筑遗址提供了经验。

大明宫含元殿遗址保护修复工程 大明宫是唐代长安城最大的一处皇宫。大明宫的正殿含元殿,经常举行各种国家仪典,作为外交舞台也屡屡出现于史籍中。因此可以说现存的大明宫遗址,不仅是中国的,也是世界的文化遗产。大明宫遗址在西安市的东北部,大明宫内的含元殿遗址残留有东西约200m、南北约100m、高约15m的巨大台基,虽然创建至今已经经过了1300多年,仍然可以想象到当时建筑的宏伟和华丽(图5)。但是,如果对其不采取进一步的保护措施的话,遗址可能会逐渐消失。为了将含元殿遗址作为了解古代中华文明的一个历史教育实地博物馆,由联合国教科文组织、中国、日本三方组成的工作委员会,从1993年开始项目调研和前期准备,1995年7月24日中国国家文物局与联合国教科文组织驻北京办事处签署《行动计划书》正式立项实施。到2003年3月底,经过两个阶段近10年的岁月,主体工程实现全面竣工。该项目第一期预算资金总额为1 000 000美元,第二期预算资金总额为1 353 740美元。含元殿的台基保护修复工程,以现存遗址为依据,在遗址表面覆盖一层土形成保护层,并以到目前为止的考古发掘结果以及文献资料为基础,修复经过严密的学术讨论后的台基形态。施工时尽可能地使用了唐代的建筑技法以及与唐代相同的建筑材料。

图5 大明宫含元殿遗址

龙门石窟保护修复工程 龙门石窟位于河南省洛阳市城南13km,石窟开凿在伊河两岸的香山和龙门山的崖壁上(图6)。龙门石窟始建于北魏(公元494年),历经东魏、北齐、北周、隋、唐和北宋,前后达400多年。龙门石窟开凿大小窟龛2300余个,佛塔40余座,碑刻题记3600余块,造像10万余尊。2000年被列入联合国教科文组织世界遗产名录。1500多年以来,龙门石窟除遭受人为破坏外,在自然营力的作用下,产生了严重的环境地质病害,这些病害使石窟雕刻艺术品遭到了严重破坏。近20年来,由于环境质量的恶化,石窟的病害有所加剧。2001年10月开始实施的,联合国教科文组织文化遗产保护日本信托基金龙门石窟保护修复工程,是龙门石窟保护历史上投资规模最大的国际合作项目。该项目第一期3年投资623 798美元,重点工作是进行地形测绘、地质调查,石窟环境和石窟病害观测记录,风化老化、渗水对策等试验研究,并为3个试验洞窟提出保护方案。现在工程正在运行中,预计2004年结束第一期的工作(图6)。

图6 龙门石窟奉先寺

库木吐喇千佛洞保护修复工程 在新疆开展的库木吐喇千佛洞保护修复工程是由联合国教科文组织主持实施,并经中国政府认可,由日本政府投资125万美元的文化遗产保护项目。从2001年开始,联合国教科文组织文化遗产保护日本信托基金就每年向此项目提供科学技术及物资方面的各类援助,此项援助为期6年,于2007年项目结束。

以下,以库木吐喇千佛洞保护修复工程为例,就联合国教科文组织在文化遗产保护方面的国际合作策略作一些具体介绍。

三、中国新疆库木吐喇千佛洞保护修复工程

库木吐喇千佛洞位于新疆维吾尔自治区库车县城西25km处(图7)。库木吐喇千佛洞开

图7 库木吐喇千佛洞全景

凿于公元5世纪，截止于公元21世纪，延续600余年，最早的洞窟具有1500年的历史，是古代丝绸之路上的重要遗址。现存石窟112个，保存有丰富、独特的石窟建筑、壁画、塑像、题记等。洞窟内大量的龟兹文、汉文、回鹘文题记是研究西域文明的第一手资料。其洞窟开凿的不仅有龟兹人，而且有突厥人、汉人、回鹘人和吐蕃人。整个石窟集东、西方文化于一体，其独特的历史、科学和艺术价值为中外学者所关注，在国际上有相当的影响（图8）。

然而，库木吐喇千佛洞开凿建造1000多年来，遭到了自然营力侵蚀威胁的破坏：地震、雨水冲刷、洪水侵蚀、岩体开裂垮塌等，人类活动威胁的破坏（图9）：公元9世纪伊斯兰入侵西域，取代佛教引发的破坏；石窟荒芜时被牧人、游客当作临时生活场所的破坏；20世纪70年代在石窟下游修建水电站，引发河水上涨对石窟、壁画严重损害。更为遗憾的是：现在库木吐喇千佛洞遭受的自然、人类活动的破坏，还没有得到有效的治理，库木吐喇千佛洞面临着毁灭破坏的危机。1999年联合国教科文组织考察组首次对库木吐喇千佛洞进行了调查，2000年4月由联合国教科文组织组织、国家文物局和日本政府有关部门及专家对库木吐喇千佛洞又一次进行了调查。之后，在乌鲁木齐召开了会议，决定用日本政府的无偿援助资金125万美元，对这处丝绸之路上的珍贵文化遗产抢救保护。2001年6月1日，联合国教科文组织、新疆维吾尔自治区人民政府在乌鲁木齐召开了关于东方红水电站水坝（也称下千佛洞电站）对库木吐喇千佛洞影响问题讨论会。会议围绕东方红电站、电站建成后对千佛洞壁画的直接影响和破坏程度、电站建成初期的水位等有关资料和为了保护千佛洞当地政府采取措施等问题进行讨论。当年8月组建了由中国文物研究所、辽宁有色地质勘探研究院、龟兹石窟研究所、新疆博物馆、日本文化财保存计划协会、东京文化财研究所、奈良文化财研究所等单位组成的"库木吐喇千佛洞保护工程专家组"。2001年8月24日至9月2日中日专家在库木吐喇千佛洞现场进行调查，制订了2002年实施计划（图10）。9月16日，在北京正式签署了协议书。

图8 库木吐喇五连洞

图9 库水上升引起库木吐喇千佛洞洞窟塌陷

在库木吐喇千佛洞保护修复工程的第一阶段（2001—2004），已经进行了洞窟及其周边情况的前期研究，在工学、地质、气象、考古等方面开展了实测调查，对产生各种病害的原因进行了研究。在第一阶段科学数据资料记录和用之对大气、周边环境以及壁画成分进行分析；第二阶段的实际维修保护工作计划在2005年至2007年实施，这一阶段的工作将主要是加强岩体结构、对壁画的脱落和褪色进行保护处理以及控制洞窟内因水造成的病害。自库木吐喇千

图 10 库木吐喇千佛洞现场调研

佛洞保护修复工程启动之日起,就体现出对知识的共享和能力水平的培养提高的迫切需要。此项目多样化的特质以及对此项目的研究,将作为一个平台,以讨论跨学科教育和文化遗产保护培训的重要性,以及在国际间合作中相互配合及交流的价值。

  库木吐喇千佛洞保护维修工程作为一项文物保护国际合作项目,具有条件艰苦、病害复杂、损坏严重、涉及面广等特点。如何协调好多边关系,充分发挥各方的积极性是该项目顺利实施的保障。

  首先,建立相互平等、相互信任和相互学习的管理运作机制,充分发挥专家作用是该项目顺利实施的有力保障。本项目自目前为止,主要进行了地形图测绘、航空测量、近景摄影、水文地质调查、工程地质勘察、危急壁画调查、洞窟档案记录、岩体拉拔试验、小气象观测站、岩体加固试验、灌注试验以及各种保护材料的实验等项目。在此期间,我们召开了 7 次大型专家论证会(图 11),若干次相关专家的意见交流会,并要求对每个项目邀请专家提出修改意见,充分利用专家在工程实施当中的指导作用。同时邀请专家对项目承担单位报送的实施计划及预算进行核算。通过组织专家论证会,专家们不仅对库木吐喇千佛洞保护工程的质量、进度和投资控制等起到非常好的作用。而且,每次考察论证之间通过视察正在进行的或以前进行的文物保护工作,对新疆文物保护工程的质量提出了非常好的意见及建议。如:克孜尔千佛洞谷内区加固工程、交河故城保护工程实验项目等。

  其次,积极培养和依靠当地的文物保护人才,是库木吐喇千佛洞保护修复工作可持续发展的重要基础。项目在实施过程中,利用洞窟档案记录及现场试验、现场考察等项目,积极依靠和培养新疆地区特别是龟兹石窟研究所的技术力量(图 12)。专家们在具体方法和技术方面进行指导的同时,为当地的研究人员提供了大量的国内外有关技术和信息资料。如日方专家所收集的关于库木吐喇千佛洞的历史照片、德文资料等,弥补了洞窟档案记录项目缺乏国外资料的空白。

图 11　库木吐喇千佛洞保护工程论证会

图 12　库木吐喇千佛洞档案记录

第三,专家之间、专家与项目管理人员之间、专家与项目实施人员之间的相互交流和理解,是库木吐喇千佛洞保护修复工程顺利开展的关键。由于各个国家文化传统的不同,文化遗产本身的材质、构造不同,其修复哲学、技术都会有不同。即使是同样的国家,修复者的不同,技术和理念也有区别。我们建议在此项目实施的过程中进行各种学术交流,以更好地实现项目目标,最大限度地发挥联合国教科文组织的作用,尽可能好地遵循其宗旨和其国际合作的策略目标。为了了解日本在岩石文物保护技术方面的成就,同时为了便于中日专家更进一步的相互交流,经过与各方面协商,2003 年 7 月 28 日—8 月 2 日,联合国教科文组织文化遗产保护日本信托基金项目首次在日本召开了专家及三方会议,会议期间参观了奈良平城宫遗址(图 13)、元箱根石佛群(图 14)、药师寺,冈墨光堂株式会社壁画修复现场及造纸厂、二条城遗址,以及日本文化财保存计划协会、奈良文化财研究所及试验设备等文化遗产及相关单位,为库木吐喇千佛洞保护维修工作中的编制整体规划、制订保护维修方案、遗址保护和展示、收集资料、保护材料的选择和应用等起到了较好的借鉴作用。

图 13　日本奈良平城宫朱雀门遗址

图 14　日本元箱根石佛群

四、结语

联合国教科文组织一向以组织和维持不同文化之间的交流为自己的主要任务。但经验表明,在寻求达到这个目标的过程中,促进不同文化的交流和保护文化的多样性之间的矛盾,往往有难以克服的障碍。一个民族的文化遗产,往往蕴藏着该民族传统文化的最深的根源,保留着形成该民族文化的原生状态,以及该民族特有的思维方式等。因此,在保护文化遗产的国际合作中,尊重文化遗产所属国的文化传统、保护修复哲学及准则就显得尤为重要。在这种情况下,为了促进国际交流,首先就是人的交流。彼此建立互信关系是合作的第一步,在修复基准、保护哲学不同的情况下,即使花再长的时间仍需努力增进彼此间的相互了解。

在文物保护科学的合作交流中,经济方面的问题是最严重和无法忽视的要素。为了经济原因,常常不得不舍弃最佳的技术或方案,退而求其次。有时,虽有比较有效的处理方式,但碍于经费不得不被迫放弃。因此,在制订保护计划和方案的时候,一定要考虑到当地的经济条件,特别是选择仪器设备时,一方面要考虑其效能,另一方面当地的人员素质以及气候条件等亦需充分考虑。

文化遗产往往与当地居民息息相关,我们不能无视居民的生存和地域经济的发展要求,而单纯考虑文化遗产的保护。因此,文化遗产的保护与修复已经不只是一个技术问题,同时也是重要的社会问题。

后　　记

我与黄先生大约相识于1995年。当时,黄先生担任中国文物研究所副所长,我在日本神户大学留学,每年有几次机会作为奈良国立文化财研究所的中文翻译到中国交流。每每在北京见到黄先生,他总会关心我的学业和将来的就业,虽然我当时的专业还是美术史。在做翻译的过程中,需要了解文物保护的相关术语和知识,慢慢地开始对文物保护产生了兴趣。最终,博士课程结束后,我的研究方向转向了文物保护。这其中,除了泽田正昭先生,黄先生的鼓励也是重要的原因。

现在,我已经完全成为了文化遗产保护领域的一员,而且做了专职的教师。每当回想起自己的成长历程,总是难以忘记泽田先生以及黄先生等老一辈学者对自己的引领和教诲,感恩自己在起步之初就能得到最优秀的文物保护工作者的指导。同时,也时时激励自己不能懈怠。

时光如逝,转眼黄先生已经要步入"八零后"了。我真诚地希望在今后的工作中,能够继续得到黄先生的指导和帮助,在自己步入"八零后"时,能够直面黄先生等老一辈学者。

龙门石窟潜溪寺渗水病害治理研究

方云[1] 李随森[2]
[1.中国地质大学(武汉) 2.龙门石窟研究院]

1500多年以来,龙门石窟除遭受人为破坏外,在自然营力作用下,也产生了严重的环境地质病害。这些病害使石窟雕刻艺术品遭到了较严重的破坏。近20年由于环境质量的恶化,石窟的病害有所加剧。

潜溪寺位于龙门石窟西山,是靠近龙门石窟参观入口北端的第一座大型洞窟,其径深5.6m,宽9.2m,高8.8m,唐高宗年间(649—683)凿造。窟内造一佛、二弟子、二菩萨、二天王。本尊阿弥陀佛,著褒衣博带袈裟、袒胸、盘膝正坐于叠涩须弥方座上,面相饱满,胸部隆起,衣纹斜垂座前,身体各部比例匀称,姿态静穆自若,神情睿智,手施无畏印。主佛左侧为大弟子迦叶,右侧为小弟子阿难。两弟子旁边分别为观世音、大势至二胁侍菩萨,衣褶线条流畅,特别是南壁的大势至菩萨,造型丰满敦厚,仪态文静,阿弥陀佛与两位菩萨合称"西方三圣"。洞内门各刻一护法天王,高颧大目,身披铠甲,足踏夜叉,威武有力。洞外南壁龛内有线刻立佛像两尊。

根据调查,潜溪寺现存的主要病害有裂隙切割、雕刻品掉块、渗水和凝结水、岩溶侵蚀和堆积、风化剥落、苔藓等。

由于龙门石窟赋存于碳酸盐岩山体中,水对于石窟雕刻品的溶蚀破坏作用十分显著。在龙门石窟的各种病害中,渗水对石窟的影响尤为突出。目前凡是渗水严重的洞窟,破坏速度就相对较快。这种渗水主要是大气降水通过山体中卸荷裂隙、构造裂隙和层面裂隙下渗,部分水体在石窟内壁渗出,对石窟形成力学破坏、化学破坏和生物破坏。因此,渗水病害的治理是龙门石窟保护修复工程的基础和前提。

石窟渗水病害防治,至今仍是国际上尚未解决的难题。中国地质大学(武汉)、中国文化遗产研究院和龙门石窟研究院组成研究团队,对龙门石窟潜溪寺进行了长达15年的渗水病害治理研究,取得了显著的成效。潜溪寺渗水病害治理成果的总结,对指导今后的石窟渗水病害防治具有重要的指导意义。

一、过去的工作基础

在过去的数十年内前辈们在龙门石窟做了大量的保护工作,积累了丰富的经验,取得了丰硕的研究成果,为龙门石窟的保存做出了很大的贡献,也是我们团队的研究基础。

据刘景龙《龙门石窟保护》记载:

1951年成立了"龙门森林古迹保护委员会",负责文物、山林保护。

1953年成立龙门文物保管所,开展了大量的石窟保护工作。

1957年,修建后山公路,将公路交通迁离西山石窟中心区。

1960年,文化部邀请北京地质学院王大纯、苏良赫教授对龙门石窟进行了地质调查。

1961年，国家科研规划将龙门石窟的危岩崩塌、洞窟漏水、雕刻品风化的治理研究立项；北京大学阎文儒教授倡导对龙门石窟作分区编号。

1965年，文化部组织古代建筑修整所(现改名为中国文化遗产研究院)副所长王辉、龙门文物保管所温玉成、刘景龙和河南省博物馆杨宝顺组成调查组，调查了龙门石窟损坏详细情况和被盗情况，设立了保护组。

1966年，筹建龙门石窟保护化学实验室，购置了3000元的实验设备。

1971—1974年，国务院从湖北文化部干校抽调姜怀英、陆寿麟、陈中行、蔡润等赴龙门石窟现场调查损坏情况，研究治理方案，研究和改进环氧树脂化学灌浆材料配方，结合钢筋锚杆加固石窟围岩及雕刻品。1971年开始国家文物局拨专项经费维修，开始了以现代科学技术保护龙门石窟的研究和实施，1971年7月至1974年对奉先寺造像进行了加固维修。这是我国第一个大型石窟维修加固工程，1978年获全国科学大会奖。

1973年，洛阳市设计院为龙门石窟测绘了1∶200西山立面图。

1976年，拆除潜溪寺前窟檐，使3个壁面被覆盖的龛、像暴露出来，洞内通风，潮湿变为干燥。

1977年，加固潜溪寺洞门穹，建窟顶排水沟，既疏排山洪，又挡山顶滚石，有效地保护了游人及文物的安全。

1983年，国务院公布龙门石窟为全国重点风景名胜区，洛阳市政府成立了"龙门管理局"，划定了龙门石窟一般保护区。

1985年1—3月，工程兵三所调查了龙门石窟洞窟裂隙分布。

1986—1992年，利用近景摄影测绘技术完成了潜溪寺、宾阳洞、万佛洞、莲花洞、奉先寺、古阳洞、药方洞、石窟寺、路洞、八作司、极南洞、龙华寺、看经寺等洞窟的等值线图和线画图，并测绘了150个佛像。

1986年6月，根据国家文物局决定对龙门石窟进行综合治理的意见，中国文物保护科学技术研究所(现为中国文化遗产研究院)石窟室主任黄克忠；原武汉地质学院王大纯教授、沈孝宇教授，水文地质工程地质系主任潘别桐；龙门石窟文物保管所副所长刘景龙共同研究了工程计划及准备工程项目。

1986年9月至1989年，原武汉地质学院完成对龙门石窟的1∶1万地质调查，1990年6月邀请全国文物、地质、水利专家评审通过了地质调查报告。

1987年1月，中国人民解放军郑州测绘学院完成了1∶20东西山立面等值线图。

1987年6月至1992年，完成了龙门石窟综合治理施工。主要内容包括：治理岩体崩塌，对岩体和雕刻品进行锚杆加固和环氧树脂灌浆；砌护石；清理危石；修建保护性窟檐、修建山顶围墙、洞窟栏杆、沿河栏杆，防止人为破坏；修建通往各主要洞窟的栈道和台阶；清除洞窟顶部及附近的树木、杂草；做窟顶防渗层，筑建排水沟，减少洞窟漏水；环境治理；恢复气象观察，进行环境监测；开展防止雨水淋蚀、冲刷、溶蚀雕刻品，防止雕刻品风化的研究；开展洞窟漏水的治理试验研究。

1990年3月，"龙门石窟文物保管所"更名为"龙门石窟研究所"和"龙门风景区管理所"，成立了"石窟技术保护室"。

1990—1992年，完成了潜溪寺的崖体锚杆加固，环氧树脂灌浆，清理土石方，修建仿唐木构窟檐，做窟顶防渗层，洞窟漏水治理等工程项目。

1992年,中国地质大学(武汉)方云、王建峰完成了龙门石窟地下岩溶及泉水调查。

龙门石窟的技术保护分前后两个阶段:1971—1985年为抢险加固工程;1986—1992年在病害勘察、测绘、震动测试和气象记录的基础上开展了有计划的综合治理。1992年4月完成,使龙门石窟得到了有效的保护。

在这个过程中,潜溪寺得到了有效的治理。主要工程有:1976年拆除了原窟檐位置清代所建的3间封闭式房屋,清理地面填土,露出洞窟原貌,1991年洞外增建了敞开式仿唐木结构窟檐,增强了观瞻效果;1976年对将要崩毁的洞门穹券采用环氧树脂灌浆结合钢筋锚杆加固,清除窟内顶部的树木根须,清洗后用环氧树脂胶泥封闭裂隙,将崩落地面的迦叶头残部归位粘接;1976年对窟内部分裂隙采用环氧树脂灌浆加固,清理窟顶上方树木和覆盖层,修建窟顶排水沟,采用水泥砂浆封闭表面裂隙,减少了洞窟内漏水,1991年又做了钢筋网板混凝土防渗层,厚20cm左右,窟顶裂缝直接渗水被治理,取得了明显和良好的治理效果。

1992年龙门石窟研究所与中国地质大学(武汉)合作完成的"龙门石窟地质病害与防治对策研究"获地质矿产部科技进步三等奖,1993年刘景龙等完成的"龙门石窟渗漏水病害治理研究"获国家文物局科技成果三等奖。

1999年以后,龙门石窟实施了大规模的环境治理,拆除了保护区内的不协调建筑,关闭石灰窑、采石场等,将穿过东山石窟区的汽车公路外迁,实现了景区的封闭管理。

1971—1992年,在龙门石窟开展的大规模抢险加固工程和综合治理工程,使龙门石窟得到了有效的保护,解决了崖壁和洞窟的整体稳定问题,改善了龙门石窟的赋存环境。除了局部的裸露钢筋和锚杆发生锈蚀外,迄今为止龙门石窟已不存在大规模的危岩崩塌病害。但洞窟渗水病害尚未得到根治,有些当时效果很好的洞窟若干年后又重新发生渗水。如潜溪寺当时是渗水治理效果较明显的一个洞窟,2002年洞窟病害勘察期间发现了多处渗水,包括窟顶的防渗层渗漏相当严重。2003年7月在龙门石窟召开了"龙门石窟保护专家论证会",现场考察时,窟外下雨,窟内漏水,窟底积水,必须撑伞进窟观察。根据调查研究,造成洞窟重新漏水的原因主要是封堵裂隙的灌浆材料环氧树脂和洞壁白云岩之间存在的物性差异,导致岩体和灌浆材料之间的粘接处开裂,丧失防渗作用,积水沿新张开的裂隙产生渗漏。

因此龙门石窟保护面临的主要难题是石窟防渗治理,这是龙门石窟保护和病害防治的前提。

二、联合国教科文组织/日本信托基金龙门石窟保护修复项目(2001—2009)

1998年11月,江泽民主席访问日本期间与日本首相小渊惠三举行会谈,就中日合作对中国境内丝绸之路沿线的文化遗产开展保护工作达成了协议。为此,日本信托基金向联合国教科文组织提供资金用于丝绸之路文化遗产保护,经过讨论决定,投资125万美元对世界文化遗产龙门石窟进行保护修复。

2000年9月,联合国教科文组织驻北京办事处、国家文物局和中日双方的专家对龙门石窟进行了考察,商定项目的计划方案。项目选定龙门石窟的潜溪寺、路洞和皇甫公窟作为试验洞窟,这3个试验洞窟分别位于龙门石窟西山的北段和南段,具有代表性。

2001年4月,联合国教科文组织驻北京办事处组织中日双方的专家对以中田英史为首的日方专家起草的项目计划书草案进行了修改完善,6月顺利完成了项目计划书和预算。

2001年11月10日,联合国教科文组织驻北京办事处代表青岛泰之与国家文物局局长张文彬在龙门石窟奉先寺签订项目合同书,标志着该项目正式启动。

洛阳市文物局负责项目的具体实施。杜晓帆博士担任联合国教科文组织驻北京办事处项目专员,负责该项目的运作和协调工作。中方专家组成员有黄克忠、曲永新、刘景龙、方云和胡东坡;日方专家组成员为冈田健、津田丰和中田英史。

项目分为两个阶段:第一阶段(2001年11月至2005年3月),主要完成地形测绘和近景摄影测量、工程地质勘察水文地质勘察、现场试验和环境监测,为龙门石窟保护修复试验工程设计提供科学依据和设计参数;第二阶段(2005年3月至2009年2月),主要完成潜溪寺的防渗工程设计和实施。

项目历时8年多,在联合国教科文组织的协调和中日专家的密切配合下,取得了丰硕的成果,为今后龙门石窟的保护修复研究和实施提供了坚实的基础。

1. 地形测绘和近景摄影测量

地形测绘和近景摄影测量是整个保护修复项目的基础工作,由中国人民解放军信息工程大学完成。

项目组于2001年10月利用航摄飞机对龙门石窟区域进行了彩色航空拍摄,完成了龙门石窟保护区范围1∶1000地形图测绘,并在此基础上编绘了1∶2000地形图。龙门石窟重点保护区范围1∶500地形图采用以航空摄影测量为主、野外数据采集为辅的作业方式完成。

西山立面测绘,采用了近景摄影测量技术,共完成西山立面、断面图76幅,成图比例尺为1∶200。其中西山从北至南按照20m间距测绘了53个断面,过潜溪寺、路洞和皇甫公窟3个试验洞窟的中心线各测绘了一个断面,另外,在3个试验洞窟附近按照10m间距加密测绘了20个断面。

项目组对3个试验洞窟进行了近景摄影测绘,测绘目的是为3个试验洞窟的保护修复提供准确的洞窟三维数据。测量范围包括正立面、左立面、右立面、地面、顶部和门背面6个面的等值线全要素图,成图比例尺为1∶20,等值线间距3cm。共计完成洞窟的18个立面全要素图。

这个测绘项目于2002年10月完成。

测绘成果具有"细、精、特"3个方面的特点。"细"是指测绘的图件在内容表示上超出了国家规范的要求,如细微的裂隙需要在图件中表示出来;"精"是指精度要求高,西山立面要求基本等值线5cm,试验洞窟三维数据采集精度要达到毫米级;"特"是指有很多特殊的要求,如西山立面图的投影面设计、西山断面图测量都有其特殊性。

项目组的测绘成果全部应用于本次保护修复项目的各个研究领域,为龙门石窟保护修复项目的顺利进行奠定了基础,并可用于今后龙门石窟的保护修复工程。

2. 地质调查研究

龙门石窟赋存于伊河两岸龙门山和香山的崖壁上,是地质体的一部分。龙门石窟产生的病害与其赋存的地质环境密切相关。因此,对龙门石窟地质环境的研究是保护修复工程设计的基础和前提。

本次工程地质调查主要是依据中日专家提出的任务、中国的《岩土工程勘察规范》和有关的文物保护法规的要求进行的。项目组于 2002 年 5 月 28 至 11 月 4 日多次赴现场进行了地质测绘、现场测试和洞窟病害调查,采取岩、土、水样,分别送至中国地质大学(武汉)和中国科学院地质与地球物理研究所进行了室内分析试验。2002 年 8 月由洛阳市地质勘察设计院和中国地质大学(武汉)完成了龙门石窟西山 4 个垂直钻孔的钻探。2004 年 4 月—8 月,根据中日专家组的意见,中国地质大学(武汉)文化遗产和岩土文物保护工程中心对龙门石窟保护区进行了补充地质勘察。具体任务是围绕潜溪寺洞窟、皇甫公窟和路洞 3 个实验窟进行详细调查,查明石窟区岩体结构特性和裂隙分布状况,尤其是 3 个试验洞窟周边的卸荷裂隙的分布,为寻求防治病害的对策和保护工程设计提供科学依据。2004 年 7 月—8 月,由龙门石窟研究院提供自筹经费 24 万余元人民币,中国地质大学(武汉)负责完成了龙门石窟西山 6 个水平钻孔的钻探和钻孔摄像勘测。其中,水平钻孔的钻探由重庆南江建设工程公司刘祥友高级工程师负责实施,钻孔摄像由辽宁有色勘察研究院协助完成。

整个地质勘察工作于 2005 年 6 月完成。

完成的工作量如下:

(1)1∶2000 水文地质测绘($4km^2$)。

(2)1∶500 工程地质测绘($0.5km^2$)。

(3)1∶10 000 区域水文地质调查($40km^2$)。

(4)1∶200 三个实验洞窟周边的裂隙测绘。

(5)4 个垂直钻孔钻探。

(6)6 个水平钻孔钻探。

(7)崖顶洛阳铲钻探。

(8)钻孔波速及地表波速测试。

(9)3 个实验洞窟的地质病害测绘(洞窟展开图)。

(10)回弹锤击试验。

(11)地质雷达探测。

(12)地表试坑渗水实验。

(13)采取岩、土、水样。

(14)室内试验:岩石薄片鉴定,岩石天然密度、饱和密度、吸水率、饱和吸水率、颗粒密度等,岩石饱和单轴抗压强度、抗拉强度、抗折强度、饱和变形参数,岩石反复干湿试验、浸透深度试验、热膨胀系数、热传导率等,土的常规试验,水质分析,X 射线衍射矿物分析,X 射线荧光化学成分分析,扫描电镜分析。

(15)三维岩体结构面网络计算机模拟。

通过上述工作查明了 3 个试验洞窟赋存的地质环境,保存现状和存在的病害,提出了病害防治对策。

根据地质调查可知:

(1)潜溪寺所在的龙门石窟西山北段,崖壁高差约 20m,窟底高程为 156.73m,其上部为坡度约 40°的大斜坡,为斜交坡,直至山顶。第四系覆盖层极薄,一般不超过 0.5m。潜溪寺所在的地层岩性为寒武系凤山组厚层、巨厚层状极细—细晶白云岩,岩性坚硬、致密。岩体完整性好,无层面裂隙密集带,岩层倾向 340°左右,倾角 21°~24°。洞顶盖层岩体厚度 2~10m。

(2)潜溪寺岩体中发育有 1 组层面裂隙、2 组构造裂隙和 1 组卸荷裂隙。层面裂隙延伸规模较大,受风化溶蚀作用的影响,沿层面裂隙形成风化凹槽,凹槽深约 1～2cm,张开 2～3cm,沿裂隙发育溶槽和溶孔。构造裂隙大多为张剪性裂隙,裂隙面平直紧闭,构造裂隙间距较大,部分构造裂隙受溶蚀作用影响,隙宽达 2～30cm,在窟顶部沿裂隙形成漏斗状溶蚀洞穴,其中有碎石土充填。在层面裂隙和构造裂隙的交会处常有渗水现象。卸荷裂隙连通性好,隙宽较大,是洞窟渗水的主要通道,潜溪寺的卸荷裂隙主要发育在窟顶正上方,雨季沿卸荷裂隙大量渗水,在卸荷裂隙的中下部崖壁面密布青苔。

根据水平钻孔内电视摄像和岩芯鉴定的方法,可以确定岩体内裂隙的分布位置、张开度和渗水情况。由勘探结果可知,潜溪寺洞窟周边岩体受禹王池泉附近断层的影响,岩体比较破碎,裂隙密度偏高。在潜溪寺崖壁 0～15m 范围之内发育有 7 条卸荷裂隙,在靠近崖壁面的 2m 范围内卸荷裂隙分布较密集,间距 0.4～0.8m,向山体内卸荷裂隙的间距逐渐增大,在 10～15m 范围内,间距增大至 4.1m。

(3)在潜溪寺洞窟内发育有众多裂隙。有一条主要卸荷裂隙贯穿整个洞窟,产状 105°∠78°,隙宽 2.5cm。该裂隙为控制整个洞窟环境地质病害的主要卸荷裂隙。潜溪寺内层面裂隙延伸规模较大,有 9 条层面裂隙贯穿整个洞窟,为窟内的主要裂隙。

(4)20 世纪 90 年代曾对潜溪寺附近的危岩体和窟顶进行过加固。本次调查的结果表明,目前潜溪寺不存在洞窟稳定性问题。现在的主要病害是渗水、雕刻品掉块、岩溶、风化剥落和苔藓病害。

(5)根据调查,潜溪寺共有渗水点 18 处,主要与卸荷裂隙和层面裂隙有关。渗水点多位于层面裂隙和卸荷裂隙的交会处。正壁共有 3 处渗水点,主佛像头部上方有 2 条层面裂隙含水。沿南侧顶部卸荷裂隙分布有一处渗水点,渗水点下有浅绿色苔藓生长。南壁渗水病害比较严重,共有 4 处渗水点,位于南壁的 3 条卸荷裂隙和 4 条层面裂隙是主要的含水控制裂隙。窟门外发育 1 条大的卸荷裂隙,隙宽 8～20cm,雨季渗水严重。北壁共有 3 处渗水点,主要与顶部的层面裂隙有关,卸荷裂隙 J_{22} 是北壁的主要渗水裂隙,层面裂隙和卸荷裂隙在窟前上方构成连通的渗水网络,使该部位的造像头部风化十分严重。洞顶渗水十分严重,贯穿洞顶的层面裂隙,隙宽达 2～3cm,卸荷裂隙贯穿洞顶,在层面裂隙和卸荷裂隙交会处,本次调查共发现渗水点 9 处。

(6)渗水病害机理分析。潜溪寺洞窟两侧各有 1 条冲沟,使潜溪寺成为一相对独立的水文地质单元。潜溪寺岩体由巨厚层白云岩单斜地层组成,区内无褶皱,在潜溪寺北侧发育 1 条小断层,沿断层出露禹王池泉。潜溪寺岩体中发育 1 组层面裂隙、2 组构造裂隙和 1 组卸荷裂隙,各种裂隙相互切交,构成潜溪寺岩体裂隙渗流网络。平面上渗流方向沿层面裂隙由南向北,沿构造裂隙由西向东;剖面上渗流方向沿层面裂隙由南向北,沿构造裂隙和卸荷裂隙由上往下。潜溪寺东侧的伊河为区内的侵蚀基准面,地下水以泉水的形式在伊河附近出露,或以潜流的方式补给伊河水。禹王池泉的出露高程为 152.04m,潜溪寺的窟底高程为 156.73m,比地下水位高 4m 左右,潜溪寺不受地下水位波动的影响。

潜溪寺立壁岩体顶部的地形为延伸较长的自然斜坡。斜坡上植被茂盛,有利于大气降水的保存和入渗。补给水源远,渗流途径长,因此入渗窟内的暂时性渗水可以保持较长时间不干。窟顶第四系覆盖层较薄,一般不超过 0.5m。卸荷裂隙的连通性好,所以降雨后洞顶渗水现象较严重。洞顶盖层岩体厚度为 2～10m。

潜溪寺的渗水可分为近程水和远程水。近程水主要通过卸荷裂隙入渗,主要渗水点大都分布于卸荷裂隙附近,且表现为渗水时间短,水量大的特点。潜溪寺洞窟顶盖层较薄,卸荷裂隙的连通性好,所以降雨后洞顶渗水现象较严重。远程水通过构造裂隙和层面裂隙发生渗流,水源来自西侧山体,水量不大,但可以保持较长时间不干。

渗水的补给区位于崖顶。大气降水或顺山坡的地表径流通过裸露的层面裂隙和卸荷裂隙直接入渗。进入岩体的渗水在岩体渗流网络中沿层面裂隙发生水平向径流,沿卸荷裂隙和含水构造裂隙发生垂直向径流。渗透水流主要通过渗流网络向下补给地下水。当洞窟壁与含水裂隙相切时,水流以点状或线状的形式向洞窟内排泄。

1990年曾在潜溪寺内做过环氧树脂灌浆防渗处理,但现在环氧树脂充填体与原岩之间重新张裂,造成了新的渗水。潜溪寺顶部也曾做过水泥防渗铺盖,但长期的日晒雨淋,已经使水泥盖层开裂失效。窟前建筑屋檐与崖壁脱开,沿崖壁也造成雨水渗漏。

(7)潜溪寺的渗水病害防治的主要对策是洞顶地表防渗铺盖与裂隙防渗注浆相结合。应重点做好顶层的防渗铺盖层,铺盖范围南、北两侧以冲沟为界,东至窟檐,往西延伸直至树丛前沿,处理面积约500m²。其次可以考虑对南侧的层面裂隙进行防渗处理。然后观察效果,再对洞窟内的渗水裂隙进行防渗灌浆处理。

3. 现场试验

从龙门石窟渗水病害的形成机理分析可知,防渗是治理龙门石窟病害的根本途径。为了更好地保护龙门石窟,首先要对石窟内的裂隙进行封堵,再进行本体的保护。结合石窟区内特殊的环境条件、岩性特征和岩体结构,防渗首先从裂隙灌浆方面进行,采用堵漏、排水相结合的治理方案。

为了达到很好的灌浆效果,灌浆材料的选择至关重要。结合龙门石窟石质特点,以往的灌浆材料主要选用了两种材料:环氧树脂和水泥类。

环氧树脂类灌浆材料是在国内外灌浆技术中使用最多的一种材料。其优点是:可以用于较细(可到0.1mm)裂隙的灌浆,流动性好、抗风化能力强、不泛盐碱、货源充足、运输与使用方便。其缺点是:常温下胶凝时间比较长、固化慢、受热有蠕变现象、固化过程中收缩大、易开裂,毒性大。水泥类灌浆材料主要针对比较宽(宽度一般大于0.25mm)的裂隙进行灌浆。选用这种材料的优点是操作简单、价格低廉。超细水泥灌浆材料克服了不能灌细缝的缺点,使可灌性得到提高。缺点是普通硅酸盐水泥会出现严重的泛盐碱现象,极难处理。

本项目由中国地质大学(武汉)、中国文化遗产研究院和龙门石窟研究院合作完成。试验研究拟选用的防渗材料为聚氨酯防水堵漏树脂(3M聚氨酯)、超细水泥和水性环氧树脂,通过现场和室内试验提出不同材料的适用条件和可靠程度,确定施工工艺流程。

2004年7月至2005年1月,中国文化遗产研究院完成了超细水泥的现场灌浆试验和部分室内灌浆材料试验研究。中国地质大学(武汉)完成了部分室内试验。

2005年1月中日专家组在北京三方会议上要求增选材料类型,进行室内外对比试验,从中优选适合龙门石窟地质环境的最佳防渗材料和施工工艺,为龙门石窟保护工程技术(详细)设计、施工提供科学的依据。

2005年8月至2006年11月,中国地质大学(武汉)进行了防渗材料性能和施工工艺的补充试验研究。采用超细水泥、水性环氧树脂、中国地质大学(武汉)纳米研究中心研制的新型水性环氧树脂纳米复合材料和聚氨酯树脂进行了现场灌浆对比试验研究。对从现场试验中筛选出来的超细水泥和水性环氧树脂的性能进行了系统的室内试验研究。在此基础上,中国地质大学(武汉)和武汉理工大学国家重点实验室合作,进行了水性环氧树脂改性试验研究和镁基膨润土硅酸盐防渗新材料的室内试验研究。

2005年8月26—30日,中日专家组在龙门石窟现场论证并确定了现场裂隙灌注试验详细实施计划。

2005年9月—10月,完成了现场裂隙灌注试验工作。

2005年10月至2006年1月,在武汉进行了超细水泥和水性环氧树脂的室内试验分析。

2006年2月—4月,完成了改性水性环氧树脂的室内试验研究。

2006年8月—12月,完成镁基膨润土硅酸盐防渗新材料的室内试验研究。

2006年12月,完成了整个项目的研究工作。

灌浆充填的效果取决于灌浆材料性能、施工工艺和石窟岩体的环境地质条件。需通过试验选取和确认可灌性好、黏结性能优越的材料和适当的施工工艺、方法。试验材料不仅要达到防渗要求,而且要符合修旧如旧、保持原状的原则。

现场试验的具体内容如下:

(1)中方专家组长黄克忠先生选定皇甫公窟附近的第1589号洞窟内的渗水裂隙分段采用不同的防渗材料进行窟内灌浆封堵试验。

(2)在路洞洞窟顶部北侧岩体表面选定1条张开性裂隙,采用防渗材料封填灌浆。其目的是进行窟顶防渗灌浆试验,隔绝大气降水通过卸荷裂隙直接入渗。

(3)选定皇甫公窟下方一试验点,采用防渗材料进行灌浆封堵试验,其目的是进行宽裂隙防渗灌浆工艺试验。

室内试验重点是所选材料的性能检验,样品包括现场采取的原岩样品、灌浆材料。对灌浆材料的基本物理力学性能和灌注前后样品的防渗性能、加固效果进行对比,并结合现场试验成果,筛选最佳的灌注材料和施工工艺。

在室内外试验的成果分析的基础上,综合比较各材料的性能,得出了如下结论:

(1)灌浆材料应选择流动性好,具有适当的凝固时间的材料,这样施工比较方便可行。对于窟内的渗水卸荷裂隙,水性环氧树脂和超细水泥都是有效的灌浆材料。其中以水性环氧树脂为首选。对于洞窟外的宽裂隙,超细水泥是理想的防渗灌浆材料。

聚氨酯树脂不适合用于石窟防渗灌浆。

镁基膨润土硅酸盐防水新材料,具有凝固快、容量轻、保温、防水、防渗漏、防火、防高温、抗冻胀、抗老化、抗腐蚀等优越性能。镁基膨润土硅酸盐水泥在干燥条件下透气性较好,遇水时膨润土矿物发生膨胀使孔隙密闭,具有很好的防渗效果。建议以镁基膨润土硅酸盐材料作为潜溪寺顶部防渗铺盖的材料。该材料的抗折、抗压强度低,与岩石的黏结强度低,不适合用作裂隙灌浆材料,仅适合于作为顶层防渗铺盖。

普通硅酸盐水泥封缝,表面有泛盐碱现象。建议采用硅橡胶或聚合物修补砂浆进行表层封缝。

地表应以砂浆代替超细水泥作为封缝材料,以防超细水泥的表面开裂。

(2)裂隙灌浆的施工工艺是防渗效果的重要保证。中国文化遗产研究院在第1589号窟进行超细水泥灌浆,开始灌不进去,后来聘请重庆南江建设工程公司刘祥友高级工程师现场指导,改进了钻杆长度和钻进方向,顺利解决了灌浆工艺问题。现场试验的成果表明:对于已经被后期渗水沉淀物覆盖的洞窟内渗水区域,必须详细查明含水裂隙的分布情况和产状,沿裂隙面方向钻孔,穿透碳酸盐覆盖表层,进行防渗灌浆,可达到止水堵漏的目的。

(3)根据现场试验的结果,建议对于洞窟表层的裂隙灌浆采用低压灌浆技术,灌浆压力为 0.1～0.3MPa。洞窟外的裂隙灌浆压力可以稍高一些,建议采用 0.3～0.4MPa。

(4)室内试验表明,水性环氧树脂的材料性能总体优于超细水泥,具有流动性好、弹性好、力学指标接近原岩、抗风化能力强、不泛盐碱等优点。水性环氧树脂是低毒环保型新材料,是龙门石窟洞窟内裂隙防渗灌浆的首选材料。水性环氧树脂体系中,固化剂可以有效调节体系的胶凝时间。在保证材料具有足够强度的前提下,建议将固化剂的用量控制在 3%～5%,初凝时间 2～2.5h,胶凝时间 12h。

4. 现场监测

为了全面掌握龙门石窟的区域环境状况与石窟病害之间的关系,2003 年 4 月开始安装试运行龙门石窟环境监测系统,共设置仪器站点 12 处,监测项目 26 项,分布于龙门石窟西山区域和试验洞窟内外,对龙门石窟区域的气象、大气环境、洞窟内外环境、河水、泉水、地下水位、渗漏水等相关影响因素开展了 24h 自动化连续监测。本项目安装了大量日本产的高端监测设备和部分国产设备,如红外相机、太阳能供电等当时国内尚未普及的先进设备,建立了相对完善的龙门石窟环境与病害监测体系,使龙门石窟环境与病害的科学监测上了一个新台阶,是当时国内仅次于敦煌研究院的、达到了国内领先水平的环境监测系统。

龙门石窟监测系统由石窟区域环境监测和洞窟内环境病害监测两部分组成。区域环境监测内容包括大气温度、湿度、风向、风速、光强度、降雨量、土壤含水率、露天岩石温度、河水温度、泉水温度、地下水位、水温、大气污染等项目。洞窟内环境和病害监测项目包括洞窟内气温、湿度、岩石壁面温度、漏水量、漏水面积、岩体内部温度等。

在项目执行期间,积累了丰富的环境监测数据,为今后的研究和保护工程设计积累了科学依据。

先进的监测技术在国内其他石窟得到了推广应用,如岩体内部温度梯度的监测技术,后来在云冈石窟和花山岩画保护项目中得到了推广应用,为岩体破坏机理温度耦合作用三维模拟数值分析提供了宝贵的监测数据。

5. 凝结水专项研究

龙门石窟自建成 1500 多年以来,在自然营力作用下,产生了严重的环境地质病害,这些病害使石窟雕刻艺术品遭到了较严重的破坏,其中以水侵蚀病害最为严重,而凝结水病害是水侵蚀病害中不容忽视的一方面。

为此 2003 年 7 月"龙门石窟保护专家论证会"在现场考察的基础上提出了龙门石窟凝结水危害的问题。根据中日专家组 2005 年北京三方会议上提出的建议,对龙门石窟的凝结水进行专题立项研究,该项目由中国地质大学(武汉)和龙门石窟研究院共同承担。根据项目组的现场考察,决定选取凝结水比较严重的潜溪寺作为凝结水研究的试验洞窟。

专题研究工作内容包括现场调查和长期观察、凝结水定量采集仪器的研制、现场试验和室内分析。

目前国内尚无合适的测量装置来准确测定洞窟表面的凝结水量,项目组采用由中国地质大学(北京)曹文炳教授研制的凝结水定量测试仪,并针对潜溪寺的现场环境在原设计的基础上进行了改进和完善,改用日本 ULVAC 机工生产的干式膜片真空泵,改进了密封罩。于 2006 年至 2008 年,连续 3 年在夏季凝结水发生期间在潜溪寺洞窟内进行了现场检测。

综合现场调查、长期观察和凝结水定量采集试验,得出以下结论:

(1)龙门石窟凝结水主要出现在潜溪寺、宾阳三洞等大型洞窟之中。且凝结水在窟内的分布范围主要是在窟壁的下部和地面上,其中以洞窟最深处的正壁底部最为严重。凝结水的分布范围距地表有一定的高度,潜溪寺内水线的最大高度达到 6.5m。凝结水在碳酸盐岩洞窟壁面的悬挂附着状态通常呈现水珠状散布状态,水珠直径最大可达豆粒大小(直径 3～5mm)。

(2)龙门石窟凝结水的发生集中在 5—10 月。5 月以前不明显,7～8 月比较突出,9 月较少出现,10 月以后基本不再出现。

(3)龙门石窟凝结水病害的影响因素主要有洞口窟檐的修建、通风性能、窟内渗水、岩性、凝结核以及石窟区的人工水面。

(4)过大湿度的存在是凝结水形成的内因,而洞窟内外的温差变化、通风状况等是凝结水形成的外因。通过在岩壁安装温湿度计采集数据,计算得到露点温度,并与壁面温度比较,可以较准确地判断凝结水开始凝结和消失的时间。

(5)通过在潜溪寺采集的数据得到的露点温度,可以判断潜溪寺窟顶凝结水产生的频率和强度均低于凝结水富集的洞窟下部。

(6)北壁在凝结量跟凝结速率上均小于南壁,同时从实际观测也可以发现南壁的水线上升高度总体上都在北壁之上。这与南壁的渗水比北壁严重有关,南壁的渗水聚集在南壁地面,为水汽的凝结提供了强大的水汽来源。

(7)通过对冬季与夏季潜溪寺窟内外水蒸气压的分析,可以发现夏季窟内外的水蒸气压远高于冬季的水蒸气压,说明夏季空气中的水蒸气含量高于冬季,这为凝结水的形成提供了必要的物质条件。同时对冬夏季窟内外水蒸气压的平均差值的分析可知,冬季窟内外空气的流动使窟内外水蒸气的交换基本持平;而夏季窟内外水蒸气的交换从整体上看,外界水蒸气对窟内会略有补充,所以冬季窟内从外界补充的水蒸气要低于夏季窟内从外界大气中获取的水蒸气,这也说明夏季比冬季在产生凝结水现象上更有优势。

(8)从环境监测资料分析可知,夏季降雨前后岩壁温度与温泉水温度一直较稳定,基本上维持在 25℃左右。降雨前 6h 外界气温与窟内气温均开始下降,降雨后窟内外气温都趋于 25℃左右。降雨前 6h 湿度呈递增趋势且窟内湿度比外界湿度及温泉水表面空气湿度都高,降雨后窟内外湿度达到一致,基本上维持在 90%～100% 之间。环境因素的变化表明,降雨前湿度的增加为凝结水的形成提供了有利条件。

(9)综合 3 年的试验数据可得,一天 24h 内上午和下午凝结水量及凝结速率差不多,上午稍大。但由于晚上大气温度比白天低,空气与岩壁的温差小,因此晚上的凝结水量和凝结速率相对较小。根据凝结速率及观测的凝结面积,可以得出潜溪寺凝结水单位面积的平均凝结速率为 $6.782\sim53.7504\text{g/m}^2\cdot\text{h}$,夏季潜溪寺内凝结的水汽质量为 $148.997\sim345.369\text{kg}$,平均 $5.97\sim6.77\text{kg/d}$,其量相当可观。

(10)建议:加强潜溪寺窟顶的渗水治理,因为夏季窟内较高湿度的来源与窟内渗水在地面的聚集有着密切的联系,窟内渗水的减少,可以改变产生凝结水的洞窟高湿环境。凝结水的防治措施为:采用中国地质大学(武汉)研制的自动抽湿机(已获得国家发明专利)消除潜溪寺内的凝结水。自动抽湿机的开启主要依据是以凝结水是否将产生为判定原则,通过传感器自动采集窟内环境因素并计算露点温度,将露点温度与岩壁温度进行比较,当露点温度高于岩壁温度时启动机器开始工作,当露点温度低于岩壁温度时机器自动停止。

6. 潜溪寺表面试验性清洗研究

2008—2009年,北京大学胡东波教授带领团队在潜溪寺开展了洞窟表面试验性清洗研究,其目的在于探索对于潜溪寺表面不同沉积物的合理清洗方法。

本项目采用红外相机拍照,尝试利用表面温度差异来探测空鼓范围;采用回弹仪测定洞壁表面不同类型沉积层和岩壁表面的不同强度;采用便携式荧光能谱仪对洞壁表面的颜色进行元素定性测定,以便于了解表面物质的基本成分。这些测定方法的应用和获得的数据,为进一步的清洗处理提供了必要的依据。

项目组按照潜溪寺洞窟表面覆盖物的颜色和质地,选定了5块试验区,采用气枪喷射、震动刻磨机和打磨机,进行了试验性清洗研究,取得了比较理想的效果。在去掉覆盖的沉积物后,在造像表面发现了红色、绿色和蓝色的彩绘,以及描金和贴金。同时,使得被遮盖影响的洞壁雕刻表面纹饰清晰地展现出来,达到了清洗的目的。

通过本项目,对龙门石窟碳酸盐岩洞窟的清洗进行了界定,划分了清洗对象和清洗程度。建议对碳酸盐岩石窟采用物理方法进行清洗,提出了需要考虑的影响因素,探讨了清洗工作应该达到的目标。本项目的成果为龙门石窟本体保护的清洗提供了有益的参考。

7. 龙门石窟保护数据库的研制

文物是国家的重要财富,是国家文化历史的真实见证。对文物实行有效的管理,对于文物保护、历史文化的研究有着重要的意义。在文物保护工程中存在着大量的文物监测、计算分析、实验结果、施工设计图纸等不同类型的数据。将这些数据用计算机有效地管理起来,为文物保护工作者提供高效数据支撑环境,对文物保护工程有着重要的意义。

龙门石窟文物保护数据库管理系统的总体目标是:利用数据库技术,科学地存储文物保护工程中的各种文档,采集各种图形、图表数据。为文物保护工作者提供方便高效的信息查询、决策分析、数据管理等技术手段,使龙门石窟的文物保护水平得到进一步提高。

中国地质大学(武汉)和龙门石窟研究院合作研制出龙门石窟保护工程数据库管理系统,钱同辉教授负责该项目,研究期限为3年,2006年开始,2008年完成。

龙门石窟保护工程数据库管理系统主要用于龙门石窟研究院保护中心的资料管理和工程项目管理。除了联合国教科文组织资助的项目资料外,还包括过去数十年的资料和今后的工程项目资料。

龙门石窟保护工程的数据具有数据多元化和信息量大的特点,数据库管理系统实现了多种查询手段、数据在线处理,具有强大的数据维护和安全性功能。系统配置了一套具有高可靠性、稳定性,提供了数据容错、硬盘镜像等功能的标准配置服务器。

系统设计采用基于C/S模型的系统体系结构,采用层次型文件数据库结构。根据中日专家组的要求增加了中英文检索目录,使界面更加友好。

本项目2006年完成了基础软件的结构设计,2007年开始正式运行调试。2006—2008年完成了繁重的大量资料整理及录入工作。经过2年的调试使用，数据库运行良好。

8. 保护修复工程设计

中国文化遗产研究院和中国地质大学（武汉）共同承担项目保护修复工程的基本设计。

设计人员于2005年12月、2006年1月和2月，3次赴龙门石窟进行现状调查，并与龙门石窟研究院的项目组成员进行了现场讨论，多次征求了中日专家组的意见，据此确定了龙门石窟保护修复工程基本设计的工作内容。

根据项目中日专家组的要求，本次保护修复工程基本设计的主要内容为：①裂隙渗水的防渗治理；②洞窟清洗；③微裂隙及风化岩体修复加固。其中以潜溪寺洞窟裂隙渗水治理为主要内容。

潜溪寺渗水治理的设计思想是采取截、堵与导、排相结合，建立立体防治体系的综合治理方案。治理措施包括6个方面（图1）：

措施1 选用有机硅密封材料对窟内的渗水裂隙进行简易的临时封堵，防止施工期间跑浆造成窟内雕刻品污染，竣工后予以剔除。

措施2 对洞窟上方的防渗盖层、松散堆积及破碎岩体予以清除，对揭露的裂隙进行灌浆封堵，对洞窟顶部分布的小型石窟的窟底作防渗处理。

措施3 清除排水沟上方原有的混凝土防渗层和风化破碎岩体，对揭露的裂隙进行灌浆处理，然后铺设镁基膨润土硅酸盐防渗层。

措施4 对洞窟南侧的裂隙进行灌浆封堵，对该区域密集分布的小型石窟的窟底作防渗处理。

措施5 沿潜溪寺和宾阳三洞之间的冲沟布置截、排水暗沟，截断洞窟南侧沿层面向潜溪寺洞窟的渗流。

措施6 沿南侧冲沟和顶部防渗层西边界设置灌浆防渗帷幕，防止南侧和西侧山体浅层水向洞窟的补给。

基本设计于2006年4月完成初稿，根据中日专家组的审查意见，项目组对初稿进行了修改完善。2006年10月中日专家组审查通过了基本设计文本。该基本设计方案由洛阳市文物局上报国家文物局，并于2006年11月通过了国家文物局的审批。

设计组于2007年8月完成了项目的施工设计方案。该方案包括了3个试验洞窟的修复治理，但由于经费和时间的限制，中日专家组决定仅对潜溪寺开展渗水治理和试验性清洗。

9. 潜溪寺第一期渗水防治工程实施

潜溪寺石窟水害治理第一期工程由甘肃中铁地质灾害防治技术工程有限公司承担施工任务，于2007年12月25日开始，2008年5月7日结束，历时132天。

主要施工内容：

(1)对窟内揭露的渗水裂隙进行简易临时性封堵处理，封堵材料选用有机硅胶密封材料，工程竣工后剔除。

(2)在区域南侧冲沟和西部边界布置灌浆帷幕防渗，防止南侧、西侧山体浅层水向石窟内部补给。

(3)施工方在清理及开凿揭露部分混凝土防渗层后，发现混凝土防渗层厚30cm左右，非

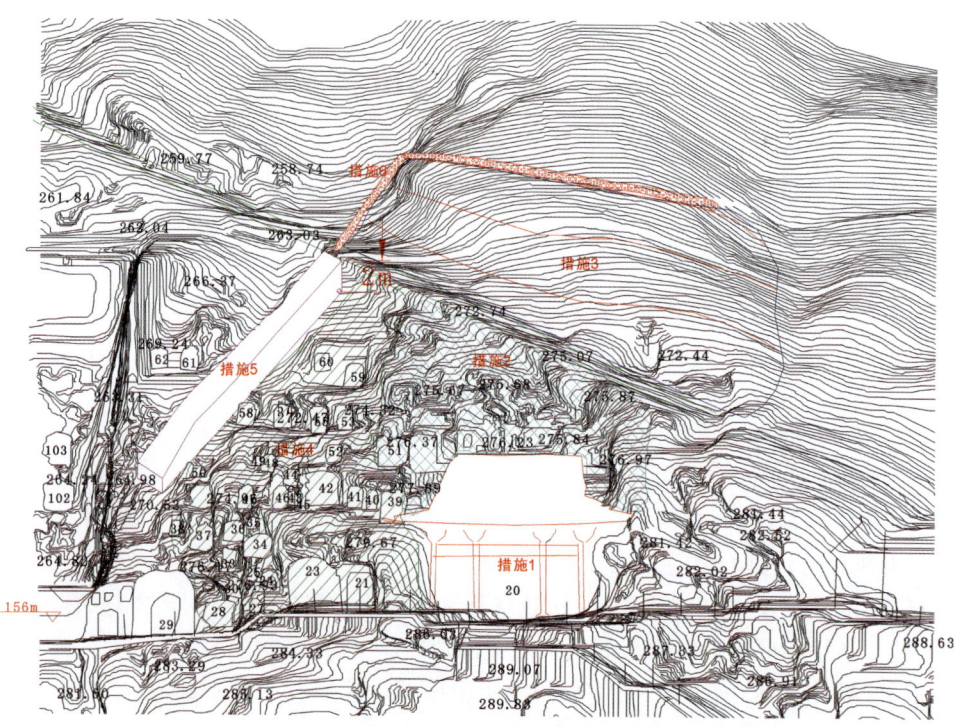

图 1 潜溪寺渗水治理措施示意图

常坚硬,凿除十分困难,且防渗层表面不存在严重的开裂起鼓现象,完整性较好,安全稳定性较好,而且防渗效果较好,提出变更设计要求,经设计方同意,保留原有混凝土防渗盖层,用细石水泥对原有混凝土防渗层表面进行抹平处理。

(4) 对原排水沟和南侧冲沟交叉处进行防渗处理,开凿原有混凝土排水沟地面,重新铺设混凝土排水沟。

(5) 沿构造裂隙 J_1 所在的冲沟开凿截水排水暗沟,目的是截断沟谷及沟谷南侧岩体向石窟的渗流。

施工结束后,龙门石窟进入雨季,观察发现本期施工完全没有防渗效果,下雨后洞窟渗漏仍然十分严重。

为了分析工程失败的原因,事后进行了开槽验孔和雨季的现场观察,发现本期工程存在 3 方面的问题。

(1) 开槽验孔发现灌浆孔之间的裂隙中完全没有充填浆液,仅在钻孔中形成孤立的水泥柱,由于灌浆孔之间的间距为 0.5m,没有形成有效的侧向防渗帷幕。

(2) 通过雨季在洞窟顶部的观察,在排水沟内发现混凝土防渗层下有水流出,水量很大,说明混凝土盖板下已被掏空,形成了渗流通道,该处洞窟顶板的岩体厚度仅 3~4m,且十分破碎,盖板下的水流是造成洞窟顶部漏水的主要原因。

(3) 在原有混凝土防渗层表面涂抹的水泥已经开裂,没有起到防渗的作用,反而在山体表面形成了一个巨大的水泥疤痕,与环境很不协调。

10. 小结

（1）该项目是在龙门石窟开展的首个大型国际合作项目，中日双方的专家在联合国教科文组织驻北京办事处的协调下，本着对文化遗产保护的真挚感情和执着精神，相互尊重，坦诚交流，甚至有时会有激烈的思想碰撞，但最终都可以达成一致，相互取长补短，密切合作，在艰苦的环境中克服重重困难，取得了丰硕显著的成果。这些研究成果是后续潜溪寺防渗工程和龙门石窟其他保护修复工程的工作基础。该项目为龙门石窟今后的国际合作积累了宝贵的经验。

（2）该项目引进了大量日本先进的现场监测设备和技术，包括红外热成像照相机、微型触探仪、微型回弹仪等都是当时最先进的监测检测设备，使龙门石窟保护的技术水平和档次得到了提升，为龙门石窟保护的研究和工程实施积累了宝贵的资料，山体温度场和温度梯度的测试技术在云冈石窟和花山岩画得到了推广应用。

（3）通过该项目为龙门石窟培养了一批保护技术人才，龙门石窟研究院石窟保护中心的技术人员参与了项目的全过程，向中日专家学习文物保护的新思想、新理念，学习先进设备的操作和使用，在项目执行过程中为龙门石窟培养了两名工程硕士，日本东京文化财研究所筹集经费为龙门石窟的技术人员提供了赴日轮流培训的机会，通过该项目使龙门石窟技术人员的业务水平得到了很大的提升。

（4）在项目执行的最初阶段，经历了龙门石窟管理机构升级，由原来的龙门石窟研究所升级为龙门石窟研究院，更换领导班子，在项目运作和资料共享等方面一度比较混乱，影响了中日双方专家的交流和工作进展，但这种局面很快得到了扭转，使研究工作走向正轨，洛阳市文物局和龙门石窟研究院的国际合作项目管理水平得到了很大的提高。

（5）联合国教科文组织驻北京办事处项目专员杜晓帆博士在本项目中表现了很好的协调组织能力，他满腔热情地投入工作，亲自担任项目翻译，协调解决项目执行过程中遇到的各种问题和矛盾，使项目得以顺利完成，并取得丰硕的成果。日方专家组长冈田健先生在项目运作、日中双方专家的沟通和翻译、中方技术人员培训等方面付出了艰辛的努力，做出了巨大的贡献，在此一并表示深深的敬意和诚挚的感谢！

三、潜溪寺第二期防渗工程

在龙门石窟国际合作项目研究成果的基础上，龙门石窟研究院持续开展了洞窟渗水病害防治研究和工程实施，先后完成了防渗灌浆材料研发、东山擂鼓台和西山万佛洞治水工程，在积累了一定的研究成果和工程经验后，实施了潜溪寺第二期防渗工程。为了弥补施工经验不足的缺陷，特聘请重庆南江建设工程公司副总工程师刘祥友加入研究团队，负责防渗工程的施工。

1. 西山万佛洞防渗工程

中国文化遗产研究院和中国地质大学（武汉）共同承担了龙门石窟西山奉先寺北—万佛洞段的防渗工程设计。

奉先寺北—万佛洞段的主要洞窟有万佛洞、双窑、惠简洞、老龙洞、莲花洞、魏字洞、唐字洞等。该段洞窟分布区的顶部是由河流Ⅰ级阶地形成的缓坡平台。该平台构成了本区段内地表水体汇聚、滞留的良好条件，导致了奉先寺北—万佛洞段的石窟渗漏水相对比较严重。

平台下的主要洞窟都不同程度地受到渗漏水病害的影响(图2)。

图2　奉先寺北—万佛洞段全景图

1988年,在龙门石窟的综合治理工程项目中,针对此平台曾做过混凝土防渗铺盖处理,做了下层沥青和上层铺盖黏土,并在表层植以草皮。在后续的维护工作中,发现部分保护措施已经失效,又进行过一些补救工作。上述工作对本区段的石窟保护起了一定的积极作用。但是,该项工程已经历了近20年的历史,随着时间推移,平台上的混凝土防渗铺盖层开裂失效,石窟内部渗水不断加剧,亟待采取治理措施。因此,有必要在总结前人的宝贵治理经验的基础上,重新设计更加合理有效的防渗治理方案。

从2006年8月至2007年2月,项目组成员多次到现场工作,完成了1:200地形图测绘,进行了工程地质勘察、水文地质勘察、洞窟渗水病害调查和室内试验。2007年3月在现场工作的基础上完成了保护方案的设计。本设计的目标是通过治理,有效实现平台上部水体的有序流动,大幅度减少平台上水体的下渗量,从而减少石窟内部的渗水量,达到防渗的目的。治理方案的主要内容如下。

1)地表水体的拦截与疏导

地表水体的拦截与疏导是治理的关键。

(1)奉先寺北侧排水沟。对于奉先寺北侧排水沟的不连续性,可以考虑在奉先寺顶排水沟的北端,顺裂隙J_{59}设置一排水管道,就地将奉先寺的积水向下排向下部观赏平台地面(图3)。

裂隙J_{59}曾经采用过水泥砂浆封堵,但目前已经起壳。为了利用该裂隙设置排水通道,首先对该裂隙进行新的防渗处理。防渗处理采用灌注水泥浆的方案。

(2)平台上方山体坡面流拦截。关于平台上方山体坡面流的治理问题,采用沿坡脚或坡体上方修建截(排)水沟的方案。

截水沟的修建尽量顺坡就势,在石牛溪以南截水沟与奉先寺顶排水沟连接,并向北排入石牛溪。在石牛溪

图3　顺裂隙J_{59}设置排水通道

以北平台,部分水体向南导入石牛溪,其余通过坡脚排水沟将坡面流水体通过万佛洞顶排水通道向北导出石窟范围以外。

在石牛溪以北,截(排)水沟主要沿坡脚修筑。在排水沟内侧,必须和坡体紧密接触且避免沿排水沟壁形成积水坑,在排水沟的外侧,砌体须稍高于沟顶,以利于截水。

(3)平台顶混凝土防渗层人工砌体处理。平台顶东端的混凝土防渗层人工砌体是为了防止平台及上部山体面流沿陡崖向下直接冲刷陡壁上的龛窟的措施。但前期施工的人工砌体已风化严重,特别是施工缝附近渗水严重。后续多次进行外表面水泥砂浆涂抹维修,但效果并不明显。另外,整个人工砌体的高度太小,第四纪堆积物普遍高于砌体顶部,导致平台上部积水漫过砌体,直接冲刷坡面岩壁。因此,本次治理将平台顶部东端的防渗层人工砌体予以清除,重新采用灰岩岩块砌筑。

施工缝(伸缩缝)的设置应尽量避开坡下龛窟分布较密的地段。砌体高度应确保不出现水体漫坡现象。

2)平台防渗处理

平台上方山体坡面流防治工程实施后,将大幅度降低平台上方的积水量。岩体渗水的补给源将主要为平台范围内接受的降水。

到目前为止,平台上防渗混凝土受风化的破坏较少,还具有一定的防渗作用。如果将混凝土全部剔除掉,难度较大且没有必要。因此决定保留大部分防渗混凝土,仅将其表面的沥青全部清除。

对防渗混凝土之间的施工缝予以清理,然后人工将其戳毛,填筑干性水泥砂浆。

在前期防渗混凝土层上再布设一组防渗综合体,该防渗体主要由如下几层组成:耕植土、级配砂、土工织物、粉土膨润土混合防渗层、土工布、夯实灰土垫层。

3)平台上方坡体裂隙防渗治理

石窟内部的渗水一部分是来自平台上方垂直入渗的近程水,另外还有一部分来自山体构造裂隙的远程水。因此有必要对平台上方一定范围内的裂隙进行治理。

关于裂隙渗水治理,本次治理仍采用对裂隙进行封堵治理。同前期治理不同的是,前期仅仅在表面封堵,本次治理改为以裂隙内部注浆为主,以达到长期治理的目的。

裂隙注浆主要针对大的卸荷裂隙和构造裂隙,特别是以走向为东西向的构造裂隙作为重点。由于平台山体裂隙与下部龛窟距离较远,裂隙注浆压力一般对龛窟没有影响。

平台山坡上大的构造裂隙中生长着大量树木,特别是石牛溪以北。注浆前对上述裂隙中的树根、泥质充填等进行彻底的清理尤为重要。

沿山坡裂隙还发育有岩溶通道,首先清除杂物,并对表面的岩溶堆积物等进行清理,然后采用混凝土对其进行浇筑封填。由于岩溶通道一般沿裂隙发育,在裂隙附近可以预埋注浆管,待混凝土凝固后再进行注浆。

该设计方案经国家文物局审批通过后,于 2011 年 10 月至 2014 年 5 月由刘祥友高级工程师负责实施,施工质量优良,取得了很好的防渗效果,该段洞窟群的渗水极大地减少。

2. 东山擂鼓台防渗工程

龙门石窟擂鼓台位于龙门东山石窟区的南端,为东山石窟区开凿较早、规模较大的一组洞窟,由北、中、南 3 洞及窟外崖面多个小龛构成相对独立的区域(图 4)。

图 4　擂鼓台三窟

该区域受地形与地质条件控制，历经自然营力与人为因素的影响破坏，洞窟又常年缺乏日常维护，洞窟渗水量大，渗水病害严重。20 世纪 80 年代，在龙门石窟的综合治理工程项目中，曾经对该区域石窟进行过渗水治理，对石窟保护起了一定的积极作用。但是该项工程至今已有 20 年的历史，随着时间推移，石窟内部渗水不断加剧，亟待采取治理措施。

中国文化遗产研究院张兵峰高级工程师负责完成龙门石窟东山擂鼓台的防渗工程设计。

从 2008 年 12 月至 2009 年 7 月间，项目组成员多次到现场工作，中国地质大学（武汉）完成了该区域的地形图测绘、工程地质勘察、水文地质勘察、洞窟渗水病害调查和室内试验，在此基础上，中国文化遗产研究院完成了保护方案的设计。2009 年 7 月设计组又邀请黄克忠、冯水滨等国内知名文物保护专家到现场进行方案论证，在听取专家提出的大量建设性意见后，对方案进行了修改完善，于 2009 年 12 月完成了该方案的设计工作。

总的来说，对于擂鼓台区域石窟的防渗工作，减少入渗量方面主要通过截断来源、减少入渗、合理引导等措施进行。待石窟渗水明显减缓后，建议对石窟内部进行裂隙灌浆处理。

擂鼓台水害治理方案的主要内容如下。

1）裂隙灌浆

裂隙灌浆是防渗工程的重点。石窟内部渗水的通道就是石窟顶部大量分布的裂隙：层面裂隙、卸荷裂隙、构造裂隙及风化裂隙。由于山体大部被第四系覆盖，因此这类裂隙将远多于地面调查所得。这类裂隙灌浆主要分为两类：大型裂隙与小型裂隙。所谓大型裂隙就是治理过程中揭露的贯穿性裂隙，小型裂隙指局部的风化裂隙、卸荷裂隙等。

2）地表裂隙清理

为使后续注浆取得较好的注浆质量和黏结强度，裂隙的清理、冲洗是一项必不可少的工作。裂隙清理主要是将裂隙内的充填土及小石块清除，以免堵塞裂隙通道，影响浆液的灌注。裂隙冲洗是通过水流将裂隙中所充填的松散、风化的填充物或小裂隙中无法进行手工清理的泥质填充物带出，以便有利于浆液流进裂隙并与裂隙接触面胶结坚固，起到有效的防渗和加固的作用。

大型裂隙清理后应保证基本无泥质充填物，小型裂隙采用小型工具，尽量将充填物带出或推移至一定的深度。裂隙冲洗应注意控制压力，防止危岩体受力失稳或使表面破碎岩体冲击掉落，且冲洗时间不宜过长，以免过多地带走危岩体间的胶结物，降低危岩体的胶结强度。

3)灌浆材料

普通硅酸盐水泥拟选为大型裂隙的灌浆材料。硅酸盐水泥标号选为42.5号,浆液加入适量的速凝剂。

小于10mm的微裂隙,灌浆材料选用超细耐硫酸盐水泥,其优越性在于低碱,抗硫酸盐,流动性极佳,不分层,可以进入到微裂隙中,可以在潮湿的基面施工。硬化后防水、耐水的侵蚀、抗风化和冰冻。

4)平台防渗工程

两个平台上方地形平缓,因此雨季为地表水体的蓄积提供了空间,导致雨水入渗进入山体。而平台下方石窟分布密集,加剧石窟内部渗水。由于现有地形不能过大改动,因此,只有通过平台防渗工程来截断入渗。拟采用铺设膨润土防水毯进行地表防渗的工程技术手段。

膨润土防水毯是一种新型的土工合成环保型防水材料。它由经级配过的天然钠基膨润土颗粒和相应的外加剂混合均匀后,经特殊的工艺及设备,依靠成千上万纤维的强度把高膨胀性的钠基膨润土层均匀、牢固地固定在两层土工布之间。如此制成防水毯,既具有土工材料的全部特性,又具有优异的防水防渗性能。

5)窟崖表面流截断治理工程

擂鼓台北洞与中洞区域,崖壁表面流比较严重。这种表面流雨季时对石窟表面造成污染,部分表面流水通过窟崖上的裂隙渗入到石窟内部,加剧了石窟的渗水。形成表面流的原因为平台1和平台2中的水体富集,并顺坡向西渗流而成。因此对于这类表面流必须予以截断。截断措施主要是通过在窟崖上部采用灰岩修筑一高度小于30cm的砌体,砌体高度略大于现第四纪松散层。在平台1范围内的砌体后设置一排水暗沟,把该平台上富集的水体排向北侧的万佛沟。对于平台2,现有地形稍作修整,做成外高内低,将地表水体导向平台2上,靠山根设置的排水暗沟。

6)排水沟工程

截水、排水沟的设置是加速擂鼓台地表水流,减少地表水体入渗的一个重要措施。

在分区1,地表裸露岩体区域地形陡直,而下方平台1地形非常平缓。这样形成了在裸露山体区域的地表水体迅速向下进入平台1,有必要在平台1与上方陡直崖壁之间设置一个截水沟,将上方山体倾泻下来的水体汇集于截水沟中,然后通过截水沟迅速往北排向万佛沟。这样减少了地表水体在平台1上的汇集量和持续时间。

在分区2,裂隙J_{12}构成了天然的良好入渗通道,顺该裂隙岩溶发育强烈。同时该区域地形复杂,局部负地形发育,地表覆盖层薄。因此顺裂隙J_{12}和地表水的天然汇水区修建一近东西向的排水沟,加速地表水体的排泄,这样将显著减少地表水体的入渗量。对排水沟底部进行防渗处理,防止地表水体顺裂隙入渗。该排水沟将水体引向平台1的截水沟,减少了分区2范围内的排水压力,保护了该区域内的两个重要石窟:擂鼓台北洞和中洞。

在分区3,擂鼓台南洞的治水措施主要就是顺上部山体修建一个排水沟,将地表水体向南引向南部的冲沟,减少流向石窟窟顶的水体量。另外顺冲沟修建一东西向的排水沟,减少地表水体向冲沟内滑坡体的入渗,增强其稳定性。

7)南窟窟顶特殊治水防渗工程

南窟渗水关键在于窟顶人工砌体与山体之间的结合部位。该处的岩体受构造和卸荷作用相对比较破碎,而该处的人工青砖砌体屋顶与山体之间的连接不紧密。因此,对于结合部位的山体岩体首先要进行灌浆处理,另外采用现有的青砖重新修砌整个屋顶,通过将人工屋顶伸入岩体内人工开凿的缝中,使屋顶与山体之间连成一体。

该项目经国家文物局审批通过后,于 2011 年 10 月至 2014 年 5 月由刘祥友高级工程师负责实施,施工质量优良,取得了很好的防渗效果,该段洞窟群的渗水极大地减少。

3. 防渗灌浆材料研发

从龙门石窟渗水病害的形成机理分析可知,防渗是治理龙门石窟病害的根本途径。为了更好地保护龙门石窟,首先要对石窟内的裂隙进行封堵,再进行本体的保护。结合石窟区内特殊的环境条件、岩性特征和岩体结构,防渗首先从裂隙灌浆方面进行,采用堵漏、排水相结合的治理方案。

2012 年 6 月在北京召开的龙门石窟擂鼓台防渗工程论证会上,专家组要求考虑龙门石窟的个体特点,有针对性地展开龙门石窟裂隙防渗浆材料的专项研究,选用多种材料进行室内外对比试验,通过对比试验优选适用于龙门石窟地质环境的性能优越的裂隙防渗灌浆材料配方,为龙门石窟防渗工程技术设计和施工提供科学的依据。

为此,中国地质大学(武汉)和龙门石窟研究院合作开展新型裂隙防渗灌浆材料配方研制的室内外试验研究。

本项目研发筛选的裂隙防渗材料为以纳米膨润土为主剂的灌浆材料、以偏高岭土为主剂的灌浆材料、以水硬性石灰为主剂的灌浆材料和改性低碱水泥。通过现场和室内试验提出不同材料的适用条件和可靠程度,确定施工工艺流程。

为确保项目顺利完成,根据前期调查、勘察资料、龙门石窟岩土工程地质条件、存在的病害以及保护工程措施的要求,制订了龙门石窟裂隙灌浆材料配方的室内外试验详细实施计划。

2012 年 8 月中国地质大学(武汉)和上海德赛堡建筑材料有限公司在龙门石窟现场调研并确定了试验研究计划。

2012 年 9 月至 2013 年 2 月在中国地质大学(武汉)和上海德赛堡建筑材料有限公司进行了室内试验研究,并提交了室内试验研究报告。专家组原则上通过了前期的研究工作,并要求尽快展开现场试验。

2013 年 4—6 月在龙门石窟东山完成了现场裂隙灌注试验和灌浆效果检验工作。武汉理工大学硅酸盐建筑材料国家重点实验室完成了低碱水泥的室内试验研究。

中国地质大学(武汉)完成了偏高岭土灌浆材料配方的研究,上海德赛堡建筑材料有限公司完成了水硬性石灰裂隙灌浆材料配方的研究,武汉理工大学硅酸盐建筑材料国家重点实验室提出了低碱水泥新配方。

1)试验方案

本次防渗灌浆材料的试验研究是在龙门石窟修复保护工程防渗灌浆材料前期应用的基础上,针对龙门石窟保护现状和治理的紧迫性,研发一种经济有效的对环境无损的防渗材料。总共进行 4 种试验方案。

方案一 由中国地质大学(武汉)工程学院完成。研究选取偏高岭土为主剂,添加不同比例的超细水泥、钠水玻璃、氢氧化钠等。单一的普通水泥、超细水泥在灌浆料的应用中已经有大量的实例,但是由于有害水溶盐含量高,修复后其析出的水溶盐会对文物表面造成破坏,在现有的文物保护中已经很少使用。所以此次研究采用了一种新型高性能胶凝材料即地质聚合物,地质聚合物是碱激活偏高岭土形成的胶凝材料。这类地质聚合物胶凝材料具有传统水泥所不具有的优异性能:早强快硬、体积稳定性好、耐化学腐蚀、界面结合力强、抗渗性好、耐高温性好、耐水热作用、耐久性好、可自调温调湿等。它以其独特的性能以及在建筑材料、高强材料、密封材料和耐高温材料等方面所显示的广阔应用前景,已成为世界各国材料科学工作者关注的目标之一。

方案二 由中国地质大学(武汉)材料与化学学院完成。主要选择膨润土为主剂,添加不同比例的超细水泥、偏高岭土、添加剂和改性材料。

方案三 由上海德赛堡建筑材料有限公司完成。主要选择天然水硬性石灰作为主剂,添加超细水泥、超细膨润土等材料。天然水硬性石灰(Natural Hydraulic Lime,缩写为NHL),是采用不纯的含泥质的石灰石(如花山的含泥质含粉砂的石灰石)经过高温烧制(温度900~1100℃)、粉碎、消解而成,是一类有别于传统石灰材料与水泥材料的天然无机材料。与水泥不同的是,在消解过程中,不添加石膏等任何外来的材料。天然水硬性石灰成分主要由二钙硅石($2CaO \cdot SiO_2$,简写成C_2S)、少量C_3S、熟石灰($Ca(OH)_2$)、部分生石灰(CaO)、部分没有烧透的石灰石($CaCO_3$)及少量黏土矿物和石英等组成,兼有石灰与水泥的优点。具有低收缩、耐盐、适中的抗压与抗折强度的优点。但是,由于其生产过程中无任何外来添加物,其水溶盐含量很低。天然水硬性石灰在国际上(尤其是欧洲、美国)得到很深入的研究和广泛的应用,借鉴国际上已有的研究成果,项目组吸收、引进、转化,并有针对性地开展研究工作。天然水硬性石灰材料在国内很多重点文物中已经得到大量的应用,如花山岩画,大足石刻等。

方案四 由武汉理工大学完成。超细水泥作为防渗灌浆材料具有流动性好、黏结强度高、防渗效果好的特点。但是由于有害水溶盐含量高,对文物表面造成污染破坏,不能在龙门石窟使用。本方案试图对超细水泥进行改性,提出低碱水泥配方。

2)室内试验内容

(1)原材料的测试:包括X射线荧光化学成分分析和X射线衍射矿物成分分析,以了解原材料中化学组分的含量、矿物成分和颗粒级配。

(2)浆体工作性能测试:包括浆体的流动性、保水性、黏滞性以及浆体的胶凝时间等,以判定灌浆材料是否合格。

(3)浆体固结过程测试:包括固结过程试样的胀缩变化和试样安定性测试。

(4)固结体性质测试:测试所选灌浆材料的力学性能,包括试样的抗压强度、浆体与灰岩的黏结强度和固结浆体的压汞试验。

(5)固结体劣化实验及文物适应性实验:包括炭化实验、硫酸盐破坏试验、固结体材料可溶盐含量测试、渗透试验、劣化后材料压汞试验,以及固结体热力学性质指标测试。

3)材料配方对比

本项目共计采用了129个配方进行筛选比对,从中得出适用于龙门石窟的优选配方材料。

试验研究发现,以膨润土为主剂的灌浆料流动性差,收缩率大,强度低,不能满足裂隙防渗灌浆的要求。而以天然水硬性石灰为主剂的灌浆料、偏高岭土+硅粉+超细水泥系列、偏高岭土+膨润土+超细水泥系列和以硫铝酸盐水泥为基材的复合灌浆料可以满足龙门石窟裂隙防渗灌浆的要求。

从流动性、凝结时间、收缩率、抗压强度、抗渗性、黏结强度、含盐量和产品价格等方面对这4个配方进行比较。

各组配方的优缺点如下：

(1) 以水硬性石灰为主剂的NHL/CX10-3配方,超细水泥含量为10%,其流动性相对较低、凝结时间短、收缩率较低、黏结强度相对较高,但抗压强度低,可溶盐含量较高,价格成本高。

(2) 偏高岭土＋膨润土＋超细水泥的MK/P/S/J-4材料配方,超细水泥含量为20%。其水溶盐含量最低,流动度相对较高,价格成本较低。所需凝结时间较长,但能够符合现场灌浆施工的要求。抗压强度最高,但黏结强度最低,收缩率偏大。

(3) 偏高岭土＋硅粉＋超细水泥的S/MK/SN15-42配方,超细水泥含量为15%。其流动性最佳,凝结时间较短,收缩率最低,可溶盐含量低,价格成本最低。但抗压强度和黏结强度较低。

(4) 硫铝酸盐水泥配方,各项指标接近水泥灌浆料,但含盐量降低为超细水泥的24%。

国家文物局专家组对室内试验的结果进行了评审,要求对以上配方进行龙门石窟现场裂隙灌浆试验。

4) 现场灌浆试验

硫铝酸盐水泥配方的现场灌浆性能与水泥接近,未做现场试验。其他3种材料配方的现场试验结论如下：

(1) 在裂隙内28天龄期灌浆料的固化程度。加硅粉的偏高岭土灌浆料与加膨润土的偏高岭土灌浆料比较接近,固化程度高于水硬性石灰灌浆料。水硬性石灰灌浆料在水灰比大于0.9时,一个月后基本上没有固化,且存在分层度明显的特点；水灰比在0.48～0.9时,固化程度为2种偏高岭土灌浆料的60%左右。

(2) 与裂隙面的粘接程度。加硅粉的偏高岭土灌浆料与加膨润土的偏高岭土灌浆料比较接近,黏结程度优于水硬性石灰灌浆料。

(3) 灌浆料在裂隙中的填充程度。2种偏高岭土灌浆料的填充程度较高,水硬性石灰灌浆料的填充程度低。

(4) 现场试验确定了龙门石窟的裂隙灌浆工艺和参数。通过现场灌浆试验形成了龙门石窟现场灌浆的工艺流程：裂隙调查—灌浆孔布置—钻孔—洗孔—插管和封缝—压水试验—压力灌浆—清洗现场—拔管封缝—灌浆效果监测。

现场灌浆效果检测表明,灌浆量与裂隙特征有关,影响灌浆量的因素有裂隙张开度、灌浆压力、水灰比、灌浆材料性能、裂隙面产状等。龙门石窟的裂隙灌浆机制为充填挤压注浆、渗透填充注浆和挤压劈裂注浆。

适合龙门石窟岩体裂隙灌浆的施工工序为二序孔灌浆。一序孔间距为1m,二序孔间距为0.5m,按同序次等距孔形式布置灌浆试验孔。钻孔直径和孔深分两种方式,对于层面裂隙采用的钻孔孔径为38mm,孔深穿过裂隙面；对于构造裂隙采用的钻孔孔径为16mm,孔深约350mm。

通过现场灌浆试验,确定现场灌浆压力范围为0.1～0.4MPa。

通过现场试验确定可灌性裂隙特征值 $\alpha=0.5$mm,即裂隙张开度大于0.5mm的裂隙具有可灌性,张开度越大,灌浆越容易。

由灌浆试验资料分析得到灌浆水灰比参数:水硬性石灰灌浆料适宜的水灰比为0.9~1.0,适宜的灌浆压力为0.3MPa;加硅粉的偏高岭土灌浆料适宜的水灰比为0.7~1.0,适宜的灌浆压力为0.2~0.4MPa;加膨润土的偏高岭土灌浆料适宜的水灰比为0.5~1.0,适宜的灌浆压力为0.2~0.3MPa。

建议对裂隙张开度小于0.5mm的裂隙采用水性环氧树脂材料灌浆。

4. 潜溪寺第二期防渗工程

在裂隙防渗灌浆材料研发和擂鼓台、万佛洞防渗工程取得成功经验的基础上,研究团队确定开展潜溪寺第二期防渗工程(图5)。该项目由国家文物局批准实施。刘祥友高级工程师负责完成了第二期防渗工程的施工。

2013年10月15日,施工人员、机械设备进场,完成施工测量放线等准备工作。在施工过程中采用先进的施工设备、施工工艺和施工工期管理,提高了施工效率。但由于设计变更,增加了新的工程量,工程至2014年5月28日全部完工。本工程合同工期120天,实际施工工期170天,工期延长50天。

1)工程治理措施

根据现场施工勘察,施工方与设计方协商,并通过多次专家论证会讨论,最终采取的工程措施如下。

图5 潜溪寺

(1)潜溪寺顶部人工覆盖层揭除:潜溪寺顶部曾经采用喷射混凝土的办法形成了外包防渗体,2009年为了解决老化问题,在外表面重新涂抹了一层水泥砂浆,但后期勘察发现,人工覆盖层劣化严重,盖层下有地表水渗流,极其容易蓄水,加剧潜溪寺的渗水病害,因此对其进行拆除清理。

(2)潜溪寺顶部雨棚式倾斜防渗层:在南北向排水沟上面的岩体中进行钻孔灌浆,形成一个弧形的倾斜防渗墙。

(3)潜溪寺窟檐上部南北向排水沟及延伸段钻孔灌浆:采用经专家认可的新型偏高岭土混合灌浆材料进行钻孔灌浆,设有3排灌浆孔,共计61个。

(4)潜溪寺窟檐上部南北向排水沟隔水层:用厚约30cm的水泥砂浆在排水沟表面进行找平后铺设土工布,然后用水泥砂浆再次进行找平,最后刷3道防水涂料。

(5)潜溪寺坡顶挂柔性防护网:防止潜溪寺顶部落石,采用被动式防护网进行防护。

(6)潜溪寺顶部山体绿化工程:为了保持潜溪寺顶部岩体与周围环境一致,进行了绿化,在山体上堆填适于植物生长的细土,并在潜溪寺顶部修筑3个花台,种植杂草、爬山虎和常青藤。

(7)潜溪寺顶部南侧东西向排水沟修建盖板:采用现浇钢筋混凝土盖板。

2)潜溪寺顶部人工水泥盖层揭除和施工期勘察

在专家组的坚持下,施工方克服困难,将潜溪寺顶部的喷射混凝土防渗盖板全部拆除。首次对裸露出来的窟顶岩体进行了详细的施工期测绘勘察,在窟顶布置了4个勘察钻孔和11

个辅助勘察孔。详细勘察发现在窟顶的巨厚层白云岩中含有 2 个破碎的透水夹层,这为后续的设计变更提供了科学依据。

3)潜溪寺顶部防渗层钻孔灌浆施工

由于前期垂直帷幕施工后防渗效果不理想,根据施工勘察揭露的潜溪寺顶部岩体破碎带和裂隙分布情况,潜溪寺渗水的主要通道为崖顶岩体破碎带和渗水裂隙。在压水实验时,潜溪寺北侧冲沟渗水明显,说明潜溪寺山体内存在向北侧冲沟的排泄通道。据此,刘祥友高级工程师提出对潜溪寺的防渗思路进行调整,既要把地下水阻挡在洞窟之外,又要最大限度地利用透水层的透水性能和排水通道,使被阻挡在防渗层外的地下水,顺透水层及排水通道向北侧冲沟排泄。为此在潜溪寺洞窟上方岩体内部设计了雨棚式的倾斜防渗层(图6)。倾斜防渗层既能防渗,对原透水层影响较小,又大大减少坡顶防渗的范围和难度。这一防渗设计在施工工艺上实现了创新。该方案的实施最终取得了良好的防渗效果。

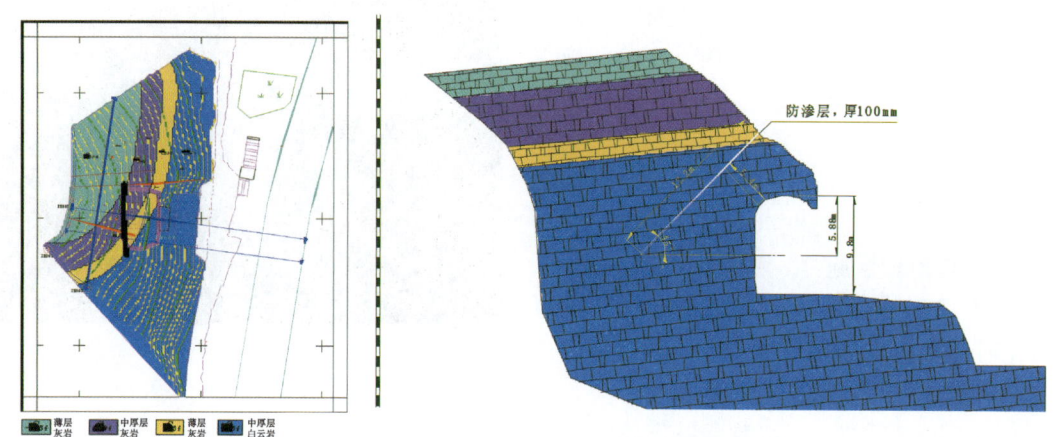

图 6　雨棚式的倾斜防渗层平面图和剖面图

钻孔:(孔径 100mm)共两排,总计 303 个孔,平均深度为 20m,钻孔倾角为 45°,总进尺为 6030m。为保证游客游览的安全,钻孔施工安排在晚上进行施工。

压水:每个钻孔分 4 段进行压水,每段压水 3 次(压力分别为 0.1MPa、0.2 MPa、0.3MPa),每次稳压 5min,并检查洞窟渗水情况。

灌浆:第一排共灌浆 462m³,第二排共灌浆 345m³,合计 807m³。

在潜溪寺窟檐上部南北向排水沟及延伸段布置钻孔灌浆,其目的是弥补原弧形防渗层长度不够的缺陷,使防渗层延伸,跨过透水层,将地下水阻挡在石窟之外,增强弧形防渗层的防水功能。灌浆孔共 61 个,孔深 0.7~3.5m,孔径均为 50mm,灌浆孔长度总计为 123m。

4)坡面治理

对排水沟作隔水处理,用厚约 30cm 的水泥砂浆在排水沟表面进行找平后铺设土工布,然后用水泥砂浆再次进行找平,最后刷 3 道防水涂料,施工面积 34.60m²。

对潜溪寺坡面作柔性防护网,对坡面防护区域内的浮土和碎石进行清除,清除面积 320m²;铺挂缝合格栅网,格栅网面积共计 300m²。

潜溪寺顶部作山体绿化工程,绿化区域包括潜溪寺上部防渗层、潜溪寺上部南侧东西向排水沟和两处花台。用龙门吊运送细土到潜溪寺崖顶上方,运土约 20m³。用细土堆填绿化区域,绿化面积为60m²。为保证潜溪寺顶部施工后与环境协调,对岩体表面采取做旧处理,在较为平坦位置,砌筑挡墙,填种植土,土体内栽植爬山虎。绿化工程完成后潜溪寺顶部与周边环境完全协调一致,解决了第一期工程留下的水泥疮疤(图7)。

施工前　　　　　　　　　　　施工后

图7　施工前后的环境外貌

5)防渗效果检验

防渗工程施工完成后,采用了3种方式检验防渗效果:

(1)在防渗墙外钻孔做压水实验,观察洞窟内是否有渗水现象。

(2)潜溪寺坡顶进行人工降雨实验,持续时间24h。

(3)潜溪寺坡顶每天植草养护,持续1个多月,观察洞窟内渗水情况。

经过上面3种方式检验,洞窟内都无渗水现象。

第二期工程于2014年5月28日完工。经过2014年至2017年3个雨季的检验,潜溪寺洞窟基本不漏,取得了很好的防渗效果,是目前国内石窟防渗工程中质量和效果最好的工程之一。

6)需要进一步研究的问题

潜溪寺防渗工程完工以后,在暴雨、暴雪和长时间连续降雨的极端天气下,潜溪寺会出现暂时性渗水,但极端天气过后,潜溪寺的防渗系统仍然能有效地阻隔一般的降雨,保持洞窟不漏。

2014年工程竣工后,5月至8月,经历了几场连续5天的大、小雨,洞窟内无渗水现象。但到8月底,洛阳开始连续28天下雨,为洛阳50年一遇的降雨,雨量很大。在降雨持续了近28天后,龙门石窟几乎所有洞窟,包括原来不怎么渗水的宾阳三洞,都开始渗水,潜溪寺也出现了渗水,但洞窟内的渗水量比原来大大减少。产生这种现象的原因还需要进一步的观测和研究分析。

四、总结

(1)工程全过程采用专家团队信息法施工工艺。由于潜溪寺裂隙、岩溶发育,地质结构复杂,地下水病害严重,根据岩土工程施工的特点,除采用全过程信息法施工外,龙门石窟研究院为潜溪寺渗水病害治理工程,组织了专门的专家团队,施工期间召开了多次专家咨询论证会,在关键技术节点上及时向专家团队咨询,广泛征求专家的意见,确定后续的施工方案。在遇到问题和困难时,及时请专家到现场指导。龙门石窟研究院严格的项目管理,确保了工程的质量。

(2)要重视施工期勘察。施工期勘察是渗水病害防治工程的重要环节,通过施工期勘察可以及时发现问题,变更设计,及时解决问题。在今后的渗水病害防治工程设计中应该增加施工期勘察预算,确保工程质量。

(3)潜溪寺渗水病害防治工程取得了材料创新。研发的新型偏高岭土裂隙防渗灌浆材料经龙门石窟现场实践获得了成功,该材料具有可灌性好、防渗效果好、绿色环保、无副作用等优点,经国家文物局专家认可,目前正在国内同类型石窟防渗工程中推广使用。

(4)潜溪寺渗水病害防治工程取得了工艺创新。首次在国内采用洞窟上方岩体内部设计雨棚式的倾斜防渗层的灌浆工艺,取得了很好的防渗效果,具有推广价值。

方云后记

我1985年从北京地质学院(当时已改名叫武汉地质学院北京研究生部)硕士研究生毕业,1987年开始接触文物保护工作,至今已有30个年头了。最早见到黄克忠先生是1992年在沙滩红楼,当时我负责潘别桐教授和黄老主编的《文物保护与环境地质》的文字编辑,那本文集是当时国内最早的文物保护专著之一,今天我又有幸负责编辑黄先生的八十寿辰纪念文选,真是一种缘分。在黄先生的办公室里,看着这位学者专家型领导,又是同样毕业于北京地质学院水文系的前辈长者,刚走出校门不久的我感到非常亲切。

1993年黄先生电召我从学校赴涪陵进行白鹤梁地质勘察,论证修建水晶宫的可行性。自那以后,在黄老的指导下,我参加了很多岩土文物保护工程项目,也将自己的研究方向逐渐转到岩土文物保护上来。2003年中国地质大学(武汉)文化遗产和岩土文物保护工程中心成立,黄先生亲自到武汉为我们揭牌,10多年来该中心承担的国家自然科学基金项目、国家科技支撑项目和文物保护工程项目均得到了黄老的悉心指导和大力支持。黄先生的儒雅学者风度、渊博的学识、严谨认真的学术态度和对新事物的认知,始终是我追随的标杆和榜样,我也以此教育和要求我的弟子学生。

潜溪寺的治水工程和联合国教科文组织项目,就是黄先生推荐我们参加的。作为中方专家组组长,黄先生自始至终参与和把握项目的研究方向,坚持原则,据理力争,为项目最终能够获得丰硕的成果做出了突出的贡献。当潜溪寺第一期防渗工程失败的时候,研究团队和业主方都承担了巨大的压力,当时黄先生给了我们很多的鼓励,并主动承担责任,在中国文物报上发表反思文章,总结经验教训。这一切激励我们继续努力,一定要把潜溪寺的防渗工程做好。通过研究团队15年的不懈努力,至今潜溪寺已经连续3年基本不漏,是我们交给先生的一份答卷。石窟渗水仍是世界性的难题,尚需要我们去攻克难关。潜溪寺极端天气条件下的临时性渗漏还是未解之谜,我们将在先生的教导下继续努力前行。

在先生八十寿辰到来之际,谨以潜溪寺渗水治理工程的总结长文作为生日礼物奉献给黄老,祝福黄老健康长寿!工作快乐!希望黄老调缓工作频率和生活节奏,别太累着。

不能忘却的记忆

黄克忠

年近八十,空闲之余,想写点回忆文章,通过我几个阶段零碎的生活史,可以看到自己的一生是怎么走过来的。重温这个过程,既有激扬回荡,也有自嘲、反省,更有收益、珍惜。人生的喜怒哀乐是多么值得无穷回味啊。

1

我出生在上海的一个小职员家庭,虽然住在石库门的弄堂里,却蜗居在狭小的亭子间,房高不到 2m,记得有个客人进屋还要低头才行。兄弟妹们众多,因而在我现有的记忆中,就是睡在地板上,并紧靠着窗口,晚上能清楚地听到小贩叫卖馄饨或白糖莲藕粥,有时还被送殡的哭喊声惊醒。

我有一个很特别的外号,叫"阿鼻头",原来我出生时皮肤较白,大人叫我小名"阿白"。因祖籍是常州,白与鼻发音相近,于是被小朋友叫开"阿鼻头"。至今还有亲戚、朋友记得这个外号。

在我上学之前,是个淘气而倔强的孩子。记得一次与邻居的小伙伴在弄堂里疯跑时,我撞到石砌墙角上,额头鲜血直流,当时从乡下来的外婆从灶里抓了一把炉灰按在出血处。至今这个伤疤还能看到。受到欺侮时,家里没有人,能坐在门外楼梯上哭到睡着。

我上小学时搬到了四川北路仁智里,弄堂里全部都是一排排的二层楼房,属于平民区。但对于我们家来说,已是改善很多了。住在楼上前、后两间,前楼阳光充沛,还有个阁楼。我就睡在这阁楼的地板上,每天晚上要搬梯子上去。下楼的梯子很陡,小孩子也不怕,快上快下,尤其到夏天穿着木屐,声音很响,好在楼下的房东十分宽容,只是提醒而已。弄堂里的另一道风景线是每家楼外都有一排排晾晒衣服的竹竿,晾着五颜六色的衣服,很有特色。我的青少年时代就是在这里度过的。

从初中到高中毕业,都有几个要好的同学结伴去学校。可贵的是大伙一起到北京上大学,参加工作,直至今日,都还不离不弃,每年聚会,经常来往或问候。考大学填志愿,因当时做了飞机模型的指导员,便想报考航空学院,但因为出身是职员,不让报名。好嘛,不让上天,咱就入地,第一志愿的第一个学校,就报了北京地质学院。我的体质并不好,也不听家长劝。当听到录取通知书寄来时,别提有多高兴了,从楼梯上像是滚下来似地去接通知,吓人一跳。离开上海前,几个要好的同学商量去国际饭店顶上看上海外滩全景,还在 17 层餐厅每人吃了一个"火烙冰激凌"。这也是在上海生活 17 年的留念。记得我们是乘专列到北京的。

2

从进大学门的第一天,就觉得什么都新鲜。先说学校给学生的福利真好,不收学杂费,吃饭免费,每个月还发助学金,发工作服、皮鞋、背包、手套、肥皂等劳保用品。由于我们这一届招的学生多,因而学生宿舍紧张,我们16人住在一间20m²的房间里,即使都是上下铺,仍然十分拥挤。

在学校的第一个寒假,我患上了急性阑尾炎,住在校医院,院长亲自为我开刀,非常成功。住院期间的伙食又好,出院后都说我长胖了。还有一次患上了流感,传染很快,包括我在内的好多学生都临时睡在大礼堂里。

除了紧张的功课学习外,业余社会活动挺多,我受周边同学的影响,加入了合唱团,参加的小合唱节目还被选上高校汇演,几次登上北京的舞台。等到第四年上宿舍条件有所改善,为四人一小间,同屋的管弦乐队队长章铭陶还从家带来电唱机,从此受熏陶也喜欢听轻音乐,知道了什么是交响乐。他有相机,因而我们班上留下的照片不少。

几次实习,给予我接触社会、认识社会的机会。先后去过周口店、内蒙古、山东等地。尤其是1958—1960年时期,又是"大跃进",又是"困难"时期,一天要走50km,还要人力推水车测水井的流量,遇到水量大,为稳定水位就要快推。累了一天,吃得差不说,睡在小学课桌上已经是好的,有时仅将一张雨布摊在地上就睡。因此,我后来得了严重的关节炎。还要同学推着自行车送我去上课。在内蒙古自治区调查缺水草场的地下水时,我跟着钻机住帐篷,拾牛粪当燃料,没有水洗脸,更不可能洗澡。身上长了虱子,只得脱下衣服放到帐篷顶上去晒。回学校集合点时,迷了路,又饥又渴,直至晚上才遇见一户人家。

毕业实习的那年,因当时正提倡向科学进军,学校组织了几个科研小组。有一天我正坐在一排仪器前测试数据,几位老师过来问了几个问题,我们也没有在意,没想到公布实习名单时,将我分到大同云冈石窟。原来当时文化部文物局遇到保护石窟的难题,找到了学校,院长承诺可以派师生去做勘察。当时有两位教授带着讲师和助教去敦煌、龙门、云冈、麦积山等石窟,进行了踏勘,最后确定以云冈石窟为试点。我和两个女同学,便在这里进行毕业实习。新工作对我们是个挑战,经常要爬高梯与脚手架,也没有安全保护措施。有一天爬到第5窟顶,调查顶板裂隙分布,记录完后,下意识地抬头碰到了窟顶,造成重心失稳,幸亏及时一把抓住了架杆,否则要掉下近20m的窟底,后果不堪设想。还记得有一次跟着王大纯教授等老师勘察爬山,山坡坡度较陡,已有两位同学在上面敲岩样,我说了一句"丢一块下来",遭到了教授的批评。说我不能这么懒,要靠自己亲自动手,才能主动思考问题。这次批评进一步端正了我以后的治学态度,受益匪浅。毕业答辩十分隆重,除答辩委员会的老师外,文化部门的领导与业务人员也来旁听,当时不知道还有记者。这种场合对我当然有压力,答得不太理想,得了4分。第二天的《光明日报》上还记载了这件事。

3

5年的大学生活,既打下了牢实的专业基础,又开阔了视野,丰富多彩的生活也影响了我今后的工作目标与生活方式。

尽管毕业分配时我填的志愿是到边疆去,到祖国最需要的地方去。其实早已内定分配到文化部古代建筑修整所。报到处是南河沿的皇亭子大庙内(现在已成为北京饭店的停车场)。当时国庆节,我们还爬到高围墙上观看阅兵式。但1962年便搬到老北京大学旧址红楼去办公了,在地下室集体宿舍一住就是6年。

在"文革"之前的5年期间,对我影响最大的是我们尊敬的姜佩文所长,大家一致称赞他的工作态度,为人正派又要求严格。还记得他与我的几次谈话,既有批评也有鼓励,对我的成长起到了潜移默化作用。

我的主要工作地点还是在云冈石窟和麦积山石窟。当时文保所及中南化学所的研究人员在实验室和现场与当地干部一起，除了研究云冈风化石雕的化学保护外，还对石窟病害进行勘查，并提出治理方案。我所的团队与麦积山文管所所长张学荣等人一起做了麦积山病害的勘测调查工作，合作得十分愉快，打野鸡、抓松鼠等丰富多彩的野外生活，也留下深刻的印象。

"文革"初期，我在文化部五七干校呆了三年半，这期间先后干过十多个工种，围湖筑堤、造桥、盖房，从扛80多斤的楠竹走到湖里建竹棚，再后来打土坯夯土墙盖土房，直到建砖房，种菜、喂猪、种稻、种麦。后来遇到水电系统来招工人，我说是学地质的，他们如获至宝，就这样回到北京，在水电勘测设计院地质组上班。

在水电部门工作的这段时间给我增加了多专业的实践机会。从地质技术员做地质填图、水文地质调查，到钻探队值班做钻孔编录、操作钻孔电机、物探测井。后来又当上物探组组长，熟悉了工程物探的一些方法。在官厅水库、十三陵蓄能电站、张坊拒马河等工地，虽然每月只能回家休息一次，但在帐篷里有了很多的学习时间。这些年给我打下了很好的业务基础，也结识了像冯水滨同志等这样一些精通业务、作风正派的团队。

4

还得感谢王冶秋局长、蔡学昌所长等领导的努力，将我召回到文化部文物保护科学技术研究所，一直工作到退休。这30多年对我来说是出成果的黄金时代。除了做过多项研究课题，参加主持过多项石窟、墓葬和古遗址的保护工程外，对我锻炼培养最多的还是与敦煌研究院和美国盖蒂文物保护研究所的国际合作项目。最令我敬佩的是樊锦诗院长带领的敦煌研究院团队，在与他们共事，特别是与美国盖蒂文物保护研究所合作的30多年工作中，看到李最雄、王旭东、苏伯民、汪万福、郭青林等老中青三代结合的优秀团队踏实勤劳的工作，每年都能看到他们的创新成果，并且他们待人坦诚、谦虚，与他们交往是我心情最愉快的时候。同时也结识了阿格纽和玛莎等诚挚可信的外国朋友。我们在讨论《中国文物古迹保护准则》的制定过程中，有不少交流和争论，使我们的理念和共识靠得越来越近。这段时期对我业务和身心的磨炼也是记忆犹新的。在实施三峡文物保护规划项目的过程中，不能忘记俞伟超先生领导下的规划组成员：徐光冀、傅连兴、王仁湘、王立平、郝国胜、顾军和30多支文物考古队伍在工地战斗的日日夜夜。艰辛地争取保护经费的痛苦经历，至今仍历历在目。退休后能够参加文物保护设计方案的审核工作，每年100多份设计方案的审阅过程，也使我积累了很多知识。

十分有幸的是在工作与生活中，遇到了许多值得我尊敬的长者，互相帮助、学习的同仁和积极向上的年轻人。如谢辰生、罗哲文等先生的敬业精神，王大纯、余鸣谦等先生精通业务、谦虚谨慎的品德，成为我学习的榜样。我的学长潘别桐教授，尽管当系主任十分繁忙，但在他领导下以方云为代表的师生对文物保护工作做出了巨大的贡献，还出版了地质与文物保护方面的专著。潘教授患病后还为铜绿山古矿遗址的原地保护写出了具有专业权威性的报告，可惜去世得太早。当然，我所在的中国文化遗产研究院，经历了5次更名，这期间一起共处工作时间最长的有王丹华、杨玉柱、贾瑞广、宋森才、陆寿麟、蔡润、陈中行、奚三彩、马家郁等同行，还有复旦大学的杜晓帆，清华大学的吕舟，上海大学的黄继忠，大足石刻研究院的郭相颖、黎方银，陕西文物保护研究院的马涛、龙门石窟研究院李随森、刘景龙等，都在业务往来中成为好友。在中国文化遗产研究院也结交了不少中青年朋友、同仁,像近在眼前的王金华、詹长法、张之平、许言、李黎、李宏松、张兵峰等,不仅在业务上能够相互交流,达成了不少共识,而且在生活上也得到了他们细致的照顾。如果要简单地表述我的记忆的话,就以"心系石窟,情系挚友"来概括吧。

后　　记

为《心系石窟——岩土文物保护研究论文选》的出版,说几句肺腑之言:

方云教授和王金华研究员对本书从策划、构思、组稿、编辑、审稿到筹资出版的全过程,付出了大量的精力,尤其是第二篇的7篇文章,代表了当前岩土文物保护的高水平,为本书增添了光彩,在此向他们表示深切的谢意。樊锦诗院长在繁忙和辛劳之际,能为此书作序,我感到不胜荣幸和感激。大足石刻研究院黎方银院长、赵岗先生对本书的出版给予了积极的支持并做出了贡献。

同仁们的赞美之词,让人汗颜,因为我仅仅在文物保护岗位上比较勤奋,积累了一些实践经验而已。我会将他们的鼓励作为有生之年的鞭策,并快乐地活着!如果此书能对读者有所收获的话,我们这些作者会十分欣慰的。

2017年5月1日　于北京

北京地质学院（大门及宿舍）

大学实习

云冈石窟毕业实习

广州南越王宫署遗址

新疆克孜尔石窟

莫高窟内除尘

湖北中山舰现场

河北定州瞭敌塔

河北赵州桥

重回"五七干校"（2008年11月22日）

八达岭长城考察

乐山大佛

上莫高窟顶建气象站

中国文物保护技术协会理事会成员

重庆湖广会馆

莫高窟

莫高窟（1985）

莫高窟（1997年3月）

藏品保护专业委员会（2014）

柬埔寨（2016）

敦煌国际会议演讲（2008）

国外考察（澳大利亚）

国外考察（墨西哥）

国际合作

国际合作

黄克忠先生和夫人杨树萍女士